일본 재발견

일본 재발견

일본인의___성지(聖地)를___걷다

박규태 지음

모든 성지는 하나이고 이 점이야말로 성지의 궁극적인 의미가 아닐까? 그와 같은 성지의 보편성을
뒷받침해 주는 것은 다름 아닌 '성스러움'이라는 궁극적인 가치이다. 성스러움의 경험이 가지는 외연은
이런저런 신(神)과의 조우나 어떤 신비체험보다도 결코 더 작거나 협소하지 않다. 성스러움이란 단지
초월적이고 비일상적인 종교경험만 뜻하는 것이 아니다. 그것은 일상적인 모든 '있음' 안에서 재발견될 수
있는 어떤 것이다. 모든 '있음' 자체야말로 가장 신비로운 기적이기 때문이다.

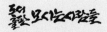

성지를 통한 일본의 재발견

오늘날 전 세계적으로 성지순례 붐이 일고 있다. 여기에 더하여 종교와 투어리즘의 결합이 두드러진 현상이 되면서 '성지 투어리즘'이라는 용어가 더 이상 낯설지 않다. 나아가 영화, 만화, 애니메이션 등 다양한 대중문화 콘텐츠와 투어리즘이 결합한 '콘텐츠 투어리즘'이라든가 새로운 형태의 '박물관 투어리즘'과 '아트 투어리즘'도 성황 중이다. 이와 함께 가령 아우슈비츠 수용소, 9·11테러 현장, 오키나와 전쟁박물관, 3·11 대지진 현장 등을 둘러보는 이른바 '블랙 투어리즘' 또한 많은 사람들을 끌어 모으고 있다. 이처럼 현대에는 전통적인 종교 성지 외에도 다양한 형식의 성지들이 계속 탄생하고 있는데, 흥미롭게도 새로운 성지들 또한 많든 적든 종교성 혹은 성성 (聖性)을 수반하는 경우가 많다.

우리에게는 아직 잘 알려져 있지 않지만, 일본이야말로 전통적인 종교 성지와 함께 현대적인 새로운 성지들이 절묘하게 공존하는 곳이다. 이와 같은 인식하에서 필자가 20여 년 전부터 틈틈이 탐방해 온 일본의 성지를 다루는 본서에는 특별한 의도가 담겨 있다. 일본인들이 많이 찾는 성지 속으로 들어간다는 것은 일본인의 마음속 깊숙한 곳에 둥지 틀고 있는 생각과 느낌의 원천과 접한다는 것을 의미한다. 그럼으로써 일본을 심층적으로 들여다볼 수 있으리라고 기대하는 것이다. 종교성 또는 성성이란 인간 정신의 가장 심층적 바닥에 깔려 있는 '판도라의 상자' 같은 것이기 때문이다. 고대 그리스인들은 미처 빠져나오지 못한 많은 희망들이 판도라의 상자 안에 담겨 있다고 여겼다.

전쟁이나 식민 통치기를 제외하고 역사상 지금처럼 한국인과 일본인의 교류가 양적·질적으로 확대된 적은 없음에도 불구하고, 정치적으로 한일관계는 갈수록 복잡한 갈등에 휘말리고 있다. 인간의 무의식에는 갈등을 조장하는 공격적인 성향이 잠재되어 있다는 설도 있지만, 어쨌든 갈등의 증폭은 서로를 피상적으로 왜곡해서 보게 만든다. 하지만 싫든 좋든 한국과 일본은 지리적·인종적·문화적으로 세계에서 가장 가까운 나라라는 점에서 일정 부분 한 배에 탄 운명공동체의 측면을 공유하고 있다. 그래서 오래전부터 흔히 '미래지향적인 한일관계를 만들어 나가야 한다'고 말해 온 것이리라. 사실 갈등이 극단적으로 치달을 때일수록 다른 한편으로 화해를 추구하는 에너지도 그만큼 더 커진다. 그러나 현실에 눈을 돌리면 그런 정언명령적 과제가 말처럼 쉽지만은 않다는 사실을 인정하지 않을 수 없다.

필자가 접한 일본인들 중에는 이와 같은 어려움을 충분히 인식하면서, 그렇기 때문에 더더욱 상대방을 제대로 이해하려는 노력의 필요성을 절감하는 이들이 적지 않았다. 마찬가지로 필자 또한 한 사람의 종교학도이자 일본학도로서 "지금 이 자리에서 내가 할 수 있는 일은 무엇일까?"를 부단히 고민해 왔다. 본서는 그런 산통을 겪으며 태어난 아이라 할 수 있다. 일본인의 정신의 깊은 심연으로 내려가 그 감성의 원천을 엿봄으로써 일본을 새롭게 불러내려는 의도에서 본서의 타이틀을 '일본의 재발견'이라고 붙였다.

여기서 말하는 원천은 곧 종교성 또는 성성을 가리킨다. 그것을 판도라의 상자에 비유한 것은 분명한 근거가 있다. 역사적으로 종교는 천(千)의 얼굴을 보여준다. 그중에는 가장 잔혹한 종교전쟁이나 마녀사냥의 얼굴이 있는가 하면, 당대 권력과 결탁하여 정치적 도구로 전락해 버린 종교의 얼굴도 있다. 또한 해당 공동체의 질서와 아이덴티티를 구성하는 핵심 기축으로 기능해 온 종교의 얼굴이 있듯이, 기존 질서와 가치관을 전복시키는 종교의 역기능적 얼굴도 있다. 본서는 이런 모든 종교의 얼굴 표정을 담고자 했다. 하지만 무엇보다 본서가 가장 중시하는 종교의 얼굴은 '희망'이다. 그래서 판도라의 상자라는 메타포를 끌어온 것이다. 어쩌면 인간이란 구제불능처럼 보이는 괴물일지도 모른다. 그런데 그런 괴물 같은 인간을 향해 끊임없이 '구제의 희망'에 대해 말해 온 발신체가 바로 종교이기도 하다.

그렇기 때문에 일본인의 성지를 직접 걸어다닌 그 여로의 수많은 길목에는 인간이라는 괴물에 대한 풀리지 않는 수수께끼뿐만 아니라 얽히고설킨 한일관계마저도 필자의 내면에서 풀어내 주는 희망이라는 얼굴이 늘 그림자처럼 따라다녔다. 본서는 바로 이 그림자 얼굴을 세상에 드러내려는 시도라 할 만하다. 그 과정에서 필자는 "일본인에게 성지란 어떤 것일까?"를 물으며, 모든 성지의 밑그림이 필경 하나의 같은 빛깔로 채색되어 있다는 사실을 확인할 수 있었다. 나의 성지와 너의 성지가 본질적으로 다르지 않다는 말이다. 기독교인이든 불교인이든, 또는 일본인이든 한국인이든 각자의 성지는 결국 희망이라는 얼굴에서 서로 겹친다.

물론 현상적으로 보자면 각자의 성지는 서로 다른 유형으로 나타난다. 따라서 '인류 공통의 성지' 곧 한국인과 일본인의 성지가 겹치는 풍경 속으로 들어가기에 앞서 먼저 성지의 개념 규정 및 다양한 유형을 살펴볼 필요가 있다. 그때 특히 '진정성'과 '스피리추얼리티'라는 개념에 주목하고자 한다. 이 두 가지 개념은 '희망이라는 얼굴'의 두 가지 표정이 아닐까 싶다.

전통적으로 '성스러운 장소'(성지)는 종교학자 엘리아데(M. Eliade)의 표현을 빌리자면 "중심에 자리 잡은 성화된 공간"으로 종교에 의해 관리되었다. 거기서는 가령 오토(R. Otto)가 말하는 '성'(das Heilige)이라든가 반 데르 레우

후가 중시한 '힘' 또는 엘리아데가 강조한 '실재'(reality) 등이 '성스러운 것'으로 규정되었고 그것이 성지를 평가하는 핵심 기준이 되었다. 하지만 종교의 세속화와 개인화가 광범위하게 진행되면서 종교와 투어리즘의 결합이 손쉬워진 현대 사회에서는 성지를 판단할 때 종교나 '성스러운 것' 외에도 다른 기준이 중요하게 대두하게 마련이다. 대표적으로 진정성과 스피리추얼리티라는 기준을 들 수 있다.

　인류학이나 사회학에서는 맥켄넬(Dean MacCannell) 이래 '진정성'(authenticity) 개념이 투어리스트의 경험을 설명하는 중요한 키워드로 널리 언급되면서 이 개념의 유용성 논쟁이 이어져 왔다. 이를테면 특별한 매력을 지닌 장소나 대상의 원본성(originality)을 중시하는 대상적 진정성(object authenticity)이 제창되는가 하면, 장소 및 대상에 대한 투어리스트의 이미지·기대·선호도·신념 등의 맥락과 관련된 구축적 진정성(constructive authenticity)이라는 개념도 거론되었다. 이에 비해 투어리즘 행위에 의해 활성화되는 투어리스트 자신의 잠재적인 실존적 존재 상태를 문제 삼는 실존적 진정성(existential authenticity)이야말로 포스트모던 사회의 진정성을 고찰하는 데 가장 적합하다는 주장도 나왔다. 이후 많은 연구자들의 지지를 받은 실존적 진정성 개념은 종종 투어리스트의 스피리추얼리티와 결부되기도 한다. 이때 스피리추얼리티는 초자연적·신적 존재와 관련된 초월적인 성성에 의해 규정되는 종교와 달리, 인간 정신에 대한 배려와 관련된 개인적인 인간존재 방식(personal way of human existence)의 일부로 간주된다. 이와 관련하여 일본 종교학계의 원로 시마조노 스스무(島薗進)는 스피리추얼리티를 "개개인의 삶에서 생명의 원동력으로 느껴진다든지 살아갈 힘의 원천으로 여겨지는 경험과 능력"으로 정의한다. 진정성이란 이와 같은 스피리추얼리티 경험의 흔적으로 볼 수 있다. 이런 관점에서 볼 때 "현대의 '신 없는 성지'

는 어딘가 격절된 장소에 존재하는 것이 아니라, 사람들의 교류하는 한가운데에 만들어진다."는 종교학자 오카모토 료스케(岡本亮輔)의 말도 납득이 갈 만하다.

진정성과 스피리추얼리티의 기준은 성스러운 것과 성지의 의미가 종교나 제도에 의해 고정된 것이 아님을 시사한다. 가령 인류학자 레비스트로스는 성스러운 것의 실체를 '마나'라고 부르면서 "마나란 그 자체로는 어떤 의미작용(signification)도 허용하지 않으면서 자신을 의미작용의 부재에 대립시키는 것"이라고 보았다. 이는 성스러운 것의 의미는 결정되어 있는 것이 아니며 그 자체로는 텅 빈 기표 같은 것이기 때문에 어떤 의미도 예민하게 수용할 수 있다는 것을 뜻한다. 또한 종교학자 조너선 스미스(Jonathan Z. Smith)는 『자리잡기』(To Take Place)에서 특정 장소가 어떻게 특정한 역사적 상황에서 그 장소에 대한 고도의 집중, 기억, 디자인, 구축, 통제를 포함하는 의례적 작업의 결과로서 성화되는지를 잘 보여주었다. 여기서 스미스가 말하는 의례적 작업은 종교학자 치데스터(David Chidester)가 지적한 성화(sacralization) 작업과 상통한다. 치데스터는 "성스러운 것이란 공간, 시간, 사람들, 사회관계들의 성화라는 문화적 작업의 결과로 생겨나는 부산물에 지나지 않는다."고 보면서, 성스러운 것을 고정된 것으로 보느냐 아니면 유동적인 것으로 보느냐 하는 입장에 따라 전자를 '성지의 시학'으로 그리고 후자를 '성지의 정치학'이라고 명명한다.

한편 인류학자 에릭 코헨(E. Cohen)은 '차가운 진정화'(Cool Authentication)와 '뜨거운 진정화'(Hot Authentication)라는 범주를 제시했다. 차가운 진정화란 사회에 널리 인정된 권위가 어떤 장소를 진짜라고 보증하는 것을 가리킨다. 거기서는 주로 학술적인 조사와 식견을 기준으로 하여 어떤 장소가 진짜라고 승인받는다. 유네스코가 지정하는 세계유산, 국가가 지정하는 문화재 등이 전형적인 사례이다. 이에 비해 뜨거운 진정화란 사회적으로 승인받지 못한 채, 강력한 권위를 갖지 않는 집단이나 사람들이 어떤 장소에 가치를 부여하는 것을 의미한다. 이 경우 어떤 장소가 객관적으로는 진짜라 할 수 없더라도 그것에 관련된 사람들의 운동에 의해 가치를 부여받는다. 요컨대 차가운 진정화가 공적 보증이라면 뜨거운 진정화는 사적인 관여에 의해 장소에 가치를 부여하는 과정이라 할 수 있다. 오카모토 료스케는 『성지순례』(聖地巡禮, 中公新書)에서 이 두 가지 범주를 응용하여 방금 언급한 '성지의 시학'과 '성지의 정치학'을 각각 연상시키는 '차가운 성지'와 '뜨거운 성지' 개념을 제시한다. 일본의 경우 후지산이나 오키나와의 우타키(御嶽) 등이 차가운 성지라면, '파워스폿'이나 '아니메 성지'는 뜨거운 성지의 전형적인 사례라 할 수 있다는 것이다. 여기서 파워스폿이란 우주의 좋은 기운들이 모여 있어서 정신 에너지를 가득 차게 해 준다든지 행운과 기회를 가져다주는 장소를 가리키는 말로, '스피리추얼 스폿'이나 '에너지 스폿'이라는 말도 같은 의미로 사용된다. 한편 아니메 성지란 애니메이션 팬들이 작품의 무대배경이 된 장소를 성지화한 것을 지칭한다.

이와 같은 두 가지 범주에 기초하여 오카모토는 성지의 네 가지 유형을 제시한다. 제도적 성지, 공동체적 성지, 이벤트적 성지, 개인적 성지가 그것이다. 첫째, 제도적 성지란 해당 사회에서 국교처럼 역사적으로 강력한 영향력이 있는 종교가 정한 성지, 혹은 유네스코 같은 조직이 승인한 장소를 가리킨다. 대표적으로 본서에서 다루는 이세신궁과 히에이산 및 고야산을 비롯하여 후지산, 히로시마 원폭돔, 예루살렘, 메카, 알링턴 국립묘지 등을 들 수 있다. 둘째, 공동체적 성지는 특정 집단에 의해 뒷받침되는 장소로, 천리시(천리교의 성지), 미노부산(身延山, 일련종 총본산), 본원사(本願寺, 정토진종 총본산), 세도나(뉴에이지의 성지), 글래스턴베리(Glastonbury, 영국의 노천축제)

등이 이에 해당한다. 셋째, 이벤트적 성지는 파워스폿이나 아니메성지 등과 같이 공동체 의식과 귀속감을 수반하면서 일시적으로 해당 장소를 공유하는 사람들에 의해 뒷받침되는 성지를 뜻한다. 넷째, 개인적 성지란 제도나 공동체에 구애받지 않고 개개인이 성지라고 느끼는 장소를 가리키는데, 사실상 어떤 곳이든 이런 성지가 될 수 있다.

오카모토와 마찬가지로 성지를 고정된 것이 아니라 유동적인 것으로 보는 종교사회학자 야마나카 히로시(山中弘)는 '종교적 성지', '비종교적 성지', '신앙·위령·현창', '투어리즘·문화재'라는 네 가지 요소를 조합하여 성지의 네 가지 복합유형을 제시한다. 첫 번째 유형은 종교적 성지 가운데 신앙·위령·현창의 요소를 포함하는 경우로, 천리시, 야스쿠니신사, 나가사키교회군, 본원사, 홋카이도신궁(北海道神宮), 지장사(地藏寺), 메카, 티벳, 러시아 수도원, 루르드, 예루살렘 등이 이에 해당한다. 두 번째 유형은 종교적 성지 중 투어리즘·문화재의 요소와 관련된 성지로, 나가사키교회군, 나리타산 신승사(成田山新勝寺), 영평사(永平寺), 이세신궁, 구마노고도(熊野古道), 사도(佐渡), 시코쿠헨로(四国遍路), 이코마산(生駒山), 우타키, 부다가야, 산티아고 데 콤포스텔라, 글래스턴베리 등을 들 수 있다. 한편 세 번째 유형은 본질상 비종교적 성지이면서 투어리즘·문화재의 요소가 두드러진 경우로, 이마도(今戸)신사나 기요마사 우물(清正井, 메이지신궁 경내) 같은 파워스폿이라든가 정림사(定林寺)나 와시노미야(鷲宮)신사 같은 아니메성지 또는 그리스도의 묘지(일본 아오모리현), 가마쿠라, 후지산, 여순, 파리의 3대 묘지 등이 이에 해당한다. 끝으로 한신아와지 대진재터라든가 3·11동일본 대진재지에 조성된 도호쿠오헨로를 비롯하여 원폭 피해지인 히로시마와 나카사키 또는 전쟁과 관련된 오키나와, 에미혜마루 위령비, 펄 하버, 아우슈비츠 수용소터, 현충원 등과 같이 비종교적이면서 신앙·위령·현창의 요소를 포함하는 성지도 있다.

　이상과 같은 성지 유형은 일반적인 경향을 보여줄 뿐이며, 결코 고정된 것이 아니라는 점에 유의해야 한다. 따라서 기준을 어떻게 잡느냐에 따라 같은 사례가 다른 성지 유형에 포함되는 경우도 얼마든지 있을 수 있다. 가령 이세신궁은 제도적 성지이자 동시에 종교적 성지 중 투어리즘·문화재 유형과 겹치며, 아니메 성지는 이벤트적 성지뿐만 아니라 개인적 성지에 포함될 수도 있다. 어쨌든 대체로 제도적 성지와 공동체적 성지는 종교적 성지에 그리고 이벤트적 성지와 개인적 성지는 비종교적 성지에 해당된다. 이 가운데 본서는 일본신화의 무대인 규슈 다카치호와 후지산, 일본 신도의 대표적 성지인 이세신궁과 이즈모대사, 일본 불교의 최대 성지인 히에이산과 고야산, 그리고 최초로 일본에 기독교를 전한 프란치스코 하비에르의 활동 무대였던 가고시마, 히라도, 야마구치, 오이타의 기독교 유적지 등 주로 전통적인 제도적-공동체적-종교적 성지의 경우를 다룬다. 이 밖에 구마노고도, 시코쿠헨로, 메이지신궁, 도호쿠오헨로, 나오시마(直島), 파워스폿, 아니메 성지, 세계문화유산으로 등재된 나가사키의 기독교 성지 등 현대적 상황에 부응하여 새롭게 붐을 이루는 전통적 성지 및 이벤트적, 개인적, 비종교적 성지에 관한 집필은 차후의 과제로 삼겠다. 본서에서는 일본인의 종교적 성지에서 희망의 다른 이름인 진정성과 스피리추얼리티의 전통적인 얼굴을 확인함으로써 우리가 여지껏 인식하지 못했던 일본의 다른 얼굴을 찾아보고자 한다.

일본 재발견

1부

신화 속의 일본

제1장 ─────── 규슈 다카치호
: 일본신화의 무대

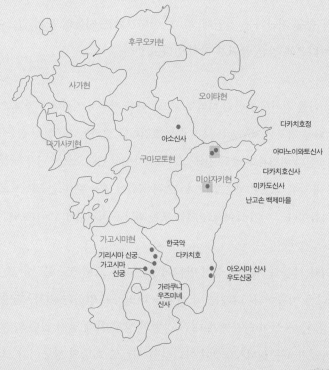

후쿠오카현

사가현

오이타현

나가사키현

다카치호정

아소신사

아마노이와토신사

구마모토현

다카치호신사

미카도신사

미야자키현

난고손 백제마을

가고시마현

한국악
다카치호

기리시마 신궁

가고시마
신궁

아오시마 신사
우도신궁

가라쿠니
우즈미네
신사

1장의 주요 무대

"인생의 한가운데를 지나 황혼길 문턱에 와 있는데도 나는 여전히 길가를 벗어나 있고 세상의 모든 아침에 눈을 뜰 때마다 어두운 숲 속에 있는 자신을 발견하곤 한다." 이는 비단 『신곡』에 나오는 단테(Alighieri Dante)의 고백만은 아니다. 그것은 우리 모두의 회한이기도 하다. 인생을 지난다는 것은 겹겹의 숲을 지난다는 것인데, 그 숲 어딘가에는 지옥의 문이 있으며 그 입구에는 다음과 같은 글귀가 적혀 있다고 한다.

나를 거쳐서 슬픔의 나라로 가고 / 나를 거쳐서 영원한 고통 속으로 가며 / 나를 거쳐서 저주받은 무리 속으로 간다. / 정의는 지존하신 신을 움직여 / 그 신의 위력과 지상의 지혜 그리고 / 사랑의 근본으로써 나를 만들었노라. / 내 앞에 창조된 것은 없나니 / 오직 영원이 있을 뿐, 나는 영원으로 이어질 따름이다. / 여기 들어오는 자는 모든 희망을 버려라! (『신곡』 지옥편 제3곡)

정의와 사랑과 지혜와 힘이 만들어낸 지옥은 그럼에도 불구하고 '희망 없음'의 다른 이름이다. 단테는 왜 희망을 버리라고 말하는 걸까? 희망은 판도라의 상자, 즉 신이 인간에게 내린 징벌의 상자 안에 담겨 있던 가장 지독한 징벌이었기 때문일까? 그것이 아니라면 지금도 희망의 쌍둥이가 그 판도라의 상자에 갇힌 채 컴컴한 해원(海原)의 영원한 심연 속에 가라앉아 있기 때문일지도 모른다. 그렇다면 지옥 또한 천국과 마찬가지로 영원의 무게를 지넌다는 단테의 말에 수긍하지 않을 수 없다. 이리하여 숲으로 깊이 들어가면 갈수록 모든 빛들이 희미해지고 모든 길들은 사라져 버린다. 혹 그 길 없음의 숲에 끝이 있다 해도 그 앞에는 사막이 기다리고 있을 뿐이다. 그렇다면 사막의 희망은 오아시스뿐일까? 아니다. 낙타를 타고 사막을 가로지르기, 그것은 사막을 희망으로 바꾸는 또 하나의 길이 되어줄 것이다.

사막처럼 뜨거웠던 어떤 여름의 규슈 남부에서 나 또한 길을 잃은 채 울창한 거목의 숲으로 뒤덮이고 바다로 둘러싸인 그곳을 스스로 낙타가 되는 환상에 휩싸여 터벅터벅 걷고 있었다. 그건 신화적 고대의 수수께끼가 서린 일본 땅에서 길을 잃은 이방인에게 그다지 이상한 일은 아니었다. 타는 듯한 갈증으로 길을 찾는 여행자의 노정은 구마모토현(熊本縣)에 위치한 활화산 아소산(阿蘇山) 기슭의 아소(阿蘇)신사부터 시작되었다.

아소신사 : 불의 나라

아소신사에는 아소12신이라는 화산의 신들이 모셔져 있으며, 주신은 아소대명신(阿蘇大明神)이라고도 불리는 다케이와타쓰(健磐龍命)이다. 신화적 인물인 초대 진무(神武)천황의 손자에 해당하는 다케이와타쓰는 외지에서 침입해 들어온 정복자로 개척의 신이자 물줄기를 만들고 농경을 가르쳐준 농업의 신이 되어 숭경받았다. 용암과 화산재가 굳어서 이루어진 아소 지방에는 기하치(鬼八)라는 기이한 인물 전설이 전해져 내려오고 있다. 기하치는 다케이와타쓰에게 패한 지방호족으로 추정되는 비극적인 재앙의 신이다. 전설에 의하면 다케이와타쓰는 다카치호정(高千穂町)까지 기하치를 추적하여 목을 베었는데, 그 목이 다시 제자리에 붙었다고 한다. 그래서 이번에는 사지를 토막 내어 각각 다른 장소에다 묻었다. 이 때문에 다카치호정에는 오늘날 기하치 묘라고 말해지는 장소가 많이 있다. 그런데 마지막에 벤 기

화산의 신을 모시는 아소신사 입구의 사쿠라몬(櫻門)

하치의 두부(頭部)는 하늘 높이 춤추며 올라가 버렸고, 다시 땅에 떨어지지 않은 채 늦여름마다 서리 등의 재앙을 내렸다. 이에 다케이와타쓰는 자신의 잘못을 인정하고 기하치를 제사지내겠다고 약속한다. 그 후 기하치는 오늘날까지 재앙신이자 동시에 복신으로 여겨지고 있다. 모순되는 것의 양가적 병존, 그것은 일본문화를 설명할 때 빼놓을 수 없는 단골메뉴이다. 사실 양가성(ambivalence)이라는 표현은 20세기에 동서양의 사상가 사이에서 너무도 자주 언급되어 상투어처럼 되어 버렸음에도 불구하고, 인간과 세계를 이해하는 데에 여전히 불가사의한 의미를 뿜어내고 있다. 재앙신을 복신으로 삼아 제사지내는 기이한 습관은 일본인들에게 그다지 낯설지 않다. 이는 불의 나라인 아소 지방이 동시에 수원(水源)이 풍부한 물의 나라이기도 하다는 사실을 여행자에게 상기시켜 주었다.

근대 일본의 국민작가 나쓰메 소세키(夏目漱石, 1867-1916)는 화산재 날리는 황량한 아소 지방 여행기를 소설화한 『210일』(1906년)에서 "왜 나는 이런 곳을 헤매고 있는 걸까?"라고 반문한다. 여행자는 흰 연기들이 어지러운 코발트색의 분화구 수면을 내려다보면서 유황비와 불꽃들이 소돔성과 고모라 성을 삼켜 버렸듯이 검붉은 용암이 이 세계의 모든 방향들을 뒤덮는 장면을 상상하고 있다. 하지만 그것이 나르시스적인 종말론적 상상으로 번지게 하고 싶지는 않다. 1995년 지하철 사린사건을 일으킨 옴진리교 신자들은 흔들리는 불의 나라 일본에서 파국적인 대종말을 형상화하려는 치명적인 오류를 범했지만, 대부분의 일본인들은 적어도 자연의 변덕스런 배반 앞에서 길을 잃어버리는 어리석음만은 피하고자 노력해 왔던 것 같다. 대신 그들은 모든 흔들림과 뜨거움을 신으로 정화시키기를 원했다. 그래서 일본인들은 아소산의 분화구 또한 신령한 못(神靈池)이라 하여 신으로 모시는 것이다.

한국악 : 규슈 속의 '한국'

"태초에 아메노미나카누시(天御中主神)와 다카미무스비(高御産巢日神)와 가미무스비(神産巢日神)가 나타났다 사라지고, 이어 우마시아시카비코지(宇摩志阿斯訶備比古遲神)와 아메노도코다치(天之常立神)가 나타났다 사라지고, 이어 구니노도코다치(國之常立神)와 도요쿠모노(豊雲野神)가 나타났다 사라지고, 그다음으로 우히지니(宇比地邇神)와 스히지니(須比智邇神), 쓰노쿠이(角杙神)와 이쿠쿠이(活杙神), 오호토노지(意富斗能地神)와 오호토노베(大斗乃辨神), 오모타루(於母陀琉神)와 아야카시코네(阿夜訶志古泥神), 이자나기(伊耶那岐神)와 이자나미(伊耶那美神)가 생겨나고, 이자나기는 아마테라스(天照大神)를 낳고, 아마테라스는 아메노오시호미미(天忍穗耳命)를 낳고, 아메노오시호미미는 호노니니기(番能邇邇藝命)를 낳고, 호노니니기는 호오리(火遠理命)를 낳고, 호오리는 우가야후키아에즈(鵜草葺不合命)를 낳고, 우가야후키아에즈는 가무야마토이와레비코(神倭伊波禮毗古命)를 낳고…." 구마모토현의 아소 산지로부터 고원과 고원을 넘어 가고시마현(鹿兒島縣)의 기리시마(霧島) 산지로 향하면서 몇 번씩이나 길을 잃은 여행자는 주문처럼 신통기를 외운다. 원래 족보란 길을 잃지 않도록 하기 위해 만들어진 것이니까.

『고사기』 신화에 의하면, 일본 천황가의 선조는 규슈 남부 지방에서 온 것으로 되어 있다. 그러니까 규슈로부터 온 침입자가 야마토(大和, 나라현) 지방을 점령하고 오키미(大王, 천황을 지칭하던 옛 명칭)가 되어 일본 전국을 제패했다는 것이다. 그 초대 오키미가 바로 신화적인 진무(神武)천황 즉 가무야마토이와레비코이다. 그리고 이 진무 천황의 족보를 거슬러 올라가면 부친 우가야후키아에즈로부터 호오리(히코호호데미 혹은 야마사치)를 거쳐 호노니니기라는 신에 이른다. 『고사기』는 이 호노니니기가 신들이 사는 천상계인 고천원(高天原, 다카마노하라)에서 쓰쿠시(筑紫) 히무카(日向)에 있는 다카치호봉(高千穂峯) 산정의 구지후루타케(久土布流多氣)라는 곳에 천강했다고 적고 있다. 이때 호노니니기는 다음과 같이 말한다.

이곳은 한국(韓國)을 바라보고 있고 가사사(笠沙)의 곶(岬)과 바로 통해 있어 아침해가 바로 비추는 나라, 저녁해가 비추는 나라이다. 그러므로 여기는 정말 상서로운 곳이다.(此地者, 向韓國, 眞來通笠沙之御前而, 朝日之直刺國, 夕日之日照國也, 故, 此地甚吉地)

여기서 '아침해가 바로 비추는 나라, 저녁해가 비추는 나라'라는 문구는 고대 일본에서 국가를 찬미할 때 쓰던 관용어법이므로, 호노니니기가 천강

한국악 앞 방문객 센터 내 Q&A 상자

했다는 곳이 상서롭다고 간주된 이유는 그곳이 가사사의 곳과 통해 있고 한국을 향해 있기 때문이라고 볼 수 있다. 이때 가사사의 곳은 통상 현재 규슈 남서부 가고시마현 가와베군(川邊郡) 가사사정(笠沙町)의 노마(野間) 곳이라고 비정된다. 어쩌면 호노니니기라는 이름으로 대표되는 어떤 집단이 고천원이라 칭해진 외부의 어떤 곳에서부터 배를 타고 가사사의 곳을 통해 규슈로 들어와 다카치호봉이 있는 산지에 이르렀을지도 모른다. 그런데 참으로 이상하지 않은가? 일본 천황가의 신성한 기원을 말하는 장면에 느닷없이 한국이 등장하는 까닭은 무엇일까?

　에도시대 국학(國學)을 집대성한 모토오리 노리나가(本居宣長, 1730-1801)는 30여 년에 걸쳐 완성한 『고사기』 주석서인 필생의 대저 『고사기전』(古事記傳)에서 이 한국(韓國, 가라쿠니)이 다카치호봉 옆에 있는 가라쿠니타케 즉 한국악(韓國岳)을 가리키는 것으로 해석했다. 이런 해석을 받아들인다 해도 여전히 의문은 남는다. 표고 1,700m에 이르는 한국악은 기리시마 산지 가운

한국악(표고 1,700m) 전경

데 다카치호봉(표고 1,574m)보다 더 높고 험준하다. 거기에 한국악이라는 이름이 지금까지 남아 있는 이유는 무엇일까? 일본인들도 흔히 이런 의문을 품는 모양이다. 그래서인가, 한국악 기슭에 자리 잡은 방문객 센터 안의 한 벽면에는 벽장처럼 만들어 놓은 곳에 '한국악 정상에서 한국이 보일까요?'라는 물음이 적혀 있다. 그 벽장문을 열어 보니 "안 보여요. 실제로는 한국(조선반도)이 보이지 않는데 왜 한국악이라는 이름이 붙어 있는 걸까요? 이는 『고사기』에 '이곳은 한국을 바라보고 있고'라 하여 멀리 한국을 향해 있다고 기록되어 있기 때문에 이런 이름이 붙었다고 합니다. 그만큼 산정의 조망이 아름답다는 말이겠지요." 라는 안내문이 나온다. 말하자면 『고사기』의 기록에 따라 한국악이라는 이름이 붙게 되었다는 것이다. 이런 설명에 의하면

노리나가의 해석은 별 설득력이 없다.

우메하라 다케시(梅原猛)라는 유명한 현대 일본 논객이 있다. 그는 『천황가의 '고향' 휴가를 가다』(天皇家の「ふるさと」日向をゆく)라는 저서에서 호노니니기 천손강림 신화에 관한 한 가장 중요한 장면에 등장하는 한국을 말 그대로 한반도를 가리키는 것으로 보아야만 한다고 말한다. 나아가 우메하라는 노리나가를 내셔널리스트라고 부르면서 그의 주장을 부정한다. 우메하라에 따르면 "이곳은 한국을 바라보고 있고…"라는 『고사기』의 기술은 호노니니기의 본국을 가리키는 말이다. 단적으로 말해 천손족 호노니니기는 한국인이라는 것이다. 호노니니기가 내려왔다는 구지후루타케는 『삼국유사』에 기술된 가야국 시조신이 천강한 구지봉에서 비롯된 지명이라는 설도 유력한만큼 호노니니기가 한국인이라는 이해는 상식적이고 설득력이 있다.

우메하라의 추론은 계속 이어진다. 즉 호노니니기로 표상되는 천손족이 볍씨와 선진 농경기술 및 양잠 재배기술을 가지고 한국에서부터 배로 바다를 건너 규슈 서남단 노마 반도의 가사사 곶에 상륙했으나, 기리시마 지방의 자연조건이 농경에 적합하지 않으므로 이윽고 규슈 남동부 즉 현재의 미야자키현 니시우스키(西臼杵)의 다카치호정(高千穗町) 지역으로 이동했다는 것이다. 이때는 일본에서 벼농사가 시작된 기원전 4세기에서 고분시대로 넘어가는 기원후 3세기경까지에 해당하는 야요이(弥生)시대 중후기로 추정된다. 이런 추정을 뒷받침해 주는 문헌학적 증거로서 그는 도작농업과 양잠(직조)이 고대 일본사회에 있어 한 세트를 이루고 있었으며, 전자가 남자의 일이었다면 후자는 여자의 일로 각기 기능적 분업을 형성했다는 점을 들었다.

예컨대 호노니니기 부친의 정식 이름은 '마사카쓰아카쓰가치하야히아메노오시호미미'(正勝吾勝勝速日天忍穗耳命)인데, 이는 '올바르게 이긴다. 나는 이긴다. 이기는 영적 힘을 지닌 천손족의 위용 있는 벼의 장자'를 뜻하는 말이다. 한편 호노니니기의 모친은 다카미무스비의 딸 요로즈하타도요아키즈시히메(萬幡豊秋津師比賣命)인데, 이는 '많은 수의 직기로 품질 좋은 옷감을 짜는 여자'를 의미한다. 호노니니기의 부친은 도래인이고 모친은 토착민의 딸로, 그 사이에서 태어난 호노니니기는 '벼가 풍성하게 결실한 모양'을 가리키는 이름이다. 또한 호노니니기의 아들 아마쓰히코히코호호데미는 '천손족의 아들로 많은 벼를 맺게 하는 신성한 힘을 지닌 자'를 뜻한다. 그러니까 호노니니기로 대표되는 천손족 집단이 발달한 선진 도작농경 기술과 양잠재배 기술을 가지고 다카치호정 지방에 도달하여 그곳을 지배하게 된 이야기가 바로 천손강림신화의 실상인 셈이다.

물론 현재 이런 추론을 증명할 실증적인 고고학적 증거는 확실치 않다. 다만 수수께끼 같은 신화 이야기와 한국악이라는 고유명사만이 우리 앞에 남아 있을 뿐이다. 그러니 우리는 다만 상상할 수 있을 따름이다. 이름만 남아 있다는 것과 어디서인가 길을 잃었다는 것은 크게 다르지 않다. 한국악 아래 에비노(えびの) 고원에서 길을 잃은 자는 고원의 정상에 서 있는 불의 산(火山) 한국악을 바라본다. 고대의 신화적 수수께끼를 말없이 지켜보아 온 한국악에 오르는 자는 먼저 지옥을 건너지 않으면 안 된다. 한국악 기슭에는 이오야마(硫黃山)라는 낮은 산이 있다. 산 전체가 백색 재와 유황 냄새로 가득 차 있는 이오야마를 사람들은 지옥이라고 부른다. 그 지옥을 건너는 내 안에서 무언가가 꿈틀댔다. 그건 또 하나의 영원한 지옥이었을까? 기억하고 싶지 않아도 자꾸만 되살아나는 기억들. 거기엔 희망이 없고 다만 영원의 구멍들만이 숭숭 뚫려 있을 따름이다. 한국악의 정상에서 내려다 본 거대한 분화구는 아소산의 분화구처럼 연기가 피어오르지는 않았다.

가라쿠니우즈미네신사 : 한국악의 증인

가고시마현 기리시마시(霧島市) 고쿠부우와이(國分上井) 소재 가라쿠니우즈미네(韓國宇豆峯)신사는 한국악의 존재감을 돋보이게 해준다. 다시 말해 이것은 한국악 주변 지역이 한국에서 건너온 사람들의 거주지였음을 증언해준다. 한국악과 마찬가지로 이 신사명에 한국(가라쿠니)이라는 국호가 지금도 그대로 남아 있는 것은 아마도 고래의 전승을 중시해 온 지역주민들의 성숙한 역사의식 덕분이 아닐까 싶다. 가라쿠니우즈미네신사의 제신은 현재 스사노오의 아들인 이소타케루(五十猛命)로 되어 있지만, 원래는 하타씨(秦氏)의 씨신(氏神)을 모신 신사였다. 이 점과 관련하여 신사의 안내문에는 "하야토(隼人)족은 거칠고 아직 법을 모르므로 부젠국(豊前國)의 백성 2백호를 이주시켜 그들을 가르치고 인도하게 했다."는『속일본기』(續日本紀) 714년 3월15일조 기사가 소개되어 있다. 여기서 '부젠국'이란 현재의 후쿠오카현 동부 및 오이타현 북부에 해당하는 옛 지명으로, '부젠국의 백성 2백호'는『수서』(隋書)가 말하는 '하타왕국'(秦王國)의 하타씨 백성 5천여 명을 가리킨다.

중국의 역사서인『수서』왜국전(倭國傳)은 규슈 북동부의 부젠국 지역을 '하타왕국'이라고 적고 있는데, 실제로 오늘날까지 남아 있는 703년의 부젠국 호적 문서는 그 지역 주민의 80%가 하타씨였음을 생생하게 증언하고 있다. 부젠국 마을 중에 탑리(塔里)라는 지명이 나오는데, 이 마을 이름은 지금도 신라의 수도 경주에서 찾아볼 수 있다. 이는 하타씨 일족이 가야 및 신라 지역으로부터 5세기 전후에 최초로 규슈 북동부에 도래하여 부젠국 지역에 하타왕국을 형성했음을 추정케 한다. 그 하타왕국의 최대 성지가 바로 일본 수험도(修驗道)와 백산(白山)신앙의 원류라고 말해지는 히코산(英彦山)이었다. 마치 한증막 같은 규슈의 여름에 땀을 뻘뻘 흘리며 아내와 함께 올랐던 히코산신궁 뒤편의 산 중턱에는 환웅의 영정을 모신 다마야(玉屋)신사가 있

가고시마현 기리시마시(霧島市) 고쿠부우와이(國分上井) 소재
가라쿠니우즈미네(韓國宇豆峯)신사. 가야=신라계 도래씨족인 하타씨(秦氏)와 밀접한 관계가 있는 신사이다.

었다.

한편 가라쿠니우즈미네라는 신사명에서 '미네'(峯)는 산봉우리를 뜻하는
일본어이며 '우즈'는 하타씨의 별칭인 '우즈마사'와 관계가 있어 보인다. 한
국 동해안에서 자생하는 적송으로 만들어진 일본 국보 제1호 목조 보관미륵
보살반가사유상을 소장한 광륭사(廣隆寺, 고류지)가 위치한 곳의 지명은 지
금도 우즈마사(太秦)라고 불린다. 필자가 학생들을 인솔해서 간 적이 있던
도에이(東映) 영화사의 유명한 '우즈마사 영화촌'은 바로 이 지명을 딴 것이
다. 한국의 민속촌같이 만들어 놓은 우즈마사 영화촌은 일본인 관광객과 수
학여행 온 일본 학생들로 북적이고 있었다. 그들 중 이곳의 지명과 영화마

하타씨의 성산인 히코산의 다마야신사. 환웅의 영정을 모시고 있다.

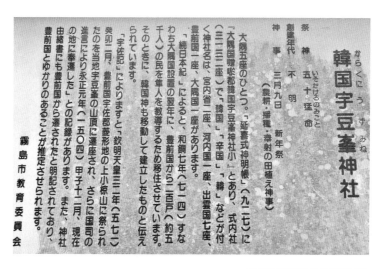

韓国宇豆峯神社

가라쿠니우즈미네신사의 안내문.

을 명칭의 유래를 아는 이들이 얼마나 될지를 자문하며 교토를 개척한 하타 씨에 대한 생각에 잠긴 채 잘 꾸며 놓은 세트장을 돌아보았다. 울진 신라봉 평비가 발굴된 이후 한일 학계에서는 하타씨 또는 그 별칭인 우즈마사가 실은 경북 울진군의 고대 지명인 파단(波旦) 혹은 우유촌(于柚村)에서 비롯된 이름이라는 설이 점차 설득력을 얻고 있다.

그렇다면 가라쿠니우즈미네라는 신사명은 '한국에서 건너온 하타씨의 산'을 뜻하는 말일지도 모른다. 그것이 현재 위치에 있기 전에는 어쩌면 하타씨 일족의 조상을 제사지내는 사당으로서 히코산 기슭에 세워져 있던 것이 아닐까 하는 상상도 해 보았다. 원래 부젠국에 있던 것이 당지로 옮겨져 왔다는 신사측 전승을 소개하는 안내문도 이런 상상을 뒷받침해 준다. 안내문은 이에 앞서 가라쿠니우즈미네신사가 고대 일본에서 가장 격식 높은 신사 중의 하나였음을 강조한다. 927년에 성립한 『연희식』(延喜式, 엔기시키)의 신사 명부인 〈신명장〉(神明帳)에는 당시 조정이 가장 격식 높은 신사로 지정한 3,132개소의 신사가 기록되어 있는데, 이 신사들을 '식내사'(式內社, 시키나이샤)라 한다. 가라쿠니우즈미네신사의 안내문은 이 신사가 식내사임을 밝히면서, 그 외 '한국'을 가리키는 '가라쿠니'(韓國 또는 辛國)나 '가라'(韓)가 붙은 식내사로 궁내성에 2개소, 가와치국(河內國)에 1개소, 이즈모국에 7개소, 부젠국에 1개소 총 13개소가 있었다는 설명을 덧붙이고 있다.

기리시마신궁 : 사카모토 료마의 신혼여행지

어쨌거나 오늘날 한국악(가라쿠니타케)과 가라쿠니우즈미네신사에 왜 한국(가라쿠니)이라는 이름이 붙어 있는지를 아는 일본인은 극소수에 지나지 않는다. 있다 해도 그것을 입 밖에 내어 말하는 자는 거의 없다. 한국악과 가라쿠니우즈미네신사는 이름만 남아 있을 뿐 기억상실증에 걸린 미아처럼 길을 잃고 서 있다. 이에 반해 호노니니기가 천강했다는 다카치호봉 기슭에 위치한 관광명소인 다카치호가와라(高千穗河原)의 '천손강림 히모로기(神籬) 재장(齋場)'은 언제나 일본인 방문객들로 북적거린다. 호노니니기가 제신으로 모셔진 신사는 한국악으로부터 그리 멀지 않은 곳에 있는 기리시마신궁(霧島神宮)이다. 이 신사에는 호노니니기 외에도 고노하나노사쿠야히메, 호오리(야마사치 혹은 히코호호데미), 도요타마히메, 우가야후키아에즈, 다마요리히메, 가무야마토이와레비코(진무 천황) 등 천황가의 유래와 관련된 주요한 신들이 다 모셔져 있다. 여행자는 신사 건물의 주홍색 단청이 유난히 뜨거웠던 지난 여름을 더욱 숨막히게 만들었노라고 기억한다.

유서 깊은 기리시마신궁은 메이지(明治)유신의 주역인 사쓰마번(薩摩藩, 가고시마현) 근황 지사들의 정신적 지주로 기능했다. 그래서인가 경내 한쪽에는 흥미롭게도 막말 지사 사카모토 료마(坂本龍馬, 1835-1867)가 이곳에 신

천손 호노니니기를 모시는 붉은 단청의 기리시마신궁.

유명한 막말 지사 사카모토 료마를 기념하는 기리시마신궁 경내의 팻말.

혼여행을 왔노라는 팻말이 서 있다. 료마는 오늘날 일본인들에게 제일 인기 많은 역사상의 인물 베스트5에 꼽히곤 한다. 흔히 막부 말기에 서로 으르렁 거리던 최대 라이벌 관계의 사쓰마번과 조슈번(長州藩, 야마구치현)이 손을 잡음으로써 메이지유신이 가능했다고 하는데, 당시 가장 부강했던 두 번의 동맹을 성사시킨 중재자가 바로 료마였기 때문이다. 그럼에도 조금은 우스 꽝스럽게 보이는 료마 신혼부부의 모형상을 보면서 나는 사쓰마번으로부터 시작된 신불분리(神佛分離)와 폐불훼석(廢佛毁釋)에 대해 생각하고 있었다.

그 당시 불교 및 수험도(修驗道, 일본의 산악종교)에 대해 행해진 만행들은 일본을 신의 나라로, 사쓰마의 기리시마 산지를 천손강림의 산으로 믿는 신 화적 신앙에 입각한 측면이 적지 않았다. 천여 년 가까이 지속되어 온 신도 와 불교의 불가분리적인 관계를 하루아침에 억지로 갈라 놓은 메이지 신정 부의 신불분리 정책과 그것이 초래한 폐불훼석은 사실상 일본 종교사를 그 이전과 이후로 구분할 수 있을 만큼 결정적인 것이었다. 만일 하나의 신앙 에 입각해서 다른 신앙들을 배척하는 것이 신앙의 본질에 속한 거라면, 차 라리 신앙 없는 종교라는 것도 생각해 볼 만하지 않겠는가. 그런 종교의 모 습은 어떤 것일까를 상상하는 동안 나의 발길은 어느새 다카치호가와라에 닿아 있다. 다카치호봉 바로 아래에 있는 이곳은 기리시마신궁이 원래 있던 장소라고 하는데, 호노니니기의 천손강림을 기리는 제단이 왠지 마니산의 삼성단을 보는 듯하여 인상적이었다.

두 개의 다카치호

그런데 다카치호라는 지명은 남규슈에 두 군데가 있다. 하나는 앞에서 언 급한 기리시마 산지(가고시마현 및 미야자키현 양편에 걸쳐 있다)의 다카치호봉 이고 다른 하나는 미야자키현(宮崎縣)의 니시우스키군(西臼杵郡)에 있는 다

다카치호가와라의 천손강림 히모로기 재장(齋場).
여기서 히모로기(神籬)란 신이 깃든 상록수를 가리키는 말로서 일본 신사의 원형이라고 말해진다. 뒤편에 보이는 것이 표고 1,574m의 다카치호 산봉우리이다.

카치호정(高千穂町)이다. 이 둘 가운데 호노니니기가 강림한 곳이 어디인지에 관심을 가지는 일본인들이 적지 않다. 그들은 흥미롭게도 신화를 역사적 사실로서 풀고 싶어 하는 것이다. 예컨대 국학자 모토오리 노리나가는 양자 모두를 천손강림의 장소로 보았다. 즉 처음에는 천손이 니시우스키의 다카치호정으로 강림했다가 후에 기리시마로 이동했다는 것이다. 그러나 사쓰마 국학의 아버지로 불리는 시라오 사이조(白尾齋藏, 1762-1821)는 니시우스키의 후타가미산(二上山)은 천손강림지로서는 너무 초라하며, 그것보다 더 웅장한 기리시마 산지의 다카치호봉이야말로 호노니니기가 천강한 곳이라고 주장했다. 시라오는 그 증거로 다카치호봉 산정에 있는 '아마노사카호코'(天の逆鉾)를 내세웠다. 이것은 이자나기와 이자나미가 국토를 낳을 때 썼으며 호노니니기가 천강할 때 가지고 내려왔다는 신화적 삼지창을 가리킨다. 이에 반해 근대의 역사학자 기타 사다키치(喜田貞吉, 1871-1939)는 니시우스키 쪽이 천손강림지이며, 1339년 기타바타케 지카후사(北畠親房)가 쓴 역사서 『신황정통기』(神皇正統記)의 기록을 들어 아마노사카호코는 원래 이세신궁(伊勢神宮)의 이스즈강(五十鈴川) 강변에 있었는데, 후대에 수험도(修驗道)의 수행자[修驗者]가 기리시마 산지의 다카치호봉에 옮겨 놓은 것이라고 반박했다. 한편 우메하라 다케시는 전술했듯이 호노니니기가 한국에서 노마 반도에 있는 가사사의 곶에 상륙하여 농경지를 찾아 니시우스키의 다카치호정으로 이동했다고 추정한다.

이때 가사사라는 지명도 문제가 된다. 즉 우메하라의 추정대로라면 호노니니기가 니시우스키의 다카치호정에 들어갔다가 다시 노마 반도의 가사사로 돌아와 고노하나노사쿠야히메와 결혼한 것이 되는데 이는 좀 이해하기 힘들다. 그래서 우메하라는 다카치호라는 지명과 마찬가지로 가사사라는 지명 또한 두 군데가 있었을 것이라고 가정한다. 즉 천손족이 상륙한 노마 반도의 가사사와는 별도로 호노니니기가 고노하나노사쿠야히메를 만난 휴가(日向)의 가사사가 있었을 것이라는 식이다.

어쨌거나 규슈에 있는 두 군데의 다카치호 지명 가운데 어느 쪽이 진짜 천손강림지냐 하는 것은 불의 나라에서 길을 잃어버린 여행자에게는 도무지 와닿지 않는 물음이다. 도대체 신화를 역사로 풀어낸다는 것이 얼마만큼의 의미를 가질 수 있을까? 물론 여행자는 신화로만 여겨지던 트로이 전쟁이 19세기 말 슐리만(Heinrich Schliemann)에 의한 트로이와 미케네의 고고학적 발굴을 통해 실제 역사였음이 밝혀졌을 때 인류가 받았던 충격을 알고 있다. 게다가 심증은 풍부하나 실증적 증거는 없는 수수께끼투성이의 고대 한일관계사에서 신화와 역사의 접점이 지닐 만한 의의 자체를 부정하는 것도 아니다. 하지만 여행자에게 지금 더 중요한 것은 이를테면 신화 속에서 나의 길 잃음과 역사 속에서 너의 길 잃음이 교차한다는 사실을 인식하는 데에 있다. 그런 그에게는 자기류의 편리한 잣대에 의해 신화를 역사로 읽어낸다든지(신화의 역사화), 반대로 역사를 신비화 혹은 신성화하는(역사의 신화화) 어떤 시도도 설득력이 없다. 길을 잃은 자에게 무엇보다 필요한 것은 예민한 길(道)의 감수성을 되찾는 일이기 때문이다.

이 점에서 우리는 레비스트로스(Claude Lévi-Strauss)의 일본에 대한 각별한 느낌 앞에 좀더 관대해진다. 규슈 속 일본신화의 무대를 찾은 가장 최근 여행 때 나는 그동안 차일피일 미루어왔던 레비스트로스의 강연집 『달의 이면』을 틈틈이 읽었다. 수학공식처럼 치밀한 구조인류학의 개척자 레비스트로스는 이 책에서 1986년 규슈를 처음 방문했을 때, 다윗의 신전터, 베들레헴 동굴, 그리스도 성묘, 나사로의 무덤보다도 호노니니기가 천강했다는 기리시마 산지와 아마테라스가 몸을 감추었다는 동굴 앞의 아마노이와토(天岩戸)신사에서 더 깊은 감동을 느꼈다고 하면서 다음과 같이 말한다.

일본인들은 역사를 자신들의 신화 속에 완전히 자연스럽게 심었습니다. 문헌에 따르면 규슈가 가장 오래된 신화의 무대였다고 하는데, 저는 정말 그것을 믿게 되었습니다. 여기서 역사성의 문제는 중요하지 않습니다. 두 지역이 호노니니기 신이 천손강림했다는 장소로 논쟁이 되었는데 별다른 거북함 없이 그것을 받아들일 수 있었습니다. 아마테라스 여신이 동굴 속에 들어갔다는 저 유명한 전설이 말해지는 곳에 성소가 세워졌습니다. 다가가기에는 너무 신성해 멀리서만 바라봅니다. 관광객들을 쏟아 놓는 관광버스 숫자만 보아도 그곳이 건국 신화의 장소임을 믿어 의심치 않게 됩니다. 그 장엄한 풍경들만 보아도 신화적 시대와 현대적 감수성 사이의 어떤 지속성을 느낄 수 있었습니다.

레비스트로스의 이런 감회는 다소 과장된 듯한 느낌도 든다. 많은 관광객들이 규슈 다카치호를 찾는 것은 그곳이 정말로 신성한 성지로서의 천손강림지라고 믿어서라기보다는 종교(신화)와 투어리즘의 결합이라는 현대사회의 현상적 측면이 더 크다고 할 수 있다. 그렇다 해도 "일본에서 이토록 신화가 잘 보존되어 있는 그 생명성에 제가 어찌 감동받지 않을 수 있겠습니까?"라는 레비스트로스의 반문에는 나름대로 이유가 있어 보인다. 분명 일본인은 우리와는 달리 "신화적 시대와 현대적 감수성 사이의 어떤 지속성"에 대한 감각이 있는 듯싶기 때문이다. 이 점을 염두에 두면서 천손강림신화를 언급하기에 앞서 먼저 아마테라스와 아마노이와토신화를 생각해 볼 필요가 있다.

동굴 속에 숨은 태양 : 아마노이와토신화

호노니니기의 할머니에 해당되는 태양의 여신 아마테라스에게는 스사노오(須佐之男命)라는 남동생이 있었다. 폭풍의 신 스사노오는 고천원의 통치질서에 불만을 품고 아마테라스가 경작하는 논두렁을 부수거나 아마테라스가 사는 신전에 똥을 뿌리는가 하면 아마테라스가 베틀로 신의(神衣)를 짜는 이미하타야(忌服屋)에 말가죽을 벗겨 던지는 등 난폭한 행동을 일삼는다. 이에 시녀가 죽고 자신도 상처를 입게 되자 더 이상 견딜 수 없었던 아마테라스가 천상계 입구에 있는 아마노이와토(天岩戸)라는 동굴 속에 숨어 버린다. 그러자 세상에는 태양이 사라지고 짙은 어둠만이 깔리면서 모든 생명체들이 사멸의 위기에 처하게 된다. 결국 이에 당황한 신들이 의논한 끝에 제사와 춤을 통해 여신을 굴에서 나오게 한다. 그 장면은 매우 극적이다.

지옥 같은 어둠 속에서 바다 건너편에 있다고 상상된 유토피아인 도코요(常世)의 장닭들이 한꺼번에 울어대자, 아마테라스가 숨어 있는 굴 앞에 팔백만 신들이 각기 요란한 치장을 하고 모여든다. 그들은 동굴 앞에 거대한 화톳불을 피우고 큰 소리로 노래하며 춤추고 떠들어댄다. 이어서 신들이 동굴 앞에 성스러운 비추기 나무를 세우고 수백 개의 구슬로 장식한 다음 가운데 가지에 야타노가가미(八尺鏡)라는 대형거울을 걸자, 무녀 아메노우즈메(天宇受賣命)가 등장하여 유방과 성기를 드러낸 채 한바탕 푸닥거리를 한다. 그 모습에 모든 신들이 한꺼번에 깔깔거리며 웃어대자, 이를 이상하게 여긴 여신 아마테라스가 동굴문을 약간 열고는 바깥 동정을 살피며 "내가 없는데 뭐가 그리 즐겁다고들 웃어대는가?"라고 묻는다. 이에 아메노우즈메는 "당신보다 더 훌륭하고 존귀한 신이 있기 때문에 우리가 즐거워서 웃지요."라고 대답한다. 다른 신들은 이 말이 정말인지 아닌지 확인해 보라는 듯 아마테라스 앞에 거울을 들이민다. 이들의 각본을 알지 못하는 아마테라스가 거울에 비친 제 모습을 더 자세히 들여다보기 위해 몸을 앞으로 내밀었을 때, 동굴 위쪽에 숨어 있던 괴력의 신 아메노다지카라오(天手力男神)가 아마테라스를 붙잡아 밖으로 끌어내자 세상이 다시 밝아진다. 신들은 동굴 주변에 금줄을 둘러 폐쇄하고 스사노오를 지상으로 추방해 버린다. 이리하여 아마테라스와 스사노오 간에 벌어진 신들의 전쟁은 스사노오가 희생양이 됨으로써 막을 내린다.

한판의 굿을 연상케 하는 위 장면에서 비추기 나무를 장식한 구슬(야사카니노마가타마)과 거울(야타노가가미)은 스사노오가 지상으로 추방당한 뒤 퇴치한 야마타노오로치라는 괴물뱀의 꼬리에서 나온 검(구사나기노쓰루기)과 함께 오늘날 천황의 황위를 상징하는 이른바 '삼종의 신기(神器)'로 간주된다. 일본에서는 대대로 천황이 바뀔 때마다 이 삼종의 신기를 계승하는 의식이 거행되었다. 올해(2019년) 5월 1일 제125대 아키히토(明仁) 헤이세이(平成)천황이 퇴위하고 황태자 나루히토(德仁)가 제126대 천황이 됨으로써 새롭게 레이와(令和) 시대가 열렸는데, 그 즉위식에서 이 의식이 행해졌음은 말할 나위 없다.

유방과 음부를 드러내어 신들의 웃음보를 터뜨린 무녀 아메노우즈메라는 캐릭터 또한 주목할 만하다. 레비스트로스는 『달의 이면』에서 아메노우즈메의 외설적인 춤 모티브가 그리스의 데메테르 신화 및 이집트의 오시리스 신화에도 등장한다는 점을 지적한다. 즉 행방불명이 된 딸 페르세포네를 찾아 헤매던 데메테르가 엘레우시스에 도착했을 때 그녀의 슬픔을 위로하고자 그곳 공주의 시녀 이암베가 치마를 들어 엉덩이를 드러내어 여신을 웃게 만들었고, 오시리스 신의 후계자를 선택하는 재판정의 주재자인 태양신이 원숭이신 바바로부터 모욕을 당해 기분이 몹시 상해 있을 때 딸 하토르가 치마를 걷어 올려 자신의 음부를 보여주자 실컷 웃고 나서 다시 재판정으로 다시 돌아갔다. 이 세 가지 신화는 웃음을 유발하는 외설적 행위의 골계미 혹은 웃음의 해학적 기능이라는 점에서 공통적이다. 슬플 때는 울고 기쁠 때는 웃는 것이 인지상정일 것이다. 하지만 너무 기쁠 때 눈물이 나오듯이, 때로는 해학적 웃음이 극도의 슬픔을 뚫고 솟아나기도 하는가 보다.

아마노이와토신사

이 신화에 나오는 아마노이와토 동굴의 이름을 딴 신사가 있다. 미야자키현 니시우스키군 다카치호정에 위치한 아마노이와토(天岩戸)신사가 그것이다. 아마노이와토신사에는 두 개의 본전 즉 동본궁(東本宮)과 서본궁(西本宮)이 있는데, 이 중 아마테라스가 숨었다는 동굴은 서본궁 경내에 있다. 하루

에 버스가 한두 대밖에 지나가지 않는 소박한 이 시골 마을에 도착했을 때
는 어느새 해가 기울어 가고 있었다. 서둘러 서본궁을 찾았으나 이미 정해
진 견학시간이 끝난 다음이었다. 내일 아침에 일찍 와야지 하고 돌아 나오
다 우연히 마주친 신사 신직에게 한국에서 온 여행자라고 말하자, 친절하게
도 그는 시간이 지났지만 저 신화적 동굴을 안내해 주겠노라고 나의 손을
잡아끌었다. 예상은 했지만 실제로 경내에 있는 동굴을 보니 실망이 이만저
만이 아니다. 하긴 신화를 역사의 현장으로 끌어내면 자꾸만 작아지고 만
다. 그렇게 작아지는 것은 비단 신화만이 아니다. 그걸 목도하는 여행자 또
한 난장이가 되는 기분이다. 하지만 의외의 수확은 딴 데서 발견되었다. 그
것은 신이 아니라 사람과의 만남이었다.

그는 사토 노부오(佐藤延生)라는 이름의 신직이었다. 폐문 시간에 도착한 여행자를 40여 분 넘게 안내해 준 그 신직으로부터 나는 다음과 같은 말을 들을 수 있었다. "호노니니기는 한국인이고 진무(神武)천황에게 볍씨를 준 것은 단군의 자손이었습니다. 신들은 흰 신마(神馬)를 타고 다니는데, 진무천황은 최초로 배를 타고 이동했다고 나옵니다. 그런데 그 시대의 일본에는 배가 없었어요. 배는 한반도에서 쌀을 싣고 처음 일본으로 전해진 것입니다. 그러니까 쌀농사는 한국에서 온 것이었습니다. 원래 고대 일본인들이 생각한 신은 나무나 돌 같은 데 거하는 영적 존재였는데, 인간의 형상을 한 신에 대한 관념은 한국인한테 배운 것입니다. 그 후 일본신화에 나오는 신들은 원래 다 인간이었구요. 호노니니기의 진짜 천손강림지는 이곳(아마노이와토 신사)이 아니라 한국악이었습니다…."

아마노이와토신사로 말할 것 같으면 일본신화의 본향 중의 본향이라 할 수 있는 곳인데, 그곳의 신직으로부터 이런 말을 듣다니 정말 의외였다. 물론 내용은 그리 새로울 것도 없고 이를테면 여기저기 떠돌아다니는 무성한 심중의 조각들이라고나 할까, 뭐 그런 것이었다. 문제는 '누가' 그런 생각을 하고 그런 말을 하느냐에 있다. 그러니까 한국인이 그런 말을 하는 것은 지금 우리에게 별 큰 의의가 없지만, 일본인 그것도 아마노이와토신사의 신직이 그런 말을 한다는 것은 각별한 의미가 있다. 나는 그 신직과 함께 사진을 찍으면서 부디 당신의 생각을 정리해서 책을 펴내시기를 기대한다고 말했다. 이런 주문이 비현실적인 것임을 알면서도 말이다.

이 신직이 알려준 대로 아마노이와토신사 뒷문을 빠져나와 한 15분 정도 계곡길을 따라 올라간 곳에 정말 동굴다운 동굴이 있었다. 아마노야스카와라(天安河原)라고 불리는 널찍한 동굴은 아마테라스가 아마노이와토에 숨은 뒤 태양이 사라지고 어둠만이 세상을 지배하게 되자 이를 염려한 모든 신들

신들의 회의장소였다는 아마노야스카와라 동굴 내부.
아마노이와토 신사 뒷산의 계곡에 있다.

이 모여 회의를 했다고 전해지는 장소이다. 그곳에는 마이산 돌탑 같은 것들이 무수하게 쌓여 있었고 어디선가 정말로 두런거리는 신들의 음성이 들려올 것만 같은 묘한 분위기가 흐르고 있었다. 나는 그 동굴 한 구석에 주저앉아 8백만 신들의 원탁회의를 상상하는 방청자가 된다. 나의 오만한 상상 속에서 신들의 논쟁은 결국 이런 합의점에 이른다. "아마테라스가 원하는 대로 그녀를 굴속에 그대로 놓아둡시다! 그녀는 지쳐 있음에 틀림없소. 우주는 나이를 먹을 만큼 먹었으니 말이지. 대신 스사노오를 우리의 새로운 최고신으로 추대합시다. 그는 젊고 강한 신이오!" 이 상상대로 스사노오가 천황가의 조상신으로 자리매김 되었더라면 지금의 일본은 과연 다른 모습을 하고 있을 것인가?

다카치호신사 : 가구라의 전당

니시우스키의 다카치호정은 고대 규슈의 배꼽으로서 교통의 요지였다. 이 다카치호정은 천손강림의 신화로도 유명하지만 신에게 바치는 춤과 음악의 연희인 가구라(神樂)의 마을로도 유명하다. 실로 미야자키현은 가구라 특히 밤새껏 행해지는 요가구라(夜神樂)의 전당이다. 일본에서 이곳보다 더 가구라가 성행하는 곳은 다시없다고 한다. 특히 다카치호신사의 가구라 신전에서는 매일 밤마다 여행자들을 위해 전체 33개 대목으로 이루어진 이와토 가구라(岩戶神樂) 중 4개 대목의 춤을 공연한다. 그 팜플렛에 나오는 내용을 일부 소개하면 다음과 같다.

다카치호정 지방에 전승되어 내려온 가구라는 아마테라스가 아마노이와토에 숨었을 때, 그 동굴 앞에서 아메노우즈메가 추었다는 익살스런 춤에서 유래된 것이라고 한다. 고래로 우리 조상들은 오랜 세월 동안 이 가구라를 전승하여 오늘에 이르고 있다. 매년 11월말에서 다음해 2월까지 각 동네별로 총 33개 대목의 요가구라를 상연하면서 가을의 결실에 대한 감사와 새로운 한 해의 풍요를 기원하는 것이다. 그중 네 대목은 다음과 같다. ① 다지카라오의 춤: 아마테라스가 아마노이와토에 숨자, 힘이 장사인 다지카라오가 아마노이와토를 찾아내기 위해 조용히 귀를 기울인다든지 생각하는 모습을 표현한다. ② 우즈메의 춤: 아마노이와토의 소재가 확인되자, 그 동굴 앞에서 우즈메가 해학적이고 엉뚱하기까지 한 춤을 추어 아마테라스를 동굴 밖으로 꾀어내려 한다. ③ 돌문을 여는 춤: 다지카라오가 아마노이와토의 돌문을 제거하고 아마테라스를 맞이하는 춤으로서, 용맹하고 힘찬 춤이다. ④ 고신타이(御神體)의 춤: 일명 국토 낳기 춤이라고도 한다. 이자나기와 이자나미 부부신이 술을 빚어 서로 정답게 마시며 희롱하는 춤으로

다카치호정에 있는 다카치호 신사에서 매일 밤 공연하는 요가구라의 한 장면. 다지카라오 신이 아마노이와토 동굴의 돌문을 열고 아마테라스를 동굴 밖으로 꾀어내고 있다.

원만한 부부 사이를 상징한다.

다카치호정에만 21개의 가구라 극단이 있다고 하는데, 다카치호의 요가구라는 위에서 소개된 대로 수확제 성격과 아울러 다카치호신사의 제신 미케누(十社大明神)에 의해 살해당한 기하치(鬼八)를 위무하는 진혼제 성격도 있다. 부연하자면, 진무 천황이 휴가로 향할 무렵의 이름은 우카미케누였고 그에게는 형제가 둘 있었는데 그중 하나가 바로 다카치호신사의 제신 미케누이다. 다카치호정의 전승에 의하면, 미케누는 야마토 정복 이후 고향인 다카치호정으로 돌아와 기하치를 퇴치했다고 한다. 여기서 기하치는 전술한 아소 지방 전설에 나오는 기하치와 동일한 신으로서 마찬가지로 외부에서 침입해 들어온 정복자에게 패한 지방 호족을 표상하는 존재로 여겨진다.

이리하여 이와토 가구라의 풍취를 음미한 여행자는 일본신화의 본향 한가운데에 있는 어느 정갈한 여관에 짐을 풀었다. 아마도 그는 '이와토야'(岩戶屋)라는 이름의 그 여관에서 지낸 하룻밤을 오래 기억할 것만 같다. 취침 전에 서비스로 제공된 근처의 '아마노이와토 온천'을 비롯하여 아침 식단에 등장한 전통적인 일본 정식 코스의 요리도 인상적이었지만, 무엇보다 그 여관을 경영하는 일가족의 소박한 품성이 길 잃은 여행자에게는 더할 나위 없는 위안이 되었다.

달의 이면 : 레비스트로스의 감동

한국악과 기리시마신궁도 그렇지만 특히 다카치호신사를 돌아보면서 여행자는 신화와 역사의 관계를 떠올리지 않을 수 없었다. 확실히 일본의 경우는 신화와 역사가 내적으로 매우 긴밀하게 연결되어 있다. 패전 전의 일본에서는 천황가의 신성성을 보증하고 천황의 절대적 통치권을 정당화하기 위해 8세기 초에 새롭게 '만들어낸 신화'인 『고사기』와 『일본서기』 신화를 실제 일어난 역사라고 가르쳤다. 식민지 시대에 이로 인해 깊은 상처를 받은 우리에게 신화와 역사는 결코 동일시할 수 없는 대상으로 각인되어 있지만, 일본과 역사적인 이해관계가 없는 제3자로서의 레비스트로스는 오히려 신화와 역사의 친연성을 일본의 매력 가운데 하나로 꼽았다. 신화와 역사를 분명히 구분하는 서구와 달리 일본인들은 아주 자연스럽게 신화 속에다 역사를 심었고 그리하여 신화에서 역사로의 이행이 매우 유연하게 이루어졌다고 보는 레비스트로스는 『달의 이면』에서 이렇게 말한다.

객관적 사고를 하는 사람이라면 이야기된 사건들의 내용 이전에 그 사건이 일어난 장소의 실재성 여부에 먼저 관심을 갖습니다. 그런데 규슈에서는 그런 질문이 전혀 떠오르지 않습니다. 그 비경에 그냥 젖게 됩니다. 역사적 사실성의 문제는 제기되지 않습니다. 더 정확하게 말하자면, 다카치호 성지의 분위기에서는 그런 물음이 적절하지 않습니다. 그곳에서는 하늘에서 내려온 호노니니기 신을 맞이하는 영광을 상상해 보는 일이 그다지 어색하지 않습니다. 팔레스타인에서는 어떤 것이 실제로 일어난 곳이 아니면, 신화에 의해 역사가 더욱 풍부해질 수 있는 장점이 있다 해도 그곳을 성지로 쉽게 받아들이지 않습니다. 그런데 거꾸로 규슈의 경우에는 정말 비할 데 없이 찬란한 저 아름다운 곳이 신화를 더욱 풍부하게 만들어주며, 거기에 미학적 차원이 더해져 신화적·역사적 장소가 우리 앞에 더욱 구체적으로 나타납니다.

일본에 있어 신화와 역사의 일치를 적극적으로 긍정하는 이 대목은 전적으로 레비스트로스의 미학적 감수성에 입각한 직관적 판단이라 할 수 있다. 역사적 사실 여부와 상관없이 천손강림 신화의 무대를 찬미하는 레비스트로스의 주관적 태도는 아메리카 원주민 신화에 대한 공감적 분석의 연장이라는 점에서 이해 못할 바는 아니지만, 거기서는 일본신화와 아메리카 원주민 신화를 동일한 수준에서 다룰 때 문제될 수 있는 결정적인 오류가 간과되고 있다. 가해자로서의 제국주의 전력을 가진 일본과 서구 제국주의에 의해 철저히 문화와 역사를 말살당한 피해자로서의 아메리카 원주민을 동일한 잣대로 바라보는 오류가 그것이다. 물론 이러한 오류의 이면에는 『달의 이면』에 기술된 다음과 같은 또 다른 언급에서 엿볼 수 있듯이 나름대로의 맥락이 있다.

감히 말하건대 보이는 달의 표면 즉 고대 이집트·그리스·로마 시대부터의 (구)유럽 세계의 역사가 아니라, 보이지 않는 달의 이면 즉 일본학 연구자들과 아메리카 원주민학 연구자들이 다루는 역사를 통해 보자면 일본 역사는 더욱더 중요해집니다. 고대 일본이 유럽과 태평양 사이에서 일종의 다리 역할을 했다는 점을 염두에 두어야 합니다…인류의 과거 가운데 가장 신비롭게 남아 있는 부분에 접근하고자 할 때 일본이 중요한 열쇠를 제공해 주는 것은 확실합니다.

여기서 레비스트로스는 거시적인 문명사적 관점에 입각하여 '달의 이면'이라는 메타포를 통해 일본 문명의 세계사적 의의를 규정하고 있다. 일본은 제국주의적인 유럽 중심주의의 표면적 세계사로부터 벗어나 그 이면을 볼 수 있게 해 주는 매개적 존재이며 아메리카 원주민도 그렇다는 것이다. 이 때 그가 특히 주목한 것이 신화의 보편성이다. 레비스트로스가 일본신화와 아메리카 원주민 신화를 한통속으로 묶어 보려 한 것은 바로 이와 같은 맥락에서였다. 그의 일본신화 해석은 철학과 인류학 및 신화학의 거장답게 곳곳에서 날카롭게 빛나는 통찰력을 보여주기도 한다. 하지만 보는 시각에 따라 그것은 1970년대 이래 일본학자들 사이에 풍미한 긍정적 일본인론(일본문화론)이라는 일본 특유의 담론 장르에 속한 것으로 간주될 여지가 많다. 일본을 여행하다 눈에 띄는 대형서점에 들어가 보면 일본인의 기원, 일본 역사와 일본 문화의 특징, 일본의 독특성 등을 다룬 책들이 몇 칸의 서가를 가득 채우고 있는 광경을 쉬이 볼 수 있다. 그런 코너에는 통상 '일본인론' 또는 '일본문화론'이라는 분류표가 붙어 있곤 한다. 물론 일본인론을 다룬 책 중에는 일본을 제대로 이해하는 데에 매우 유용한 것도 적지 않다. 가령 잘 알려진 이어령의 『축소지향의 일본인』이나 루스 베네딕트의 『국화와 칼』 또는 도

이 다케오(土居健郎)의 『아마에(甘え)의 구조』 등은 지금까지도 고전적인 일본 입문서로서 인구에 회자되고 있다. 이에 비해 대다수의 일본인론은 일본의 독특성과 우수성을 부각시키는 논조에 치우친 경우가 많다. 어쨌거나 이런 류의 책들이 일본만큼 많이 출판되고 또 많이 읽히는 나라는 세계에서 다시 찾아보기 어려울 것이다. 그건 참으로 일본에 특이한 사회문화적 현상임에 틀림없다. 다음과 같이 "일본 문화는 다른 동양이나 서양에 비해 독특하다"는 점을 강조하는 레비스트로스도 거기에 한몫 거들고 있는 셈이다.

일본 문화는 다른 동양이나 서양에 비해 독특합니다. 저 먼 과거에 일본은 아시아로부터 많은 영향을 받았습니다. 가까운 과거에는 유럽으로부터 많은 영향을 받았습니다. 최근에는 미국으로부터 많은 영향을 받고 있습니다. 하지만 이렇게 차용한 것들을 자신과 잘 동화되도록 아주 정성스럽게 걸러내 최대한 미세하게 만들어 그 정수만을 받아들입니다. 이 때문에 지금까지도 일본 문화는 그 특수성을 잃지 않았습니다.

일본 문화가 서양과 다르다는 지적은 지극히 당연한 지적이지만, "다른 동양보다 독특하다"는 건 무슨 말일까? 그저 일본문화론의 상투어를 반복하고 있는 것은 아닐까? 어쨌거나 이런 식의 평가는 문화에는 원래 공통의 척도가 없으며, 다만 서로 다를 뿐이고 문화 간에 우열은 없다는 문화인류학적 전제와도 맞지 않다. 물론 일본이 외래문화를 유연하게 수용한 후 세심하게 걸러내어 "최대한 미세하게 만들어" 내는 일종의 여과장치 혹은 증류기로서의 기능에 탁월하다는 점은 충분히 납득이 간다. 하지만 "정수만을 받아들인다"는 말은 좀 어폐가 있다. 일본이 과연 유교나 불교의 정수를 받아들였는지, 또는 기독교나 마르크스주의의 정수를 받아들였는지는 의문이다. 하여간 일본인론이라는 장르는 여러 모로 거장 인류학자에게 걸맞지 않는 영역이라는 느낌이 든다.

사실 레비스트로스는 불완전한 불역본 『고사기』나 『일본서기』 등을 통해 일본신화에 접했을 뿐이라 일본신화의 세부에 대해 충분히 알지는 못했다. 예컨대 그는 1988년 말 파리에서 행해진 에토 준(江藤淳)과의 대담에서 "나는 사실상 다카치호에 있는 다마요리히메(玉依毘賣命)의 성역 즉 호노니니기가 바다의 왕의 딸과 결혼했다는 동굴을 방문했을 때 미적 감동을 받았습니다. 거기서 나는 신화에 나오는 이야기가 정말로 일어났음직하다는 느낌까지 들었습니다."라고 회상한다. 그런데 방대한 저서 『신화론』에서 아메리카 인디언들의 신화 8백여 종을 정밀하게 분석했던 레비스트로스라 해도 일본신화에 대해서는 아직 낯설었던 모양인지, 그의 기억은 전혀 앞뒤가 맞지 않는다. 그가 말하는 '다카치호에 있는 다마요리히메의 성역'은 니치난시(日南市)의 우도(鵜戶)에 있는 우도신궁에 대한 잘못된 기억이고, '호노니니기'는 호오리(히코호호데미 혹은 야마사치)로 고쳐야 맞다.

어쨌거나 그는 아메리카 인디언 신화나 인도네시아 신화와 마찬가지로 일본신화 또한 원초적 신화임을 강조하고 있다. 특히 그는 호오리(야마사치)와 호데리(우미사치) 형제의 신화를 종합적이고 수미일관된 신화의 전형으로 보면서, 이는 외래문화를 받아들여 그것을 멋지게 통일시켜 독자적인 문화를 만들어내는 일본인 특유의 섬세한 감성을 잘 보여준다고 말하기도 했다. 그는 한편으로 "『고사기』 신화는 신화가 아니라 알려진 작가가 신화를 소재로 삼아 자기 나름대로 윤색하여 만들어낸 문학적 창작물"이라는 인식을 가지고 있으면서도, 다른 한편으로 『고사기』와 『일본서기』 신화가 얼마나 교묘하게 조작된 정치적 신화인지에 대해서는 별 관심이 없어 보인다. 기본적으로 일본신화가 천황가의 정통성과 신성성을 확보하기 위해 이데올로기적으로 치밀하게 재조직된 정치 신화라는 점은 많은 일본 연구자들 스스로 일찍부터 인정한 사실이다.

호노니니기의 스캔들

하지만 참된 여행자란 무릇 이데올로기의 번잡하고도 좁은 길에서 벗어나 있는 자를 뜻한다. 그에게는 오히려 길가에서 그리고 숲 속에서 벌어지는 신들의 스캔들이 더욱 친숙하게 느껴지기 마련이다. 호노니니기의 스캔들부터 들여다보자. 다카치호봉에 천강한 호노니니기는 그 지방의 여인과 결혼한다. 그때 호노니니기는 가사사에서 만난 꽃처럼 아름다운 미인 고노하나노사쿠야히메(木花之佐久夜毗賣)에게 홀딱 반해, 여인의 부친인 산신 오야마쓰미(大山津見)에게 딸을 아내로 맞이하고 싶다고 말한다. 이에 오야마쓰미는 언니인 이와나가히메(石長毗賣)와 함께 고노하나노사쿠야히메를 호노니니기의 방에 들여보낸다. 일본어로 '하나'는 꽃을, '이와'는 바위를 뜻하는 말이다. 그런데 호노니니기는 바위같이 못생기고 투박한 이와나가히메는 소박 놓고 고노하나노사쿠야히메만을 취하여 하룻밤 정을 통하고는 다음 날 아침 횅하니 떠나 버린다. 그 등 뒤에 대고 장인이 섭섭하다 못해 저주를 퍼붓는다. "쯧쯧, 꽃처럼 영화를 누리고 바위처럼 오래 살라고 자매를 함께 들여보냈거늘, 꽃만 취하고 바위를 내쳤으니 그대는 오래 살지 못할 것이네."

학생들에게 일본신화에 대해 강의하면서 이 장면을 접할 때마다 되살아나는 기억이 있다. 그것은 마치 죽음을 명상하듯 늘 삶의 벼랑 끝에 서 있다는 느낌에 젖어 있었던 젊은 날의 표박이었다. 서울 도심의 어느 사주카페에서 커피를 마시며 재미삼아 사주 관상을 보았을 때의 일이다. 도인처럼 생긴 주인이 내게 다가와서는 시적으로 툭 던진 말이 지금도 생생하다. "당신은 바위 위에 피어나는 꽃이라오." 그 꽃이 이미 시들고 만 것인지 아니면 지금도 피어 있는 건지, 혹은 아직까지 한 번도 핀 적이 없고 그래서 앞으로 언젠가 피어날 것인지는 모르겠다. 하지만 최소한 한 가지 사실만은 알 것 같다. 바위와 꽃의 배열은 하나의 스캔들이라는 것을. 아무튼 『고사기』는 장인이 호노니니기를 저주하는 앞의 대목에 이어 흥미롭게도 "이리하여 오늘에 이르기까지 천황들의 수명은 길지 않은 것이다."라고 부연한다. 이는 흔히 돌과 바나나가 등장하는 남방 계통의 죽음 기원신화와 대비되곤 한다. 아마도 『고사기』 편자는 신의 후예인 천황이 다른 인간과 마찬가지로 늙어 죽음에 이르는 운명을 피할 수 없다는 것을 이런 식으로 합리화하고 싶어 한 듯싶다.

그 후 고노하나노사쿠야히메가 임신 소식을 전하자 호노니니기는 코웃음을 치며 "딱 하룻밤 같이 잤을 뿐인데 어떻게 아이가 생겼단 말인가? 그 아이는 내 아이가 아닐 것"이라고 잡아뗀다. 참으로 현대적인 장면이다. 지금도 실제로 이런 호노니니기 같은 남자들이 있지 않은가! 하지만 다음 장면은 지극히 고대적이고 신화적이다. 고대 일본에서는 친정집에서 멀리 떨어진 곳에 산실을 짓고 출산하는 풍습이 있었다. 호노니니기의 매몰찬 말에 기가 막힌 고노하나노사쿠야히메는 분노를 어찌하지 못한 채 산실을 짓고 그 안에 들어가 모든 출구를 다 흙으로 막게 하고는 바깥에서 불을 지르게 한다. 만일 그 아이가 호노니니기의 아이라면 무사히 출산하여 자신의 결백을 증명해 줄 거라고 억울함을 호소하면서 말이다. 여자의 한이 맺히면 오뉴월에도 서리가 내린다고 했던가. 그녀는 이미 죽음을 각오한 것으로 보인다. 결과는 고노하나노사쿠야히메의 결백으로 판명이 난다. 호오리와 호데리 형제는 바로 이 불구덩이 속에서 태어난 아이들이다. 불 속에서 안전하게 출산을 마친 고노하나노사쿠야히메는 오늘날 일본에서 안산(安産)의 여신으로 널리 알려져 있다.

호오리와 호데리 형제의 스캔들도 만만치 않다. 형 호데리는 바다에서 물고기를 잡았고 동생 호오리는 산에서 사냥을 하며 살았다. 그러던 어느 날 동생이 형에게 서로 도구를 교환해서 잡아보자고 제안한다. 마지못해 이를 승낙한 형은 동생이 자기 낚싯바늘을 잃어버린 후 대신 천 개의 낚싯바늘을 만들어 갖다 주어도 이를 거부하고 자기 바늘을 찾아 올 것을 막무가내로 주장한다. 동생은 고민 끝에 조류의 신 시오쓰치의 도움을 받아 해궁으로 간다. 거기서 호오리는 해신의 딸 도요타마히메와 결혼하여 자식까지 낳고 살다가 3년 뒤에 잃어버린 낚싯바늘을 찾아 지상으로 돌아온다. 이때 함께 가져온 주술적인 구슬 두 개와 주문으로 호오리는 형 호데리를 제압한 후 지상의 통치권을 확보한다. 그러던 어느 날 해산일이 다 된 도요타마히메가 호오리를 찾아와 이렇게 말한다. "제 본래의 모습으로 아이를 낳고자 하오니 부디 제 모습을 보지 말아 주세요." 그러나 이 금기를 어기고 아내의 해산 장면을 훔쳐본 호오리는 놀라 자빠진다. 도요타마히메가 거대한 상어(또는 악어)로 변하여 엉금엉금 기며 몸을 틀고 있었던 것이다. 남편이 엿본 것을 알게 된 아내는 수치심에 젖어 동생 다마요리히메에게 아이를 키워 줄 것을 당부하고 친정집인 해궁으로 돌아가 버렸다. 이때 태어난 아이가 바로 우가야후키아에즈인데, 그는 자기를 키워준 이모와 결혼하여 그 사이에서 신화적인 초대 진무 천황을 낳았다.

그리스신화와 마찬가지로 일본신화도 이처럼 미색, 성적 욕망, 음모, 시기, 질투, 배반, 의심, 분노, 폭력, 고통, 저주, 애증, 근친상간 등 인간의 어두운 그림자의 측면 혹은 인간의 본질과 관련된 스캔들로 가득 차 있다. 내친 김에 이자나미와 스사노오를 둘러싼 스캔들 몇 가지만 더 떠올려 보자.

이자나미 스캔들

이자나미와 이자나기는 고천원에서 큰 창으로 바다를 휘저어 오노고로 시마라는 최초의 섬을 만든 다음 그곳에 내려가 세계의 중심을 상징하는 신성한 기둥을 세운 뒤 구애를 한다. 이 남녀신의 이름에 들어가 있는 '이자'는 '유혹'을 뜻하는 고대 일본어라는 설이 있다. 이런 이름에 어울리게 남녀신은 서로에게 "당신의 몸은 어떻게 생겼느냐?"고 묻는다. 그러자 이자나미는 "내 몸에는 이루어지지 않은 곳이 한 군데 있다."고 했고, 이에 이자나기는 "내 몸에는 남은 곳이 한 군데 있다. 그렇다면 내 여분의 것으로 완전히 이루어지 않은 네 몸에 끼워 넣어 국토를 낳자."고 유혹한다. 명백히 성적 행위임을 노출하는 이런 표현은 세계 어떤 신화에서도 찾아보기 힘들다. 몸에 대한 강한 호기심과 집착을 보이는 이들이 처음 낳은 것은 '대팔주'(大八洲, 오야시마) 또는 '대팔도국'(大八嶋國, 오야시마노쿠니) 즉 일본 국토였다. 과연 일본인에게 일본 열도는 하나의 몸인가 보다. 일본 사상사와 종교사에 강박적이라 할 만큼 현저하게 나타나는 일본중심주의라든가 현세중심주의는 이와 같은 신화적 몸 담론에서 그 뿌리를 찾아볼 수 있다.

일본 국토의 탄생에 이어 두 신은 수많은 신들을 낳았다. 그런데 이자나미가 막내 아이인 불의 신 가구쓰치(迦具土神)를 출산하다 음부가 불타버려 몸져눕고 말았다. 『고사기』는 이때 그녀의 구토로부터 광산의 남녀신 가나야마비코(金山毗古神)와 가나야마비메(金山毗賣神)가, 대변으로부터 흙의 남녀신 하나야스비코(波邇夜須毗古神)와 하나야스비메(波邇夜須毗賣神)가, 그리고 소변으로부터 관개의 여신 미쓰하노메(彌都波能賣神)와 생산의 신 와쿠무스비(和久産巢日神)가 각각 생겨났다고 전한다. 이자나미는 이렇게 화독으로 고생하다 사망하여 황천국(黃泉國, 요미노쿠니)으로 갔다. 이렇게 사랑하는 아내 이자나미를 잃고 만 이자나기는 "너 때문에 엄마가 죽은 거야."라며 분노를 참지 못하고 칼로 갓 태어난 아들 가구쓰치를 베었다. 그때 칼의 여러 부위에 묻은 피로부터 여덟 신이 태어났다. 죽음뿐만 아니라 생명 또한 잔인한 것임을 보여주는 스캔들이 아닐 수 없다. 이에 비해 아내의 죽음으로 깊이 상심한 이자나기가 슬픔에 겨워 구슬프게 울었을 때 그 눈물로부터 나키사와메(泣沢女神)라는 여신이 태어났다는 이야기는 사랑과 죽음의 로망으로 채색된 스캔들이라 할 만하다. 일설에 의하면 이 여신은 장송의례에서 무녀가 초혼하면서 슬피 우는 것을 신격화한 것이라고 한다. 하지만 나에게 나키사와메는 정화의 여신으로 비쳐진다. 모든 사랑은 오직 죽음으로써만 순수한 사랑으로 정화되는 것이기 때문이다. 그런 사랑을 하고 살지 못하는 이들은 그저 살아남은 자의 서러운 눈물로써 사랑을 대신하고자 자신과의 옹색한 싸움을 이어나갈 수밖에 없다. 그러고 보니 오래전 내가 알고 지내던 한 무녀가 '샤머니즘 르네상스'의 도래를 꿈꾸며 독일로 유학간 뒤 보내온 연하장에서 나를 '눈물의 전사'라고 불러주었던 일이 생각난다. 그때만 해도 나는 '눈물의 전사'를 찬사로만 여겼다. 지금은 나키사와메가 내게 다른 의미를 가르쳐 줄 것만 같다.

이자나미의 스캔들은 계속된다. 사후 황천국에 간 이자나미는 자신을 지상에 데려가기 위해 온갖 고생 끝에 찾아온 남편이자 오빠인 이자나기에게 자신의 썩은 몸을 절대 엿보아서는 안 된다고 경고한다. 그럼에도 그 금기가 지켜지지 않자 이번에는 사랑이 증오로 돌변하여 이를 부드득 갈며 이자나기를 죽이려고 달려드는 이자나미의 절망적인 눈빛은 상상컨대 스캔들의 화룡점정이라 아니 할 수 없다. 그리하여 이승과 저승의 경계를 긋는 거대한 바위를 사이에 두고 이자나기와 이자나미는 마지막 대화를 나눈다. 이자나미는 반드시 복수하겠다며 이자나기가 다스리는 지상세계의 인간들을 매일 천 명씩 죽이겠다고 저주한다. 그러자 이자나기는 "사랑하는 나의 누이여, 나의 신부여, 그렇게 해서라도 분이 풀린다면 뜻대로 하시오. 하지만 나는 매일 천오백 개의 산실을 세울 것이오." 죽음보다 생명의 힘이 더 강하다는 것을 말하고 싶었던 것일까? 이렇게 해서 황천국으로부터 구사일생으로 살아 돌아온 이자나기는 곧바로 강물에 들어가 부정을 씻어냈다. 그때 악신 마가쓰비(禍津日神)와 선신 나오비(直毗神)를 비롯한 많은 신들이 생겨났다는 이야기는 그야말로 현실 속 선과 악의 날줄과 씨줄이 빚어내는 스캔들의 표상이 아니고 무엇이겠는가? 마침내 이자나기가 왼쪽 눈을 씻었을 때 거기서 황조신이자 태양의 여신이라고 하는 아마테라스가 태어난다. 이 탄생 신화는 아마테라스로 대표되는 일본 신도와 천황가에 대한 관념이 '게가레'(穢れ)라는 부정(不淨) 관념에서 비롯된 것임을 여실히 보여준다.

스사노오 스캔들

그렇다면 스사노오 스캔들은 어떠할까? 그는 일본신화의 장에 등장하자마자 스캔들의 주인공이 된 폭풍의 신이다. 이자나기의 두 눈과 코를 씻었을 때 태어났다는 삼신 가운데 오직 스사노오만이 부신(父神)의 명을 따르지 않고 "어머니의 나라에 가고 싶어."라며 수염이 가슴까지 자랄 만큼 줄기차게 울기만 해서 지상에 재앙이 가득 찼다는 이야기는 그의 폭력적인 행동으로 인해 누나 아마테라스가 베틀북에 음부를 찔려 크게 다쳤다는 스캔들 못지않게 유명하다. 그 후 앞서 언급한 아마노이와토신화의 장면 후반부에서 지상으로 추방된 스사노오는 도중에 배가 고파 오게쓰히메(大宜都比賣神)라는 신의 처소에 들러 음식을 청했다. 그때 스사노오는 우연히 주방에서 오게쓰히메가 입과 항문 등에서 음식물을 꺼내는 모습을 훔쳐보게 된다. 이것을 부정한 음식물이라 여긴 스사노오는 격앙된 나머지 그 자리에서 오게쓰히메를 살해하고 말았다. 그런데 죽은 오게쓰히메의 시신 각 부위에서 오곡

작물이 자라났다.

하지만 스사노오의 가장 큰 스캔들은 따로 있다. 사후 지하세계인 근국 (根國, 네노쿠니)의 통치자가 된 스사노오에게는 스세리비메(須勢理毘賣命)라 는 딸이 있었다. 어느 날 지상에서 형들의 시기와 음모로 인해 두 번이나 살 해당했다가 부활한 오나무치가 형들을 피해 근국으로 오자 그녀는 한눈에 오나무치에게 반한다. 그러나 딸을 애지중지하는 세상의 모든 아버지들이 그렇듯이 스사노오는 오나무치를 탐탁하게 여기지 않는다. 스사노오는 오 나무치에게 세 가지 어려운 시험을 부과한다. 그럼으로써 오나무치를 죽이 려 한 것이다. 그러나 오나무치는 스세리비메의 도움으로 세 가지 시험을 모두 통과하여 살아남는다. 더 나아가 스세리비메는 사랑하는 남자를 위해 아버지를 배반한다. 그녀는 연인과 함께 아버지를 술에 잔뜩 취하게 만든 후 큰 기둥에 꽁꽁 묶은 뒤 아버지가 가장 아끼는 보물 세 가지를 훔쳐 야반 도주한다. 술에서 깬 스사노오가 뒤늦게 이들 뒤를 추격하지만 그들은 벌써 지상세계로 건너가 있다. 그러자 아버지는 이들의 결혼을 축복하면서 오나 무치에게 '위대한 나라의 주인'을 뜻하는 오쿠니누시(大國主神)라는 이름을 지어준다. 스사노오의 축복대로 오나무치는 일본신화상 최초의 나라를 세 운다. 알고 보면 스사노오의 스캔들은 딸바보 아버지의 반전 스캔들이다.

신들의 스캔들 : 우도신궁과 아오시마신사

이제 일본신화에 나오는 스캔들이란 무엇인가를 묻지 않으면 안 된다. 그 건 단순히 상투적인 의미에서의 스캔들이 아니다. 오히려 신들의 스캔들이 란 사랑과 증오, 청정과 부정, 분노와 화해 등 모든 양극단 사이에서 끊임없 이 진동하는 인간과 세계의 온갖 모순을 있는 그대로 받아들이려는 실존적 몸짓이라고 보아야 할 것 같다. 천황을 신격화하고 천황제 신화를 절대적인

니치난시 위쪽의 바닷가에 있는 동굴 속의 우도신궁.

이데올로기이자 역사적 사실로 강요했던 근대 일본은 당연히 이런 신들의 스캔들에 대해서는 철저히 함구함으로써 스스로가 상투적인 스캔들이 되어 버렸다. 그렇다면 오늘날 현대 일본인들은 신화적 스캔들의 감수성을 얼마만큼 회복한 것일까? 이런 물음과 관련하여 레비스트로스의 일본인론 중 가장 와 닿는 다음 구절을 반추하고 싶다.

일본 문화는 양극단 사이를 오갈 줄 아는 놀라운 역량이 있습니다. 기하학적 모티프와 자연적 모티프를 기꺼이 연합하고 있는 직물 공예품을 보아도 상호 모순되는 것을 병합하기를 좋아한다는 사실을 확인할 수 있습니다.

이렇게 해서 『달의 이면』의 마지막 페이지를 넘긴 여행자의 발길은 남국의 향취가 물씬 풍겨나는 아오시마(青島)신사와 우도신궁(鵜島神宮)으로 향한다. 그중 미야자키시 남쪽의 작은 아오시마(青島) 섬에 있는 아오시마신사의 제신은 호오리(히코호호데미 혹은 야마사치)와 도요타마히메(豊玉毘賣命) 및 조수의 신 시오쓰치(塩椎神)이다. 이곳은 매년 음력 12월 17일에 참가자들 전원이 완전히 알몸으로 참배하는 일본 유일의 하다카 축제(裸祭り)로도 유명하다. 알몸이 된다는 것은 단지 보여지고 엿보는 관음증의 소재를 제공하는 데에만 머무르지 않는다. 반대로 알몸은 '더 이상 보여줄 것 없음'의 미학으로 모든 것을 비워 버리게 도와주기도 한다. 하지만 길을 잃은 여행자는 아직도 옷을 벗지 못한 채, 레비스트로스가 감동했다는 우도신궁의 성역을 찾아 길을 재촉한다.

아름다운 우도신궁은 도요타마히메가 우가야후키아에즈(鵜葺屋葺不合命)를 낳은 곳으로 알려져 있다. 이 신궁의 주재신은 바로 이 우가야후키아에즈이며, 그 밖에도 아마테라스와 호노니니기 왕조의 역대 신들을 섬기고 있다. 전망 좋은 바닷가에 있는 동굴 속에 세워진 단아한 본전 뒤로 돌아가 보니, 오치치이와(お乳岩)라 불리는 젖무덤 모양의 돌이 눈에 들어온다. 전설에 의하면, 도요타마히메가 태어난 아이들을 남겨두고 해궁으로 돌아갈 때 바위에다 유방을 떼어놓고 갔다고 한다. 영원한 해원의 저 밑바닥에서 영원토록 밋밋한 가슴으로 살망정 모정(母情)만큼은 포기할 수 없었던 모양이다. 일본인들은 그런 모정까지도 주술적으로 신격화해 버린다. 그래서 우도 신궁에서는 이 바위에서 떨어지는 물로 사탕을 만들어 판매한다. 그걸 아이한테 먹이면 잘 자란다는 것이다. 신들의 스캔들에는 늘상 이런 류의 주술적 상품화가 따라다니기 마련이다. 신들의 스캔들은 곧 인간의 스캔들이기도 하니까.

잃어버린 신화 : 일본 속의 백제마을

규슈에서 신화 속의 일본을 찾아가는 여행자의 마지막 여로는 미야자키현 히가시우스키군(東臼杵郡) 난고손(南鄕村, 현재는 南鄕區)의 미카도(神門) 마을로 정해졌다. 그곳에는 고령화 대책의 일환으로 펼쳐진 지역활성화 운동에 따라 1986년부터 일종의 테마파크 성격의 구다라노사토(百濟の里) 즉 백제마을이 형성되었다. 미야자키시(宮崎市)에서 차로 2시간이 넘게 걸리는 데다 하루에 버스가 네 대밖에 다니지 않는 오지인지라 렌트카를 몰고 갔는데, 마을 초입부에 '백제회관'(百濟會館)이라고 적힌 큰 간판이 눈에 들어왔다. 공주나 부여 어딘가에 있을 법한 한식집인가 싶었더니 파칭코 가게였다. 사진을 찍어 두려고 잠시 차를 세워 안을 들여다보니 문 닫은 빈 가게였다. 젊은이들이 속속 도시로 빠져나가 영업이 부진해져 파산한 것이려니 싶으면서도 쓸쓸한 마음이 들었다. 멸망한 백제의 이미지가 겹쳐졌기 때문이겠지. 어쨌거나 1991년부터 부여(夫餘)와 자매 결연을 맺고 있다는 인구 2천 명 정도의 이 백제마을에는 다음과 같은 전설이 지금까지도 면면히 이어져 내려오고 있다.

지금으로부터 1,350여 년 전, 백제가 멸망한 후 왕족과 신하들과 그 가솔들이 바다를 건너 일본에 망명했다. 기나이(畿內) 지방에 도달한 백제의 왕족과 일행은 난리를 피해 다시 배를 타고 아키국(安藝國, 히로시마현 서부)의 이쓰쿠시마(嚴島)와 북규슈를 거쳐 항해하다가 풍랑을 만나 휴가국(日向國, 미야자키현)의 가네가하마(金浜)와 가구치우라(蚊口浦)에 나누어 표착했다. 이 중 가네가하마에 표착한 정가왕(禎嘉王)과 그의 둘째 아들인 화지왕(華智王) 일행 10여 명은 점괘 결과대로 지금의 미야자키현 히가시우스키군 난고손 미카도(神門)에 정착한다. 한편 가구치우라에 상륙한 정가왕의 왕후 및 장남인 복지왕(福智王)과 그의 비(妃) 일행은 히키(比木)에 정착했으나, 추적해 온 적군이 미카도의 부왕을 찾아내어 공격하자 군사를 거느리고 미카도로 달려가 부왕과 합세하여 싸웠다. 이때 정가왕을 따르는 지역 호족이 군량을 지원해 주어 적을 물리칠 수 있었다. 그러나 결국 화지왕은 전사하고 정가왕도 화살을 맞아 사망한 후 미카도(神門)신사의 주신으로 모셔지게 되었다.

그런데 한일 양국 사료에 정가왕이라는 백제왕은 나오지 않으며 복지왕과 화지왕의 이름도 보이지 않는다. 백제왕이 미카도로 피난갔다는 기사도 없다. 하지만 이 일대에 정가왕과 관계된 전설과 지명이 여러 곳에 분포해 있고 또한 백제 유물들이 다수 남아 있음을 볼 때, 백제 왕족이나 고관이 당시 신라계 도래인들과의 정쟁에 의해 밀려나거나 혹은 그 밖의 정변으로 인해 실제로 이곳에 피난했을 가능성은 충분히 상정해 볼 수 있다. 가령 미야자키현에서 두 번째로 오래된 건축물인 미카도신사에는 동경(銅鏡)을 비롯하여 백제의 것으로 보이는 유물들이 36점이나 소장되어 지금까지 전해지고 있다. 그중에는 유명한 나라 동대사(東大寺) 및 정창원(正倉院)에 있는 국보급 보물과 동시대의 것이라고 하는 유물도 있어 근래 주목을 받고 있다. 최근에 미카도에서는 스스로를 '서쪽의 정창원'임을 내세우면서 나라 동대사 정창원과 똑같은 모양의 유물창고를 지어 '서정창원'(西正倉院)이라 이름 붙여 일반인에게 공개하고 있다.

정갈한 단순미가 돋보이는 서정창원에 들어가 보니 마침 그 지방 시하스(師走) 축제에 관한 영상물을 상영하고 있었다. '시하스'란 말 그대로 점잖은 스승이라 해도 종종걸음으로 뛰어다닐 만큼 바쁜 음력 12월의 별칭이라고 한다. 이 마쓰리는 매년 음력 12월 14일에서 23일까지 9일간에 걸쳐 거행

백제왕족 정가왕을 신으로 모시는 미카도(神門) 신사. 낭고손 백제마을에 있다.

백제마을의 서정창원.

되었다. 일정은 히키(比木)신사의 제신 복지왕이 오도시(大年)신사의 어머니 신을 방문하고 그 어머니 신과 함께 아버지 신이 모셔져 있는 미카도신사에 갔다 오는 장장 왕복 90km에 달하는 행로로 이루어졌다. 하지만 교통이 발달한 오늘날 시하스 축제는 자동차를 이용하는 2박 3일 일정으로 단축하여 진행된다.

시하스 축제를 현지 답사하여 세부사항까지 면밀하게 기록한 민속학자 임동권은 축제 때 행해지는 가구라(神樂)와 한국의 관련성에 주목한다. 가령 신직이 왼손과 오른손에 각각 부채와 방울을 들고 가구라춤을 추는데, 그 중 방울의 숫자와 형태 및 장식이 한국의 무당굿과 흡사하다는 것이다. 즉 상중하 3단으로 된 방울은 각각 3개(상단), 5개(중단), 7개(하단) 총 15개인데 모두 홀수라는 점에서 한국의 무당 방울과 같으며, 방울 자루에 붙어 있는

백제왕족 복지왕을 신으로 모시는 히키 신사.
미카도 신사에서 90km 정도 떨어진 다카나베정(高鍋町, 미야자키시 북부 해안가) 근처에 있다.

청·홍·백·자·황의 오색 천 또한 한국의 무당굿을 연상시킨다. 나아가 마쓰리 행렬이 미카도신사를 향해 가는 도중 멀리 보이는 청수악(淸水岳, 시미즈다케)을 향해 절을 올린다. 복지왕 일행이 거쳐간 곳이었을까? 호노니니기 천손강림 신화의 무대인 다카치호정 근처에 있는 이 산 정상에는 백제에서 건너간 산신 오야마쓰미(大山積神)가 모셔져 있다. 이런 사실을 아는지 모르는지 오늘날 청수악은 등산객들에게도 인기가 많다고 한다.

규슈의 오지 속에 자리 잡은 백제마을의 존재, 부여 왕궁터에 세워진 객사를 모델로 1991년에 건축된 백제관의 풍경, 단아한 서정창원의 보물들, 미카도신사와 히키신사 및 오도시신사에서 신으로 모셔져 있는 백제 왕족들, 그리고 시하스 축제…. 그 모든 것은 여행자에게 길 잃음의 빛깔이 어떤 것인지를 가르쳐 준 듯싶다. 돌아갈 고향을 상실한 자의 르상티망은 아직도

———————— 복지왕의 어머니인 백제왕후 시기노(之伎野)를 신으로 모시는 오도시 신사.
다카나베정에 있는 이 지역 일대도 왕후 이름을 따 '시기노'라고 하는데, 오늘날 이 지명의 유래
를 아는 지역 주민은 별로 없다.

사라지지 않은 채 끈질긴 추상(追想)으로 남아 재현되고 있지 않은가! 추상
은 기억을 지워 버리고자 함과 동시에 기억을 뒤따라간다. 그것은 우리 몫
이 아니라 전적으로 일본인에 의한, 그리고 일본인을 위한 추상임에 분명하
다. 천손족 호노니니기와 한국악에 대한 추상도 그러하고 청수악에 깃든 기
억 또한 그러하다. 다시 말해 일본인의 정신은 한편으로 원향(原鄕)으로서
의 한반도에 대한 신화적 기억을 지우고자 하면서도, 다른 한편으로는 그 기
억을 보존하고자 하는 양면성을 내포하고 있다. 이즈모(出雲) 신화와 더불어
일본신화의 두 축을 구성하는 휴가 신화는 이런 양면성을 잘 보여준다. 그
런 모순된 긴장 속에서 일본인들은 자신의 아이덴티티를 만들어 왔다.

하지만 이름만 남아 있고 실체를 확인할 수 없는 저 그림자 같은 망명자

들의 회한은 불의 나라 한가운데의 용광로 속에서조차 다 타 버리지 못하는 슬픈 운명을 걸고 있다. 일본인들이 신화를 만드는 동안 그들은 신화를 잃어 버렸기 때문일까? 그러나 진정한 신화란 '길 없는 길'임을 아는 여행자에게 신화는 결코 잃어버리거나 찾거나 만들거나 파괴하거나 빼앗거나 빼앗기거나 할 수 있는 것이 아니다. 어느 시인의 모노로그처럼 그는 다만 지옥이든 영원이든 "죽어가는 모든 것들을 사랑하면서 주어진 길을 걸어갈 뿐"이다. 길이 있든지 없든지 말이다. 렌트카를 몰고 어둑어둑해지기 시작한 산길을 되돌아 나오는 여행자의 눈빛이 한순간 물기에 젖은 것은 저물어가는 황혼 때문만은 아니었다.

───── *더 읽을 책

요시다 아츠히코, 『일본의 신화』, 양억관 옮김, 황금부엉이, 2005.
레비스트로스, 『달의 이면』, 류재화 옮김, 문학과지성사, 2014.
박규태, 『아마테라스에서 모노노케히메까지』, 책세상, 2001.
임동권, 『일본에 살아있는 백제문화』, 주류성, 2004.

제2장 ——————————— 후지산
: 고노하나노사쿠야히메 신화

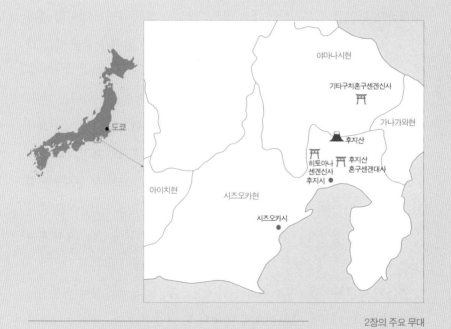

야마나시현

기타구치혼구센겐신사

가나가와현

후지산

히토아나
센겐신사
후지시

후지산
혼구센겐대사

도쿄

아이치현

시즈오카현

시즈오카시

2장의 주요 무대

언젠가 도쿄행 비행기 안에서 후지산(富士山)을 본 적이 있었다. 구름 위에 떠 있는 듯한 그 후지산의 풍경은 내게 어떤 영적인 느낌을 불러일으켰다고 기억된다. 후지산은 어떤 방향에서 보아도 똑 같은 원뿔형 모양을 하고 있다. 그래서인가 '후지'라는 말 자체가 '길고 완만하게 흘러내리는' 산의 모습을 나타낸 야마토 방언에서 유래했다는 설도 있다. 일본의 관동지방을 여행하다 보면 종종 후지산에 대한 일본인들의 특별한 감정을 경험할 때가 있다. 도쿄를 비롯하여 그 주변은 평지가 대부분이라 날씨가 좋을 때는 간혹 수백 km 떨어진 곳에서도 후지산이 보인다고 하는데, 어쩌다 후지산을 목도하면 "아, 후지산이 보이네!" 하면서 감동하는 일본인들을 만나곤 한다. 근세의 유명한 우키요에(浮世絵) 즉 에도시대에 발달한 민중적인 풍속화의 화가 가쓰시카 호쿠사이(葛飾北斎, 1760-1849)가 그린 〈후지악 36경〉(富嶽三十六景) 연작이라든가, 우타가와 히로시게(歌川広重, 1797-1858)의 〈후지 36경〉(富士三十六景) 연작 등에는 일본인들에게 강렬한 인상을 주었음직한 후지산의 다양한 풍경들이 너무도 아름답고 선명하게 묘사되어 있다. 과연 후지산은 일본 문학과 예술에서 가장 사랑받는 소재 중의 하나였다.

일본의 최고봉(해발 3776m)이라 일컬어지는 후지산은 예로부터 일본인들에게 신비스런 매력을 가진 산으로 '동국의 눈 덮인 불의 산', '동국을 대표하는 명산'이라는 이미지와 함께 영원한 동경의 대상이었다. 이와 더불어 후지산은 종교적 신앙의 대상으로서 특히 근세 후기 이래 수많은 참배자들이 찾

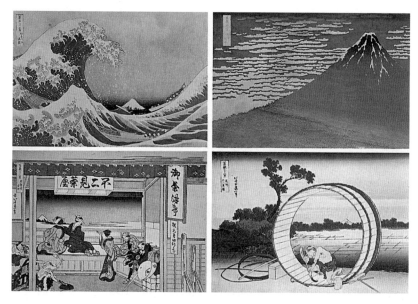

가쓰시카 호쿠사이의 〈후지악 36경〉 중 "가이후가이세이"(凱風快晴, 우상)
"가나가와오키나미우라"(神奈川冲浪裏, 좌상) "비슈후지미가하라"(尾州不二見原, 우하)"도카이도요시다"(東海道吉田, 좌하).

우타가와 히로시게의 〈후지36경〉 중 "슨엔오이카와"(駿遠大井川, 우),
〈도카이도53차〉(東海道五十三次) 중 요시와라(吉原, 좌상), 〈후지36경〉(不二三十六景) 중 "이즈 해안"(伊豆の海浜, 좌하).

는 영산으로 일본인들의 뇌리에 각인되어 왔다. 오늘날에 비하면 교통수단
도 불편하고 여행이 자유롭지 못했던 19세기 전반에 이미 매년 1만 명 이상
이 후지산을 등반했다 하며, 그에 앞선 18세기 말부터 후지산 기행문이 널
리 유행했다고 하니, 그 열기를 가히 짐작하고도 남음이 있다. 후지산혼구
센겐대사(富士山本宮淺間大社)에 소장되어 전해지는 무로마치시대의 〈후지
만다라도〉(富士曼茶羅図)에는 후지산을 등반하는 중세 말 참배자들의 모습
이 생생하게 묘사되어 있다. 거기서 우리는 일본인들이 후지산을 천상계와
지상계를 연결하는 소우주로서 상상했음을 짐작할 수 있다.

후지산혼구센겐대사 : 불과 물의 신 센겐

후지산 남쪽 기슭의 시즈오카현(靜岡県) 후지노미야시(富士宮市) 미야정
(宮町)에 위치한 후지산혼구센겐대사는 일본 전국에 1300여 개소를 헤아리
는 통칭 센겐(淺間)신사의 근원사로, 일본의 최고봉인 후지산을 신체산(神体
山)으로 하고 있다. 후지산의 화산신 센겐(淺間神)을 위무하기 위한 제사가
후지산 남쪽 및 북쪽 기슭에서 행해졌다는 기록이 일찍이 9세기까지 거슬러
올라가 발견된다. 그와 같은 제사가 헤이안시대 초기 스루가(駿河, 시즈오카
현 중앙부) 및 가이(甲斐, 야마나시현) 양국에 최초로 세워진 센겐신사의 기원
으로 보인다. 그런데 후지산은 활화산이자 동시에 다량의 풍부한 지하수로
광대한 지역을 윤택하게 해 주는 중요한 수원이기도 했다. 이로 인해 후지
산의 신은 물의 신으로서의 특징도 지니고 있었다. 지금도 후지산혼구센겐
대사 경내에는 하루 30만 톤의 청수를 용출시켜 후지노미야시의 간다강(神
田川)으로 흘러들게 한다는 후지산의 수원 와쿠타마이케(湧玉池)가 있는데,
그곳에는 '물의 집'을 뜻하는 미즈야(水屋)신사가 세워져 있다. 요컨대 후지
산의 신은 불의 신이자 동시에 물의 신이기도 하다.

후지산의 지하수가 마치 구슬처럼 솟아오른다 하여 이름 붙여진 후지산혼구센겐대사 경내의 와쿠타마이케. 전면에 보이는 건물은 물의 신을 모신 미즈야신사.

한편 후지산의 정상 부근은 뛰어난 자연경관과 기이한 자연현상으로 인해 일반인들 사이에서 흔히 이계(異界)로 간주되었다. 가령 9세기에 기록된 『부사산기』(富士山記)라는 문헌에는 후지산 산정으로부터 주옥들이 굴러 내려왔다든가 흰옷을 입은 미녀가 하늘을 날며 춤추었다는 등의 기사가 실려 있다. 이는 후지산이 고대 일본에서 도교적인 선경(仙境)으로 여겨졌음을 말해 준다. 이처럼 후지산을 선경으로 간주하는 관념이 일본에서 가장 오래된 모노가타리(物語) 문학작품인 『죽취물어』(竹取物語)에서 다루어짐으로써 널리 알려지게 되었다. 그리하여 『죽취물어』의 영향을 받은 결과, 14세기경부터는 『죽취물어』의 주인공 가구야히메(かぐや姫)가 후지산의 신 센겐과 동일시되었던 것이다. 그러다가 근세에 이르러 후지산에 대한 도교적 관념이 쇠퇴하면서 센겐신사의 제신이 점차 신도적인 신으로 바뀌게 된다.

현재 후지산혼구센겐대사의 제신은 『고사기』와 『일본서기』 신화에서 천손 호노니니기의 아내라고 하는 여신 고노하나노사쿠야히메(木花咲耶姬)로 되어 있다. 그러나 고노하나노사쿠야히메가 센겐신사의 제신으로 여겨지게 된 것은 에도시대 이후의 일이며 그 전에는 전술했듯이 오랫동안 『죽취물어』의 주인공 가구야히메 외에도 수험도(修驗道)에서 말하는 센겐대보살(淺間大菩薩)이 후지산의 신으로 여겨졌다. 즉 수험도의 행자들은 후지산의 신 센겐을 금강비로자나불의 화신으로 간주하여 센겐대보살이라고 부르면서 이를 여체(女體)라고 생각했다. 사실 후지산은 오랫동안 줄곧 일본의 산악신앙을 대표하는 수험도 행자들의 성스러운 종교적 성지였다. 그런데 일반적으로 일본의 산악신앙에서는 여성을 배제하는 경향이 강했다. 특히 수험도 행자들의 활동 거점이 되었던 산악에서 그런 경향이 두드러졌다. 산악을 신성한 타계로 간주한 수험도에서는 여러 세속적 요소들 및 특히 여성을 부정하게 여겨 금기시했던 것이다. 이와 관련하여 중세에는 여성의 경혈을 부정한 것으로 보는 전통적인 관념 및 불교적인 여성천시관의 영향에 의해 여성은 남성보다 죄업이 깊고 부정하다는 관념이 널리 퍼졌다. 이에 따라 후지산도 무로마치시대에 해당하는 14세기 후반에서 15세기 전반에 이르러 여성의 입산을 금지한 이른바 여인금제(女人禁制)의 산으로서 일반인들 사이에 널리 알려지게 되었다. 그리하여 수험도 행자들뿐만 아니라 후지산 센겐신사의 오시(御師)들도 여성의 후지산 등산을 인정하지 않았다.

그러나 이처럼 여성의 입산을 금지하는 관념과는 별도로, 후지산의 신을 여신으로 관념하는 종교적 전통이 줄곧 이어져 왔다. 산신을 여신으로 여기는 관념은 일본의 민속신앙에서 그리 낯선 것은 아니다. 즉 산신은 풍요와 다산의 여신으로 간주되어 산간에 사는 사람들은 이런 여신에게 외경과 감사의 마음을 품어 왔던 것이다. 일반적으로 산의 여신은 다른 신불(神佛)보다 하위신으로 여겨졌으며 종종 노파라든가 추녀의 이미지로 묘사되었다. 하지만 후지산의 경우는 여타의 여신신앙과는 다소 상이한 방향으로 전개되었다. 전술했듯이, 9세기의 『후지산기』에는 산록에서 제사를 거행할 때 흰옷을 입은 두 명의 미녀가 나타났다고 기록되어 있다. 또한 중세에는 『부사천간연기』(富士淺間緣起) 및 요곡 〈후지산〉 등을 통해 후지산의 신 센겐이 가구야히메와 동일시되는가 하면, 근세에 이르러 저 아름다운 고노하나노사쿠야히메가 후지산의 신으로 간주되기에 이른다.

고노하나노사쿠야히메 : 꽃의 스캔들

『고사기』에 의하면, 일본 천황가의 조상신이라고 말해지는 태양의 여신 아마테라스(天照大神)가 손자인 호노니니기(番能邇邇藝命)에게 거울을 주면서 "이 거울을 나의 혼으로 여기고 나를 모시듯이 모셔라"라고 말하고는 그에게 지상을 통치할 것을 명한다. 그리하여 호노니니기는 세 가지 신기(구슬, 거울, 칼)를 가지고 5부족과 함께 쓰쿠시 휴가(日向)에 있는 다카치호봉(高千穗峯)의 구지후루타케(久土布流多氣)라는 봉우리로 내려온다. 이른바 천손의 강림이다. 이 천손강림 신화의 의미는 앞의 1장에서 다룬 바 있지만, 다시 한 번 상기해 보자.

휴가에 내려온 호노니니기는 그곳에서 지상의 여인과 결혼한다. 꽃처럼 아름다운 소녀 고노하나노사쿠야히메(木花之佐久夜毗賣)가 그녀이다. 이 소녀에게 홀딱 반한 호노니니기는 소녀의 아버지인 산신 오야마쓰미(大山津見)에게 딸을 아내로 맞이하고 싶다고 말한다. 오야마쓰미는 이 말에 크게 기뻐하면서 많은 선물과 함께 언니인 이와나가히메(石長比賣)까지 덤으로 붙여 고노하나노사쿠야히메를 호노니니기의 방에 들여보냈다. 그러나 호노니니기는 바위같이 못생긴 이와나가히메가 너무 싫어 손도 대지 않은 채 돌

려보냈고 동생만을 취해 하룻밤 정을
통했다. 그러자 오야마쓰미가 노하여
"이와나가히메를 아내로 삼아 당신
의 생명이 바위처럼 견고하게 되고,
고노하나노사쿠야히메를 아내로 삼
아 당신의 생명이 꽃처럼 피어나기를
기원하여 자매를 함께 시집보낸 것인
데, 이제 당신이 이와나가히메를 물
리치고 고노하나노사쿠야히메만을
아내로 취했으니, 당신의 수명은 꽃
처럼 허망한 것이 되고 말 것이오."라
고 외쳤다. 이리하여 호노니니기와
그 자손들(천황가)의 수명이 단축되고
말았다는 것이다. 이 신화는 인간이

전국 센겐신사의 제신
고노하나노사쿠야히메.

짧은 수명만을 누리다가 죽을 수밖에 없게 된 사정, 즉 죽음의 기원을 설명
하는 신화의 한 유형이라 할 수 있다.

　'꽃의 스캔들'이라 할 만한 이 신화적 에피소드는 여기서 끝나지 않는다.
고노하나노사쿠야히메가 출산을 하게 되었을 때, 이를 안 호노니니기는 "딱
하룻밤 같이 잤을 뿐인데 어떻게 아이가 생길 수 있겠는가? 그 아이는 나의
자식이 아니라 필경 딴 녀석의 씨앗일 것"이라며 아내를 의심했다. 그러자
이를 억울하게 여긴 고노하나노사쿠야히메는 산실을 짓고 그 안에 들어가
출구가 없도록 전체를 흙으로 막게 하고는 바깥에서 불을 활활 피우도록 했
다. 만약 자기가 낳은 자식이 호노니니기의 자식이라면 불 속에서라도 무사
할 것이라고 하면서 말이다. 그녀가 장담한 대로 아이는 무사히 태어나 살

아 나왔고 그녀의 결백은 입증이 되었다. 『고사기』에서 제1대 천황으로 말해지는 신화적 인물인 진무(神武)천황은 바로 고노하나노사쿠야히메가 이때 불 속에서 낳은 호오리(火遠理命, 야마사치 혹은 히코호호데미)의 손자이다.

불 속에서 무사히 아이를 출산했다는 이 신화에 따라 센겐신사의 제신인 고노하나노사쿠야히메는 오늘날 안산(安産)의 신으로서 널리 신앙되고 있으며, 사람들은 불을 관장하는 후지산의 신과 이 여신을 동일시하면서 그녀에게 화재 방지를 기원하기도 한다.

히토아나 : 사람의 구멍

어쨌거나 후지산의 신은 여신으로 간주되어 왔는데, 이와 같은 여신숭배는 수험도 행자 하세가와 가쿠교(長谷川角行, 1541-1646) 이래 지키교 미로쿠(食行身禄, 1671-1733), 산교 로쿠오(参行六王, 1746-1809), 고타니 산시(小谷三志, 1765-1841) 등의 후지강(富士講)과 후지도(不二道)에서 좀더 발전된 형태로 이론화되었다. 사실 근세 전반까지만 해도 후지산 등반을 시도한 여성은 거의 없었다. 그러니까 여인금제는 오랫동안 그저 관념상의 문제에 불과했던 것이다. 그러나 19세기 후반부터 사정이 달라진다. 후지강과 후지도의 원조라고 하는 지키교 미로쿠는 당대의 통념 즉 여자는 죄업이 깊고 부정한 존재이므로 후지산에 들어갈 수 없다는 관념을 정면으로 비판하면서, 후지산의 신이 특히 여인을 구제해 주는 신이라고 주장하기 시작했던 것이다. 이와 같은 새로운 교설은 수많은 여성신자들을 후지강에 집결시키는 결과를 낳았으며, 실제로 후지산 등반을 희망하는 여성들도 적지 않았다.

그런데 후지산의 신이 여신이었다는 점은 후지강과 후지도 신자들에게 있어 단순한 관념적 사실에 그치지 않았다. 그들은 구체적으로 후지산 자체를 여체 즉 여자의 몸으로 간주했던 것이다. 이는 '히토아나'(人穴)라 불리는 동굴에 대한 오래된 신앙에서 여실히 드러난다. 그 동굴은 후지산 기슭 서쪽의 히토아나센겐(人穴淺間)신사 경내에 있다. 예로부터 그곳은 지옥의 입구 혹은 아사마대신(淺間大神) 또는 센겐대보살이 진좌한 곳이라 하여 함부로 들어가서는 안 되는 금기지역으로 여겼다. 설화에 의하면 후지강의 개조 하세가와 가쿠교가 수행한 곳이 바로 이 히토아나였다. 나가사키(長崎) 출신의 행자 하세가와 가쿠교는 꿈에서 수험도의 개조로 알려진 나라시대의 전설적인 산악수행자 엔노오즈누(役小角)의 계시를 받아 후지산 히토아나에 이르러 물이 흥건하게 고여 있는 어두운 동굴 안에 나무토막을 세우고 그 위에 선 채 천 일 동안 잠도 안 자고 오직 원숭이가 갖다 주는 물과 과일만을 먹으며 수행했다고 한다. 그러다가 마침내 후지산의 신 센겐('아사마'라고도 읽음)으로부터 중생구제의 주문(御文句)을 수여받았다는 것이다. 그 후 이 히토아나는 후지강과 후지도의 성지가 되었으며, 히토아나센겐신사 경내에는 지금도 후지강 센다쓰(先達, 수험도에서 입산을 지도하는 안내자)들이 하세가와 가쿠교를 기념하여 세운 비석들이 즐비하게 세워져 있다.

사람의 구멍을 뜻하는 히토아나, 그것은 후지산이라는 여체의 자궁에 다름 아니다. 그 동굴 안에서 나는 내 안의 어두운 동혈을 보았다. 그것은 어쩌면 하나의 환상이었을 것이다. 내가 구멍 안에 있고 구멍 또한 내 안에 있는 환상 말이다. 내 안에는 나를 낳고 키워준 구멍들이 수없이 뚫려 있다. 언제나 나를 힘들게 만드는 그 구멍들의 실체를 나는 아직도 알지 못한다. 아마 죽을 때까지도 모를 거라는 예감이 든다. 그럼에도 불구하고 나는 어두운 동굴 안에서 아스라한 빛 조각 하나를 주웠다. 하세가와 가쿠교에게 깨달음을 주었음직한 그 빛. 그것은 괴테가 궁극적인 구원의 본질로 인식했던 '영원히 여성적인' 어떤 것이었을 것이다. 여행자는 그 빛의 편린을 먼지만 가득한 호주머니에 집어넣은 채 서둘러 동굴을 빠져 나와 비석의 숲 속으로

들어선다. 비석은 죽은 자와 산 자의 경계가 아닌가. 사람들은 비석 앞에 설 때마다 죽은 자의 이름을 회상하는 동시에 산 자의 묘비명을 예감한다. 나는 내 안에 동굴 어딘가에 묘비명을 새긴 뒤 히토아나를 떠나 후지산 온천을 향했다. '후지산 하늘 어머니'를 뜻하는 '후지산 안모노유'(富士山 天母の湯) 온천의 노천탕에 몸을 담근 여행자는 서늘한 여름 소낙비를 맞으며 영원히 여성적인 것의 의미를 묻고 있었다.

영원히 여성적인 : 후지도의 비전

'영원히 여성적인 것'에 대한 자각, 그것은 지키교 미로쿠를 비롯한 후지도의 지도자들로 하여금 당대의 상식이었던 봉건적 남존여비 관념을 부정하면서 새로운 남녀관계 모델을 제시하게 한 원동력이었다. 예컨대 후지도의 개조 지키교 미로쿠에 의하면, 여성(陰)은 수(水)로 하늘에서 내려와 만물을 양육하므로 하늘에 속하며, 남성(陽)은 화(火)로 지상에서부터 불타오르므로 땅에 속한다고 보았다. 그는 당시의 통념이었던 여성의 부정관에 대해서도 반대하면서, 남녀화합과 자녀를 원한다면 그 전제가 되는 여성의 생리를 부정한 것으로 보아서는 안 된다고 주장하기도 했다. 그는 『31일의 어권』(三十一日の御巻)에서 생리야말로 "아이를 낳도록 하기 위해 하늘이 수여해준 물이므로 화수(花水)라 불러 마땅하며 그것을 부정하게 여길 일이 아니다. 오히려 그것은 청정한 물이다."라고 말했다.

한편 산교 로쿠오는 당대 사회의 여러 사회적, 자연적 재난의 원인을 음양의 균형이 깨진 데에서 찾았다. 즉 음(陰=女=水)과 양(陽=男=火)은 본래 대등한 가치를 가지는 것인데도 불구하고, 당대사회는 지나치게 음을 비하하고 양을 존중함으로써 남녀화합이 깨지고 장차 세상의 멸망까지 초래될 것이라고 보았던 것이다. 이런 위기로부터 세상을 구제할 인물로서 산교 로쿠

오는 '미로쿠'(みろく)와 '고노하나'(此花)라는 남녀 한 쌍을 제시했다. '쌀의 보살'(米のぼさつ)라 불리는 이 남녀 한 쌍은 음양의 조화를 주관하는 자로서, 먼저 양에서 음으로 바뀌는 '미로쿠'와 다시 음에서 양으로 전환하는 '고노하나'가 주기적으로 반복되어 교차로 태어남으로써 음양의 조화가 유지된다. 이렇게 음양의 조화가 이루어진 세상을 그는 '미륵의 세상'(みろくの御世)이라고 이해했다.

고타니 산시 또한 현실사회의 모순과 재난을 극복하기 위해서는 무엇보다 먼저 음양의 가치를 역전시킬 필요가 있다고 생각했다. 이는 한편으로 부모를 '모부'로 천지를 '지천'으로 불러 음양을 반대로 바꾸어 칭하는 태도에서도 엿볼 수 있다. 고타니 산시는 여기서 더 나아가 지금까지 비하되어 왔던 음을 양보다 존중해야만 좋은 아이가 태어날 수 있고, 그럼으로써 새로운 음양의 조화가 가능해질 것이며, 그와 같은 남녀관계의 개혁이 미륵 세상 실현을 위한 필수 조건 중의 하나라고 주장했다. 또한 고타니 산시는 보다 구체적으로 현실사회 및 가정에 있어 남녀 역할 분담의 개혁을 요구하기도 했다. 예컨대 부부의 성생활에서 남자(火)가 여자(水) 위에 있으면 조화가 깨지고, 반대로 여자가 남자 위에 있어야 비로소 진정한 음양 화합이 가능하며 좋은 아이가 태어날 수 있다고 생각했다. 이처럼 구체적인 여성상위 체위를 시사함과 아울러, 그는 사회적으로 여성들이 종래 남성들의 직업이라고 여겨져 온 분야(가령 학자, 대장장이, 상인 등)에 진출하게 될 것을 예견했다. 그러니까 부부가 함께 가업을 이어나가는 구체적인 현실 세상이 바로 미륵의 세상이라고 본 것이다.

불의 마쓰리 : 기타구치혼구후지센겐신사

야마나시현(山梨県) 후지요시다시((富士吉田市)에 있는 기타구치혼구후지

요시다의 불축제 때 사용하는 후지산 모양의 붉은색 가마.
어린 소년들도 아빠와 함께 가마를 메며 즐거워하는 모습이 보기 좋다. 잠깐 쉬는 시간이다.

센겐신사(北口本宮富士浅間神社)에서는 매년 8월 26일과 27일 이틀 동안 불축제가 개최된다. 일명 '요시다(吉田)의 히마쓰리(火祭り)'가 그것이다. 이 불축제는 불길 속에서 무사히 출산을 마친 고노하나노사쿠야히메 신화를 토대로 한 것으로, 무수히 많은 거대한 횃불들이 후지요시다시의 밤을 붉게 물들인다. 후지산 기슭의 밤은 8월 말의 늦더위를 무색케 할 만큼 서늘해서 오히려 모여든 인파들로 하여금 불기둥 주변으로 모여들게 한다. 여행자는 그중 어떤 젊은 여성 일행에게 이 마쓰리의 주인공 신의 이름을 아느냐고 물어보았다. 하지만 모두 고개를 흔들 뿐이다. 바로 고노하나노사쿠야히메라는 여신이며 이러이러한 일본신화에 나오는 신이라고 간단히 설명해 주자, 일본인 특유의 어투로 "헤에, 그랬군요. 몰랐어요."라며 어색한 미소를 짓는다. 그들은 내가 한국에서 온 연구자임을 밝히니까, 문득 생각난 듯 손가방에서

부적 하나를 꺼내 보여주었다. 그것은 기타구치혼구후지센겐신사에서 발매한 오후다(お札, 부적)였는데, 거기에는 '안산'(安産)이라는 문구가 적혀 있다. 그 부적을 무엇 때문에 샀느냐고 묻고 싶었지만 실례가 될까 싶어 더 이상 묻지 않았다. 고노하나노사쿠야히메는 안산의 수호신임과 동시에 장수, 화재 방지, 풍요, 양잠의 수호신이라 한다. 사실 일본인에게 중요한 것은 신사에 모셔진 신의 이름이 아니라 그 신에게 어떤 영험이 있느냐 하는 점이다. 그러니까 일본에서는 신의 이름이 무엇이든 혹은 여신이든 남신이든, 어쨌거나 현세이익을 준다고 여겨지는 신이라면 모두 환영받는 것이다.

자연과 문화 그리고 여성성

이처럼 후지산의 신을 숭배하는 후지신앙은 여신을 내세웠으며, 후지강과 후지도의 여성관은 후천개벽과 해원상생 및 주역의 64괘 중 음효가 양효 위에 위치하는 지천태(地天泰)괘 사상에 입각한 구한말 증산교의 창시자 강증산(姜甑山, 1871-1909)의 혁신적인 여성관을 상기시킨다. 다시 말해 양자는 전통적인 음양 관계에 대한 전복의 사유(지천태 vs 여성상위)라든가, 그럼으로써 음양의 조화와 균형이 회복되어 보다 이상적인 상태(후천 vs 미륵세상)가 실현될 거라는 기대를 공유하고 있다. 거기서는 뒤집어짐과 균형잡힘이 역설적인 유비로서 기능한다. 물론 양자 사이에는 미묘한 차이도 발견된다. 예컨대 강증산은 음을 지(地)에 그리고 양을 천(天)에 할당하는 전통적인 분류 체계 위에서 지천태를 재해석함으로써 전복을 도모했다. 이에 비해 후지도의 경우는 음을 천에 그리고 양을 음에 할당하거나, 혹은 부모(父母)를 모부(母父)로, 천지를 지천으로 바꿈으로써 전복을 시도했다. 또한 강증산이 지천태적 코스몰로지의 전제로서 주장했던 풀어냄(해원)의 상상력이 후지신앙에는 없다. 반면 후지도의 경우는 묶어냄(성체위)의 몸적 상상력이 인상적이다. 그러나 나는 이런 차이에서조차 닮은꼴을 감지해 내고 싶다. 모든 타자는 차이의 세계에 속해 있으면서 동시에 언제나 닮은꼴이기 때문이다. "서로 닮은 것은 유사성이 아니라 차이의 세계에 속해 있다"는 레비스트로스의 말은 이 점을 가리킨다.

이 세상에는 다르면서도 다르지 않은 이율배반적인 것들이 얼마나 많은가. 남녀가 그러하고 한국인과 일본인이 그러하며 동양인과 서양인 또한 그렇다. 인간과 자연이 그러하고 자연과 문화가 그러하며 인간과 신 또한 그렇다. 후지산을 둘러싼 종교적 관념도 이율배반적인 것이었다. 후지도라는 명칭은 둘이면서도 둘이 아닌 '불이(不二)의 길(道)'을 뜻한다. 다른 한편 후지산에는 여인금제와 여신숭배가 함께 공존해 왔다. 나아가 여성 자체도 남성 자체와 마찬가지로 이율배반적인 존재이다. 그런데 여성은 남성에 의해 늘 인식론적인 타자로 규정되어 왔다. 그 타자는 병합되거나 배제되어야만 할 대상이자 동시에 숭배의 대상이기도 했다. 하지만 숭배의 대상으로서의 여신 신앙은 한편으로 여성에 대한 부정적인 타자관을 합리화하는 이른바 '이데올로기적 알리바이'에 불과한 것이었다. 그리하여 현실 속의 여성은 통상 자연과 동일시되면서 마치 자연이 문화에 의해 정복되고 길들여지듯이 문화와 문명을 표상하는 남성에 의해 지배받고 관리되어야 할 열등한 존재로 간주되어 왔다. 그러나 문화가 자연보다 우위라고 생각하는 것은 큰 착각이다. 아니, 그것은 착각이기 이전에 하나의 오류이다. 문화와 자연은 상호 모순되거나 혹은 우열관계를 가지는 관념이 아니다. 예컨대 레비스트로스는 문화라는 것이 결국은 자연의 치환적 혹은 교환적 변형에 지나지 않는다는 사실을 밝혀낸 바 있다. 레비스트로스는 한편으로 자연을 연속성의 영역에 속한 혼돈(무질서, 무정형, 미분화)으로, 그리고 문화를 불연속성의 영역에 속한 질서(단절, 특수성, 규칙성, 분화, 변별, 禮)로 보면서도, 다른 한편으로 자연 없이는 문화가 그 고유한 의미를 상실해 버린다고 지적한다. 요컨대 자연과 문화는 이항대립적이면서 동시에 상보적, 상호적이라는 말이다.

후지강 및 후지도의 담론에서 우리는 구조주의 인류학이 도달한 이와 같은 이해와 전혀 낯설지 않은 음성을 듣는다. 예컨대 후지강과 후지도에서 남녀 관계의 정향성이 가리키는 균형 감각은 정확히 음(여성성)과 양(남성성)이 대립적이면서 동시에 상보적이라는 관념과 상통하기 때문이다. 어쩌면 서구 윤리적 유일신관의 토대를 마련한 모세가 불타는 가시덤불 사이에서 들은 야훼의 음성도 실은 자연의 소리였을지 모른다. 야훼(I am what I am)는 곧 스스로 그러함(自然)과 멀지 않기 때문이다. 그러나 결과적으로 모세는 그 자연의 소리를 문화로 치환시켜 이해했다. 그가 유대 백성들에게 제시한 십계명과 율법은 당시 근동 자연종교와의 결정적인 단절을 요구하고 있었으며, 지금까지도 서구문화(및 서구적 근대성에 지배받는 모든 문화)는 그와 같은 단절 위에 서 있다. 거기서는 신과 인간이 절대적으로 구별되듯이 남성성과 여성성에 대한 강박적인 구별하기와 칸막이 가르기가 이루어져 왔다. 하지만 종교적 통찰력이 보여주는 여성성의 비전은 저 무수한 칸과 칸 '사이'의 틈새에서 본성(nature)으로서의 자연이 아니라 스스로 그러함으로서의 자연을 꿈꾸며 끊임없이 솟아나오고 있다.

여성성의 반대는 남성성이 아니라고 해야 할까. 후지산의 여신이 불의 신이자 동시에 물의 신으로 관념되듯이, 여성성은 남성성을 품어 안으며 생명과 죽음의 우주적 순환을 잉태한다. 영원히 여성적인 히토아나는 작지만 너무도 어둡고 축축한 물로 가득 차 있고, 나는 그 칠흑 같은 어둠과 혼돈의 물에 침잠해 있다. 하지만 그 강박적인 심연의 깊이에서조차 빛의 편린에 대한 원초적 기억을 잃지만 않는다면 언젠가는 동굴 밖으로 나와 비석의 숲으로 들어갈 날이 올 것이다. 그때 비로소 우리는 부수기 위해 벽돌쌓기를 반복하

도쿄대학 근방 분쿄(文京)구 혼코마고메(本駒込)에 위치한 후지(富士)신사 경내의 후지총. 전방 계단 양쪽에 보이는 작은 구릉이 후지산을 상징하는 후지총이다. 이 후지총을 등배한 필자는 후지산 정상까지 올라갔다 내려온 셈이다.

는 편집증과 분열증의 비극적인 숙명으로부터 자유롭게 될 지도 모른다.

거인의 진짜 이름은 '자유'이다. 그리고 후지산은 하나의 거인임에 틀림 없다. 하지만 영원히 여성적인 것을 동경하는 일본문화의 정수(精髓)가 히토아나의 후지산에 있음을 망각하지 않는 일본인이라면 가구야히메(かぐや姫) 같은 작은 거인을 꿈꿀 것이고, 고노하나노사쿠야히메처럼 불 속에서 피어나는 꽃이 되어 모든 역사의 스캔들을 참된 로망으로 바꿀 수 있을 것이다. 더 이상 후지산이 보이지 않는 도쿄 도심의 한 후지총(富士塚) 앞에서 나는 그런 로망의 불이(不二)를 상상한다. 후지총이란 높이 수 미터에서 십 수 미터에 이르는 인조 후지산 모형으로 여러 지역에 산재했는데, 지금은 몇 군데 안 남았다. 후지산에 직접 등배하지 못한 자들이 이 후지총을 경배하면 실제로 후지산에 등배한 것과 똑같은 효험이 있다고 관념되었다. 그러고 보

니 후지총은 후지산이 아니면서도 후지산인 불이(不二)의 후지산이었다. 여행자는 후지총을 걸으며 후지산의 여신 고노하나노사쿠야히메의 스캔들을 반문하고 있었다. 호노니니기가 이와나가히메를 부정하지 않았다면 어떻게 되었을까? '바위에 핀 꽃'은 어떤 꽃일까?

———— *더 읽을 책 ————————————————————

가쓰시카 호쿠사이, 『부악백경 : 후지산이 있는 백 가지 풍경』, 김동근 엮음, 소와다리, 2018.
차옥숭 외, 『동아시아 여신신화와 여성 정체성』, 이화여자대학교출판부, 2010.

2부

일본 신도의 2대 성지

제3장 ——————— 이세신궁
: 일본 신도와 신사(神社)의 메카

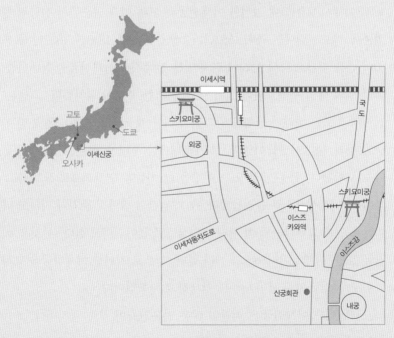

이세신궁 내궁과 외궁 위치

에도시대의 풍속화인 우키요에(浮世絵) 중 우타가와 히로시게(歌川広重, 1797-1858)의 〈이세참궁 미야가와 도강〉(伊勢參宮 宮川の渡し, 1855년)이라는 작품이 있다. 이것은 1830년에 일어난 5백여 만 명에 이르는 대규모의 집단적인 민중 참배 행렬을 묘사한 것으로 보이는데, 그림 속의 미야가와라는 강을 건너면 바로 이세신궁(伊勢神宮)이라는 신사로 들어서게 된다. 미에현(三重縣) 이세시(伊勢市)에 위치한 이세신궁은 고대 이래 민중들의 신앙적 성지였는데, 에도시대에는 특히 1650년, 1705년, 1771년, 1830년, 1867년 등 통상 60여 년을 주기로 다섯 차례에 걸쳐 일본 전국에서 이세신궁을 참배하는 수백만 명의 행렬이 연도마다 줄을 잇는 진귀한 풍경이 펼쳐졌다. 그들은 봉건시대의 모든 제약과 구속을 깡그리 무시한 채 거리로 뛰쳐나온 농민과 하층민 등의 일반 서민들이었다. 그 가운데에는 부녀자, 아이, 하인, 점원들도 다수 포함됐다. 종종 남장 또는 여장을 한 이들은 열광적으로 노래하고 춤을 추며 이세신궁으로 몰려들었다. 수 개월간의 집단적 광기가 지나고 나면 이들은 언제 그랬냐는 듯이 원래의 일상으로 돌아갔다고 한다. 이것을 '이세참궁' 또는 '이세마이리'(伊勢詣り)라 한다. 참으로 기이한 이세참궁을 묘사한 그림 속 사람들의 표정이 너무도 생생하고 해학적이다.

오늘날에도 이세신궁은 여전히 많은 일본인들이 찾는 성지이다. 2019년 5월 1일 제125대 헤이세이(平成) 천황이 퇴위하고 제126대 레이와(令和) 천황이 즉위한 날, 이세신궁은 새로운 천황의 즉위를 축하하기 위해 모인 10만

명이 넘는 일본인들로 이른 새
벽부터 하루 종일 붐볐다. 새벽
5시 개문(開門) 전에 이미 5천여
명이 긴 행렬을 이루어 기다리고
있었다고 한다. 13일 전인 4월
18일에는 202년 만에 생전 퇴위
한 헤이세이 천황이 황위를 상징
하는 검과 구슬을 지참한 채 이
세신궁을 참배하여 퇴위 보고를
올렸으며, 새로 즉위한 천황도
곧 이세신궁을 찾아 즉위 보고를
올릴 예정이다.

우타가와 히로시게의 우키요에
〈이세참궁 미야가와 도강〉.

　이로부터 6년 전인 2013년 10
월 2일 오후 6시를 기하여 이세신궁에서는 천황이 파견한 칙사와 황족대표
인 제2황자 아키시노노미야(秋篠宮)를 비롯하여 아베 총리 이하 각료 9명이
참렬한 가운데 제62회 식년천궁(式年遷宮)의 마지막 절차인 센교(遷御) 의식
이 시작되었다. 총 550억엔 가량이 소요된 이 식년천궁은 3.11이후의 시대
적 위기감을 밑그림으로 하면서 남다른 국민적 열의 속에서 진행되었다. 이
런 분위기를 반영하듯 2013년의 참배자 수는 1,420만 명을 웃돌았다. 전후
매년 참배자수 평균이 6, 7백만 정도이고 과거 최다기록이 883만(2010년)이었
다는 점을 상기해 볼 때, 이는 유례없는 관심의 비등을 보여주었다. 이세신
궁측은 제62회 식년천궁을 기하여 특별히 홍보 사이트까지 만드는 등 전국
적이고 대중적인 홍보 활동에 힘을 쏟았다. 예컨대 인기 대중가수 후지이 후
미야(藤井フミヤ)가 작사 작곡하여 가창한 이세신궁 이미지송인 〈친쥬의 마

을〉(鎭守の里) 제작 및 콘서트가 개최되었고, 봉축교향시 〈정암의 기도〉(淨闇 の祈り) 제작 및 순회연주회도 행해졌다. "어둠을 정화하는 기도"를 뜻하는 이 교향시는 식년천궁을 통해 3.11 이후의 암울한 일본사회가 정화되기를 기원한 듯싶다. 이 밖에 전시회 〈이세신궁전〉(伊勢神宮展) 전국투어, 〈대신 궁전〉 개최, 식년천궁 기념심포지엄 순회 개최를 비롯하여 특히 인터넷을 통한 홍보 활동에 주력하면서 역사상 최초로 센교 의식 일부를 실시간 인터 넷으로 중계하는 등 다양한 측면에 걸쳐 새로운 시도를 아끼지 않았다.

이세신궁의 구성과 마쓰리

이처럼 천황을 비롯한 많은 일본인들이 이세신궁을 찾아 참배하는 이유 는 무엇일까? 이는 그곳에 일본 황실의 조상신이자 국가의 총수호신이라 고 하는 아마테라스(天照大神)가 주신으로 모셔져 있기 때문이다. 이세신궁 은 예로부터 '대중적 이세신앙의 센터', '일본의 총씨신', '일본인의 마음의 고 향', '전국 신사의 총본산', '황실의 종묘' 등으로 추앙받는 신사신도(神社神道) 의 지성소로서 정식 명칭은 '신궁'이라 한다. 이곳은 황조신(皇祖神) 아마테 라스를 모시는 황대신궁(皇大神宮) 일명 내궁(內宮, 나이구)과 아마테라스의 식사를 관장하는 식물신 도요우케(豊受大神)를 모시는 풍수대신궁(豊受大神 宮) 일명 외궁(外宮, 게쿠)으로 이루어져 있다. 내궁은 가미지산(神路山) 기슭 의 이스즈가와(五十鈴川) 강변에, 그리고 외궁은 내궁으로부터 5km정도 떨 어진 다카쿠라산(高倉山) 기슭에 있으며 각각의 광대한 부지(神域)를 합치면 이세시의 4분의 1정도를 차지한다. 이세신궁은 이 두 개의 정궁 외에도 별 궁(別宮), 섭사(攝社), 말사(末社), 소관사(所管社) 등 총 125개소의 대소 신사 로 구성되어 있으며 거기에 모셔진 제신의 숫자만 해도 140좌에 이르러 가 히 '신들의 대군'이라 할 만하다. 여기서 별궁이란 정궁 이외에 가장 격이 높은 14개소의 신사를 가리킨다. 정궁 신역 내에는 5개소의 별궁이 있는데, 그 중 아마테라스의 황혼(荒魂, 아라미타마)을 모시는 아라마쓰리궁(荒祭宮), 도요우케의 황혼을 모시는 다카궁(多賀宮), 13세기 몽골 침입의 국난 때 신풍(神風)을 일으켰다 하여 모셔진 가제궁(風宮)과 가자히노미궁(風日祈宮) 등의 별궁은 정궁에 버금가는 신사로 취급되고 있다. 이때 황혼이란 원래는 신령과 그 위력의 현현을 가리키는 말이지만, 평상시의 상태인 화혼(和魂, 니기미타마)과 대비되어 전시라든가 재앙의 때에 맹렬하게 활동하는 신적 영혼을 지칭하기도 한다. 그런데 제사를 올리면 황혼이 화혼으로 전환된다고 여겨진다. 이 두 가지 신적 영혼은 동일한 신격의 두 측면을 나타낸다. 나머지 9개소의 별궁은 신역 바깥에 위치하며 독자적인 신역을 가지고 있다. 가령 다키하라궁(滝原宮)은 정궁으로부터 30km나 떨어져 있으며 광대한 신역을 가지고 광범위한 지역에 걸쳐 신앙되고 있다. 총 16개소에 달하는 이세신궁의 정궁과 별궁의 명칭 및 제신은 다음 〈표1〉과 같다.

〈표1〉 이세신궁의 정궁과 별궁

구분	신사명	제신	위치
정궁	내궁(內宮)	아마테라스(天照大神)	이세시 우지타치정(宇治館町)
	외궁(外宮)	도요우케(豊受大神)	이세시 도요카와정(豊川町)
내궁 별궁	아라마쓰리궁(荒祭宮)	아마테라스오미카미노아라미타마 (天照大神荒御魂)	내궁 역내
	가자히노미궁(風日祈宮)	시나쓰히코(級長津彦命) 시나토베(級長戸辺命)	
	쓰키요미궁(月讀宮)	쓰키요미(月讀尊)	이세시 나카무라정(中村町)
	쓰키요미노아라미타마궁 (月讀荒御魂宮)	쓰키요미노미코토노아라미타마 (月讀尊荒御魂)	쓰키요미궁 역내
	이자나기궁(伊佐奈岐宮)	이자나기(伊弉諾尊)	
	이자나미궁(伊佐奈彌宮)	이자나미(伊弉冉尊)	
	야마토히메궁(倭姫宮)	야마토히메(倭姫命)	이세시 구스베정(楠部町)

	이자와궁(伊雜宮)	아마테라스오미카미노미타마 (天照大神御魂)	시마시(志摩市) 이소베정(磯部 町)
내궁 별궁	다키하라궁(瀧原宮)	아마테라스오미카미노미타마 (天照大神御魂)	와타라이군(度会郡) 다이키정 (大紀町)
	다키하라노나라비궁 (瀧原竝宮)	아마테라스오미카미노미타마 (天照大神御魂)	다키하라궁 역내
외궁 별궁	다카궁(多賀宮)	도요우케노오카미노아라미타마 (豊受大神荒御魂)	외궁 역내
	쓰치궁(土宮)	오쓰치미오야(大土御祖神)	
	가제궁(風宮)	시나쓰히코(級長津彦命)	
		시나토베(級長戸辺命)	
	쓰키요미궁(月夜見宮)	쓰키요미(月夜見尊) 쓰키요미노미코토노아라미타마 (月夜見尊荒御魂)	이세시 미야지리정(宮後町)

이에 비해 두 정궁에 소속된 섭사와 말사는 이세신궁이 의례 등을 정리하여 804년 조정에 제출한 내궁의 『황태신궁의식장』(皇太神宮儀式帳)과 외궁의 『지유기궁의식장』(止由氣宮儀式帳)에 이름이 올라 있는 신사들을 가리킨다. 이 중 섭사는 927년에 편찬된 『연희식』(延喜式) 〈신명장〉(神名帳)에도 나오는 신사이다. 헤이안시대의 법전으로 50권에 달하는 『연희식』의 〈신명장〉에 기재된 전국 3,132개소의 신사들은 식내사(式內社, 시키나이샤)로 불린다. 이러한 격식 높은 식내사에 대해 조정은 원칙적으로 기년제(祈年祭, 기넨사이) 때 폐백을 바쳤다. 『연희식』 〈신명장〉에 나오지 않는 신사는 식외사(式外社, 시키가이샤)라 하는데, 말사가 여기에 해당된다. 이세신궁의 섭사는 현재 내궁 소속 27개소 및 외궁 소속 16개소 총 43개소이며, 말사는 현재 내궁 소속 16개소 및 외궁 소속 8개소 총 24개소이다. 끝으로 총 42개소에 달하는 소관사는 『연희식』이나 『황태신궁의식장』 및 『지유기궁의식장』에 나오지는 않지만 정궁과 인연이 깊은 신사들을 지칭하는데, 그중 8개소는 정궁이 아닌 별궁에 소속되어 있다.

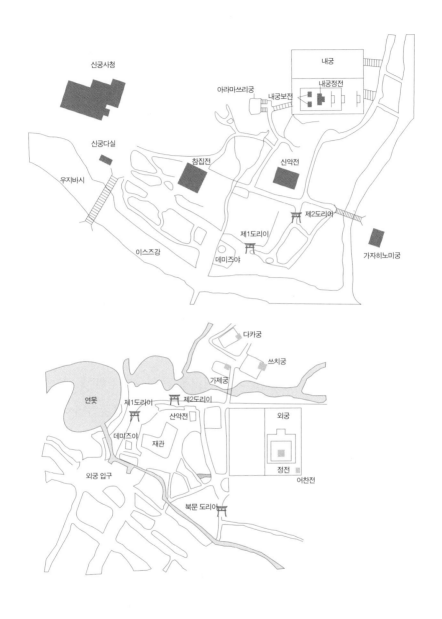

신궁사청

내궁

아라마쓰리궁

내궁정전

내궁보전

신궁다실

참집전

신악전

우지바시

제2도리이

제1도리이

가자히노미궁

이스즈강

데미즈야

다카궁

쓰치궁

가제궁

연못

제1도리이

제2도리이

산악전

외궁

데미즈야

재관

정전

외궁 입구

어찬전

북문 도리이

내궁과 외궁 경내도

매년 1,500회 이상 거행되는 이세신궁의 마쓰리 가운데 가장 중요한 행사가 신상제(神嘗祭, 간나메사이)이다. 이것은 6월과 12월의 월차제(月次祭, 쓰키나미사이)와 더불어 이세신궁의 마쓰리 중 가장 중시되는 삼절제(三節祭)의 하나로, 예부터 내궁에서는 9월 16일에서 17일까지 그리고 외궁에서는 9월 15일과 16일 이틀에 걸쳐 거행되어 왔다. 이런 신상제의 가장 큰 목적은 심야와 익일 미명의 두 차례 올리는 의례 즉 '유키노유베노오미케'(由貴夕大御饌)와 '유키노아시타노오미케'(由貴朝大御饌)에서 그 해 첫 수확물을 신에게 바치는 데에 있다. 통상 20년째의 신상제는 식년천궁이라 하여 이세신궁 내궁과 외궁 및 별궁의 사전을 헐고 새로 짓는다. 이 행사는 이세신궁뿐만 아니라 일본 최대의 마쓰리 중 하나로 여겨진다.

이와 같은 이세신궁을 다섯 차례나 답사했지만 그 정체가 잘 와닿지 않았다. 그러던 중 일본 역사서와 이세신궁 측의 전승문서를 읽으면서 조금씩 그 실체가 느껴지기 시작했다. 고대 이래 이세신궁과 천황의 밀접한 관계나 아마테라스가 이세신궁의 제신으로 모셔지게 된 역사적 경위 및 태양의 여신이자 황조신이라는 아마테라스 이미지의 변천사를 알지 못하면 이세신궁의 전체상을 제대로 보기 어렵다. 이런 의미에서 좀 장황하고 딱딱하겠지만 이세신궁의 기원에 관해 깊이 있게 추적하는 작업이 요청된다. 그 작업은 고대 문헌 속으로 들어가는 여행이 될 수밖에 없다.

이세신궁의 기원

이세신궁의 기원은 그 역사적 실체가 명확하지는 않으나, 내궁 창건의 유래는 8세기 초에 편찬된 『고사기』와 『일본서기』 및 9세기 초의 『고어습유』(古語拾遺) 등에 관련 기사가 나오며, 외궁에 관해서는 9세기 초의 『지유기궁의식장』 등에 그 유래가 언급되고 있다. 하지만 학자들에 따라 이세신궁

아마테라스의 황혼을 모신 내궁 별궁인 아라마쓰리궁.

13세기 몽고 침입 때 신풍(가미카제)을 일으켰다는 바람의 신을 모신 외궁 별궁인 가제궁.

이세신궁 내궁의 제신 아마테라스의 식사를 관장하는 신전. 외궁 정전 아래 구석에 위치한 이곳에서는 매일 조석 2회씩 아마테라스에게 바치는 식사를 고대 방식 그대로 조리하여 준비한다.

의 기원설은 분분하다. 가령 나오키 고지로(直木孝次郎)에 의하면 이세신궁의 원형은 원래 이세의 지방신(日神)을 제사지내는 곳이었는데, 야마토왕권의 동국 경영정책에 따라 유라쿠(雄略) 천황조 무렵부터 황실과 밀접한 관계를 맺게 되었다. 그 관계가 더욱 심화되면서 672년 임신(壬申)의 난에서 덴무(天武) 천황이 이세 호족들의 원조를 받아 승리한 이후 이세신궁은 황실의 조상신을 모시는 국가적 시설로 발전했다는 것이다. 또한 오카다 세이시(岡田精司)도 현재 이세신궁이 있는 이세 남부의 와타라이(度会) 지역은 원래 태양신앙의 성지로서 와타라이씨(度会氏)가 태양신을 제사지냈는데, 천황 세력이 동국 경영을 적극적으로 추진한 유라쿠 천황조에 이르러 와타라이 지역에 천황의 조상신이 모셔지면서 종래 와타라이씨가 제사지냈던 신이 미케쓰신(御饌都神)으로 변하여 외궁의 도요우케가 되었다고 주장했다. 한편

『속일본기』(續日本紀) 698년(文武2) 기사에 주목하는 쓰쿠시 노부자네(筑紫申真)에 따르자면, 현재의 내궁 별궁인 다키하라궁(滝原宮)은 원래는 다케(多氣)군에 있었던 다케(多氣)대신궁이었으며 거기서는 남이세를 지배하는 지방신을 모시고 있었다. 그러다가 임신난 이후 다케대신궁이 황실과 관련을 맺게 되었고 몬무 천황조 때 와타라이로 옮겨져 아라키다씨(荒木田氏)가 그 지방신을 황실의 조상신으로 제사지냈고, 다른 한편 그 신의 미케쓰신을 모시는 외궁을 설립하여 와타라이씨가 제사를 관장하게 되었다는 것이다. 이런 연유로 오늘날 이세신궁 외궁에 아마테라스의 식사 즉 신찬(神饌, 미케)을 관장하는 어찬전(御饌殿, 미케덴)이 존재하게 되었다.

전후 이세신궁 연구의 방향을 결정지은 이상의 일반적 관점은 크게 유랴쿠(雄略) 천황조설, 덴무(天武)·지토(持統) 천황조설, 몬무(文武) 천황조설로 나눌 수 있겠다. 그것들은 세부적으로는 차이가 있으나, 당초 이세의 지방신을 모시던 이세신궁이 『일본서기』의 전승보다 훨씬 후대에 황실의 조상신으로 전화되었다고 보는 점에서는 공통적이다. 이것이 오늘날 일본학계의 통설이다. 하지만 이런 통설에 비판적인 신도학계에서는 주로 스진(崇神)·스이닌(垂仁) 천황조설을 지지한다. 다음에는 이 네 가지 설을 중심으로 이세신궁의 기원을 살펴보기로 하자.

스진·스이닌 천황조 기원설 : 도요스키이리히메와 야마토히메

『일본서기』는 다음과 같이 이세신궁 내궁이 제10대 스진 천황과 제11대 스이닌 천황 시대에 시작되었다고 적고 있다.

① 아마테라스(天照大神)와 야마토오쿠니타마(倭大國魂)의 두 신을 천황의 대전 안에서 제사지냈다. 하지만 신의 위세가 두려워 함께 모시기가 불

안했다. 그래서 아마테라스를 야마토의 가사누이무라(笠縫邑)에 옮겨 황녀 도요스키이리히메(豊鍬入姫命)로 하여금 섬기게 했다. 이에 시카타키(磯堅城)의 히모로기(神籬)를 세웠다. 또한 야마토노오쿠니타마(日本大國魂神)는 누나키노이리히메(渟名城入姫命)가 모시게 했다. 하지만 누나키노이리히메의 머리털이 빠지고 몸이 야위어 제사지낼 수 없었다.(崇神天皇四年)

② 황녀 야마토히메(倭姫命)로 하여금 도요스키이리히메가 모셨던 아마테라스를 제사지내게 했다. 야마토히메는 아마테라스가 진좌할 곳을 찾아 우다(菟田)의 사사하타(筱幡)에 갔다. 다시 그곳을 떠나 오우미국(近江國)에 들어가 동방의 미노(美濃)를 돌아 이세국(伊勢國)에 이르렀다. 그때 아마테라스가 야마토히메에게 '이 신풍(神風)의 이세국은 영구불변하게 물결이 부딪쳐오는 나라이다. 야마토 옆에 있는 아름다운 나라이다. 이 나라에 있고 싶다'고 말하였다. 그래서 아마테라스의 말대로 그 야시로(祠)를 이세국에 세우게 되었다. 그리고 이와이궁(齋宮)을 이스즈강(五十鈴川) 강변에 세웠다. 이를 이소궁(磯宮)이라 한다. 즉 아마테라스가 처음으로 천강한 곳이다.(垂仁天皇二十五年)

일본의 골격을 만든 왕을 뜻하는 '하쓰쿠니시라스스메라미코토'(御肇國天皇)로 불리는 스진 천황은 시카타키의 미즈가키궁(瑞籬宮)을 수도로 삼아 '스진'(崇神)이라는 이름 그대로 "천신지기(神祇)를 숭상하여 항상 천업(天業)을 경륜"한다는 '마쓰리고토'(神事, 제사와 정치)에 힘썼다고 『일본서기』는 적고 있다. 그럼에도 역병이 유행하여 수많은 사람들이 죽고 반란이 빈발하므로 천황이 천신지기에게 청죄(請罪)하였는데, 당시의 후속 상황을 묘사한 것이 인용문 ①이다. 이때 도요스키이리히메 황녀로 하여금 아마테라스와 야마토오쿠니타마를 황거 바깥에서 제사지내도록 했다는 것은 『고사기』 기사에도 나온다. 이는 곧 마쓰리고토의 혁신을 시사한다. 하지만 그래도 국난이 가라앉지 않았다. 그러던 어느 날 밤 꿈에 자칭 오모노누시(大物主神)라는 신이 나타나 천황에게 계시하기를 "나라가 어지러운 것은 내 뜻에 의한 것이다. 만일 내 아들 오타타네코(大田田根子)로 하여금 나를 위해 제사를 집전하게 한다면 즉시 모든 것이 평안해질 것이며 또한 해외의 나라들도 저절로 복속해 올 것이다."라고 했다. 이 계시대로 오타타네코를 물색하여 제주(祭主)로 삼아 미와산(三輪山)에서 오모노누시의 제사를 지내게 하고 또한 이치시(市磯, 나라현의 고대 지명)의 나가오치(長尾市)를 제주로 삼아 야마토오쿠니타마를 제사지내게 했다. 이와 아울러 "아마쓰야시로(天社)와 구니쓰야시로(國社) 및 신지(神地, 가무도코로)와 신호(神戶, 가무베)를 제정했다. 그러자 이윽고 역병이 그쳤으며 국내가 진정되었다. 또한 오곡 풍년으로 백성들이 잘 살게 되었다."는 것이다.

한편 『고어습유』는 스진 천황이 "나아가 거울을 주조하고 검을 만들게 하여 호신(護身)의 상징물로 삼았다. 이것이 오늘날 천조(天祚) 때 바치는 신새(神璽, 신지)인 거울과 검이다. 이로써 야마토 가사누이무라에 이르러 특별히 시키(磯城, 시카타키)에 히모로기를 세워 아마테라스와 구사나기검(草薙劍)을 옮겨 모시고 황녀 도요스키이리히메로 하여금 이를 모셔 제사지내게 했다."고 적고 있다. 다시 말해 스진 천황은 제정분리에 즈음하여 거울과 검을 만들고 그것을 궁중에 안치하여 호신과 황위 계승의 상징물로 삼았던 것이다.

여기서 가사누이무라는 어디인가? 스진 천황 당시 황거는 시키의 미즈가키궁 즉 현재의 시키군(磯城郡) 오미와정(大三輪町) 소재 오미와(大神)신사 남쪽 지역에 있었다. 그러니까 가사누이무라도 그 근방에 있는 오미와신사의 말사인 히바라(檜原)신사 부근에 있었을 것으로 추정된다. 한편 도요스키이리히메의 '스키'는 '시키'로 발음하기도 하며 '도요'와 '이리'는 미칭이므로, 이 황녀의 이름은 '아름다운 시키의 공주님'이라는 뜻이다. 따라서 통상 가사누이무라를 현 시키군 내 사쿠라이시(桜井市)로 추정하기도 하지만, 확실한 것은 아니다.

가마쿠라시대 〈신도오부서〉(神道五部書)의 일종인『이세이소태신궁보기본기』(伊勢二所太神宮宝基本記)에도 같은 내용으로 등장하는 인용문 ②는 그후 스이닌 천황 시대에 황녀 야마토히메(倭姫命)가 도요스키이리히메의 뒤를 이어 오우미(近江)와 미노(美濃) 등을 거쳐 이세의 이스즈강변으로 아마테라스를 옮겨 제사지냈음을 말하고 있다. 여기서 우다(莵田=宇陀) 지역은 신찬(神饌) 식재 및 제물 헌납을 위한 이세신궁 소유의 영지인 미쿠리야(御厨)가 있던 곳이며, 이세의 마쿠라고토바(枕詞)인 '신풍'(가미카제) 운운하는 대목은 이세 신앙과 상세(常世, 도코요) 신앙의 밀접한 연관성을 잘 보여준다. 그러니까 상세로 관념되었던 이세에 야시로(祠)를 세우고 그 근처에 재궁(이와이궁=이소궁)을 세웠다는 말이다. 이때 무엇보다 주목할 것은 재궁(이와이궁) 혹은 이소궁의 정체가 무엇이냐 하는 점이다.『일본서기』는 그것을 "아마테라스가 처음으로 천강한 곳"이라고 했는데 그 의미는 무엇인가? 재궁과 동일시된 이소궁은 재왕(齋王)이 거주하는 궁인가 아니면 이세신궁(내궁)의 전신 또는 원형인가? 이 점을 둘러싸고 여러 설이 있으나 명확하지 않다. 이소궁을 문자 그대로 풀자면 이소 즉 해변가 혹은 강가에 세운 궁을 가리키는데, 이세신궁 성립을 스이닌 천황조로 보는 입장에서는 이소궁의 이소가 이세의 어원이라고 보고 그것을 '이세의 미야' 즉 이세신궁으로 해석하기도 한다.

9세기 초에 성립한『황태신궁의식장』과 가마쿠라시대에 성립한 이세신도(伊勢神道)의 대표적 문헌인『왜희명세기』(倭姫命世記)는 위『일본서기』의 ①과 ② 기사에 입각하여 더욱 상세하게 이동 과정을 묘사한다. 즉 도요스키이리히메와 야마토히메는 오랜 기간에 걸쳐 야마토국, 단바국, 기이국, 기비국, 이가국, 오우미국, 미노국, 오와리국 등 20여 개 지역을 전전한 끝에 이세국에 이르렀고 혹은 야마토국으로 회귀하기도 했다는 것이다. 하지만 그들이 거쳐 간 지역을 정확하게 특정하기가 곤란하다. 오늘날 도요스키이리히메 및 야마토히메 전승과 관련된 신사들은 모두 자신이 이세신궁의 전신(원형) 즉 원신궁(元神宮)이라고 주장한다. 따라서 이세신궁의 기원을 어느 하나로 특정하기 어렵다는 점만은 분명해 보인다.

요컨대 『고사기』와 『일본서기』에 의하면 스진 천황조에 도요스키이리히메가, 그리고 『일본서기』에 의하면 스이닌 천황조에 야마토히메가 처음으로 이세신궁을 세우고 아마테라스를 모신 것이 된다. 특히 앞의 『일본서기』 인용문은 이세신궁의 기원에 관하여 그것이 스이닌 천황조 이래 줄곧 이스즈강변에 있었다는 듯이 적고 있다. 그러나 스진·스이닌 천황조뿐만 아니라 야마토타케루 설화가 등장하는 게이코(景行) 천황조에 있어 아마테라스 제사의 사실성은 매우 희박하다는 것이 현재 일본학계의 통설이다. 야마토 왕권의 실질적인 초대 스진 천황이 궁중에 아마테라스를 모시고 있었다는 기사는 신빙성이 없으며, 그 뒤를 이은 스이닌 천황조에 아마테라스를 모시는 사당이 이세에 세워졌다는 기사도 마찬가지로 믿을 수 없다는 것이다. 이와 같은 비판적 주장의 가장 중요한 근거는 다음에서 살펴볼 유랴쿠 천황조 기원설을 뒷받침하는 근거와 일치한다.

유랴쿠 천황조 기원설 : 이세대신과 다카미무스비

'아메노시타시라시메스오키미'(治天下大王)라고 불렸던 제21대 유랴쿠 천황은 야마토왕권의 하나의 전환점을 구축한 왕이다. 이런 유랴쿠 천황 시대에 이세신궁이 비롯되었다는 기원설의 대표자 오카다 세이시(岡田精司)의 입장을 요약하자면 다음과 같다: 유랴쿠 천황 치세인 477년에 대왕 수호신의 제장을 가와치·야마토 지방으로부터 이세 와타라이 지역으로 옮겼다고 추정된다. 그것이 내궁의 기원이다. 이세 와타라이 지역이 내궁의 진좌지로 선택된 것은 그곳이 태양신앙의 성지였기 때문이다. 내궁의 제신인 태양신은 예전에는 남성신이었는데, 그 남성 태양신을 모시는 무녀와 주객이 전도되어 6세기 말에서 7세기 초에 걸쳐 여신으로 변경되었다. 한편 외궁의 전신은 남이세의 국조급 호족 와타라이씨의 수호신 제사인데, 이는 예로부터 남이세 지역에서 숭경받았던 태양신앙과 관계가 있다. 이와 같은 이세신궁 성립의 역사적 배경으로 5세기 후반의 사회적 변동과 전통신앙의 변질, 동국 경영의 진전 등을 말할 수 있다. 이와 함께 직접적으로는 중국 남조에 대한 조공외교가 벽에 부딪혔고 한반도에 있어 일본 세력의 패퇴에 따른 국제적 위기감이 가장 큰 요인이었다.

이렇게 볼 수 있는 근거로 재궁(齋宮) 임명이 유랴쿠 천황조 이후 거의 확실해졌다는 점, 『일본서기』 유랴쿠 천황조에 이세 복속의 설화가 집중적으로 등장한다는 점, 『일본서기』 스이닌 천황 25년조 일서에 내궁 진좌의 해를 정사(丁巳)년이라 한 것은 이세신궁 관계서에서 외궁 진좌를 정사년으로 기록한 것과 일치하며 이는 유랴쿠 천황으로 비견되는 왜왕 무(武)의 남조 파견 시기에 해당한다는 점, 그리고 내궁과 외궁 신역에서 태양신 신앙과 관련된 5세기의 제사유적이 대량으로 출토되었다는 점 등을 들 수 있다. 다음 인용문은 이상의 주요 논점들을 잘 보여준다.

③ 와카다라시히메(稚足姬) 황녀가 이세대신(伊勢大神)의 야시로(祠)를 섬겼다.(『日本書紀』 雄略天皇元年)

④ 일서에 의하면, 천황이 야마토히메를 신장대(御杖, 미쓰에)로 삼아 아

마테라스를 모시게 했다. 이리하여 야마토히메는 아마테라스를 시키(磯城)의 이쓰카시(嚴橿)에 모셔 제사지냈다. 그 후 신의 말씀에 따라 정사(丁巳)년 겨울 10월 1일(甲子)에 이세국의 와타라이궁(渡遇宮)으로 옮겨 모셨다.(『日本書紀』垂仁天皇二十五年)

⑤ 내가 한 곳에만 줄곧 있어 너무 답답하고 게다가 식사도 편치 않으니 단바국(丹波國) 히지(比治)의 마나이(眞奈井)에 있는 나의 미케쓰신(御饌都神) 도유케(等由氣大神)를 내게 데려오라.(『止由氣大神宮儀式帳』)

⑥ 천황의 명에 따라 하쓰세(泊瀨)의 아사쿠라(朝倉)에 높은 제단(壇, 다카미쿠라)을 쌓고 천황으로 즉위했다. 이어 궁전을 정했다.(『日本書紀』雄略天皇 卽位前紀)

『일본서기』에서 야마토히메 이후에는 재궁 관련기사가 나오지 않다가 인용문 ③에서처럼 5세기 후반 유랴쿠 천황조에 다시 등장한다. 유랴쿠 천황은 자신의 딸을 재궁으로 파견한 것이다. 그 후 게이타이(繼體), 긴메이(欽明), 비다쓰(敏達), 요메이(用明) 천황조에 재궁 임명 기사가 나온다. 그러니까 유랴쿠 천황조부터 요메이 천황조까지 각 왕조별로 재궁 파견의 관습이 줄곧 이어진 것이다. 이는 스진·스이닌 천황조가 아니라 유랴쿠 천황조에서 이세신궁의 기원을 보는 중요한 근거라 할 수 있다.

그러나 이보다 더 중시되는 근거는 인용문 ④에서 찾을 수 있다. 전술했듯이 오카다 세이시는 유랴쿠 천황조인 477년(雄略22年)에 이세신궁이 창사되었다고 주장했다. 이는 ④의 정사년을 477년으로 해석한 데에 입각하고 있다. 그런데 ④의 정사년은 스이닌 천황 25년으로 설정되어 있다. 하지만 실은 스이닌 천황 25년은 병진(丙辰)년이고 스이닌 천황 26년이 정사년에 해당한다. 『일본서기』 편자의 역과 간지 환산에 결정적인 착오가 있었음이 분명하다. 이 점에 착안한 오카다는 인용문 ⑤의 외궁 진좌 시기를 『왜희명세기』에 나오는 정사년과 일치한다고 보아 477년(정사년)에 이세신궁이 창사된 것으로 해석한 것이다.

이세신궁과 관련된 주요 기사에는 정사년이 많이 등장한다. 내궁도 외궁도 창사에 관한 전승들은 항상 정사년과 결부되어 있다. 『왜희명세기』에는 방금 언급한 기사 외에도 정사년 겨울 10월에 아마테라스를 와타라이(渡遇)의 이스즈강 상류지역에 옮겨 모셨다는 등 도처에 정사년 관련 기사가 나온다. 이세신궁 측 문서인 『태신궁제잡사기』(太神宮諸雜事記)에도 유랴쿠 천황 즉위 21년 정사년에 아마테라스의 탁선이 내려 다음 해에 도요우케를 맞이하여 제사지냈다고 나온다. 그러니까 정사년이 이세신궁 제사에 획기적인 전환기였음을 알 수 있다. 이런 입장은 오늘날 정설이 되어 가고 있다.

인용문 ④의 '시키'는 가사누이무라, '이쓰카시'는 히모로기, '와타라이궁'은 현 이세신궁이 있는 와타라이(度会)라고 해석될 수 있다. 통상 이세신궁 외궁을 와타라이궁(度会宮)이라 칭하기도 하므로 ④의 와타라이궁을 외궁으로 보기 십상이지만, 실은 내궁을 가리킨다는 말이다. 이에 비해 인용문 ⑤는 유랴쿠 천황 즉위 22년에 천황의 꿈에서 아마테라스가 나타나 내린 탁선으로 흔히 외궁의 기원담이라고 본다. 거기에 나오는 '단바'는 현 교토 및 효고현의 일부 지역에 해당하는 지명이다. 하지만 오카다는 도요우케궁(豊受宮) 즉 외궁의 제신인 도요우케가 단바국에서 왔다는 이 『지유기궁의식장』의 전승과 관련하여 실제로는 도요우케가 원래 와타라이의 구니타마(國魂神)였다고 주장한다.

그런데 인용문 ③에 나오는 이세대신을 반드시 아마테라스라고 단정지을 수는 없다. 5세기 후반에 아마테라스는 아직 존재하지 않았으며, 당시의 태양신은 일신(日神, 히노가미) 또는 '히루메'의 단계에 있었다. 이런 일신은 당시 강대했던 고구려에 대항할 만한 국가적 최고신으로서는 부족했다. 그래서 도입한 것이 태양신 다카미무스비(高御産巣日神, 高皇産靈尊)였다. 흥미로운 것은 이 다카미무스비가 천손강림신화와 함께 한반도로부터 들어온 외래신이었다는 점이다. 『고사기』의 천손강림신화에서는 아마테라스와 다카미무스비가 공동으로 호노니니기의 천강을 명하는 사령신으로 등장한다. 하지만 원래의 사령신은 다카미무스비였다. 『일본서기』의 경우 본문 및 네 일서에서 천손강림이 언급되고 있는데, 그중 본문 및 두 일서에서는 다카미무스비가, 다른 두 일서에서는 아마테라스가 사령신으로 등장한다. 그러니까 전체적으로 볼 때 사령의 주체는 아마테라스라기보다는 다카미무스비였다고 볼 수 있다. 이는 원래의 황조신(최고신)이 아마테라스가 아니라 다카미무스비였다는 점을 시사한다.

한편 『고사기』에는 '다카기'(高木神)가 다카미무스비의 별칭으로 나온다. 이 밖에 가미무스비(神産巣日神, 神産靈尊)를 비롯하여 무스비라는 말이 붙는 신명이 여럿 있다. 이것들을 합쳐 무스비계의 신이라 한다. 무스비의 '무스(生す)'는 생성을 의미한다. 문제는 무스비의 '비(히)'인데, 이를 해(日)의 의미로 보느냐 영(靈)의 의미로 읽느냐의 두 입장이 있다. 다카미무스비에 대해 전자의 경우는 태양신으로, 후자의 경우는 영력신으로 본다. 후자를 대표하는 것이 모토오리 노리나가(本居宣長)의 견해이다. 그는 『고사기전』(『古事記傳』)에서 "비(日)는 『일본서기』에 산령(産靈, 무스비)이라고 나오는 영(靈)의 자에 해당한다. (중략) 산령이란 모든 만물을 생성하는 영험한 신령을 가리킨다."고 적고 있다. 이런 해석이 오늘날까지도 큰 영향력을 끼치고 있다. 그러나 '비'라는 말의 의미는 영력이 아니라 태양을 의미하는 말(日)이며, 따라서 '무스비'는 '만물을 생성하는 태양'을 가리킨다는 관점도 가능하다. 이런 두 가지 입장을 종합적으로 보자면 무스비란 '만물을 생성하는 태양령'

즉 태양신이라 할 수 있겠다. 사실 『고사기』와 『일본서기』의 문맥을 보건 대, 다카미무스비를 '생성하는 영력'으로 보기는 어렵다. 이와 관련하여 우 에야마 슌페이(上山春平)는 "다카미무스비라는 신은 무스비(만물을 낳는 기이 한 힘)라는 말에 어울리는 이미지가 전혀 없다. 오히려 천공 높이 솟아 있는 '다카기'(高木神)라는 별칭이 더 어울린다."고 지적한다. 야마토왕권은 이 태 양령을 높은 나무(高木)에 빙의하는 신으로서 모신 것이다.

초대 진무(神武) 천황 동정설화에서도 이 점을 확인할 수 있다. 가령 『일 본서기』 진무 천황기에 보면 산중에서 길을 잃은 천황의 꿈에 아마테라스 (天照大神)가 나타나 야타가라스(八咫烏)를 보내 길안내를 하게 했다. 이에 진무 천황이 "나의 황조(皇祖) 아마테라스께서 창업을 도우려 하시는가보 다."라고 말한다. 하지만 『고사기』에서는 다카기(高木大神)가 "지금 하늘에 서 야타가라스라는 큰 까마귀를 내려 보낼 것이니 그 새가 안내하는 대로 뒤를 쫓아가거라."고 말한다. 사실 『일본서기』에서도 진무 천황이 처음에 모신 신은 아마테라스가 아니라 다카미무스비였다. 야마토에 들어갔지만 진로를 찾지 못하던 진무의 꿈에 아마쓰가미(天つ神)가 나타나 "아마노가구 야마(天の香山)의 흙으로 아마노히라카(天の平瓮) 팔십 개와 이쓰헤(嚴瓮)를 만들어 천신지기(天神地祇)를 제사지내라."는 신탁을 내렸다. 여기서 아마노 가구야마는 야마토 삼산 중에서 가장 성스러운 산이다. 히라카는 평평한 접 시를, 이쓰헤는 신주를 넣는 청정한 병을 가리킨다. 천신지기란 아마쓰가미 (천상의 고천원의 신)와 구니쓰가미(지상의 신)를 가리킨다. 이런 신탁을 받은 진무 천황은 곧바로 가구야마의 흙을 취하여 접시와 병을 만들고 사카키 오 백그루를 뿌리채 뽑아 나란히 세우고 이것을 신장대로 삼아 가미마쓰리(神 祭) 의식을 거행했다. 그때 진무 천황은 "이제 짐이 몸소 다카미무스비(高皇 産靈尊)로서 현재(顯齋, 우쓰시이하이)하고자 한다."고 말한다. 여기서 '현재'란 눈에 보이지 않는 신의 몸을 눈에 보이도록 하여 제사지내는 것을 말한다. 즉 천황이 친히 다카미무스비가 되는 의식을 행하면서 다카미무스비의 영이 천황의 몸에 빙의하여 가시적으로 신으로서 나타나는 것을 가리킨다. 이윽고 야마토를 평정한 진무 천황은 "나의 황조(皇祖, 미오야)의 영이 하늘에서 나를 비추며 도와주셨으므로 마침내 이 세상이 평정되었다. 이에 큰 효(大孝)로써 감사하여 천신(天神, 아마쓰가미)을 교사(郊祀)하노라."고 말했다. 교사란 원래 중국 황제가 야외에 설치된 단상에서 동지와 하지 등에 하늘을 제사지내는 천제를 가리키는 말이지만, 여기서는 그런 의미가 아니라 단지 야외에서 신을 제사지냈음을 의미한다. 그때 제사지낸 신은 바로 다카미무스비였을 것이다.

인용문 ⑥은 이와 같은 다카미무스비 제사를 연상케 한다. 거기에 나오는 하쓰세에서 유랴쿠 천황의 시호인 '오하쓰세노와타케노스메라미코토'(大泊瀨幼武天皇)가 비롯되었다. 이 하쓰세의 아사쿠라는 미와산 남쪽 기슭에 해당하는 지역을 가리키는데, 유랴쿠 천황이 그곳에 쌓은 제단에 올라가 최고신 다카미무스비의 탁선을 받음으로써 통치권을 수여받아 즉위한 후 궁전을 새로 지었음을 상상할 수 있다. 아마도 이는 5세기 이후 야마토왕권에 있어 높은 나무를 세우고 다카미무스비를 제사지내는 관례가 생겨난 것을 반영하는 기사일 것이다. 이 기사를 참고하건대, 인용문 ③의 '이세대신'은 다카미무스비(다카기)일 가능성이 높아 보인다. 그러니까 유랴쿠 천황이 477년 현 내궁의 별궁인 아라마쓰리궁 장소에 다카미무스비를 모시는 제사장을 마련한 것이 이세신궁 창사라고 볼 수 있다는 말이다.

『고어습유』는 다카미무스비(高皇産靈神)에 붙인 원주에서 이 신을 '스메무쓰가무루기노미코토'(皇親神留伎命)라고 적고 있는데, 여기서 '기'(伎)는 남성을 나타내는 말이다. 그러니까 『고어습유』는 다카미무스비를 남신으로 묘사하고 있는 것이다. 이에 비해 가미무스비(神産靈神)에 대해서는 '스메무쓰가무루미노미코토'(皇親神留彌命)라 하여 여성을 나타내는 '미'(彌)로써 여신임을 나타내고 있다. 이와 관련하여 가와이 하야오(河合隼雄)는『중공구조 일본의 심층』에서 다카미무스비를 남성원리로, 가미무스비를 여성원리로 해석하기도 한다. 이 남성신 다카미무스비를 모신 것이 히루메(日の女=日の妻)였다. 그리고 이런 히루메를 실제로 연출한 것이 유랴쿠 천황조 이후 역대 천황이 이세에 파견한 재왕이었다.

『일본서기』는 유랴쿠 천황조에서 게이타이 천황조를 거쳐 긴메이 천황조에 이르기까지 이세에 모셔진 신을 '이세대신'(伊勢大神)으로 표기하고 있다. 이런 이세대신을 이세의 지방신으로 보고 그것이 외궁에 모셔졌다는 설이 있지만, 실은 이 신이야말로 유랴쿠 천황이 모신 국가적 최고신 다카미무스비였다. 그렇다면『일본서기』가 다카미무스비 대신 이세대신이라고만 표기한 이유는 무엇일까? 이는 이세신궁에 줄곧 아마테라스가 모셔져 있었다고 주장하는 것이『일본서기』의 의도였기 때문일 것이다. 그리고 이때 이세대신을 그냥 아마테라스라고 표기하지 않은 이유는 당시 야마토조정에 다카미무스비계의 신을 모시는 유력 호족들 가령 오토모씨(大伴氏), 인베씨(忌部氏), 모노노베씨(物部氏), 나카토미씨(中臣氏)가 있었기 때문일 것이다.

하지만 재궁 파견 기사들이 얼마만큼 사실을 반영한 것인가 하는 점은 아직 충분히 고증되지 않았다.『일본서기』편자는 의도적으로 재궁제도의 기원을 이세신궁의 기원과 동시적인 사건으로 설정하면서 그런 틀에 입각하여 이세신궁에 관한 모든 기사를 편집한 듯이 보인다. 재궁의 기원에 대해 다양한 해석이 가능한 것은 이 때문일 것이다. 가령 혹자는 게이타이 천황조에 이세신궁 제사가 시작되었다고 주장하기도 한다. 재왕으로서 확실한 것은 게이타이 천황의 황녀인 사사게(荳角) 황녀이고 다음이 긴메이 천황의 황녀인 이와쿠마(磐隅) 황녀이기 때문이라는 것이다. 이에 비해 『만엽집』 (万葉集, 만요슈) 문헌에 의해 그 사실성이 방증된 덴무 천황조의 오쿠(大來) 황녀야말로 초대 재궁이었다고 주장하는 설도 있다. 그런데 통상 이세신궁 과 가장 관계가 밀접한 왕조라고 하는 지토 천황조 때는 정작 재궁 기사가 나오지 않는다. 다음에는 이런 문제들을 염두에 두면서 덴무·지토 천황조 기원설에 대해 생각해 보기로 하자.

덴무·지토 천황조 기원설 : 다카미무스비·오모노누시에서 아마테라스로

『일본서기』 덴무·지토 천황조에서 이세신궁과 관련된 기사로는 672년 6월 26일조(天照太神), 673년 4월 14일조(天照太神宮), 674년 10월 9일조(伊勢 神宮), 675년 2월13일조(伊勢神宮), 686년 4월 27일조(伊勢神宮), 686년 11월 16일조(伊勢神祠), 692년 5월 26일조(伊勢大神), 692년 윤5월 13일조(伊勢大 神), 692년 12월 24일조(伊勢社) 등을 들 수 있다(괄호안은 아마테라스 및 이세신 궁에 대한 표기). 덴무·지토 천황조설을 뒷받침하는 중요한 근거로 이 『일본 서기』 기사 중에서는 다음 ⑦과 ⑧을, 그리고 이를 보완하는 『태신궁제잡사 기』의 기사로 ⑨와 ⑩을 꼽을 수 있겠다.

⑦ 672년(天武1) 6월 26일 아침에 아사케군(朝明郡) 도호강(迹太川)변에서 아마테라스(天照太神)를 요배했다.

⑧ 673년(天武2) 4월 14일 오쿠(大來)황녀를 천조태신궁(天照太神宮, 아마테 라스오미카미노미야)에 보내고 하쓰세노이쓰키노미야(泊瀬齋宮)에 살도록 했 다. 그곳은 먼저 몸을 깨끗이 한 다음 신에게 나아가는 곳이다.

⑨ 주작(朱雀) 3년 9월 20일에…20년에 한 번씩 이소태신궁(二所太神宮)의 천궁을 시행하도록 정했다.

⑩ 690년(持統4)에 태신궁(太神宮)을 천궁했다. 692년(持統6)에는 도요우케태신궁(豊受太神宮)을 천궁했다.

⑪ 692년(持統6) 3월 3일에 이세로 행차할 것이니 이 뜻을 받들어 모든 의상을 준비하라는 조칙을 내렸다…이에 중납언(中納言) 오미와노다케치마로(大神高市麻呂)가 상표문을 올려 직언하기를 천황의 이세 행차는 농번기의 농민들에게 방해가 될 것이라 했다.

인용문 ⑦은 『석일본기』(釋日本紀)의 "26일 진시(辰時)에 아사케군(明朝郡) 도호강(迹大川)변에서 아마테라스(天照大神)를 요배했다."는 기사에 의한 것이다. 이 『석일본기』에는 천조대신(天照大神)이라고 표기되어 있는데 이것이 후일 ⑦에서처럼 천조태신(天照太神)으로 수정되었다. 인용문 ⑧에서 천조태신궁(天照太神宮)이라고 나오는 것은 이때문일 것이다. 여기서 추정컨대 임신란 당시에 오아마황자가 아사케군에서 요배한 것은 아마테라스가 아니라 다키하라의 이세대신이었을 것으로 보인다. 당시 아마테라스가 진좌하는 이세신궁은 아직 존재하지 않았다. 왜냐하면 『일본서기』에서 천조대신(天照大神)이라는 표기는 신공황후 섭정원년 2월조에 등장한 이래 697년(持統11) 8월조 기사까지 전혀 나오지 않기 때문이다. 그러니까 만일 천조태신이라든가 천조태신궁이라는 이름의 원형이 이세대신 혹은 이세신궁이었다고 본다면, 신공황후 섭정전기 이후 『일본서기』에 아마테라스(天照大神)의 이름은 등장하지 않는 셈이 된다. 예컨대 『일본서기』는 585년 비다쓰 천황 사후 선제 긴메이 천황의 넷째아들인 요메이(用明) 천황이 즉위하여 이세에 재궁을 파견하는 장면을 다음과 같이 적고 있다.

스카테히메(酢香手姬) 황녀를 이세신궁(伊勢神宮)에 보내 일신(日神, 히노카미) 제사를 관장하게 했다. 이 황녀는 요메이 천황조부터 가시키야히메 (炊屋姫) 천황 시대에 이르기까지 일신에게 제사를 지냈다. (중략) 어떤 문헌에 따르자면 스카테히메 황녀가 37년 동안 일신 제사를 지냈다고 한다.

여기서 스카테히메는 요메이 천황의 딸이고 가시키야히메는 스이코 천황을 가리킨다. 그러니까 스카테히메 황녀가 제31대 요메이 천황조, 제32대 스슌(崇峻) 천황조, 제33대 스이코(推古) 천황조까지 3대에 걸쳐 37년간 재왕으로서의 임무를 계속 수행한 것이 된다. 이 기사에 나오는 이세신궁은 『일본서기』에서 '伊勢神宮'이라는 표기의 초출이다. 그런데 이때 일신은 아마테라스가 아니다. 당시 이세신궁의 제신은 아마테라스가 아니라 다카미무스비였다. 다시 말해 재왕 스카테히메가 제사지낸 대상은 다카미무스비였던 것이다. 어쨌든 이후 제34대 조메이(舒明) 천황조부터 50여 년 동안 재왕파견이 끊어진다. 그러다가 임신난을 거쳐 673년 제40대 덴무 천황이 즉위하면서 딸 오쿠 황녀를 파견하여 천조태신궁(天照太神宮)을 섬기는 재왕으로 임명한다. 이처럼 재왕 파견이 덴무 천황 이전에 반세기나 끊어진 점에 주목하여 덴무 천황조 때 이세신궁이 창사되었다고 보는 것이다. 이것이 덴무 천황조설의 핵심적인 주장이다.

이런 덴무 천황조설을 뒷받침하는 중요한 또 하나의 논거로 덴무 천황조에 다카미무스비에서 아마테라스로 국가신이 바뀌었다는 점을 들 수 있다. 백촌강전투와 임신란이 일어난 660년대 및 670년대는 국내외적으로 격동기였다. 663년 정권을 장악한 나카노오에(中大兄) 황자 즉 후의 덴치(天智) 천황은 한국에 대규모 수군을 파견했으나 패배한 다음 667년 수도를 아스카에서 비와호 호반으로 천도했다. 오우미(近江)의 오즈경(大津京)이 그것이다. 다음해인 668년 나카노오에 황자가 천황으로 즉위했다. 당시 긴박한 국제 정세하에서 왜국에서는 외래의 대륙문화를 상대화하여 독자적인 일본역사를 만들어 나가고자 하는 의식에 눈을 뜨게 되었다. 이런 덴치 천황의 후계를 둘러싸고 672년 임신난이 발발했는데, 거기서 오아마 황자가 승리하여 덴무 천황이 탄생하면서 덴치 천황의 친백제 정책 대신 친신라 정책으로의 대전환이 일어났다. 이와 같은 변화 속에서 종래의 국가신 다카미무스비 대신에 이세신궁에 황조신 아마테라스를 옹립하려는 움직임이 가시화되었다.

한편 인용문 ⑨의 주작(朱雀)은 『일본서기』의 주조(朱鳥)와 동일한 연호이므로 주작 3년은 688년(持統2)에 해당한다. 이 해에 이소태신궁의 조영이 개시되었다는 것이다. 여기서 이소태신궁이란 와타라이궁(度会宮, 내궁)과 도요우케궁(豊受宮, 외궁)을 가리킨다. 그러니까 이세신궁 내외궁의 천궁(식년천궁)을 20년에 한 번씩 시행한다는 규정이 688년에 정해진 것이다. 인용문 ⑩은 이소태신궁의 조영을 개시한 지 2년 후인 690년에 태신궁의 천궁이 행해진 것을 말하고 있다. 이때의 태신궁은 와타라이궁 즉 내궁을 가리킨다. 외궁 천궁은 그 뒤 2년 후인 692년에 이루어졌다. 그런데 『태신궁제잡사기』는 게이코 천황 즉위 20년조에 이호노야(五百野) 황녀를 파견하여 이세천조좌황태신궁(伊勢天照坐皇太神宮)을 제사지냈다고 기록한 이후 덴무 천황 주작 3년까지의 사이에 태신궁의 조영 및 천궁 기사는 보이지 않는다. 이로 보건대 이세신궁의 창건은 제1회 식년천궁이 행해진 690년에 이루어졌다고 말할 수 있다. 이 해 정월에 지토 천황(재위 690-697)이 즉위했으며, 또한 지토 천황에 의한 신야쿠노미야코(新益京) 즉 후지와라경(藤原京)의 조영 개시도 이세신궁의 준공 시기에 맞추어 결정되었다. 691년(持統5) 10월 27일 후지와라경의 지진제가 열렸고 다음해인 692년 1월 12일 지토 천황이 후지와라경을 시찰했다.

후지와라경 시찰 후 692년 3월에는 이세 행차를 실행했다. 그 이세 행차의 목적은 무엇이었을까? 후지와라경에 관해 이세대신에게 보고하기 위한 것이었을까? 하지만 692년 5월에 이세, 야마토(大倭), 스미요시(住吉), 기이(紀伊) 네 곳의 대신(大神)에게 사자를 파견하여 후지와라경에 관해 보고하는 한편, 그해 11월 8일에 온 신라사가 바친 조공품을 12월 24일에 위 네 신사 및 우나타리(菟名足)신사에 바쳤다. 이는 현 나라시 홋케데라정(法華寺町) 소재 우나타리니이마스다카미무스비(宇奈太理坐高御魂)신사를 가리킨다. 그러니까 지토 천황이 이세를 행차하는 직접적인 목적이 후지와라경의 보고라고 보기는 어렵다. 그보다는 아마도 준공된 이세신궁을 시찰하기 위한 것이었으리라. 지토 천황이 후지와라경을 조영했을 때 황조신 아마테라스의 신궁을 새롭게 조영할 것을 생각하고 있었다. 물론 이런 발상은 덴무 천황 때부터 이미 있었다. 하지만 조영을 착수한 것은 지토 천황이었다. 이때 새로운 조영지로서 이스즈강변의 현재 장소가 채택된 것이다. 명실상부한 이세신궁의 출현은 율령제 건설의 총괄을 의미하며, 그에 따른 황조신으로서의 아마테라스의 출현은 율령제 국가 구축에 있어 근본과제였다. 그런 중차대한 의미가 있는 이세신궁의 완성에 즈음하여 지토 천황이 그 정황을 시찰하고자 이세 행차를 하려 했던 것이다. 이후 지토 천황은 694년(持統8) 12월 6일 마침내 후지와라경으로의 천도를 단행한다.

어쨌든 이와 같은 일련의 중요한 역사적 사건들을 밑그림으로 하면서 아마테라스와 도요우케를 모시는 현재의 내궁과 외궁 조영이 지토 천황조인 690년에 시작되었다는 것, 이것이 지토 천황조설의 요점이다. 이런 입장에서 보자면 전술한 인용문 ②는 단지 재왕의 거주지였던 이소궁의 기원을 말하는 기사에 지나지 않게 된다. 이와 관련하여 이세신궁을 건립하면서 재왕또한 그 신역으로 함께 갔어야 마땅할 것이지만, 당시의 재왕이었던 오쿠 황녀가 여제 지토 천황에 대한 불만으로 새로 조영된 이세신궁으로의 이전을 거부했다는 점도 특기할 만하다.

이상과 같은 덴무·지토 천황조설은 7세기 후반에 이르러 다카미무스비를 모시던 히루메가 아마테라스로서 황조신으로 격상되었음을 시사한다. 다시 말해 덴무·지토 천황조 때 국가신이 '다카미무스비에서 아마테라스로' 이행했다는 것이다. 그렇다면 오모노누시 즉 일명 미와신(三輪神)의 존재를 어떻게 이해해야 할 것인가 하는 근본적인 의문이 생긴다. 야마토왕권에 있어 오모노누시는 국가신 다카미무스비와 거의 동격으로 숭앙되었던 미무로산(御諸山) 주변의 뿌리깊은 지방신이기 때문이다. 『왜희명세기』에 의하면 아마테라스(야타노가가미와 구사나기노쓰루기)를 봉재하고 야마토의 가사누이무라를 출발하여 각지를 순회한 야마토히메가 다시금 야마토의 미와(彌和=三輪)의 미무로산 즉 지금의 미와산에 도달했다. 미와신과 밀접하게 결부되어 있던 역대 왜왕들은 미무로산 주변의 시키 및 이와레 지역을 떠날 수 없었던 것이다.

『황태신궁의식장』과 『일본서기』 스이닌 천황기 및 유랴쿠 천황기 등의 기사를 종합해서 보자면 거의 미와산 부근부터 시작되었음을 알 수 있다. 즉 미와산 주변에서 제사지내졌던 황실의 수호신 내지 조상신이 7세기 후반에 이세로 옮겨져 아마테라스로서 모셔지게 된 것이다. 그 후 미와산에서는 아마테라스와 계통이 전혀 다른 오쿠니누시의 분령(幸魂奇魂)인 오모노누시가 모셔지게 되었다. 646년 나카노오에 황자(덴치 천황)에 의해 주도된 다이카개신(大和改新) 이후의 신기혁명은 씨성제도하에서 지배층을 형성한 야마토의 명문 씨족들이 모신 신들을 모두 스사노오와 오쿠니누시의 계보와 결부시키는 작업을 강행했다. 그 대표적인 사례가 미와산의 신이다. 이 신이 아마테라스의 표상인 거울을 신장대로 삼아 이세로 옮겨졌고, 그렇게 황태신궁에 모셔진 신은 야마토 호족들의 사적인 수호령 혹은 조령으로부터 공적인 국가신으로 전이되었다.

　인용문 ⑪의 『일본서기』 기사는 이 점을 뒷받침해 준다. 지토 천황의 이세 행차 때 임신난의 공신인 오미와노다케치마로가 이에 극력 반대했다. 이유는 농번기의 농민들에게 과중한 부담을 주어서는 안 된다는 것이었다. 하지만 이는 표면적인 구실이었고 진짜 이유는 새롭게 출현한 아마테라스(이세신궁)가 미와씨의 신과 대립구도에 있었기 때문이 아니었을까? 미와신을 모시는 미와씨의 다케치마로가 천황 통치와 직결된 새로운 신 아마테라스의 출현에 반발했으리라는 점을 상상하기란 그리 어렵지 않다. 아마테라스를 모신 이세신궁의 성립은 예부터 줄곧 왜왕을 보좌해 온 미와신의 역할이 아마테라스로 이행하는 것을 의미했다. 이런 사태에 직면한 다케치마로가 이를 막고자 한 것이었다. 하지만 결과적으로 일신, 월신, 다카미무스비의 삼신에 대한 신앙을 배경으로 아마테라스를 모시던 나카토미씨가 미와씨에 대해 승리를 거두었다. 이것이야말로 지토 천황의 이세 행차에 내포된 실질적인 의미였음 직하다.

　요컨대 역대 왜왕들이 모신 다카미무스비(국가신) 및 미와신(지방신)을 대체하는 아마테라스의 창출에 의해 이제 신들의 질서가 근본적으로 뒤집어진 것이다. 이 점이 보완될 때 덴무·지토 천황조설은 더욱 설득력을 가질 수 있게 될 것이다. 하지만 『일본서기』 덴무 천황기에는 천조태신궁(天照太神宮), 이세신궁(伊勢神宮), 이세신사(伊勢神祠)의 세 명칭이 등장하여 혼란을 야기하고 있다. 이에 비해 지토 천황기에는 이세대신(伊勢大神)이라는 이름만 나온다. 또한 식년천궁제의 기원에 관해서도 덴무 천황조설, 지토 천황조설, 간무(桓武) 천황조설 등 여러 설이 있어 특정하기 어렵다.

몬무 천황조 기원설 : 제도로서의 이세신궁

이세신궁 창건과 아마테라스의 출현을 의도하고 연출한 최초의 계기는 덴무 천황과 관련이 있지만, 이세신궁의 실제 조영에 착수하여 완공한 것은 지토 천황이며 마침내 이세신궁이 명실상부 성립하게 된 것은 몬무 천황 때라는 것이 몬무 천황조설의 핵심이다. 다시 말하자면 이스즈강변의 이세신궁은 690년에 조영이 시작되어 692년(持統6)에 완성되었다. 이 해 지토 천황의 이세 행차는 준공된 이세신궁을 시찰하기 위한 것이었다. 그런데 지토 천황은 아마테라스를 제신으로 하는 이세신궁의 개창을 자신이 행하는 대신 손자인 몬무 천황에게 넘겼다. 이는 아마테라스가 아들 아메노오시호미미 대신 손자 호노니니기를 지상에 강림시킨 이른바 천손강림 신화를 염두에 둔 것이었다. 거기서 지토 천황은 아마테라스로, 그리고 몬무 천황은 호노니니기로 비유된다. 이와 같은 몬무 천황조설을 뒷받침하는 대표적인 근거로 다음『속일본기』기사를 들 수 있다.

⑫ 698년(文武2) 9월 10일 다키(當耆) 황녀를 이세 재궁으로 파견했다.

⑬ 698년(文武2) 12월 29일 다케대신궁(多氣大神宮)을 와타라이군(度會郡)으로 옮겼다.

⑭ 699년(文武3) 8월 8일, 남도(南嶋)의 헌물을 이세대신궁(伊勢大神宮) 및 제사(諸社)에 바쳤다.

몬무 천황조는 이세신궁의 제도가 강화되었다는 점에서 획기적인 의미가 있다. 인용문 ⑫의 기사를 재궁 제도의 성립으로 볼 수 있기 때문이다. 물론 덴무 천황조에도 재궁이 존재했지만, 그것이 명실상부 제도로서 확립된 것은 몬무 천황조 다키 황녀 이후의 일이다. 몬무 천황조에는 재궁 제도뿐만 아니라 이세신궁 제사의 주역인 네기(禰宜) 제도와 율령정부의 신기관과 신궁의 연결고리 역할을 한 제주(祭主) 제도가 정비되었다.

인용문 ⑬은 미에현 이세시의 현 위치에 아마테라스를 모신 이세신궁이 개창되었음을 말해준다. 그 전까지는 와타라이군 구시다강 중하류 지역의 다키하라(당시 다케군에 속해 있었다)에 이세대신의 사당인 다케대신궁이 있었다. 그러니까 몬무 천황 이전에는 이세신궁은 존재하지 않았으며, 몬무 천황 이후 이세대신은 소멸되었다는 말이다. 다케대신궁을 현 이세신궁 내궁의 별궁인 다키하라궁(滝原宮)으로 해석하는 쓰쿠시 노부자네도 이 기사의 698년을 내궁 탄생의 시기로 본다.

앞의 인용문 ⑩에 따르자면 통상 이세신궁의 제1회 식년천궁은 690년(持統4)에 행해졌다고 말해진다. 하지만 ⑬의 『속일본기』 698년 기사가 최초의 식년천궁에 해당한다는 해석도 가능하다. 『황태신궁의식장』에 나오는 와타라이 신군(神郡)과 다케 신군 창설 기사에 입각하여, 와타라이의 야마다하라(山田原)와 다케의 다케무라(竹村)에 다이카개신 무렵부터 둔창(屯倉, 미야케)이 있었고 거기에 현재 이세신궁 정전의 원형으로 보이는 교창식(校倉式) 곡물창고가 있었다고 상정할 수 있기 때문이다. 즉 다케군에 있던 곡물창고가 와타라이군 우지(宇治) 지역으로 옮겨져 내궁의 최초 사전이 되었고, 와타라이군 야마다하라에 있던 곡물창고가 외궁 사전이 되었다고 볼 수도 있다. 내궁 신역에는 당시까지 사전이 없었고 심어주(心御柱)만 서 있었으며 제사를 지낼 때마다 다케군 둔창 옆에 있는 재궁으로부터 재왕이 신체인 거울을 가지고 제장으로 출장했는데, 이때 다케군 둔창 건물(곡물창고)을 내궁 신역으로 옮기고 거울을 그 건물 안에 안치하게 된 것으로 추정할 수 있다. 나아가 신명조(神明造)라는 이세신궁의 건축양식이 처음 정비된 것도 바로 698년이었다.

한편 최초로 이세대신궁이라는 명칭이 등장한 것은 인용문 ⑭에서이다. 이후 『일본서기』, 『속일본기』, 『일본후기』(日本後紀), 『속일본후기』, 『일본문덕천황실록』(日本文德天皇實錄), 『일본삼대실록』(日本三代實錄) 등의 정사인 육국사(六国史)에서는 이 명칭이 사용되었다. ⑭에서는 이세대신궁을 제외한 신사는 제사(諸社)로 표기되어 있다. 이때의 이세대신궁이란 '이세대신의 궁'이 아닌 '이세의 아마테라스(天照大神)의 궁' 즉 이세신궁을 뜻한다. 이는 이세신궁에 최고의 권위를 부여한 것을 의미한다. 이로써 유랴쿠 천황 이후 약 2세기 반 사이에 왜왕들이 모셨던 이세대신 대신 아마테라스를 제신으로 하는 이세신궁이 성립된 것이다.

이 점에 대해 황학관대학 교수 이바라키 요시유키(荊木美行)는 이세신궁 측 사료인 『황태신궁의식장』과 『지유기궁의식장』에 몬무 천황조설을 뒷받침할 만한 내용이 전혀 나오지 않는다는 점을 강조한다. 만일 ⑬의 『속일본기』 기사처럼 698년에 내궁이 처음으로 현재 지역에 진좌한 것이 틀림없다면 720년에 완성된 『일본서기』가 불과 20여 년 전의 사실을 무시하고 굳이 내궁의 진좌 시기를 스이닌 천황 시대로 잡아 허구적으로 적은 것이 되는데, 『일본서기』 편자가 그런 날조를 했으리라고는 상상할 수 없다는 것이다. 하지만 『일본서기』에 날조 기사가 많다는 것은 이미 학계의 상식으로 자리 잡고 있다. 어쨌든 스이닌 천황조 기사와는 달리 어느 정도 역사적 사실성을 인정 받는 덴무 천황조의 673년 이세에 재왕을 파견했다는 앞의 ⑧ 기사는 덴무 천황 당시에 이미 이세신궁이 존재했음을 시사할 뿐만 아니라, 다케대신궁이 다케군의 재궁이라는 설이라든가 다케대신궁의 '대신궁'을 '대신궁사'(大神宮寺 혹은 大神宮司)의 오기로 보는 설도 있으므로 몬무 천황조설에 수긍하기 어려운 측면이 있는 것이 사실이다.

이세신궁과 천황

이상과 같은 다양한 기원설을 염두에 두면서 이세신궁과 천황의 관계를 정리해 보자. 『고사기』 및 특히 『일본서기』에 의하면, 내궁은 제10대 스진 천황과 제11대 스이닌 천황 시대에 시작되었다고 한다. 스진 천황 시대에 역병이 유행하고 농민반란이 빈발하여 천황이 신의 뜻을 물었고, 그 신탁에 따라 종래 궁중에다 모셔 왔던 아마테라스 및 야마토의 야마토오오쿠니타마(大和大國魂神)를 조정 바깥에다 모시기로 정했다. 이리하여 아마테라스는 야마토의 가사누이무라(笠縫邑)에 옮겨 황녀인 도요스키이리히메(豊鍬入姬命)로 하여금 섬기게 하였으며, 그 후 스이닌 천황 26년에 황녀 야마토히메(倭姬命)가 그 뒤를 이어 오우미(近江), 미노(美濃)를 거쳐 이세의 이스즈강가로 아마테라스를 옮겨 제사지냈다고 한다. 이것이 내궁의 기원이다. 또한 『지유기대신궁의식장』에 의하면, 제21대 유라쿠 천황 22년에 천황의 꿈에서 아마테라스가 나타나 신탁을 내리기를 단바(丹波)에 모셔져 있는 도요우케를 아마테라스에게 바치는 신찬(神饌)을 관장하는 미케쓰신(御饌神)으로 삼아 이세로 옮기라고 했는데, 이것이 바로 외궁의 기원이라고 한다. 그런데 내궁 및 외궁의 성립을 전하는 이 관련 문헌들은 이세신궁이 성립된 이후 수세기가 지난 뒤에 나온 것들이므로 그 기록들을 역사적인 사실이라고 단정 짓기는 어렵다. 추정컨대 아마도 이세신궁의 원형은 이세지방의 토지신을 모신 신사였을 것이며, 그 제신은 농경신, 식물신으로서 이세의 유력한 씨족 이소베씨(磯部氏)의 씨신(氏神, 우지가미)이었을 가능성이 크다.

스진 천황과 스이닌 천황 시대에 토대가 형성된 신기(神祇) 즉 신도 시스템은 제40대 덴무 천황 및 제41대 지토 천황을 전후한 시기에 틀이 잡힌 율령 시스템을 통해 일정 부분 틀이 잡혔다고 본다. 이때 아마테라스, 이세신궁, 천황가의 결합이 이루어진다. 이와 관련하여 『일본서기』는 덴무 천황이 오아마(大海人) 황자라고 불리던 시절 요시노(吉野)를 탈출하여 덴치 천황의 아들이자 자신의 조카인 오토모(大友) 황자와 싸우러 가던 중 이세의 도요카와 근처에서 아마테라스를 요배했다고 적고 있다. 이처럼 오아마 황자에게 요배를 받으면서 아마테라스라는 원초적 신격이 성립되었다는 주장도 있다. 즉 오아마 황자 이전의 이세대신이 이제 아마테라스로서 나타나게 되었다는 말이다. 임신난에서 승리한 덴무 천황은 이세신궁의 성지화를 도모함과 아울러 최초의 '천황' 칭호와 함께 '일본(日本)'이라는 국호를 지정한다. 이때 '일(日)'은 태양신 아마테라스를 가리키며 '일본'이란 아마테라스의 자손이 통치하는 나라를 의미한다. 이어 지토 천황기의 아스카기요미하라(飛鳥淨御原) 율령에 따라 율령 시스템이 정비되면서 이세신궁과 그 제사가 국가의 제도로 확립되었고 제신 아마테라스가 천황의 조상신이자 국가의 신이 된 것이다. 이런 과정을 거쳐 이세신궁, 천황, 일본이 태양신 아마테라스에 의해 권위와 정통성을 부여받게 되었는데, 이는 『고사기』 및 『일본서기』의 성립 과정과 겹쳐진다. 새로 시작된 천황제 국가에는 국가와 그 신들의 기원신화가 요청되었다. 『고사기』 및 『일본서기』 신화에 나오는 아마테라스 신화와 호노니니기 천손강림 신화 및 특히 『일본서기』 스진기와 스이닌기에 기록된 이세신궁 기원신화가 그것이다.

이처럼 7세기 말 8세기 초에 이루어진 이세신궁과 천황의 결합은 그러나 시대적 흐름에 따라 중세와 근세에는 그다지 두드러진 양상으로 진전되지는 못했다. 다만 식년천궁의 관례가 단속적으로 유지되는 가운데 대중들 사이에서는 천황의 존재가 거의 망각되었고 대신 민중적인 이세신앙이 널리 확산되어 갔다. 고대 헤이안시대 중기까지만 해도 이세신궁은 오직 천황만이 신에게 바치는 제물인 폐백을 올릴 수 있었다. 그러다가 헤이안시대 중기 이후 이런 사폐(私幣) 금단의 제도가 점차 이완되어, 귀족들도 사적인 기도를 위해 이세신궁에 신령(神領)을 바친다든지 신보, 도검, 금은 등을 봉헌할 수 있게 되었다. 이어 가마쿠라시대에는 이세 온시(御師)라 불리던 하급 신직들이 활약함으로써 이세신궁과 민중의 결합이 시작되었고, 지방 무사들의 봉폐와 참궁도 일반화되었으며 승려들의 참배도 가능해졌다. 또한 전국 각지에 5백 개소가 넘는 이세신궁의 신령 즉 미쿠리야(御廚) 또는 미소노(御園)가 존재했고 그곳에 아마테라스의 분령을 권청한 신명사(神明社)가 건립되었다. 이처럼 이세신궁의 분령을 권청하는 풍습은 미쿠리야 이외의 지역에서도 찾아볼 수 있다. 즉 남북조 시대 이후에는 도비신메이(飛神明), 이마신메이(今神明) 또는 이마이세(今伊勢)라 하여, 아마테라스가 일본 각지로 날아온다고 믿어졌다. 나아가 이 시대에는 무수한 상인들과 농민들의 이세신궁 참배 풍조가 널리 확산되었다. 이어 전국시대 말기에서 에도시대 초기에 걸쳐 이세오도리(伊勢踊)라는 춤이 성행했으며, 각지에 이세강(伊勢講)과 신명강(神明講) 등의 강 조직이 형성되어 이세신궁에 대한 단체 참배가 널리 행해졌다. 이로써 국민적 행사가 된 이세신궁 참배의 풍조 속에서 에도시대에는 중기부터 후기에 걸쳐 '오카게 마이리'라 하여 일반 서민들 가운데 폭발적인 이세신궁 참배 운동이 일어났다. 그중 부모나 주인에게 아무런 허락도 없이 집을 뛰쳐나와 이세신궁을 참배하는 이른바 '누케마이리'(抜參り)가 유행하기도 했다. 가령 1705년 윤4월 9일부터 5월 29일 사이에만 330만 명 이상이 이세신궁을 참배했는데 그중 대다수가 누케마이리였다는 기록이 남아 있다. 요컨대 이세신궁은 헤이안시대 중기까지만 해도 일반서민과 유리된 존재였지만, 그 후 다양한 모습으로 변용하여 오늘날처럼 일본인 전체의 총씨신으로서 친근한 존재가 된 것이다.

그런데 이와 같은 민중적인 이세신앙은 천황 표상과는 별 관계가 없었다. 이세신궁이 천황 표상과 재결부된 것은 메이지유신 이후의 일이다. 즉 메이지유신 이후 이세신궁은 새롭게 재편성된 천황제 국가의 종묘로서 전혀 새로운 출발을 하기에 이른다. 특히 1869년 3월 12일, 메이지 천황이 도쿄로 천도하기에 앞서 공가 이와쿠라 도모미(岩倉具視, 1825-1883)의 제안에 따라 이세신궁을 참배하면서 이세신궁의 새로운 역사가 열리게 되었다. 이날 메이지 천황은 즉위식에서 새로 정해진 예복인 황갈색 속대(束帶, 朝服) 복장을 하고 오전에 이세신궁 외궁을 그리고 오후에 내궁을 참배했는데, 이런 이세신궁 참배는 고대 지토 천황 이래 처음 있는 일로서 특별히 '친알'(親謁, 신에쓰)이라 불려졌다. 신의 후예이자 스스로 현인신인 천황의 종교적 권위를 보이기 위해 여러 신도 신들과 대등하다는 의미에서 이런 표현을 사용했다고 한다. 이는 실로 지토 천황 이래의 획기적인 사건이었다. 이후 메이지 천황의 친알은 1872년 5월, 1880년 7월, 1905년 10월 등 세 차례나 더 이루어졌다.

오늘날 이세신궁이 황조신 아마테라스를 모신 국가의 종묘로 간주되고 있다는 점을 염두에 두건대 왜 과거에는 천황이 이세신궁을 참배하지 않았는지 매우 흥미로운 문제이다. 아마도 고대에는 천황이 궁중에서만 신을 제사지냈기 때문일 것이다. 어쨌든 메이지 천황이 전례의 전통적인 금기를 어기면서까지 역사상 최초로 이세신궁을 참배한 의도는 무엇이었을까? 이는 신권적 천황제 확립을 기도한 메이지 지도자들이 다시금 이세신궁과 천황의 연결성을 강화함으로써 이세신궁을 근대 천황제 국가의 지성소로 삼아 천황의 종교적 권위와 일체화하고 그럼으로써 그 아래 전국 신사를 종속시키려는 이른바 '신도 국교화'를 위한 중요한 조치였다. 그래서 내전이 아직 끝나지 않은 시기에 역사상 미증유의 천황에 의한 이세신궁 참배가 이루어진 것이었다. 혹은 이세신궁이 국가의 종묘임을 국민들에게 널리 알리고 나아가 아마테라스-진무 천황-메이지 천황을 계보적으로 연결지음으로써 신적 기원에 입각한 천황 통치의 정당성을 확보하여 왕정복고의 의지를 명확히 보여주려는 의도였다고 짐작된다. 어쨌든 이로써 이세신궁은 직접적으로 국가권력을 대표하는 천황과 밀접한 관계를 맺게 되었다.

아마테라스의 픽션

그렇다면 이세신궁에서 황조신으로 제사지낸다는 아마테라스란 도대체 어떤 신일까? 아마테라스를 알지 못하면 이세신궁을 논할 수 없다. 본서 1장에서도 아마테라스에 관한 신화를 언급했는데, 여신, 태양신, 황조신으로서의 일반적인 아마테라스 이미지가 혹 픽션은 아닐지 하는 의문을 제기해 볼 필요가 있다. 먼저 여신으로서의 아마테라스 이미지를 생각해 보자. 『고사기』와 『일본서기』 신화의 여러 장면에서 아마테라스는 여신으로 묘사되고 있는 것이 사실이다. 가령 『일본서기』에서는 스사노오가 아마테라스를 '누나'(姉)라고 호칭하는 장면이 나오며, 『고사기』 또한 아마테라스가 스사노오를 호칭할 때 여성이 남성을 부르는 호칭을 사용한다. 또한 스사노오가 고천원(高天原, 다카마노하라)으로 올라오는 장면에서 아마테라스가 하는 말 가운데 스사노오에 대한 호칭으로서 '와가나세노미코토'라는 표현이 나오는데, 〈일본고전문학전집〉(신편)『고사기』 보주는 이때의 '세'(せ)가 고대 일본어에서 여성이 남성을 호칭할 때에 쓰이던 어구임을 밝히고 있다. 이 밖에도 『고사기』에는 스사노오가 고천원으로 올라온다는 소식을 들은 아마테라스가 이를 경계하여 머리를 '미즈라'(美豆羅)로 묶었다는 기사가 나오는데, 이때의 '미즈라'는 고대 일본에서 성인 남자들이 하는 두발의 형태라는 점에서 아마테라스가 여신임을 짐작할 수 있다. 아마테라스가 남신이라면 굳이 '미즈라'를 강조할 필요가 없었을 것이기 때문이다.

나아가 『고사기』와 『일본서기』는 직물을 짜는 여신으로서의 아마테라스를 묘사하고 있다. 예컨대 "아마테라스가 이미하타야(忌服屋)에 들어가 신의(神衣)를 짤 때"(『고사기』)라든가 "아마테라스가 신의를 짜는 이미하타도노(齋服殿)에 있는 것을 보고"(『일본서기』) 등의 기사는 아마테라스가 직녀임을 보여준다. 이처럼 직녀로서의 아마테라스는 동시에 무녀의 이미지를 짙게 풍긴다. "아마테라스가 신전에서 햇곡식을 바치며 제사지낼 때"라는 『일본서기』 기사는 아마테라스가 신을 섬기는 무녀임을 말해준다. 신의를 짜는 직녀로서의 아마테라스 이미지 또한 그 신의가 신에게 바치는 제물이라는 점에서 무녀로서의 아마테라스 이미지와 겹쳐진다. 여기서 민속학, 국문학, 신화학, 종교학, 역사학 등 일본 학계에서 끊임없이 논란의 대상이 되어온 이른바 '무녀승격설'이 등장한 것이다. 무녀승격설이란 아마테라스가 원래부터 태양신은 아니었다는 것, 원래는 남성 태양신을 섬기는 무녀였는데 그 무녀가 이윽고 제사를 받는 신으로 승격됨으로써 후대에 태양의 여신으로서의 아마테라스가 탄생했다는 주장을 가리킨다.

양잠과 곡물의 여신 아마테라스

이뿐만 아니라 『고사기』와 『일본서기』 신화에는 양잠과 곡물의 여신으로서의 아마테라스 이미지가 투영되어 있다. 양잠과 곡물의 기원에 관해 『일본서기』는 "가구쓰치(迦具土神)와 하니야마비메(埴山媛) 사이에서 와쿠무스비(和久産巢日神)가 태어났다. 이 신의 머리 위에서 양잠과 뽕나무가 자라났고 배꼽에서 오곡이 자라났다"고 하였다. 그러나 와쿠무스비 여신 외에도 양잠과 곡물의 여신은 또 있다. 우케모치(保食神)와 오게쓰히메(大宜都比賣神)가 그것이다. 『일본서기』에 의하면, 아마테라스가 월신 쓰쿠요미(月讀尊)를 우케모치에게 파견한다. 그때 우케모치는 얼굴을 나라 쪽을 향한 채 먹을 것을 입에서 토해내고 바다를 향해 크고 작은 물고기를 토해내고 산을 향해 동물의 고기를 토해내어 요리해서 쓰쿠요미를 대접했다. 이를 본 쓰쿠요미는 노하여 우케모치를 검으로 죽였고, 이 사실은 안 아마테라스가 격노하여 쓰쿠요미를 고천원으로부터 추방했다. 그 후 아마테라스가 다른 신을 파견해서 상황을 알아보게 하니 죽은 우케모치의 몸에서 우마(牛馬), 밤, 양잠, 쌀, 보리, 대두, 소두, 귀리 등이 생겨났고, 아마테라스는 이것들을 취하여 밭농사, 쌀농사, 양잠을 시작했다고 한다. 한편『고사기』에도 아마노이와토 신화 직후에 이와 매우 유사한 이야기가 실려 있다. 단, 거기서는 쓰쿠요미와 우케모치 대신 스사노오와 오게쓰히메가 등장인물로 나온다. 이른바 하이누엘레형 농경 기원 신화에 해당하는 이 이야기들에서 주목할 것은 『고사기』와『일본서기』신화를 통틀어 양잠과 곡물의 기원이 모두 와쿠무스비, 우케모치, 오게쓰히메와 같은 여신에게서 비롯된 것으로 나온다는 점이다. 이렇게 해서 생겨난 곡물과 양잠을 처음 시작하여 사람들에게 가르쳐준 장본인인 아마테라스 또한 앞의 세 여신과 마찬가지로 여신이라고 추정될 만하다.

이와 관련하여 특히 벼와 아마테라스의 밀접한 연관성에 유념할 필요가 있다.『고사기』는 지상세계를 '도요아시하라노치아키나가이호아키노미즈호노쿠니'(豊葦原千秋長五百秋水穂国)라 하고『일본서기』도 '아시하라노치이호아키노미즈호노쿠니'(葦原千五百秋之瑞穂国)라 하여 영원히 벼이삭이 풍부하게 결실 맺는 이상국으로 찬미한다. 나아가 아마테라스에서 진무 천황에 이르는 계보는 주요 신들의 이름과 속성 안에 벼를 편입시킴으로써 왕권과 도작의 밀접한 연관성을 보여준다. 가령 아마테라스는 고천원의 성스러운 밭에서 벼를 재배한다. 아마테라스의 아들 아메노오시호미미(天之忍穂耳命) 및 그의 동생이자 최초로 국토이양을 성공시킨 사자로 이즈모에 파견된 아메노호히(天穂日命)는 그 이름에 벼이삭을 의미하는 '호'(穂)가 들어가 있다. 아메노오시호미미에서 '오시호'는 '위력 있는 벼' 혹은 '많은 벼이삭'을 뜻하고, 아메노호히에서 '호히'는 '벼이삭의 영력'을 뜻한다. 또한 일설에 따르면 아메노오시호미미의 아들 호노니니기는 '벼이삭이 풍성하게 결실한다'는 의미의 이름이며, 호노니니기가 강림한 다카치호봉도 벼를 높게 쌓아 올린 곳이라는 의미이다. 그리고 호노니니기가 고노하나노사쿠야히메와의 사이에서 낳은 호데리, 호스세리, 호오리라는 세 아들의 이름에 공통적인 '호' 또한 원래는 '불'(火)이 아니라 '벼이삭'(穗)을 뜻하는 말이었다고 볼 수도 있다. 나아가 호오리의 아들 우가야후키아에즈에게서 태어난 아들인 이쓰세, 이나히, 미케누, 와카미케누(별명 도요미케누) 등의 경우, 이쓰세의 '세'는 '신성한 벼'(神稻)의 의미를 나타내고, 이나히의 '히'는 무스비의 '히'와 마찬가지로 '벼의 영'(稻靈)을 나타내며, 미케누의 '미케'는 '밥'(御食)을 뜻하는 말로 모두 벼와 관계된 이름이다.

이뿐만 아니라 천손강림을 기술하는 『일본서기』 일서의 기사에서는 아마테라스가 아메노코야네와 후토타마에게 "우리 고천원에 있는 재정의 벼이삭을 우리 아이에게 주도록 하라"고 명함으로써, 천상의 성스러운 벼이삭이 아마테라스로부터 아메노오시호미미에게 수여된다. 단, 아메노오시호미미 대신 호노니니기가 강림하게 되어 최종적으로는 호노니니기에 의해 벼이삭이 지상세계에 전해진다. 이와 관련하여 『휴가국 풍토기』(日向國風土記) 일문에 의하면 호노니니기가 강림했을 때 지상은 온통 어둠과 혼돈에 찬 곳이었는데, 호노니니기가 벼이삭을 사방에 뿌리자 하늘이 밝아지고 일월이 빛나게 되었다고 하였다. 여기서는 벼와 호노니니기가 동일시되며 그는 어둠을 광명으로, 혼돈을 질서로 바꾸는 힘을 가진 존재로 간주된다. 또한 『일본서기』 일서에서는 호노니니기의 아내 가무아타카시쓰히메 즉 고노하나노사쿠야히메가 신성한 나라의 지배자인 호노니니기에게 쌀로 술과 밥을 지어 바쳤다는 기사도 나온다. 이처럼 벼이삭의 체현자인 호노니니기는 천황가의 조상임과 동시에 천상에서부터 인간세계에 수여된 곡령 혹은 벼의 영으로 간주된다. 왕권과 벼의 이와 같은 동일시는 『고사기』와 『일본서기』 신화의 기본구조를 구성한다. 거기서 천황은 벼의 영으로 비유되어 나오며 이는 황조신 아마테라스를 곡물의 여신으로 간주하는 관념에 의해 뒷받침된다.

『고사기』와 『일본서기』 신화에서 누에는 성스러운 벌레로 간주된다. 예컨대 아마테라스는 누에에서 실을 뽑는 기술을 가르치고 그렇게 얻은 견사를 베틀로 짜는 직녀로 묘사된다. 또한 아메노오시호미미의 아내로서 호노니니기를 낳은 다카미무스비의 딸 요로즈하타아키즈시히메(다쿠하타치지히메)의 '요로즈하타' 혹은 '하타치지'는 '많은 베짜기' 혹은 '많은 견포'를 뜻하는 이름이다. 나아가 『일본서기』 일서에서는 지상에 강림한 호노니니기가 아내인 고노하나노사쿠야히메와 그의 언니 이와나가히메와 만나는 장면에서 두 소녀를 베짜는 여인으로 묘사하고 있다. 요컨대 아마테라스는 양잠과 곡물(벼)의 여신이라 할 수 있다. 그러나 곡물과 양잠에 관련된 신화는 『고사기』와 『일본서기』 신화 전체의 흐름 속에서 거의 유일하게 황실 신화와 직접 관련이 없는 신화라는 점에서, 양잠과 곡물의 여신이라는 아마테라스의 이미지는 『고사기』와 『일본서기』 편찬자가 무리하게 삽입한 하나의 픽션일지도 모른다.

아마테라스의 남신 이미지

이와 더불어 근래에는 여신으로서의 아마테라스 이미지도 픽션이 아닐까 하는 문제제기가 여러 측면에서 나오고 있다. 예컨대 미즈바야시 다케시(水林彪)는 아마테라스가 남신이었을 것이라고 주장한다. 헤이안시대에 편찬된 『석일본기』(釋日本紀)의 오히루메노무치(大日霊貴) 항목에 보면 이미 아마테라스가 여신인지에 대한 의문이 제기되고 있다. 실제로 에도시대에 들어서면 태양신은 남신이라는 설이 등장한다. 그리고 근대에는 민속학자 오리구치 시노부가 아마테라스의 옛 명칭인 오히루메노무치의 '히루메'는 곧 남성 태양신의 아내(日妻), 여성사제, 무녀 등을 의미한다고 주장했다. 이러한 흐름 속에서 원래의 태양신은 남신이었다는 설이 하나의 주류를 형성하고 있다. 이 점에서 『고사기』에는 아마테라스를 여성으로 볼 만한 직접적이고 결정적인 근거가 희박하다는 주장도 일정한 설득력을 가지고 있는 듯이 보인다.

한편 사토 히로오(佐藤弘夫)의 『아마테라스의 변모』(アマテラスの變貌)에 따르면, 오늘날 이세신궁에 안치되어 있는 아마테라스 도상은 흰옷을 입은 긴 머리의 여성 이미지로 묘사되어 있지만 그것은 실은 근대 이후에 정착된 이미지에 불과하다. 근대 이전의 일본에서 민중들 사이에 유포되어 있던 아마테라스상은 훨씬 더 다양했다는 것이다. 에도시대에는 동자상으로 묘사된 아마테라스가 여신 아마테라스의 이미지보다도 더 일반적이었다. 가령 나라(奈良)의 명찰 장곡사(長谷寺, 하세데라)의 우보동자입상(雨宝童子立像)을 그 전형적인 사례로 들 수 있겠다. 내가 가 본 일본 사찰 중에서 가장 경관이 빼어난 산사(山寺)로 기억되는 장곡사 본당에는 본존인 십일면관음보살 목조입상의 좌협시로 우보동자입상이 모셔져 있는데, 놀랍게도 그것은 아마테라스로 신앙되어 왔다. 이 밖에 『원평성쇠기』(源平盛衰記)의 설화에 나오는 아마테라스, 무로마치 시대의 '삼십번신도'(三十番神図)에 묘사된 아마테라스, 『중세일본기』라든가 산노신도(山王神道) 관련 문헌에 나오는 아마테라스 등은 모두가 남신의 이미지를 보여준다. 요컨대 여성 태양신으로서의 아마테라스 이미지는 픽션일 수도 있다는 말이다.

황조신 아마테라스의 픽션

'태양의 여신으로서의 아마테라스' 및 '곡물과 양잠의 여신으로서의 아마테라스'라는 이미지는 『고사기』와 『일본서기』 신화에서 '황조신으로서의 아마테라스' 이미지로 수렴되고 있다. 아마테라스는 일본 천황가의 조상신이라는 것이다. 이 점이야말로 『고사기』와 『일본서기』 신화가 말하고자 하는 가장 핵심적인 메시지이다. 실제로 『고사기』와 『일본서기』 신화에는 이처럼 황조신으로서의 아마테라스라는 중심적인 성격을 보여주는 장면들이 많이 나온다. 그런 만큼 아마테라스는 『고사기』와 『일본서기』 신화에서 가장 중요한 지위를 가진 신으로 자리매김되어 있다. 그렇다면 태양신 아마테라스가 황조신으로 여겨지게 된 까닭은 어디에 있었을까? 만일 아마테라스가 고대 일본인들 사이에서 본래부터 종교적으로 숭배 받은 태양신이자 신들과 인간사를 통어하는 최고신으로 관념되었다고 한다면 이런 물음에 간단히 답할 수 있을 것이다. 그러나 고대 일본에서 태양신은 그런 일신교적 혹은 인격적인 최고신이 아니었다. 게다가 태양신 숭배의 흔적을 찾기도 쉽지 않다. 쓰다 소키치의 『일본 고전의 연구』에 따르면, 민간신앙에 기초한 노리토(祝詞) 등에도 태양 이야기는 나오지 않는다. 또한 『만엽집』에는 신을 제사지내는 이야기가 많이 노래되지만 태양 숭배의 측면은 나타나지 않는다. 심지어 『고사기』와 『일본서기』 신화에 묘사된 아마테라스는 반드시 모든 신들 위에 서서 그 신들을 통솔하는 지위에 있는 것도 아니다. 예컨대 『일본서기』 겐조(顯宗) 천황 3년조의 "일월 양신을 모신다"는 기사에서도 일신과 월신 사이에 경중존비의 차는 보이지 않는다. 그러니까 아마테라스를 황조신으로 삼았던 최초의 기획이 민간신앙에서 태양을 최고신으로 숭배했기 때문이라고 보기는 어렵다. 즉 태양신 신앙이 있었기 때문에 아마테라스를 황조신으로 삼은 것이 아니라는 말이다. 그보다는 오히려 태양이 하늘에 있으면서 일본 국토를 비춘다는 자연계 현상과 황실이 일본 국토를 통치한다는 정치 형태를 대응시키면서 양자를 결부시켜 황실을 태양에 비견한 데에서 아마테라스가 황조신으로 자리매김되었던 것으로 보인다. 거기에는 황실의 지위가 태양처럼 항구불변한 것이라는 의미가 담겨 있다. 물론 아마테라스라는 신의 이름은 처음부터 있었던 것이 아니라 후대에 지식인들이 지어낸 이름이었을 것이다.

여기서 다카미무스비(高御産日神, 高木神)가 『고사기』와 『일본서기』 신화에서 공히 지고의 황조신으로 묘사되고 있다는 점에도 주의할 필요가 있다. 이때 『고사기』의 경우 국토이양과 천손강림에 관한 명령을 내리는 사령신은 다카미무스비와 아마테라스이지만, 『일본서기』에는 '황조 다카미무스비'(皇祖高皇産靈尊)라는 표기가 나온다. 또한 초대 진무(神武) 천황의 동정(東征) 이야기에서 "이제 다카미무스비에 의해 짐이 친히 현재(顯齋)를 올리고자 하노라"(『일본서기』)고 하여 진무 천황이 다카미무스비의 신령에 빙의되는 이야기가 나오기도 한다. 사실 아마테라스 단독으로 명령을 내리는 전승은 『일본서기』 일서에만 나올 뿐이며, 그 외에는 다카미무스비가 빠짐없이 언급되고 있다. 다시 말해 아마테라스를 사령신으로 하는 전승보다 다카미무스비를 사령신으로 하는 전승이 더 많은 것이다. 이로 보건대 다카미무스비야말로 고천원의 주재신이자 황조신이었을 것으로 추정된다. 이와 관련하여 오카다 세이시(岡田精司)는 『고대왕권의 제사와 신화』에서 천황가의 수호신인 고대적 태양신은 원래 남성신 다카미무스비였는데, 5세기 전반 수호신의 제장을 야마토 지방으로부터 이세로 옮김으로써 이세신궁이 성립되고, 나아가 6세기 초 다카미무스비를 섬기는 무녀인 재궁(齋宮, 사이구) 혹은 재왕(齋王, 사이오)이 아마테라스로 신격화됨으로써 태양신 다카미무스비와 나란히 숭배받게 되었다고 주장한다. 그러니까 원래는 다카미무스비가 황조신이었는데 후대에 아마테라스가 황조신으로 자리매김되었다는 것이다. 이런 의미에서 '황조신으로서의 아마테라스' 이미지 또한 '여성 태양신으로서의 아마테라스'나 '곡물과 양잠의 여신으로서의 아마테라스' 이미지와 마찬가지로 하나의 '픽션'이라고 말할 수 있겠다.

이세신궁과 재궁 제도

과거 이세신궁에는 미혼의 황녀를 아마테라스의 무녀로 삼는 재궁 제도가 있었다. 천황이 바뀌면 재궁도 교체되었는데, 야마토히메는 이런 재궁의 시조였다. 황녀가 재궁으로서 아마테라스를 제사지내는 관행은 5세기 중반 무렵부터였을 것으로 추정된다. 재궁은 이세시에서 15km 정도 떨어진 현재의 메이와정(明和町)에 세워진 이쓰키노미야(齋宮)라는 처소에 틀어박혀, 일년 중 이세신궁 신상제(神嘗祭, 간나메사이) 및 두 차례의 월차제(月次祭, 쓰키나미사이) 등 도합 3차례에 걸쳐 이세신궁에 가는 것 이외에는 히미코와 마찬가지로 거의 사람들 앞에 모습을 드러내지 않았다. 그러나 천황이 죽으면 그녀 또한 임무에서 해방되어 교토로 돌아갔다. 새 천황을 위한 새 재궁과 교대하는 것이다. 재궁과 천황의 이와 같은 일체성은 '히메히코제'(ヒメヒコ制)를 연상케 한다.

『위지왜인전』(魏志倭人傳)에 나오는 히미코(卑彌呼) 왕권은 여왕 히미코가 최고 권위를 대표하고 남동생이 그녀를 보좌하는 정치 형태였는데, 거기서 히미코는 사람들 앞에 모습을 드러내지 않았으며 실제 정무는 그녀의 남동생이 수행했다고 한다. 일본 민속학의 창시자 야나기타 구니오(柳田國男)는 『누이의 힘』에서 히미코 왕권과 같은 통치구조를 '히메히코제'라고 불렀다. 이런 히메히코제의 사례는 고대 일본에서 흔히 찾아볼 수 있으며, 근래까지도 오키나와의 오나리신 신앙이라든가 신종교 교조들의 경우에서도 그 흔적을 엿볼 수 있다. 그런데 천황제의 성립과 아마테라스의 황조신화는 바로 이와 같은 히메히코제의 붕괴와 밀접한 관계가 있다. 재궁 제도는 히메히코 제가 붕괴된 후에 천황제 안에 존속한 일종의 잔존물이 아니었을까? 황녀 출신의 미혼여성인 재궁은 신성한 무녀로서 이세신궁 근방에 칩거하면서 아마테라스를 제사지내고 세속적 왕권은 남성 천황이 담당한다는 이원구조는 히미코 왕권에서의 히메히코제를 연상케 하는 구석이 있기 때문이다.

그러니까 원래 재궁 제도의 본모습은 사람들 앞에 나타나지 않는 신성한 여성 재궁과 그녀의 정치적, 세속적 파트너인 천황의 쌍에 있었던 것으로 보인다. 역사적으로 재궁 제도는 덴무(天武) 천황 시대에 형식이 마련되었을 것으로 추정되며, 나라시대 말엽까지 널리 행해졌다. 그 후 형해화된 채로 존속하다가 남북조시대인 1336년에 마지막 재궁인 고다이고 천황의 황녀가 출가하여 여승이 되면서 막을 내렸다. 이와 같은 재궁 제도는 히메히코제가 붕괴된 결과로 생겨난 것이었다. 임신난을 거쳐 덴무 천황 시대에 야마토 조정에 의한 통일사업이 거의 완성되고 율령국가체제로 돌입할 무렵, 고대 부족국가 시대의 정치 형태였던 히메히코제에서의 여성적 영력에 의한 수호 기능이 더 이상 필요없게 되고 오히려 방해가 되면서 새로 생겨난 것이 재궁 제도였을 거라는 말이다. 다시 말해 덴무 천황은 고래의 히메히코제 대신 율령국가적 신기제도를 선택하는 한편, 마침내 스스로가 영력에 의해 신과 교섭하는 히미코적 존재가 되었다. 그는 현인신(現人神)을 자칭했다. 히메히코제에서라면 히코에 해당될 천황이 히메의 역할까지 빼앗은 것이다. 그래서 재궁으로 하여금 교토에서 멀리 떨어진 이세에 칩거하게 했고, 천황이 이세를 방문하는 일은 거의 없었다. 요컨대 재궁은 히메히코제의 화석이라 할 수 있다.

신들의 이사 : 식년천궁의 역사와 의례

앞에서 식년천궁(式年遷宮)을 언급했는데, 이는 일반적으로 일본 신사에서 일정한 연수를 정하여 새롭게 신전을 조영하고 그곳으로 구신전의 신체(神體)를 옮기는 관습을 지칭한다. 『일본후기』(日本後紀)에 의하면, 헤이안시대 전기에 스미요시대사(住吉大社, 오사카부), 가토리신궁(香取神宮, 지바현), 가시마신궁(鹿島神宮, 이바라키현)의 삼사에서도 식년천궁을 시행했다고 나온다. 스미요시대사는 해외 진출의 거점으로 항해안전의 신을 모시고 있다. 가토리신궁과 가시마신궁은 당시의 조정을 좌지우지했던 후지와라씨(藤原氏)의 씨신을 모시고 있다. 이 삼사는 당대 조정의 권력 중추와 직결된 최고 위상의 신사였다. 이런 관행이 나라시대부터 행해졌을 가능성도 있지만, 일반적으로 헤이안시대에 이르러 스와대사(諏訪大社, 나가노현), 우사신궁(宇佐神宮, 오이타현), 누키사키신사(貫前神社, 군마현), 시모가모신사(下鴨神社, 교토부) 등 여러 신사에서 식년천궁이 행해진 것으로 보인다. 이 밖에 가스가대사(春日大社, 나라현)에서는 14세기 이후부터 천궁을 행했다. 이전에 식년천궁을 행한 신사는 총 39사로 이세신궁과 마찬가지로 대개 20년에 한번씩(누키사키신사는 30년) 시행했다. 하지만 이세신궁에서는 사전뿐만 아니라 문과 울타리를 포함하여 부지 자체를 바꾼다. 이것이 이세신궁 식년천궁의 두드러진 특징이라 할 수 있다. 한편 2013년 5월 이즈모(出雲)대사에서는 5년간의 수리를 거쳐 가전(假殿)으로부터 본전으로 천궁을 거행했다. 1744년에 세워진 현재의 이즈모대사 사전은 65년, 72년, 72년의 간격으로 대대적인 수리가 이루어졌다. 전회인 1953년에 이세신궁의 식년천궁과 겹쳐진 것을 계기로 20년의 배수인 60년을 경과하여 2013년에 천궁을 거행한 것이다.

이와 같은 식년천궁은 20년 주기로 행해온 이세신궁의 사례가 가장 대표적이다. 이세신궁의 식년천궁 제도가 언제 시작되었는가는 여러 가지 설이 많으나, 『태신궁제잡사기』(太神宮諸雜事記)에 의하면 이 제도에 의한 제1회 천궁은 내궁이 690년(持統4), 외궁이 692년(持統6)에 단행한 것으로 나온다. "항상 20년을 기한으로 하여 한 번씩 새로운 신전으로 옮겨 모신다"(常限卄箇年一度新宮遷奉)는 『황태신궁의식장』의 기록 및 "무릇 대신궁은 20년에 한 번씩 정전과 보전 및 외폐전을 새롭게 지을 것.(와타라이궁과 별궁 및 기타 영내의 신전을 새로 짓는 기한은 이에 준할 것) 모두 새로운 재목을 벌채하여 짓고 기타 영내 바깥의 신전은 신구를 통용하라"(凡大神宮, 卄年一度, 造替正殿宝殿及外幣殿(度會宮, 及別宮, 余社, 造神殿之年限准此), 皆採新材構造, 自外諸院新舊通用)는 『연희식』(延喜式) 권4 〈이세대신궁식〉(伊勢大神宮式)의 기록에서 확인할 수 있듯이, 처음에는 19년 주기(20년째)로 행해지다가 1343년 제35회 식년천궁 이후 20년 주기(21년째)로 바뀐 이래 현재까지 총 62회의 식년천궁이 이루어졌다.

식년천궁에 드는 막대한 비용은 율령제 하에서는 조영사(造營使), 영조신보병장속사(營造神宝竝裝束使), 봉천사(奉遷使) 등이 관장하여 이세신궁의 영지(神領)에서 걷는 세금(神稅)으로 충당하고 모자란 것은 국가에서 보조해 주었다. 그러다가 헤이안시대에 장원이 증가하여 신세 수납이 어려워지자 당시 국가에서 부역 대신에 걸은 공미(役夫工米)를 식년천궁 비용으로 대체하기도 했다. 그러나 무로마치시대의 전란기에는 120여 년 이상 식년천궁이 중단되었다가, 1563년 여승 세이준(淸順)의 노력으로 외궁 천궁이 이루어졌고 그 후 에도시대에는 막부가 조영비용 일체를 부담했으며 메이지유신 이래 패전에 이르기까지 식년천궁은 모두 국비로 시행되었다. 현재는 '식년천궁 봉찬회'라는 민간단체가 전국적인 모금 활동을 통해 식년천궁의 비용을 충당하고 있다.

식년천궁 과정은 다음 〈표2〉에서 보듯이 최초의 야마구치사이(山口祭)를

고즈쿠리하지메사이의 의식.
목재 반입 행사의 안전을 기원하면서 정화된 도끼로 나무를 찍는 장면.

비롯하여 목재 반입 행사의 안전을 기원하는 고즈쿠리하지메사이(木造始祭)를 거쳐 실제로 목재를 반입하는 오키히키(御木曳) 행사와 정전 뜰에 깔 흰 돌을 봉헌하는 오시라이시모치(お白石持) 행사 등을 포함한 수많은 의례를 거쳐 마지막 센교(遷御) 의식에 이르기까지 최소한 8년 이상이 소요되며, 신전 조영에 필요한 재목 약 14,000주와 새 25,000다발에다 목공 125,000여 명이 동원되는 대사업이다.

〈표2〉 2013년 제62회 식년천궁 주요 의례와 행사 일정(*는 천황의 윤허를 요하는 의식)

일시	의례 및 행사명	취지
2005.05.02	*야마구치사이(山口祭)	천궁 목재를 채벌하는 미소마산(御杣山) 입구에 진좌한 신을 제사지내면서 벌채와 반출의 안전을 기원.
	*고노모토사이(木本祭)	정전 마루 밑에 세울 신노미하시라(心御柱)의 목재를 벌채함에 있어 그 나무 밑둥에 진좌한 신을 제사지냄. 야마구치사이의 야간에 거행하는 비의(秘儀).

06.03 06.05	미소마하지메사이 (御杣始祭)	기소(木曾)의 미소마산에서 목재 벌채를 시작할 때 행하는 의식.
06.09 06.10	미히시로기호에이시키 (御樋代木奉曳式)	신체(神體)를 봉납하는 '미히시로'(御樋代) 재목을 이세로 운반하는 의식.
09.17 09.19	*미후나시로사이 (御船代祭)	'미히시로'를 봉납하는 '미후나시로' 재목을 벌채하는 의식.
2006.04.12 04.13	오키히키조메시키 (御木曳初式)	조영 목재 반입을 시작하는 의식.
04.21	*고즈쿠리하지메사이 (木造始祭)	조영 목재 반입 행사의 안전을 기원하면서 정화된 도끼로 나무를 찍는 의식.
5~7월	오키히키 행사(1차)	이세의 (구)신령민 및 전국의 숭경자들에 의해 목재를 옛 방식 그대로 양궁 경내에 반입하는 행사.
2007.5~7월	오키히키 행사(2차)	내궁은 이즈스강을 통해, 외궁은 육로 차량으로 목재를 반입.
2008.04.25	*진치사이(鎭地祭)	새로운 정전을 세울 오미야도코로(大宮地)에 진좌한 신을 위무하는 의식.
2009.11.03	우지바시와타리하지메시키(宇治橋渡始式)	우지바시를 새롭게 조영하여 옛 방식대로 건너는 의식.
2012.03.04 03.06	릿추사이(立柱祭) 고교사이(御形祭)	정전 기둥을 세우는 의식. 이때 정전 동서 박공 기둥에 거울모양의 구멍을 뚫는 의식이 함께 거행됨.
03.26 03.28	*조토사이(上棟祭)	정전의 용마루를 올리는 의식.
3월	노키츠케사이(檐付祭)	정전 지붕을 짚으로 이는 의식.
7월	이라카사이(甍祭)	정전 지붕을 다 짠 다음 금물을 치는 의식.
2013.8월	오시라이시모치 행사 (御白石持行事)	이세 시민들 및 전국 신봉자들이 새로운 정전 뜰에 깔 흰돌을 봉헌하는 행사.
9월	미토사이(御戸祭)	정전의 문짝을 만드는 의식.
	미후나시로 봉납식 (御船代奉納式)	고신타이를 위무하는 '미후나시로'를 만들어 정전에 봉납하는 의식.
	아라이기요메(洗淸)	준공한 정전의 모든 것을 정화하는 의식.
	신노미하시라호켄 (心御柱奉建)	정전 중앙 마루밑에 심어주를 세우는 비의행사.
	*고쓰키사이(杵築祭)	정전 기둥뿌리를 흰 지팡이로 치면서 땅을 다지는 의식.
	*고친사이(後鎭祭)	정전 준공을 축하하면서 지신에게 수호를 기원하는 의식.
	온쇼조쿠신보토쿠고 (御裝束神寶讀合)	새로 만든 장속과 신보를 정전에 봉납함에 있어 이상이 없는지 살펴보는 의식.
	가와라오하라이 (川原大祓)	장속과 신보를 비롯하여 센교에 임하는 제주 이하를 가와라의 하라이쇼(祓所)에서 정화하는 의식.

10월	오카자리(御飾)	새로 만든 장속으로 정전을 장식하면서 센교를 준비하는 의식.	
	*센교(遷御)	고신타이를 새로 조영한 정전에 옮기는 의식. 천황이 일시를 지정해 줌. 2일(내궁)과 5일(외궁)에 거행.	
	오미케(大御饌)	센교 다음날 정전에서 처음으로 신에게 식사를 올리는 의식.	
	*호헤이(奉幣)	센교 다음날 정전에서 칙사가 폐백을 올리는 의식.	
	고모쓰와타시(古物渡)	센교 다음날 옛 정전에 봉헌했던 신보류를 새 정전으로 옮기는 의식.	
	미카구라미케 (御神樂御饌)	센교 다음날 저녁, 미카구라에 앞서 신에게 식사를 올리는 의식.	
	미카구라(御神樂)	정전에서 칙사 및 제주 등이 열석한 가운데 궁내청 악사 12명이 가구라를 봉헌.	

이 중 아마테라스의 신체인 거울(神鏡)을 새로 지은 내궁 정전에 옮기는 의식 즉 센교 의례에 대해 특히 주목할 필요가 있다. 당일 오후 4시가 되면 궁중에서 파견된 칙사와 제주 및 악사 등을 포함한 의례 참여자 백 수십 명이 모여 든다. 이들은 오후 6시에 하라이(정화의례)를 행한 후 칙사, 제주, 궁사, 네기 등이 제각각 네 개의 다마구시를 양 손에 두 개씩 들고 구 정전의 안뜰로 들어가 신도식 예배를 드린다. 그때 칙사가 정전 계단 아래 서서 제문을 진상한 후, 궁사들이 정전의 문을 열고 네기와 함께 들어가 정전 안에 등불을 밝힌다. 그동안 밖에서는 신보를 든 의례 참가자들이 좌우로 열을 짓고 악사들은 아악을 연주한다. 마침내 정각 8시가 되면 갑자기 모든 등불이 꺼지고 사방이 어둠 속에 잠긴다. 그 어둠 속에서 대표 궁사가 닭 우는 소리를 길게 세 번 영창하며, 칙사는 정전 계단 아래에서 아마테라스의 신체를 향해 빨리 나오시라고(出御) 세 차례 재촉한다. 그러면 궁사와 네기들이 거울을 모신 상자(仮御樋代)를 비단에 싸서 가지고 나오며 일행은 새롭게 지어진 정전으로 향해 발걸음을 옮긴다. 이리하여 8시 30분경에 아마테라스의 신체가 새 정전 안에 들어가고(入御) 신보들 또한 봉납되고 나면 정전의 문이 닫히고 다시 아악이 연주되는 동안 칙사가 제문을 진상한다. 그런 다음

일동은 정전의 안뜰에서 8배를 한 후 물러나간다.

이처럼 막대한 비용과 노동을 요하고 수많은 정교한 의식이 요구되는 식년천궁은 합리적인 눈으로 보자면 번거롭기 짝이 없다. 가령 신전을 콘크리트로 지어 버리면 그런 고생을 하지도 않아도 그만일 성싶다. 그렇다면 무엇 때문에 그와 같은 신들의 정기적인 이사를 고집하는가? 20년을 주기로 하는 식년천궁의 이유에 관해 지금까지 제시되어 온 다양한 견해를 정리해 보면 다음 〈표3〉과 같다.

〈표3〉 식년천궁의 20년 주기설

주기설	내 용
내구성 연한설	이세신궁 본전 건축양식의 특징은 목조건축, 새 이엉(茅葺ㅎ屋根, 가야부키야네), 굴립주(掘立て柱, 홋다테바시라) 공법에 있다. 목조건축은 일정 기간이 지나면 내구력을 상실하고, 새 이엉 지붕은 습기·벌레·강풍 등에 취약하며, 굴립주 공법의 경우 땅에 묻힌 기둥 부분은 부패를 피할 수 없으므로 지상의 초석 위에 기둥을 세우는 대륙 전래의 신공법에 비해 내구성 연한이 짧다. 따라서 일정한 식년에 따라 개축 보수할 필요가 있다.
기술 전승설	식년천궁은 목공들의 특수한 기술과 기능을 필요로 하는데, 그것을 전승하는 데에 한 세대 즉 20년이 걸린다.
고대 셈법설	고대인에게 20이라는 숫자는 손가락과 발가락을 동원하여 셀 수 있는 최대수였기 때문에 20년이라는 주기가 상정된 것이다.
전통 중시설	고래의 건축양식을 올바르게 계승하고 전통을 중시하려는 관념 때문이다.
신도적 청정설	일본 신도는 부정(게가레)을 싫어하고 청정을 근본으로 하므로 주기적으로 신전을 새롭게 지어 신들을 깨끗한 곳으로 옮겨야만 한다고 여겼다.
영위 고양설	주기적인 천궁을 통해 황조신이 젊어지고 보다 강한 힘을 가지게 됨으로써 높아진 신의 영위가 황실과 일본을 잘 가호해 줄 거라고 믿었기 때문이다.
역법설	고대 역법에서 20년째에는 태양년과 삭망월이 일치함으로써 원단과 입춘이 중첩되거나 혹은 11월 1일이 동지와 중첩된다. 따라서 20년의 주기는 일체가 다시 새롭게 되는 원점회귀의 시점이라고 여겼다.
재원설	식년천궁의 경비를 세금으로 충당한다는 규정이 『연희식』에 나온다. 이와 관련하여 〈양로령〉(養老令)에서는 "호시이는 20년간 저장한다"는 말이 나온다. 여기서 '호시이'(糒)는 세금의 일종으로 쌀을 쪄서 한풍에 건조시킨 것으로 장기간 보존이 가능했다. 그것을 세금으로 받아 20년간 저장했다는 것이다. 20년이라는 식년은 이와 같은 재원(호시이)과 연동하는 원칙이었다.
천황 교체설	천황의 교체 주기가 평균 20년이므로 거기에 대응하여 20년이라는 주기가 설정되었다.

이 중 내구성 연한설이 가장 일반적이고 상식적인 견해라 할 수 있다. 그렇다고 해서 오직 내구성을 이유로 식년천궁이 시작되었다고 단정할 수는 없다. 가람처럼 기와를 올리고 초석 위에 세웠다면 식년천궁이 불필요했을 것이다. 그러니까 문제는 내구성 자체보다는 항구적인 건축공법이 있는데도 굳이 새로 지어야만 하는 공법을 택했느냐 하는 데에 있다. 내구성 연한이라 해도 건축 부위에 따라 각각 다르다. 새 이엉 지붕은 20년마다 갈아주어야 하지만 기둥은 훨씬 더 오래 버틸 수 있으므로 지붕만 교체해도 그만이었을 것이다. 어쨌거나 이상의 해석들은 모두 나름대로 어느 정도 타당성이 있다고 보는 편이 더 적절할 것이다. 근대 이후에는 많은 이들이 특히 전통 중시설의 관점에서 식년천궁의 의미를 강조해 왔다. 이와 더불어 신도적 청정설이나 영위 고양설 등과 관련하여 식년천궁의 종교적, 정치적 의미를 좀더 깊게 생각해 볼 필요가 있다.

식년천궁의 종교학 : '나카이마'의 재생의례

이세신궁의 식년천궁은 신상제(神嘗祭, 간나메사이) 때에 행해진다는 점에서 대신상제(大神嘗祭) 즉 신상제 중의 신상제라 할 수 있는데, 이런 신상제는 일종의 신년의례라 할 수 있다. 매년 10월 17일(원래는 음력 9월 17일)에 거행되는 이세신궁의 신상제는 황실의 신상제(新嘗祭, 니이나메사이)에 해당하는 매우 중요한 의례이다. 매년 11월 23일에 천황이 직접 햇곡식을 신에게 바치는 황실의 신상제는 동짓날 태양의 죽음과 부활에 관련된 제의로서 이 시기는 고대의 많은 문화권에서 통상 신년으로 간주되었다. 여기서 우리가 특히 주목할 것은 신년의례가 가지는 보편적인 종교적 의미이다. 첫째, 그것은 주기적인 정화를 필요로 하는 인간조건을 보여준다. 둘째, 이와 같은 주기적 정화를 통해 인간은 주기적으로 생명력을 갱신하고자 한다. 다시 말해 인간은 낡은 것, 다 소모된 것, 약해진 것을 제거하고 새로운 것과 강한 것을 되찾고 싶어 한다. 셋째, 이와 같은 재생의 오리엔테이션은 속(俗)의 시간을 성(聖)의 시간으로 갱신하는 주기적인 '시간의 갱신' 관념을 포함하며 그것은 우주론적 차원에서 세계창조의 반복을 의미한다. 따라서 거기에는 혼돈으로의 복귀가 수반된다. 혼돈은 세계의 창조신화에서 공통적으로 모든 창조의 모태로 간주되기 때문이다.

여기서 우리는 식년천궁 또한 혼돈, 정화, 재생이라는 이 세 가지 모티브가 깊이 관련되어 있다는 점에 유의하지 않으면 안 된다. 이중 혼돈의 모티브에 대해 생각해 보자. 종교학자 엘리아데(M. Eliade)는 세계의 여러 신년의례에서 불을 껐다가 다시 피우는 행위가 수반된다는 사실에 주목하면서 그것이 과거의 시간 전체를 파괴하고 폐지하는 것을 목적으로 하는 행위임을 간파했다. 즉 불을 끈다는 것은 우주론적 차원에서 혼돈으로의 복귀를 상징하며 다시 불을 피우는 것은 새로운 창조를 의미하는 것이다. 마찬가지로 전술한 센교 의식에 있어 불을 끄고 어둠 속에서 의례를 거행하는 것 또한 이런 혼돈으로의 복귀를 시사하며, 이어 닭 우는 소리를 흉내 내는 것은 여명 즉 태양(불)의 재생을 암시하는 것으로 해석할 수 있겠다.

이 점에서 식년천궁은 '시원의 재생의례'라 할 수 있다. 이와 관련하여 신도의 의례적 측면에 주목하는 신도 연구자 소노다 미노루(薗田稔)는 식년천궁의 의미가 그 의례에 참여하는 자들을 신대(神代)의 시간으로 돌아가게 해주고 생명의 근원으로서의 신화적 태고를 '지금, 여기'에 재현함으로써 궁극적으로 '생명의 시간'으로 되돌아가 생명을 재생시키는 데 있다고 지적한다. 그것은 '역사의 상대화' 혹은 엘리아데의 표현을 빌리자면 '역사의 폐기'를 의미한다. 소노다는 더 나아가 이를 '나카이마'(中今)라는 일본의 전통적 시간 개념을 빌어 설명하기도 한다. 여기서 '나카이마'란 "바로 지금 현재 속의 신대(神代)"를 뜻하는 고어이다. 다시 말해 "신대가 지금 여기에 있으며, 지금은 또한 신대에 있다"는 것이다. 요컨대 신화적 시간, 성스러운 신적 시간이 이와 같은 '나카이마'로서 현재 안에 재생되는 것, 바로 거기에 식년천궁의 종교적 의미가 있다는 말이다. 엘리아데가 말한 "지속을 영원의 순간으로 변환시킴으로써 영원 속에서 살고자 하는 욕구"가 가리키는 것도 이런 '나카이마'와 결코 무관하지 않을 것이다.

한편 나카이마는 '도코와카'(常若) 즉 "항상 젊고 활기찬 것"이라는 관념과 결부되어 있다. 신궁사청(神宮司廳) 광보실장인 가와이(河合真如)는 제62회 식년천궁 직전인 2013년 9월에 『도코와카의 사상 : 이세신궁과 일본인』(常若の思想 : 伊勢神宮と日本人)이라는 책을 발간하여, 이세신궁 식년천궁을 통해 일본인의 정신의 근저에 있는 도코와카의 사상을 밝히고자 했다. 민속학자 오리구치 시노부(折口信夫)는 이런 나카이마를 천황의 역사와 연관시켜 이해했다. 즉 오리구치는 〈신도에 나타난 민족논리〉에서 "속일본기를 보면 '천황의 대대 나카이마'라는 표현이 나온다. 이는 지금이 가장 중심이 되는 시간이라는 의미이다…. 한편 '천황의 대대'라는 긴 시간 속에서 지금이 가장 진짜 시간이라고 믿은 것"이라고 하였다. 즉 나카이마를 황통의 연속성이라는 맥락에서 언급하고 있는 것이다. 식년천궁에 있어 나카이마의 의미는 황조신 아마테라스가 새로운 궁에 천좌하여 가장 빛나는 지금이야말로 유구한 옛날부터 영원의 미래 속에서 '가장 중심이 되는 시간'으로 받아들여진다는 데에 있다. 이런 '나카이마'의 현현(顯現)을 건축 행위를 통해 리얼하게 파악한 점이야말로 식년천궁의 독특성이다. 다시 말해 현재라는 역사적 시간 속에서의 천궁은 황조신이라는 신화적 존재를 밝게 드러내줌으로써 시원과 현재, 영원과 지금이 결부된다는 것이다. 이로써 지상적 현실이 초월성을 띠게 되고 신화적 세계가 현실로 바뀐다.

요컨대 주기성과 반복성 그리고 '나카이마'(영원의 현재)라는 특유의 시간 관념을 토대로 하는 식년천궁 의례는 시간의 공포를 넘어서려는 인간 정신의 보편성을 드러내 보여준다. 하지만 그런 종교적 보편성은 식년천궁이 황조신 및 천황가와 떼려야 뗄 수 없는 밀접한 관계라는 점에서 정치적 특수성과 연동할 수밖에 없다. 앞서 살펴보았듯이 천황과 결부된 이세신궁은 고대와 근대 일본에 있어 항상 정치적 소용돌이의 한가운데에 존재했으며, 식년천궁은 반복적인 시원(始原)의 재생을 통해 이세신궁적, 천황적, 황국적 이데올로기를 강화해 온 가장 중요한 행사이기 때문이다.

식년천궁의 정치학 : '만세일계'의 이데올로기 장치

앞서 살펴본 20년의 식년의 의미와는 별도로 일본 역사상 식년천궁과 황위 계승의식인 즉위식 및 대상제(大嘗祭, 다이조사이)는 밀접한 관계가 있다. 최초의 식년천궁을 지토 천황이 즉위한 해(690년)에 거행했다는 사실도 이 점을 상기시켜 준다. 식년천궁의 순조로운 추진은 황통의 융성을 의미하고 나아가 황위 계승의 안정화를 기하는 심리적 효과가 크다. 다시 말해 재생과 '나카이마'라는 종교적 보편성은 천황가를 둘러싼 정치적 특수성과 별개의 자리에서 작동하는 것이 아니었다. 이세신궁은 천황을 천황답게 하기 위해 절대 필요한 존재였다. 7세기말 덴무 · 지토 천황은 황손 즉 황조신 아마테라스의 자손으로 자리매김되었다. 그때 천황이란 황조신을 가짐으로써 비로소 천황일 수 있다는 뚜렷한 관념이 생겨났다. 천황의 아이덴티티는 황조신을 필요로 했던 것이다. 이세신궁은 바로 이런 황조신을 모신 곳이다. 그리고 이세신궁의 식년천궁은 황조신의 영위를 높여준다고 여겨졌다. 신적 영위의 갱신이며 소생을 의미하는 식년천궁은 천황의 황조신을 활성화하기 위한 최고의 마쓰리임과 동시에 황통의 권위를 높이고 황손인 천황의 존립 기반을 단단히 하기 위한 마쓰리이기도 했다.

최초의 식년천궁을 거행한 지토 천황 이전의 덴무 천황 대까지 역대 천황(大王, 오키미)들은 황위가 바뀔 때마다 왕궁을 옮겼다. 이를 '역대천궁'이라 한다. 이처럼 왕권 교체시마다 왕궁을 옮긴 것은 왕권의 신생을 어필하기 위한 것, 즉 천황 권위의 갱신과 활성화를 도모하기 위한 것이었다. 그런데 임신란을 거쳐 덴무 천황이 오우미에서 아스카로 천도했을 때는 기존 왕궁을 부수지 않은 채 거기다 궁실을 증설하는 데에 그쳤다. 즉 역대천궁의 관행에서 벗어난 것이다. 이와 아울러 덴무 천황은 항구적인 왕궁 건설을 계획하고 있었다. 이는 덴무 천황의 직계자손들이 대대로 번성하여 황위를 계승하도록 하기 위한 것이었다. 그것이 곧 지토 천황조의 694년부터 몬무 천황을 거쳐 겐메이(元明) 천황조의 710년에 헤이죠경(平城京)으로 천궁하기까지 3대 16년간의 도읍지였던 후지와라경(藤原京)의 후지와라궁(藤原宮)이다. 덴무 천황은 현재 나라현 가시하라시(橿原市)에 위치한 이 새로운 왕궁의 완성을 보지 못하고 사망했다. 이어 지토 천황이 즉위한 690년에 이세신궁 최초의 식년천궁이 거행되고 그 4년 뒤인 694년에 지토 천황은 후지와라궁으로 천궁한다. 이로써 역대천궁의 막이 내렸다. 다시 말해 후지와라궁의 건설 및 식년천궁의 개시가 역대천궁의 정지를 초래한 것이다. 그러니까 역대천궁 대신 식년천궁이 거행된 것이었다. 뒤집어 말하자면 식년천궁은 역대천궁으로부터 탄생한 것이라 할 수 있다. 양자는 천궁이라는 공통점을 가진다. 천궁이 천황의 권위와 신위를 높여준다고 여겼던 것이다. 이리하여 689년 〈아스카기요미하라령〉(飛鳥浄御原令)의 황태자 제도에 있어 '만세일계'적 황위계승의 토대가 마련되었다.

덴무 천황은 형 덴치 천황의 뜻을 거스르고 무력으로 왕권을 탈취하여 결국 조카를 죽음으로 내몰았다. 그는 이세신궁의 제신을 황조신 아마테라스로 삼고 이런 이세신궁을 정점으로 하는 관사(官社)제도를 발족시켰다. 이와 동시에 〈아스카기요미하라령〉의 발족 및 『고사기』와 『일본서기』 편찬을 명하는 한편, 후지와라경 건설에 착수했다. 이런 덴무 천황의 뜻을 이어받은 아내 지토 천황은 〈아스카기요미하라령〉의 시행, 『고사기』와 『일본서기』 편찬의 진행, 자신과 아마테라스를 동일시하는 이미지 조작, 즉위년에 이세신궁 제1회 식년천궁 거행, 후지와라경 천도 실현, 이세 및 요시노 행행 등을 감행했다. 덴무·지토조에 시행된 이와 같은 일련의 정책으로부터 황조신 아마테라스에까지 거슬러 올라가는 유구한 황통 관념이 창출되었다. 그러니까 실질적으로 이때부터 황조신 아마테라스의 자손들에 대한 '만세일계' 표상이 시작된 것이다. 이와 관련하여 『일본서기』는 "도요아시하라노미즈호노쿠니(豊葦原瑞穂国, 일본국의 미칭_필자)는 내 자손이 왕이 되어 다스릴 땅이다…보조(寶祚, 아마노히쓰기)의 융성함이 천지처럼 영원하리라"는 이른바 '천양무궁의 신칙'을 언급하고 있는데, 여기에는 지토 천황의 속마음이 담겨 있다. 아들 구사카베 황자가 병으로 급사하자 당시까지 손자에게 황위를 물려준 관례가 없음에도 불구하고 이를 관철시키고자 한 지토 천황의 포석이 바로 제1회 식년천궁이었던 것이다.

이처럼 '만세일계'의 황통이 가시화된 제1회 식년천궁에 필적할 만한 근대적 사건으로 메이지 정부가 최초로 기획한 1889년 제56회 식년천궁을 들 수 있다. 그것은 같은 해에 발포된 〈메이지헌법〉의 "일본은 만세일계의 천황이 다스린다"는 제1조를 구현한 것이었기 때문이다. 덴무·지토 천황이 그러했듯이 쇼와(昭和) 천황은 현인신(現人神)이며 아마테라스와 일체라는 이데올로기가 널리 선전되었다. 가령 1937년 문부성이 편찬한 『국체의 본의』(國體の本義)는 "천황께서는 항상 거울을 모시면서 아마테라스의 마음을 자신의 마음으로 삼아 아마테라스와 일체가 되신다"고 명시하였다. 이것이

『고사기』와 『일본서기』 신화에 나오는 '아마테라스의 신칙'을 모델로 한 담론임은 말할 나위 없다.

〈메이지헌법〉 발포와 식년천궁이 같은 해인 1889년에 이루어진 것은 결코 우연이 아니다. 메이지기 최초의 식년천궁은 1869년에 거행되었다. 하지만 그 준비는 도쿠가와 막부 말기부터 이어져 온 것이므로, 메이지기에 들어서 두 번째로 행해진 1889년의 제56회 식년천궁이야말로 메이지 정부가 본격적으로 거행한 국가적 대사업이었다고 말할 수 있다.

1889년 식년천궁의 준비단계에서 사전 조영에 관한 제안이 내무대신으로부터 천황에게 상진되었다. 굴립주 공법 대신 콘크리트 기초 위에 초석을 놓고 그 위에 기둥을 세우자는 합리적 공법이 그것이다. 그러면 부식도 피하고 20년마다 엄청난 예산이 소요되는 식년천궁을 되풀이할 필요도 없다. 이는 실제로 용재의 확보가 대단히 어려웠던 당대 사정을 감안한 제안이었다. 그러나 메이지 천황은 이런 제안을 각하했고, 식년천궁에 즈음하여 "고대 모습 그대로 새롭게 한 신의 집이니 존숭해야 하리라"(いにしえの　姿のまゝに　あらためぬ　神のやしろぞ　たふとかりける)라는 와카를 지었다. '고대 모습 그대로'라는 이 시구는 근대기에 수없이 재생산되었고 오늘날에도 많은 일본인들을 사로잡는 일종의 '주문' 같은 것으로 되풀이되고 있다.

가령 후쿠야마 도시오(福山敏男)는 1940년 이른바 '기원 2천6백년'을 국민 총동원으로 축하했던 해에 내무성 조신궁사청(造神宮使廳)에서 간행된 선구적인 연구 『신궁 건축에 관한 사적 조사』에서 이세신궁의 정전 형식이 나라시대 이전부터 헤이안시대를 거쳐 오늘날까지 식년천궁 때마다 엄중하게 지켜져 왔다고 결론짓는다. 다시 말해 이세신궁 건축은 '고대 모습 그대로' 충실하게 이어져 내려왔다는 것이다. 나아가 일본 건축사학계의 권위자로서 특히 신사건축사 연구의 공로를 인정받아 일본건축학회상을 수상한 이

나가키 에이조(稲垣榮三) 또한 식년천궁을 통해 고래의 이세신궁 형식이 '한 치도 어긋남 없이' 계승되어 왔음을 강조했다. 마찬가지로 작가 오사베 히데오(長部日出雄)는 이런 식년천궁의 주문(呪文)을 다음과 같이 웅변적으로 풀어내고 있다.

> 이세신궁에는 우리나라 고대 의식주의 면면이 모두 원형 그대로 숨쉬고 있다. 식년천궁 제도에 의해 20년에 한 번씩 헤이안시대 초기에 정해진 『연희식』의 상세한 규정을 토대로, 건물도 신보도 장속도 모조리 고대와 한 치도 어긋남 없는 형태와 풍치로 쇄신되어 다시 태어나고 소생하기를 멈추지 않으면서 오늘날에 이르고 있기 때문이다.

'만들어진 전통'으로서의 이세신궁

하지만 정말 이세신궁은 '고대 모습 그대로' '한 치도 어긋남 없이' 이어져 내려온 것일까? 결론부터 말하자면 한마디로 이런 주문은 다만 '근대에 새로 만들어진 신화'일 뿐이다. 신궁이라는 명칭, 이세신궁 풍경의 역사적 변천, 이세신궁 배치 문제를 중심으로 이 점을 확인해 보자.

첫째, 전술했듯이 현재 이세신궁의 정식 명칭은 '신궁'으로 되어 있다. 이는 1871년 유신정부가 발령한 〈신궁어개정〉(神宮御改正)에 의한 것으로 지금까지도 답습되고 있다. 굳이 이세라는 이름을 붙이지 않은 것은 그것이 단지 일개 지역의 존재가 아님을 시사한다. 하지만 보통명사 '신궁'을 고유명사로 사용한 것은 자연스럽지 않다. 그럼에도 '신궁'을 고집하는 것은 그것이 전국 신사의 정점에 군림한다는 초월적 권위를 주장하기 위한 것으로 보인다. 즉 보통명사의 고유명사화는 이세신궁의 유일 절대성을 과시하려는 수사학이라는 말이다. 그런 수사학의 스크린에 비쳐진 이세신궁은 그야말로 일본 고유의 순수한 전통문화로 각인되기 십상이다. 하지만 스크린 뒤를 들여다보면 거기서 우리는 중국이나 한국과의 확연한 영향관계를 확인하게 된다. 중국과 한국의 사례에서 '신궁'은 한마디로 '종묘'(宗廟)에 해당한다. 예컨대 고대 중국에서는 왕조의 조상신을 모시는 사당(廟)을 가리켜 '신궁'이라고 표기하기도 했으며, 또한 『삼국사기』(권32 잡지1)에는 487년에 지증왕이 나을(奈乙, 현 경주 소재)에 '신궁'을 세워 시조 혁거세를 제사지냈다는 다음과 같은 기사가 나온다.

> 신라의 종묘제도에 의하면, 제2대 남해왕(南解王) 3년(6년) 봄에 처음으로 시조 혁거세(赫居世)의 시조묘를 세우고 사계절에 제사를 지냈는데, 친누이동생 아로(阿老)로 하여금 제사를 맡게 했다. 제22대 지증왕(智證王)은 시조의 탄생지인 나을(奈乙)에 신궁(神宮)을 창립(487년)하여 제사를 지냈다.

이에 비해 『일본서기』에 '신궁'이라는 말의 초출은 제12대 게이코(景行) 천황조에서 야마토타케루(日本武尊)가 '신궁'(いせのかみのみや)을 참배했다고 나온다. 하지만 이 기사는 역사적 사실로 보기 어렵다. 다음으로는 6세기 후반인 31대 요메이(用明) 천황조에 등장하는데, 아마도 이 무렵부터 '신궁'이라는 말이 쓰이게 되었을 가능성이 있다. 이어 『일본서기』가 편찬된 7세기 후반에서 8세기 초에 이르러 이세신궁이 천황가의 조상신을 모시는 종묘라는 관념과 결부된 것으로 보인다. 한편 이세신궁에 관한 문서에서 '종묘'라는 말이 나오는 것은 헤이안시대 말기인 12세기 중엽부터이다. 그 후 이처럼 이세신궁을 종묘로 보는 관념이 일본에서 일반화된 것은 가마쿠라시대 초기인 13세기 이후부터라고 보아야 할 것이다. 가마쿠라시대가 되면 이세신궁 외궁으로부터 도교 및 유교사상에 의해 이론적으로 무장한 이세신

도(伊勢神道)가 발흥하면서 '이세신궁=종묘'관을 자주 강조했기 때문이다.

둘째, 흔히 일본인들은 이세신궁의 풍경이 고대로부터 변함없이 그대로 오늘날까지 이어져 왔다고 생각한다. 그러나 이는 역사적인 변천 과정을 전혀 무시하는 환상일 뿐이다. 가령 내궁으로 통하는 관문인 우지바시(宇治橋)가 현재 위치에 세워진 것은 가마쿠라시대 말기였다. 오늘날 우지바시 바로 앞은 넓은 광장처럼 되어 있는데, 중세에서 근세기까지만 해도 그 부근은 몬젠마치(門前町)로 번화한 곳이었다. 그곳에 즐비하게 밀집해 있던 기념품점 등이 모두 철거되어 오늘날처럼 말끔하게 정비된 것은 다이쇼(大正) 시대의 일이었다. 우지바시 다리 건너의 신역 또한 예전에는 민가들이 죽 늘어서 있었는데, 1889년의 기념비적인 식년천궁을 준비하기 위해 1887년에 깨끗이 정비되었다. 게다가 근대기 이전에는 내궁과 외궁을 잇는 후루이치(古市)의 가로변에 유곽들이 즐비했었지만 이 또한 메이지기에 모두 철거되었다. 한편 에도시대에 이세신궁을 묘사한 그림을 보면 내궁과 외궁 정전의 울타리(瑞垣, 미즈가키) 안쪽까지 참배자들이 들락거린 것을 알 수 있다. 오늘날 울타리 안쪽은 철저한 성역으로 일반인의 출입이 금지되어 있지만, 에도시대까지만 해도 정전이 일반인들에게 공개되었던 것이다. 말하자면 근대 이세신궁을 둘러싼 내외의 풍경은 전통을 무시하는 메이지 정부에 의해 강제로 변형되었다. 오늘날 일본인들이 '조몬의 숲'이라 부르면서 아득한 향수에 젖어들곤 하는 이세신궁의 성역은 실은 근대기에 새롭게 조성된 풍경이다.

셋째, 울타리에 둘러싸인 이세신궁 가장 깊은 곳의 성역은 정전(正殿)과 두 보물전(寶殿)의 세 사전으로 이루어져 있다. 이 세 건물의 배치에 의해 성역의 질서가 정해지므로 사전 배치는 이세신궁의 내밀한 정신을 이해하는데에 매우 중요한 근거가 된다. 오늘날 내궁은 장방형의 성역 중앙에 정전이 남향으로 위치해 있고, 그 뒤쪽에 동서로 정전보다 규모가 작은 보전 두

동이 나란히 서 있다. 이 세 건물은 역삼각형을 이룬다. 한편 외궁의 경우는 정방형의 성역에 내궁과 반대되는 삼각형 구도로 세 건물이 배치되어 있다. 이와 같은 내궁의 배치는 1889년 제56회 식년천궁 때 이루어진 것이다. 앞에서 메이지헌법 발포와 식년천궁이 같은 해인 1889년에 이루어진 것이 결코 우연이 아니라는 점에 주목한 바 있는데, 문명개화와 왕정복고를 내세운 유신정부에게 있어 내궁 사전 배치의 일신은 식년천궁 행사를 통한 '복고'를 의미했다. 하지만 에도시대의 내궁 사전 배치는 전혀 달랐다. 즉 중앙에 정전이 있고 그 옆에 나란히 보전이 있었다. 이 배치는 중세 후기 120여 년간의 중단기를 거쳐 1585년 재개된 식년천궁 이래 죽 이어져 온 양식이었다. 가령 1649년에 행해진 식년천궁 때의 〈내궁도〉, 1669년의 식년천궁을 기록한 〈내궁궁지도〉, 1797년 이세참궁 명소화의 〈내궁도〉 등에서 이런 사전 배치를 확인할 수 있다. 메이지기에 복원된 배치도는 이와 같은 근세기의 사전 배치가 아니라 중세 이전의 사전 배치를 모델로 한 것이다. 하지만 고대의 배치도는 현존하지 않는다. 그렇다면 메이지기의 복원은 어디에 근거한 것일까? 막부 말기의 외궁 신직 미칸나기 기요나오(御巫淸直)에 의한 내궁 배치 복원안이 그것이다. 거기에는 성역 내의 세 동 모두 남향이고, 두 보전이 정전 후방에 동서로 위치하고 있다. 이런 기요나오의 복원안이 메이지기 식년천궁 때 실현되어 현재에 이르고 있는 것이다.

넷째, 메이지유신 이전에 이세신궁이 위치한 우지야마다(宇治山田) 지역에는 3백 개소 이상의 불교사원이 있었는데, 유신 후에는 15개소밖에 남지 않았다. 한편 종래에는 온시라 불리는 민간종교가들이 전국 각지의 숭경자와 사단(師壇) 관계를 맺고 있었고, 전국 각지를 순회하면서 신궁대마(神宮大麻) 혹은 이세대마(伊勢大麻) 같은 부적을 배포했다. 또한 참배자들은 온시가 경영하는 숙소에 숙박하는 것이 통상이었다. 그런데 1871년 이 온시제가 전

——— 내궁으로 통하는 관문인 우지바시의 새벽 풍경. 다리 밑으로 흐르는 강이 이스즈강(五+鈴川)이다.

면적으로 금지되어 대량 실업자가 발생하고 우지야마다 마을의 모습도 크게 변했다. 요컨대 메이지유신 후 이세신궁은 국가의 관리하에 들어가 천황 및 황실과의 관계가 강화됨으로써 황실제사와 국가신도 의례 시스템의 성소로 변모하고 말았다.

끝으로 한 가지 더 첨언할 것이 있다. 내궁과 외궁의 관계가 그것이다. 외궁보다 내궁의 우위성이 강조된 것은 메이지기 이후부터이다. 가령 1871년에 유신 정부가 발포한 〈신궁개정령〉은 "황태신궁(내궁)과 풍수대신궁(외궁)은 '차등'이 있어야만 하는데 중고 시대 이래 동등하게 다루어져 왔다. 양 신궁의 체재의 차등을 정한다."고 규정했다. 중세 이래 외궁의 지위가 향상되면서 사전도 내궁과 외궁 사이에 별 차이가 없었다. 〈신궁개정령〉의 위 조항은 이 점을 시정하자는 말이다. 즉 황조신을 모신 내궁에 외궁이 복종해야만 한다는 것이다. 그 결과 기요나오의 복원안은 내궁만 채택되고 외궁 복원안은 배제되고 말았다. 이처럼 이세신궁과 식년천궁은 상상할 수 없을 만큼 커다란 역사적인 변천을 많이 겪어 왔다. 그런데도 오늘날 일본인들은 이세신궁에 관해 '고대 모습 그대로'라고 믿고 있다. 이 점에서 이세신궁은 '현대의 신화'라 할 만하다. 일본사회에는 이세신궁의 고대성과 고유성 또는 원형성을 의심하는 것은 예의에 어긋나는 것이라는 분위기가 있다. 모두가 신화를 순순히 받아들이면서 감탄한다. 이런 신화를 강력하게 지탱해 주는 것이 바로 식년천궁이다. 실제로 지금도 20년에 한 번씩 옛날 방식으로 정전을 다시 짓고 있으니 의심할 여지가 없다는 것이다.

2016년 5월 26일부터 이틀 간 이세에서 G7 정상회의가 개최되었다. 그때 일본 정부는 각국 정상들의 이세신궁 참배를 첫날 첫 번째 행사 일정에 넣었다. 거기에 참석한 오바마 전 대통령은 이세신궁이 과거 태평양전쟁 때 쇼와 천황이 전승을 기원하고 전리품을 바친 곳이었다는 사실을 알고 있었을까? 현대 일본에서는 새해 때마다 수상 등 정치인들의 이세신궁 참배가 하나의 관례로서 정착되어 있다. 이것에 의문을 제기하는 소리는 극히 일부 학자들에게 한정되어 있다. 근대 일본에서 이세신궁은 야스쿠니(靖国)신사와 더불어 국가신도의 기축으로 기능했는데, 그 국가신도적 일본의 식민주의와 전쟁 책임에 대한 교통정리가 아직도 충분히 이루어지지 않고 있다. 이 점을 염두에 두건대, 천황과 정치인들의 이세신궁 참배 관례는 결코 '전통'에 대한 존숭만으로 다 수렴될 수 있는 문제가 아니다. 아니, 고유한 '전통'으로서의 이세신궁이라 해도 우리가 지금 보는 것은 어디까지나 근대기에 새롭게 '만들어진 전통'일 뿐이다. 심상치 않은 열의와 관심 하에 제62회 식년천궁이 거행된 지 6년 후에 퇴위한 헤이세이 천황과 새롭게 즉위한 레이와 천황의 이세신궁 참배는 그간 일각에서 지속적으로 제기되어 온 이세신궁의 국영화 추진운동을 부각시킬 것으로 예상된다. 이세신궁의 국영화 문제는 야스쿠니신사의 국영화 추진운동과 동일선상에 있는 것이므로 향후의 추이를 주시할 필요가 있다.

배추애벌레처럼

그러나 이세신궁의 정치성에만 너무 시선이 고정되어 버리면 이세신궁의 종교성과 미학을 간과하기 쉽다. 20여 년 전 내가 처음 이세신궁을 방문했을 때만 해도 내궁 안뜰까지 들어가 정해진 루트를 따라 정전을 관람할 수 있었다. 독일의 거장 건축가 브루노 타우트(Bruno Taut, 1880-1938)는 『일본미의 재발견』(1939)에서 "이세신궁에는 인간 이성에 반발하는 변덕스러운 요소는 아무것도 없다. 그 구조는 매우 단순하지만 그 자체로 논리적이며, 후대의 일본 건축에 나타나는 번쇄한 장식적 요소가 전혀 없다."고 적으면서, 교토 가쓰라리궁(桂離宮)과 함께 이세신궁을 가장 일본적인 단순미와 영원성의 화신이라고 찬미했다. 이것은 틀린 말이 아니다. 내가 직접 목도한 이세신궁 내궁의 정전은 단순미의 극치가 자아내는 종교성을 느끼게 해 주었다. 하지만 그런 아름다움과 성성(聖性)이 왜 일본 역사에서 늘 정치적 소용돌이의 한가운데에 자리 잡고 있는지 알다가도 모를 일이다.

10여 년 전 다시 이세신궁을 찾았을 때는 내궁 입장이 금지되어 있었다. 5년 전 네 번째로 이세신궁을 방문했을 때 나는 새벽 일찍 숙소를 나와 내궁을 찾았다. 새벽녘의 이세신궁 내궁 경내는 푸른 애벌레 같았다. 꿈틀거리는 그 푸른 애벌레는 알 수 없는 신비로움을 전해 주면서도 끈적끈적하고 섬뜩한 무언가를 느끼게 했다. 이세신궁과 아마테라스의 역사를 전하는 책들 속으로 들어가는 긴 여행을 거쳤음에도 불구하고, 그 섬뜩함의 정체가 무엇인지 내게는 아직도 불투명하다. 그 불가시성은 어쩌면 나 자신에 대한

새벽녘 이세신궁 내궁을 참배하는 구로즈미교 신자들의 행렬.

무지와 긴밀한 공모관계에 있는 것일지도 모른다. 내궁 앞에서 마주쳤던 구
로즈미교(黑住敎) 신자들의 기나긴 참배 행렬을 바라보며 나는 잠시 어리둥
절해졌다. 1814년 구로즈미 무네타다(黑住宗忠)에 의해 창시된 신종교인 구
로즈미교는 천황의 권위를 매개로 한 아마테라스가 아닌 민중적인 아마테
라스 신앙을 재조직하지 않았던가. 그런데 구태여 한때 국가신도의 지성소
였던 이세신궁에 의존할 필요가 어디 있겠는가. 하지만 나는 이내 마음을
고쳐먹었다. 천황가의 황조신을 제사지내는 가장 국가적이고 정치적 신사
인 이세신궁은 그럼에도 여전히 민중적인 이세신앙의 기억을 함께 지니고
있는 일본 신사의 종교적 메카이며 일본인의 '마음의 고향'이기 때문이다.

헤이안시대의 유명한 가인(歌人) 사이교(西行, 1118-1190)가 이 이세신궁을
처음으로 참배했을 때 "무슨 신을 모시고 있는지는 모르겠으나 고마움에 눈

물 흘리노라"고 노래했다는데, 그 시인이 흘린 눈물의 의미는 어떤 것이었을까? 그것이 지극히 일본적인 특수성에 대한 자각과 관계된 것이든 아니면 '영원의 현재'라는 무시간적 시간성의 시적 자각과 관계된 것이든, 여행자는 끊임없이 참배객들이 줄지어 들어서는 쌀쌀한 JR 이세역 구내 한 귀퉁이에서 나고야행 특급열차를 기다리며 애벌레처럼 웅크린 채 내 안 저 깊이까지 고갈된 눈물의 재생을 꿈꾸고 있었다.

> "제 벗은 껍질을 먹고 / 힘이 솟는 배추애벌레처럼 / 푸른 배추 잎사귀 사각사각 갉아먹고 / 먹은 만큼 풀물 오르는 배추애벌레처럼 / 내가 먹은 사랑이 내 빛깔이 될 순 없을까 / 깨뜨린 만큼 품은 만큼 힘이 솟는 / 배추애벌레일 수는 없을까 / 그러다 보면 날개가 돋는 / 배추흰나비는 안 될까 (김해자, "배추애벌레처럼")

──────── *더 읽을 책

박규태, 『일본 신사(神社)의 역사와 신앙』, 역락, 2017.
김후련, 『일본신화와 천황제 이데올로기』, 책세상, 2012.
정진홍, 『신을 찾아 인간을 찾아』, 집문당, 1994.

제4장 ——————— 이즈모대사
: 일본 신들의 고향

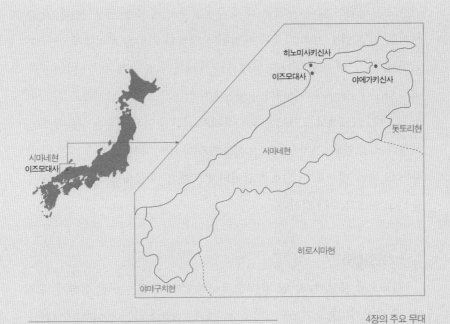

4장의 주요 무대

이세(伊勢)와 더불어 일본신화에서 가장 중요한 무대 중의 하나인 시마네현(島根県) 이즈모(出雲) 지방으로 향하는 열차 안에서 나는 『이즈모국 풍토기』(出雲國風土記, 이즈모노쿠니노후도키)라는 책을 읽었다. 이 책은 이즈모 지방의 지세, 풍토, 전설, 산물 및 신사(神社) 등에 관해 기술한 지방지로 733년에 완성되었다. 거기서 이즈모 지방은 "많은 구름이 일어나는 곳"(八雲立つ)이라고 묘사되어 있다. 구름은 내게 무엇보다 먼저 빛을 연상시킨다. 구름 사이로 언뜻 언뜻 새어 나오는 햇빛이나 달빛의 기억은 우리에게 늘 구름 너머의 무언가에 대한 기대를 일깨워 주기 때문이다. 그래서인가 나는 문득 내가 타고 온 열차의 이름에까지 예민해져 있는 스스로를 발견하고 홀로 미소 짓는다. 도쿄에서 오카야마(岡山)까지의 신간선 열차 이름은 빛을 뜻하는 히카리(光)호였고, 거기서 이즈모시(出雲市)까지는 다시 '많은 구름'을 의미하는 JR 특급 '야쿠모'(八雲)호로 갈아타야만 했다. 이를테면 나는 빛과 구름을 타고 이즈모로 간 것이다.

국토유인신화

　『이즈모국 풍토기』의 맨 처음 오우군(意宇郡) 조에는 이런 신화가 나온다. 곧 야쓰카미즈오미쓰노노미코토(八束水臣津野命)라는 신이 시마네반도 곶에 서서 "구름이 많이 일어나는 이즈모는 작고 어린 미완성의 나라로다. 그렇다면 어망줄로 꿰매 붙이면 어떨까"라고 생각했다. 이리하여 신라의 곶을 바라보면서 여분의 땅이 있는지를 살펴보니 과연 그러했다. 그는 처녀의 젖가슴처럼 풍성하고 널찍한 쟁기로 큰 물고기의 아가미를 찌르듯이 신라 땅에 꽂았다. 그리고는 바람에 휘어진 억새풀 이삭을 잘라내어 굵은 어망줄을 만들어서 "슬금슬금 나라여 오라, 나라여 오라."고 외치면서 끌어 잡아 당겼다. 이렇게 해서 이즈모에 갖다 붙인 것이 기즈키노미사키(杵築の御埼) 즉 현재의 히노미사키(日御碕)라는 것이다. 이때 꿰어 붙인 땅을 고정시키기 위해 세운 말뚝이 사히메야마(佐比賣山) 즉 현재의 산베산(三瓶山)이며, 어망줄은 소노노나가하마(薗の長浜) 즉 현재의 나가하마(長浜) 해안에 해당된다. 『이즈모국 풍토기』 신화에 의하면 야쓰카미즈오미쓰노노미코토는 신라뿐만 아니라 사타(佐太), 마쓰에(松江), 미호노세키(美保關) 등을 끌어 붙이기도 했다. 이것이 바로 『이즈모국 풍토기』의 국토유인신화(國引き神話)이다. 이처럼 다른 나라의 땅을 끌어 당겨온다는 발상은 『연희식』이나 『만엽집』 등에도 나오는데, 다른 곳에서는 찾아보기 어려운 매우 독특한 신화라 할 수 있다. 어쨌거나 신화 담론은 늘 우리 상상력을 자극한다. 신라의 땅을 끌어 붙였다는 이야기는 아마도 신라의 문화적 빛을 받아들여 자기성숙을 이루었다는 것을 암시하는 표현일지도 모른다.

이런 국토유인신화의 현장인 이즈모를 찾아간다는 설레임이 구름처럼 모였다가 아스라이 흩어지는 동안, 어느새 야쿠모호 열차 창밖은 눈 덮인 시골마을 풍경으로 가득 차 온다. 말 그대로 강물에 둘러싸여 있는 '물의 수도'인 현청 소재지 마쓰에(松江)를 통과한 후 얼마 지나지 않아 이윽고 이즈모시에 도착한 것이 오후 6시경이었다. 늦은 시각인지라 일단 역 앞의 한 허름한 여관에 짐을 풀었다.

'지는 해'와 '뜨는 해' : 히노미사키신사

다음날 새벽같이 일어나 히노미사키(日御碕)행 버스에 몸을 실었다. 기암 절벽 사이로 가파르게 이어진 해안선 도로에는 여명의 빛과 함께 싸락눈이 조용히 쌓이고 있다. 단 한번 뿐인 풍경, 그러나 왠지 다시 찾고 싶고 다시 보고 싶은 풍경 속에 들어와 있을 때, 나의 언어는 그만 침묵의 어둠 속에 잠기고 만다. 히노미사키 해안으로 향하는 버스 안에서 나는 "말할 수 없는 것에 대해서는 침묵하라."는 비트겐슈타인의 '말'이 무엇을 의미하는지 새삼스레 상기하면서 문득 이런 생각이 들었다. 한국인이라면 이처럼 시리도록 아름다운 곳을 그냥 두지 않을 것이다. 산을 깎고 도로를 넓히고 호텔이나 골프장이나 고급 레스토랑이나 그런 것들을 잔뜩 지어 놓았을 것이다. 하지만 히노미사키에는 도무지 그런 위락 시설들이 눈에 띄질 않는다. 그건 나의 부끄러움을 있는 대로 벌거벗기고 피를 흘리게 한다. 그래도 마음 한구석이 밝아지는 듯한 느낌이 든 것은 이미 아침 해가 높이 떴기 때문만은 아닐 것이다.

이런 생각에 젖어 있는 동안 버스가 종점에 이르자, 산 하나와 바다 하나를 사이에 두고 옛 신라 땅과 마주 서 있는 히노미사키(日御碕)신사가 눈에 들어온다. 이곳은 『이즈모국 풍토기』의 〈히노미사키본〉을 소장하고 있는 신사, 화려한 권현조(權現造, 곤겐즈쿠리) 양식의 본전으로 일본 근세 전기 건축을 대표하는 신사, 그리고 일본의 황조신 아마테라스(天照大神)와 그녀의 남동생 스사노오(素盞嗚尊)를 제신으로 모시는 신사로 널리 알려져 있다. 이 중 아마테라스를 모신 건물은 "해가 떨어지는 궁"을 뜻하는 '히시즈미노미야(日沈宮)라 불려진다. 8세기 초에 성립한 『고사기』(古事記)와 『일본서기』(日本書紀) 신화에서 아마테라스는 태양을 상징하는 신으로 나온다. 그렇다면 히노미사키신사의 아마테라스는 '지는 해'인 셈이다. 이에 비해 일본 신

히노미사키신사 입구의 도리이(鳥居).

사의 총본산인 이세신궁(伊勢神宮)의 아마테라스는 '뜨는 해'를 표상한다. 묘한 대비다. 신사의 미코(巫女)에게 '지는 해' 아마테라스의 의미를 묻자, 그녀는 "이세신궁의 아마테라스가 일본의 낮을 수호하는 태양의 여신이라면 히노미사키신사의 아마테라스는 일본의 밤을 수호하는 태양의 여신"이라고 알려준다.

원래 일본 신사의 미코는 처녀들만이 할 수 있는 신직(神職)이지만, 이 미코는 결혼을 했단다. 히노미사키신사는 결혼한 미코를 관대하게 허용하는 특이한 신사였던 것이다. 내가 한국에서 왔다고 말하자, 그녀는 매우 반가운 기색으로 요즘 한국 고대사 공부를 하고 있다며 읽고 있던 책을 내 앞에 내민다. 일본 재야학자 김달수씨의 『고대조선과 일본문화』라는 책이었다. 아들이 현재 이즈모대사의 네기(禰宜. 신직의 일종)이며, 그 또한 한국에 관심이 많다고 한다. 나는 혹시나 해서 이 미코에게 히노미사키신사와 한반도의 관계에 대해 물어 보았다. 그녀는 기다렸다는 듯이 경내의 한 귀퉁이에 있는 조그만 사당으로 나를 데리고 간다. 그 사당은 신사 본전 뒤에 있는 한반도 방향의 가라쿠니산(韓國山) 바로 밑에 있다. 다른 건물에 비해 한없이 작고 초라해 보이는 그 사당은 예전에 재일교포가 세운 것이라는 설도 있다. 거기에는 가라쿠니신사(韓國神社)라고 적힌 조그만 편액이 붙어 있다. '가라'는 '가야' 혹은 가락국의 '가락'에서 온 말로 한국을 뜻하는 용어이다. 훗날 첫 번째 방문 이후 7, 8년이 지난 뒤 다시 찾았을 때는 무슨 까닭에서인지 그 편액이 제거되어 정체불명의 사당이 되어 있었다.

나직하게 들려주는 미코의 말에 의하면, 히노미사키신사는 원래 한반도의 신을 모시는 도래(渡來)계의 신사였을 것이라고 한다. 그러니까 경내 섭사인 가라쿠니신사야말로 현 히노미사키신사의 전신이었을 것이라는 말이다. 이를 입증할 객관적인 근거는 지금 찾기 힘들다. 물론 일본신화 판테온의 주류를 상징하는 아마테라스를 하궁(下の宮)에 모시고 오히려 비주류의 신라계 스사노오를 상궁(上の宮)에 모시고 있다는 점에서 히노미사키신사의 숨겨진 비밀을 추측해 볼 수는 있겠지만, 그렇다고 해서 함부로 신화와 역사를 혼동하는 우를 범해서는 안 될 것이다. 신화와 역사의 장구한 흐름이 파도에 씻겨 물거품으로 화해 가는 동안, 어느 재일교포가 세워 놓았다고 말해지기도 하는 이 조그만 사당만이 가라쿠니산을 등에 진 채 역사 속에 묻힌 고대사의 미스터리가 풀리기를 꿈꾸고 있을 뿐이다.

이곳 히노미사키를 찾아와 가라쿠니산과 가라쿠니신사 앞쪽의 바다를 바라보며 고국에의 향수를 달랬을 수많은 이주 한국인들이나 재일교포들을 상상하면서, 나는 히노미사키신사 뒤의 후미시마(經島) 해안으로 올라갔다. 그곳은 현재에도 해상교통이 매우 위험한 해안지대로 일본 최고의 높

계단 위의 조그만 사당이 가라쿠니신사이고,
진홍색 치마에 흰 저고리를 입은 여성은 나를 안내해준 히노미사키신사의 미코이다.

이 43.6m에 이르는 석조 등대가 바다 건너 옛 신라 땅을 지긋이 응시하고 있
다. 이 등대 앞에는 물새들의 낙원이라는 작은 섬 후미시마(經島)가 있다. 올
해 초 아사히(朝日)신문의 사진공모에서 최고상을 받은 사진이 바로 이 섬을
배경으로 하고 있단다. 그래서인지 쌀쌀한 데도 수십 명의 사진작가들이 장
사진을 치고 있다.

무수한 물새들이 떼지어 단애로 돌진하는 파도를 향해 몸을 던진다. 절
묘한 파도타기. 눈부시도록 하얗게 부서지는 것이 파도인지 물새인지 알 수

히노미사키신사 뒤쪽 해안의 후미시마.
이곳은 일본의 사진작가들이 가장 찍고 싶어 하는 장소 중 하나라고 한다.

없는 풍경. 파도와 물새가 하나가 되는 그 순간을 포착하기 위해 하루 종일 카메라에서 눈을 떼지 않는 사람들. 그러나 난 사진을 찍을 수 없었다. 아니, 찍고 싶지 않았다. 슬픔 때문이든 감동 때문이든 정말로 마음 속 깊이 파고 드는 풍경 속에 자신이 들어와 있다고 느껴질 때 나는 사진을 찍지 않는다. 사진을 찍는 순간 행여 그 풍경이 고정되어 버리면 어쩌나 하는 바보스런 우려 때문일 것이다. 혹은 그런 풍경이 내 안 깊은 곳에서 나날이 퇴색하고 변하고 혹은 자라나도록 그냥 놓아 두고 싶기 때문일지도 모른다. 그러다가 많은 시간이 지난 뒤 어느 날 갑자기 그 풍경이 나의 눈을 뜨게 해 줄 거라는 예감 때문일 수도 있다.

'지는 해'와 '뜨는 해'가 교차하는 히노미사키. 그건 내게 사진 찍고 싶지

않은 풍경이다. 지정학상 한국은 '뜨는 해' 안에서 일본을 바라보지만, 일본은 '지는 해' 안에서 한국을 바라보아 왔기 때문이다. 그런 일본의 역사는 '한'(韓)에 대한 기억을 지워 온 역사이기도 하다. 『이즈모국 풍토기』의 국토유인신화는 어쩌면 '뜨는 해'를 훔쳐내 온 이야기일지도 모른다. 하지만 '뜨는 해'와 '지는 해'는 서로를 필요로 하며, 함께 교직하여 새롭게 만들어내야 할 그 무엇이 있을 것이라는 생각을 지울 수 없다. 국토유인신화의 주무대인 이 히노미사키 해안에서 가늘게 휘날리는 눈발과 잿빛 구름 사이로 무지개처럼 바다 밑으로 쏟아져 내리는 서광은 여행자의 발걸음을 또 하나의 신화적 무대인 이나사노하마(稲佐の浜)로 재촉하게 했다.

이나사노하마 : 국토이양신화와 화(和)의 원리

이번 이즈모 기행의 하이라이트는 이즈모대사(出雲大社)이다. 그 이즈모대사에서 1km 정도 떨어져 있는 이나사노하마 해안은 국토유인신화의 무대이자 동시에 『고사기』와 『일본서기』 신화에 등장하는 국토이양신화(國讓り神話)의 주무대로서도 유명하다.

여러 상이한 이야기들을 포함하고 있는 국토이양신화를 종합적으로 추론해 보자면 이렇다. 스사노오는 아마테라스와의 갈등 끝에 천신들의 거주지인 고천원(高天原, 다카마노하라)에서 추방당한 뒤 신라의 소시모리(曾尸茂利)라는 곳으로 건너간다. 거기서 아들 이타케루와 함께 잠시 거주한 후 다시 바다를 건너 이즈모의 히노카와(簸の川, 현재의 斐伊川) 상류로 들어간다. 이어 스사노오는 그 근처의 도리카미다케(鳥上峯. 현재의 船通山)에서 괴물 야마타노오로치(八岐大蛇)를 죽이고 이나다히메(櫛名田比賣)를 구출하여 아내로 삼는다. 이런 스사노오의 아들(혹은 6대손)인 오쿠니누시(大國主神, 오나무치)가 젊을 때 형들에 의해 박해를 받고 몇 번이나 죽임을 당했지만 다시 살

이나사노하마 해안.
『이즈모국 풍토기』의 국토유인신화와 『고사기』 및 『일본서기』에 나오는 국토이양신화의 무대

아나서 스사노오가 지배하는 지하세계인 근국(根國, 네노구니)으로 피신한다. 그러나 거기서도 스사노오에 의해 많은 시련을 겪다가 우여곡절 끝에 위원중국(葦原中國, 아시하라노나카쓰구니) 즉 이즈모 지방으로 돌아가 나라를 창건한다.

그런데 천상계인 고천원의 지배자 아마테라스가 지상의 위원중국을 탐내어 사자를 파견하여 여러 차례 국토를 헌상하라고 압박을 가하지만 번번이 실패한다. 그러다가 마침내 힘센 무신 다케미카즈치노오(健御雷之男)를 이자사노오바마(伊耶佐の小浜, 현재의 이나사노하마)에 파견하여 오쿠니누시를 설득하는 데 성공한다. 그리하여 오쿠니누시는 국토를 이양하고 스스로 유명계로 숨어 버렸으며, 아마테라스의 손자인 호노니니기(邇邇藝命)가 지상에 내려와 일본 땅을 지배하는 통치자가 된다. 『고사기』에 의하면 이때 호노니니기는 쓰쿠시 히무카(쓰紫日向, 규슈 남부 미야자키현)에 있는 다카치호봉(高千穗峯)의 구지후루다케(久土布流多氣)로 천강하면서 이렇게 말한다. "이곳은 한국을 바라보고 가사사(笠沙, 가고시마현 가사사정_필자)의 곶과도 바로 통해서 아침 해가 바로 비치는 나라이자 저녁 해가 비치는 나라이다. 그러므로 여기는 정말 좋은 곳이다." 이것이 바로 『고사기』와 『일본서기』 신화의 핵심이라 할 수 있는 천손강림신화이다. 그리고 신화적인 초대 진무(神武)천황은 바로 이 호노니니기의 자손으로 설정되어 있다.

이 이야기는 아마테라스로 대표되는 천신(天神, 아마쓰가미) 계열과 오쿠니누시로 대표되는 국신(國神, 구니쓰가미) 계열 사이에 있었음직한 어떤 역사적인 사실을 반영하는 듯싶다. 그래서 마쓰무라 다케오(松村武雄) 같은 신화학자는 천손이 강림하기 이전의 일본 땅에는 오쿠니누시를 중심으로 하는 국신들이 판테온을 형성하고 있었고 그 정치적 중심지가 이즈모였다고 말한다. 그런데 후에 천신들이 황조신 아마테라스와 그 자손들을 내세워 이즈모를 정복했다는 것이다. 사실 『고사기』 및 『일본서기』 신화와 『이즈모국 풍토기』 신화에 나오는 천신과 국신은 그 성격이 판이하게 다르다. 예컨대 천신의 경우는 중앙권력과 연결되어 있으며 칼이라든가 군사에 관련된 신들이 많은 반면에, 국신의 경우는 지방신들 및 하천이나 연못에 사는 수신이나 뱀신 혹은 벼의 성장과 관계 깊은 신들의 이름이 많이 나온다.

하지만 역시 신화와 역사를 혼동할 위험성은 언제나 가까이에 있다. 그런 오류로부터 가능한 한 자유롭기 위해 여행자는 적어도 여로의 도상에서만큼은 일단 역사적 사실성보다는 사상적 정신성의 자리에서부터 신화를 응시하겠노라고 다짐한다. 그럴 때 국토이양신화의 풍경은 무엇보다 일본인들의 중요한 정신적 원리 가운데 하나인 화(和)의 사상과 겹쳐져 보인다. 7

세기에 쇼토쿠(聖德) 태자가 제정한 〈17조 헌법〉 제1조는 이렇게 시작된다. "화(和)를 소중히 하라. 상하가 화목하여 일을 논의하면 이치와 통하게 될 것이며 그러면 무슨 일이든 안 되는 일이 없을 것이다."

국토이양신화는 말하자면 무혈 쿠데타의 이야기와 다르지 않다. 크게 보자면 메이지유신 또한 무혈 쿠데타였다고 할 수 있다. 도쿠가와 막부의 권력이양은 어딘가 모르게 오쿠니누시의 국토이양과 흡사하다. 그러니까 국토이양신화는 메이지유신의 한 모델이었던 셈이다. 오쿠니누시의 신화 이야기에서뿐만 아니라 메이지유신과 같은 엄청난 역사적 사건에서도 우리는 내부적인 갈등 요인을 최소한도로 만들면서 가능한 한 투쟁과 싸움을 피하고 질서와 안정 및 내적 결속과 조화를 이루고자 하는 일본적 화의 원리를 엿볼 수 있다. 사실 화의 원리는 근현대 일본의 역대 내각들이 금과옥조처럼 내세웠던 정치적 원리이기도 하다. 그리고 보니 중세 이래 천황가(공가)와 장군가(무가)가 공존해 왔던 것도, 또한 신도와 불교가 천여 년 가까이 일반인들 사이에서 구별이 무의미할 정도로 뒤섞여 버렸던 이른바 신불습합(神佛習合)이라는 독특한 현상도 화의 원리와 무관하지 않은 듯이 보인다.

그러나 그것이 지나치게 일본이라는 울타리 내부의 화(和)에만 고착될 경우, 종종 폭발하듯이 신경질적으로 일본 바깥의 타자를 부정하거나 또는 오에 겐자부로(大江健三郎)의 말대로 '애매모호한 일본인'을 양산하는 결과로 나타나기도 하는 것은 아닐지. 사실 국토이양신화는 구체성을 선호하는 일본적 사유방식과는 좀 동떨어진 비현실성의 옷을 입고 있다. 그 안에는 자발적 복종이라는 형태로 정복과 지배의 논리를 교묘하게 미화시킨 흔적이 숨겨져 있는 것이 아닐까? 이런 생각을 하며 걷다 보니 어느새 이즈모대사의 도리이(鳥居)가 시야에 들어와 있다. 일본 지도를 보면 ㅠ 자 모양의 기호가 많이 나온다. 그것은 신사의 입구인 도리이를 표상하는 기호이다.

신들의 고향 : 이즈모대사

국토를 이양할 때 오쿠니누시는 한 가지 조건을 내세웠다. 『고사기』에 의하면 이때 오쿠니누시는 이렇게 말했다고 한다. "위원중국은 천손의 명령대로 모두 바치겠습니다. 그런데 다만 내가 거주할 곳만은 천손이 천황의 지위를 계속 이어가는 훌륭한 궁전처럼 땅 속의 반석에다 두텁고 큰 기둥을 세우고 고천원을 향해 치기(千木)를 높이 세운 신전을 만들어 준다면, 나는 멀고 먼 구석진 곳에 숨어 있겠습니다." 여기서 '치기'란 신사 본전(本殿) 지붕 위의 양끝에 X자형으로 교차시킨 기다란 목재를 가리키며, 일반적으로 신사임을 나타내는 가장 중요한 표지이다. 어쨌든 오쿠니누시의 요구 사항은 어디에 내놓아도 부끄럽지 않을 웅장한 신사를 세워 자신을 제사지내게 해 달라는 것이었다. 이런 조건을 수용한 아마테라스는 거대한 신사를 건립하여 아들 아메노호히(天穗日命)로 하여금 제사장을 맡아 봉사하도록 했다.

이것이 바로 시마네현 이즈모시에 있는 이즈모대사 본전의 유래이다. 그후 오늘날에 이르기까지 이즈모대사의 제사장은 아메노호히의 후손들이 대대로 세습하여 맡도록 되어 있다. 이 가문을 이즈모고쿠소(出雲國造)라 한다. 다시 말해 이즈모고쿠소는 이즈모대사의 제사를 관장하는 총책임자로서, 고대에는 이즈모 지방의 대표적인 호족이었고 남북조 시대에 센게(千家)와 기타시마(北島)의 두 가문으로 갈라져 오늘에 이르고 있다. 현재 이즈모대사의 양 옆에는 두 가문의 본부가 있으며 이즈모대사의 제사는 그중 센게 가문에서 담당하고 있다.

약 16만평방미터에 달하는 이즈모대사의 경내는 주신을 모신 본전을 중심으로 일반인들이 참배하는 배전(拜殿) 및 본전 양쪽에 있는 동서 19사(東西十九社)와 보물전인 신호전(神祜殿)을 비롯하여 8개의 섭사(攝社)와 3개의 말사(末社)로 구성되어 있다. 여기서 섭사란 경내 및 경외에 본사와 특별히 연

이즈모대사 본전.

고가 깊은 신을 모신 신사를, 그리고 말사란 섭사에 모시지 않은 연고신을
모신 부속신사를 가리킨다. 이즈모대사의 본전은 대사조(大社造, 다이샤즈쿠
리)라는 건축양식으로 유명하다. 이 건축양식은 이세신궁의 신명조(神明造,
신메이즈쿠리)와 더불어 일본 신사 건축양식 중에서 가장 오래된 형식에 속
한다. 이즈모대사의 본전 내부에는 중앙에 심어주(心御柱, 신노미하시라)라는
큰 기둥이 있고 그 주위로 8개의 기둥이 세워져 있다. 고대에는 이 기둥의
높이가 48m에 이르는 거대한 건축물이었다고 하는데, 현재의 건물은 1744
년에 수리한 것으로 높이 24m에 이른다. 이 본전에 모시는 신은 이즈모대사
의 주신 오쿠니누시(大國主神, 오나무치)이다. 일반인들은 본전에는 들어가
지 못하며, 그 앞에 있는 배전에서 참배한다. 이 밖에 신에게 춤과 노래 등의
가구라(神楽)를 바치는 신악전(神楽殿, 가구라덴)은 두께 3m, 길이 8m, 무게

일본 최대의 시메나와가 걸려 있는 이즈모대사의 신악전.

1500kg이나 되는 일본 최대의 거대한 시메나와(注連繩)가 인상적이다. 시메
나와란 한국에서 유래한 금줄을 가리킨다. 본전의 뒤쪽에 보이는 산은 야쿠
모산(八雲山)인데, 신직들도 들어갈 수 없는 성지라고 한다.

　연간 약 2백만 명의 참배객으로 성황을 이루는 이즈모대사를 외국인으로
서 처음 방문한 아일랜드 출신의 영국인 라프카디오 헌(Lafcadio Hearn, 1850-
1904)은 "이즈모는 특별한 신들의 땅"이라고 감탄해 마지않았다. 일본의 신
화와 민담을 체계적으로 정리하여 세계에 널리 알린 귀화인으로서 일본식
이름을 고이즈미 야쿠모(小泉八雲)라고 지은 라프카디오 헌이 이런 탄성을
내지른 데에는 나름대로 이유가 있다. 즉 일본에서는 예부터 음력 10월을
신들이 출타중인 달이라 하여 신무월(神無月, 간나즈키)이라고 부른다. 그러
고 보니 에도시대의 유명한 풍속작가 이하라 사이카쿠(井原西鶴, 1642-93)의

마쓰에 시내에 있는 〈고이즈미 야쿠모 구거〉. 일본에 귀화하여 이즈모의 별칭인 '야쿠모'라는 이름으로 불린 영국인 작가 라프카디오 헌은 이즈모를 '신들의 땅'이라고 불렀다.

『호색일대남』(好色一代男)이라는 걸쭉한 소설이 생각난다. 거기에는 신무월 때 주인공이 신사의 미코를 유혹하는 장면이 해학적으로 묘사되어 나온다. 신이 외출 중이니까 유혹해도 괜찮다는 거다.

　그렇다면 이때 신들은 어디로 가는 것일까? 일본인들은 이 기간 중에 전국의 8백만 신들이 이즈모에 집합하여 신들의 회의를 연다고 여겼다. 그래서 이 시기에 이즈모대사에서는 신재제(神在祭, 간아리사이)라는 마쓰리를 거행한다. 그 마쓰리 기간 중에 이즈모 주민들은 결혼, 건축, 토목공사, 재봉, 이발은 물론이고 심지어 노래를 부르거나 손톱 깎는 것까지 삼가며 근신한다. 이런 의미에서 신재제를 어기제(御忌祭, 오이미마쓰리)라고도 한다. 이즈모대사의 신재제는 음력 10월 11일부터 17일까지 7일간 거행한다. 이때 음력 10월 10일 밤에는 신들을 영접하는 의식이 이나사노하마에서 거행된다. 이렇게 이나사노하마를 통해 상륙한 신들이 이즈모대사에서 회의를 한 후 동서19사에 숙박한다는 것이다. 신들의 호텔인 동서19사는 본전의 동서 양쪽에 있는 길쭉한 건축물로 각각의 건물마다 19개의 문짝이 달려 있다 해서 19사라는 이름이 붙었다. 일본 전국의 신들이 이곳에 숙박하면서 섭사인 상궁(上宮, 가미노미야)에서 호스트격인 오쿠니

이즈모대사 경내의 신재제 안내판.

누시의 주재 하에 회의를 한다는 것이다. 이처럼 일본 전국의 신들이 매년 음력 10월이 되면 어김없이 신들의 땅 이즈모로 모여든다는 의미에서 이즈모는 신들의 고향인 셈이다.

그럼 이 회의에서 신들이 논의하는 의제는 무엇일까? 전술한 『고사기』 신화에서 오쿠니누시는 국토이양의 조건을 내걸면서 "이제부터 현세의 일은 황손이 다스려 주십시오. 나는 눈에 보이지 않는 유사(幽事)를 관장하겠습니다."라고 부언했는데, 바로 이 유사를 결정하는 일이 회의의 주요 의제라 할 수 있다. 가령 다음 해의 작물 수확이라든가 양조 등을 비롯하여 사람들이 예측할 수 없는 인생 제반사의 문제들, 특히 남녀 간 연분과 인연의 운명을 결정하는 문제가 신들의 회의에서 가장 중요한 의제가 된다. 과연 남녀 문제에 대해 섬세하고 예민한 촉각을 배양해 온 일본인다운 발상이다.

실제로 일본인들은 에도시대 이래 오쿠니누시를 남녀 간의 사랑과 정분

을 맺어주는 복신으로 믿어 왔다. 따라서 오늘날 이즈모대사는 무엇보다도 남녀 간의 애정과 인연에 특별한 효험이 있는 신사로서 수많은 일본인들에게 사랑받고 있다. 이와 더불어 일본인들 사이에서는 신들이 이즈모에 집합하는 음력 10월에 전국적으로 남녀의 못 다한 사랑과 인연이 이루어진다는 속신(俗信)이 널리 보급되기도 했다. 이처럼 남녀 간 인연과 사랑의 신으로 관념된 오쿠니누시는 근대 이후 신도 식 신전결혼식이 일반화되면서 일본인들 사이에 더욱 친근한 존재가 되었고, 이즈모대사를 비롯하여 오쿠니누시를 모시는 전국 각지의 신사에는 경내에 결혼식장이 구비되어 있는 경우가 많아 결혼 적령기의 젊은 연인들에게 특히 인기 만점이다. 그러니까 연애와 결혼이 신화에 의해 뒷받침되고 있는 셈이다.

연분을 맺어주는 사랑의 신 오쿠니누시

오쿠니누시는 호칭과 표기가 다양하다. 『고사기』에는 오쿠니누시(大國主神), 오나무치(大穴牟遲神), 아시하라시코오(葦原色許男神), 야치호코(八千矛神), 우쓰시쿠니타마(宇都志國玉神) 등의 이름으로 등장하며, 『일본서기』에서는 오나무치(大己貴命), 오쿠니누시(大國主命), 오모노누시(大物主神), 아시하라시코오(葦原醜男神), 야치호코(八千戈神), 오쿠니타마(大國玉神), 우쓰시쿠니타마(顯國玉神) 등으로 나온다. 한편 『이즈모국 풍토기』의 경우는 오나무치(大穴持命)라는 호칭이 일반적이며, 그것을 아메노시타쓰쿠라시시(所造天下大神)라 하여 천지를 창조한 신으로 묘사하기도 한다. 이는 오나무치가 오쿠니누시보다도 더 이즈모의 원래적인 신격에 가깝다는 점을 시사한다. 그런데 『고사기』는 이런 오쿠니누시에 대해 흥미로운 기사를 전한다. 이나바(稻羽=因幡)의 흰토끼 이야기가 그것이다.

이즈모대사 경내의 결혼식장.

커다란 보따리를 어깨에 멘 다이코쿠텐이 오시네 / 여기 이나바의 흰토 끼 / 껍데기가 홀랑 벗겨진 벌거숭이라네.

이것은 오늘날까지도 일본 엄마들이 아이에게 많이 불러주는 동요 가운 데 하나이다. 여기에 등장하는 이나바(稻羽)는 현재 돗토리현(鳥取縣) 동부 지방에 해당하는 옛 지명으로 특히 '이나바의 흰토끼' 신화로 유명한 곳이 다. 오나무치(오쿠니누시의 어릴 때 이름)라는 신에게는 야소카미(八十神, 많은 신들을 뜻하는 말)라 불리는 형들이 있었는데, 어느 날 형들이 미인으로 소문 난 이나바의 야카미히메(八上比賣)에게 청혼하기 위해 떠나면서 막내(아마도 이복동생인 듯) 오나무치를 짐꾼으로 데리고 갔다. 도중에 형들은 상어(또는 악어)에 의해 살가죽이 몽땅 벗겨진 토끼를 만난다. 토끼가 살려달라고 도움 을 청했을 때 심술궂은 형들은 짠 바닷물로 몸을 씻으라고 일러 주었다. 그 말대로 하자 토끼의 고통이 더욱 심해졌음은 말할 나위 없다. 하지만 뒤늦게 토끼와 마주친 오나무치는 민물로 몸을 씻은 후 부드러운 꽃가루 위에 뒹굴라고 처방해 주었고, 그 말대로 하자 토끼는 원래의 깨끗한 상태로 회복되었다. 이에 대한 보답으로 토끼는 형들 대신 오나무치가 야카미히메를 아내로 삼게 될 거라고 예언했다. 그 예언대로 오나무치는 형들을 제치고 야카미히메를 얻었다.

'오나무치와 흰토끼 상'. '이나바의 흰토끼' 신화의 무대인 돗토리현(鳥取県) 돗토리시 하쿠토(白兎) 해안가에 세워져 있다.

이런 오나무치가 형들에게 미움을 샀으리라는 것은 쉽게 상상할 수 있다. 심지어 형들은 오나무치를 죽이기로 작당한다. 그리하여 오나무치는 형들에 의해 두 번이나 살해당했다가 어머니 미오야(御祖命)와 가미무스비의 도움으로 다시 부활한다. 기독교의 부활담 같은 것이 일본 신화에도 등장하는 것이다. 그러나 결국 형들의 집요한 추적을 견디다 못해 오나무치는 스사노오가 다스리는 근국(根國, 네노쿠니)으로 피신한다. 거기서 오나무치는 스사노오의 딸 스세리비메(須勢理毗賣)와 몰래 정을 통한다. 이를 눈치 챈 스사노오는 죽음 외에는 해결 방법이 없는 세 가지 과제를 내어 오나무치를 죽이려 들지만 오나무치는 매번 스세리비메의 도움으로 죽을 고비를 넘긴다. 마침내 두 연인은 스사노오에게서 주술적인 세 가지 보물인 칼과 활과 거문고를 훔쳐 야반도주한다. 이에 스사노오는 하는 수 없이 둘의 결혼을 인정하고 나아가 오나무치에게 축복을 내려 지상의 통치권을 부여한다. 이때 스사노오는 오나무치에게 새로운 이름을 지어준다. 그것이 바로 지상의 왕을 뜻하는 '오쿠니누시'라는 이름이다. 이후 오쿠니누시는 세 가지 보물의 주술적인 힘을 빌려 자신을 박해한 형들을 제압하고 이즈모 지역에 일본 최초의 나라를 세운다. 그런 다음 오쿠니누시가 아마테라스의 손자 호노니니기에게 국토를 이양하는 이야기는 앞에서 언급한 대로이다.

『고사기』의 연가

이런 오쿠니누시의 범상치 않은 생애는 구약성서『창세기』의 요셉 이야기를 연상시킨다. 나아가 야카미히메와 스세리비메를 비롯하여 많은 여성들을 아내로 삼은 오쿠니누시와 관련하여『고사기』는 구약성서의『아가서』를 방불케 하는 사랑의 노래를 들려준다. 가령 오쿠니누시가 이즈모를 떠나 야마토국(倭國)으로 가기 전에 아내 스세리비메에게 이런 노래를 부른다.

> 사랑스런 나의 아내여!
> 철새떼의 무리처럼 내가 가 버린다면
> 마지못해 따라가는 새처럼 내가 떠나 버린다면
> 절대로 울지 않는다고 당신은 말하고 있지만
> 산기슭에 서 있는 한 그루의 참억새풀처럼
> 고개를 떨군 채 울고 있으리라.
> 내뿜는 탄식은 아침에 피어오르는 비안개가 되리라.
> 어린 풀처럼 연약한 나의 아내여!

그러자 스세리비메는 이렇게 화답한다.

야치호코(八千矛)의 신이시여! 나의 오쿠니누시여!

당신은 남자이기에

가시는 섬마다 가시는 해안마다 어디에서나

젊고 귀여운 아내를 가질 수 있지만

저는 여자이기 때문에

당신 이외의 남자는 없으며

당신 이외의 남편은 없습니다.

드리워진 장막이 한들한들 흔들리는 아래에서

부드러운 비단 이불 아래에서

스삭스삭 소리를 내는 닥나무로 짠 이불 아래에서

가랑눈처럼 희고 젊은 나의 가슴을

닥나무로 짠 베처럼 희고 흰 나의 팔을

꼭 껴안고 사랑하시어

구슬처럼 예쁜 나의 팔을 베개로 삼고

두 다리를 쭉 펴고 편안히 쉬세요!

그리고 가득 부은 이 술을 들어 주소서.

사실 오쿠니누시에게는 야카미히메와 스세리비메 외에도 누나카와히메(沼河比賣)라는 아내가 또 있었다. 오쿠니누시와 누나카와히메 사이에 오고 간 사랑의 송가는 일본인들 사이에 특히 널리 알려져 있다. 『고사기』는 오쿠니누시가 그녀의 집 앞에서 청혼을 하면서 부른 다음과 같은 노래를 전하고 있다.

야치호코의 신이

그 나라에서 아내를 얻기 어려워

멀고 먼 고시국(高志國)에

영리하고 어여쁜 여인이 있다는 것을 듣고

구혼하러 몇 번이나 갔도다.

큰 칼을 찬 혁대도 풀지 않은 채

겉옷도 벗지 않은 채

여인이 잠들어 있는 집 문을 흔들며 서 있을 때

그 문을 힘껏 잡아당기며 서 있을 때

녹음이 우거진 푸른 산에서 벌써

누에새가 지저귀는구나.

들녘에 있는 꿩이 소리 높여 울고

집에서 기르는 닭도 우는구나!

원망하듯이 시끄럽게 우는 새들아!

이 새들을 때려서라도 울음을 멈추게 해다오!

그런데 고대 일본에서는 여자가 최초의 청혼을 거부하는 것이 관습이었
으므로 누나카와히메는 이렇게 화답한다.

야치호코의 신이시여!

저는 연약한 풀과 같은 여인이옵니다.

저의 마음은 물가의 새와 같사와요.

지금은 내 마음대로 할 수 있는 새이지만

나중에는 당신의 새가 될 것이옵니다.

그러니 새들은 죽이지 마시옵소서.

......

푸르른 산에 해가 지면

밤에는 꼭 오시겠지요.

이른 아침에 떠오르는 햇님처럼 활짝 웃으면서 오시어

닥나무처럼 희고 흰 나의 팔과

가랑눈처럼 싱싱한 나의 젖가슴을

꼭 껴안고 애무하시며

구슬처럼 아름다운 나의 손을 베개 삼아

두 다리를 펴고 잠드시게 될 것이오니

너무 애타게 사랑을 구하지 마시옵소서.

이처럼 다정다감한 오쿠니누시를 일본인들이 특히 에도시대 이래 남녀간의 사랑과 정분을 맺어주는 신으로 모셔 온 것은 매우 자연스럽게 보인다. 그리하여 오늘날 이즈모대사는 무엇보다도 남녀간의 애정과 인연에 효험이 있는 신사로서 수많은 일본인들에게 기억되고 있다. 일본에서는 고래로 남녀의 결합과 인연을 불가사의하고 현묘한 것으로 생각하였으며 신불의 뜻에 의해서만 이루어지는 것이라고 여겼다. 불교 전래 이후 부부의 결합을 전생의 숙연으로 보는 관념이 널리 퍼짐과 아울러, 신사 의례에 있어 신관이 남녀의 이름을 각각 기입한 종이를 서로 합쳐 인연을 점친다든지 혹은 짝사랑하는 이성의 이름을 종이에 적어 신사 경내의 신목(神木)에 매어 기원하는 풍습이 전국적으로 행해져 왔다. 그래서 오늘날에도 신사에 가 보면 남녀의 인연이 맺어지기를 기원하는 내용이 적힌 종이가 나뭇가지에 주렁주렁 매여 있거나 경내에 에마가 전시되어 있는 풍경을 쉽사리 목격할 수 있다. 또한 에도시대 이래 일본인들 사이에서는 신들이 이즈모에 집합하는 음력 10

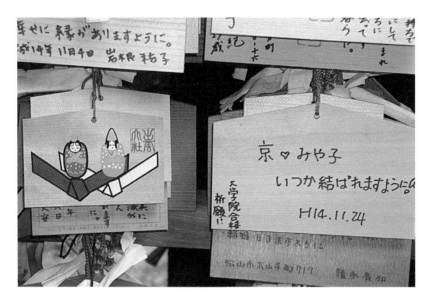

연분을 맺어준다는 사랑의 신을 모신 이즈모대사의 에마.
"미야코씨와 언젠가 사랑이 맺어지기를"이라고 적혀 있다.

월에 전국적으로 남녀의 못다 한 사랑과 인연이 이루어진다는 속신이 널리
보급되었다.

제8대 이즈모고쿠소 센게 다카토미(千家尊福, 1841-1918)에 의해 창시된 신
종교인 다이샤교(大社敎)에서는 이런 남녀간 인연의 교의를 체계화시켰다.
즉 결혼은 인생의 중대사이며 유사(幽事)에 속한 것이고, 따라서 유사를 관장
하는 오쿠니누시가 정해준다는 가르침이 그것이다. 이처럼 남녀간 인연과
사랑의 신으로 여겨진 오쿠니누시는 근대 이후 신전결혼식이 창시 보급되
면서 일본인들에게 더욱 친근한 존재가 되었다. 그리하여 이즈모대사 및 이
즈모의 신을 모시는 신사에서는 아예 결혼식장을 경내에 만들어 놓고 있다.

오쿠니누시가 남녀의 인연을 맺어주는 사랑의 신으로 여겨지게 된 데에
는 이 밖에도 또 다른 중요한 요인이 있다. 즉 오쿠니누시는 일본 대중들에

게 가장 인기 있는 복신(福神)인 다이코쿠텐(大黑天)과 동일한 신격으로 습합함으로써 더욱 널리 퍼진 것이다. 흔히 커다란 보따리를 왼쪽 어깨에 둘러맨 형상을 하고 있는 이 다이코쿠텐은 다이코쿠(大國)와 한자식 발음이 같은 탓에 오쿠니누시와 신불습합을 한 것으로 추정된다. 그리하여 일본 엄마들이 아이에게 많이 불러주는 동요 가운데 "커다란 보따리를 어깨에 멘 다이코쿠텐님이 오시네/여기 이나바의 흰토끼/껍데기가 홀랑 벗겨진 벌거숭이라네" 라는

다이코쿠텐(大黑天)상. 칠복신 순례로 유명한 시코쿠 가가와현(香川県) 다카마쓰시(高松市) 소재 다무라(田村)신사 경내의 복신.

가사가 나올 정도로 오쿠니누시가 복신 다이코쿠텐과 동일시되어 행복을 가져다주는 사랑의 신으로서 일반인들 사이에 뿌리를 내리게 된 것이다.

오쿠니누시(大國主神)의 한자 표기 중 '대국(大國)'은 일본어로 음독하면 '다이코쿠'라고 읽혀지므로 일본 대중들에게 인기 있는 칠복신(七福神) 중 하나인 다이코쿠텐(大黑天)과 동일시되었다. 이리하여 오쿠니누시(오나무치)는 곧 다이코쿠텐이라는 복신신앙이 널리 퍼지게 되었다. 일본에는 새해가 되면 하쓰모우데(初詣)라 하여 신사나 사찰을 참배하여 일 년의 건강과 풍요와 행복을 기원하는 오래된 관습이 있다. 그때 사람들은 흔히 칠복신을 함께 참배하곤 한다. 칠복신이란 에도 중엽부터 시작되어 오늘날까지 일반인들 사이에서 행해지고 있는 대표적인 민속신앙의 대상으로, 다이코쿠텐(大黑天, 복덕의 수호신), 에비스(惠比壽, 어업·상업·공업의 수호신), 비샤몬텐(毘

沙門天, 악마를 퇴치하여 재보를 지켜주는 수호신), 벤자이텐(弁才天, 음악과 재복의 수호신), 후쿠로쿠쥬(福祿壽, 복록의 수호신), 쥬로진(壽老人, 장수의 수호신), 호테이(布袋, 운명의 수호신) 등을 가리킨다.

이 가운데 복신 다이코쿠텐의 원형은 고대 인도의 무신(武神) 마하카라(Mahakala)이다. 이때 산스크리트어로 '마하'는 크다(大)는 뜻이고 '카라'는 검다(黑)는 뜻이므로, 마하카라가 '대흑천(大黑天, 다이코쿠텐)'이라는 한자어로 번역된 것이다. 흔히 한 손에는 망치와 다른 한 손으로는 커다란 보따리를 왼쪽 어깨에 둘러맨 형상을 한 다이코쿠텐은 불교와 함께 일본에 수용된 후 행복을 가져다주는 복신으로서 많은 사랑을 받게 되었으며, 그냥 '다이코쿠' 혹은 친근하게 '다이코쿠상'이라고도 한다.

앞의 동요에서 이런 다이코쿠텐과 이나바의 흰토끼가 함께 등장하는 것은 매우 자연스러워 보인다. 전술했듯이 이나바의 흰토끼 설화의 주인공 오나무치(오쿠니누시)가 곧 복신 다이코쿠텐과 동일시되었을 뿐만 아니라, 실상 그 배경에는 오나무치처럼 정직하고 선한 자가 복을 받는다는 권선징악적 민간신앙이 깔려 있기 때문이다.

오쿠니누시가 처음 나라를 세워 다스렸다고 하는 이즈모 지역에는 복을 비는 독특한 민속행사가 많이 전승되어 왔다. 예컨대 이즈모대사 주변의 다이샤정(大社町)에서는 매년 1월 3일에 '깃쵸상'이라 하여 동네마다 길조(吉兆, 깃쵸)라 불리는 깃발을 세우고 피리, 북, 징 등의 연주자들과 함께 이즈모대사와 마을을 돌면서 신에게 바치는 노래를 부르고 오곡풍양과 복을 비는 새해맞이 마쓰리를 거행한다. 이 깃쵸 깃발은 높이 4~6미터, 폭 약 1미터의 모직천에 '세덕신'(歲德神, 도시도쿠노가미)이라는 글자와 지역 이름을 수놓은 것으로, 그 위에는 일월을 그린 큰 부채모양과 창이 장식되어 있어 전체 높이가 약 10미터 정도 된다. 이런 깃쵸상 마쓰리 행렬을 선도하면서 재액축

귀의 역할을 맡은 자를 번내(番內, 반나이)라고 하는데, 흥미롭게도 그 해 액년에 해당하는 남자가 맡는다. 액으로 액을 막는다는 것인가. 그는 큰 귀면(鬼面)을 쓰고 금색 복장에다 한쪽 끝부분이 여러 갈래로 터진 두터운 청죽을 지니고 있다.

이밖에 이즈모대사를 끼고 흐르는 소가강(素鵞川)을 거슬러 올라간 곳에 미토세노야시로(三歲社)라는 고색창연한 신사가 있다. 오쿠니누시의 아들 고토시로누시(事大主神)를 모시는 이 신사에서는 매년 5월 3일에 복맞이 의식을 거행하는데, 많은 이들이 복나무를 받아가기 위해 이곳을 참배한다고 한다. 일본 민담에는 모모타로 이야기처럼 "아버지는 산에 땔나무하러 가셨다."는 문구가 자주 등장한다. 가령 땔나무하러 산에 들어가서 조그만 동자나 동물을 주워서 행복하게 된다거나 금은재보를 얻는다는 이야기가 하나의 패턴을 이루고 있다. 이는 나무에 행복을 초래하는 주술적 힘이 있다는 수목신앙이 반영된 습속일 것이다. 복을 비는 마음은 어디나 똑같은가 보다.

스사노오의 로맨스 : 야에가키신사

『일본서기』 신화에 의하면, 스사노오가 황조신 아마테라스와의 갈등 끝에 천신들의 거주지인 고천원(高天原)에서 추방당한 뒤 신라의 '소시모리'라는 곳으로 건너가 잠시 거주한 후 다시 바다를 건너 이즈모로 들어간다. 거기서 스사노오는 서럽게 울고 있는 노부부를 만난다. 사연을 들어 보니 머리가 여덟 개 달린 야마타노오로치라는 괴물뱀에게 6명의 딸을 제물로 바친 후 이제 마지막 남은 일곱 번째 딸 이나다히메(稲田姫命)마저 죽게 생겼다는 것이다. 그러자 스사노오는 딸을 아내로 준다면 그 괴물을 퇴치하겠다고 약속한다. 노부부가 이를 수락했음은 말할 나위 없다. 이리하여 스사노오는 이나다히메를 빗으로 변신케 한 뒤 귀에 꼽고 '가라사비'라는 칼로 야마타노

야에가키신사의 동굴벽화에 그려져 있는 스사노오와 이나다히메.
동굴 내에서는 사진 촬영 금지라 신사 측에서 판매하는 그림첩을 사 왔다

오로치를 살해한 뒤 이나다히메와 결혼했으며, 종국에는 '구마나리'를 통해 근국(根國, 네노쿠니)으로 들어가 지하세계의 통치자가 된다.

이 신화에 나오는 '소시모리'가 소머리(牛頭)를 가리키는 고대 한국어임은 오래전부터 널리 알려진 사실이다. 실제로 춘천, 거창, 합천, 예천 등 한반도에는 지금까지도 우두산(牛頭山)이라는 지명이 여기저기 남아 있다. 일본의 3대 마쓰리 중 하나인 교토의 기온마쓰리를 주관하는 야사카(八坂)신사의 제신도 원래는 우두천왕(牛頭天王, 고즈텐노)이었는데, 메이지유신 이후 스사노오로 바뀌었다. 그런데 당사에 전해 내려오는 창건 유래기에 의하면 이 신사는 656년 한국인 이리시노오미(伊利之使臣)가 신라의 우두산 신령을 모시면서 시작되었다고 한다. 한편 '가라사비'의 '가라'는 한국(가야, 가락국)을 지칭하는 말이며 '사비'는 철을 뜻하는 고대 한국어이다. 또한 근국으로 들

어가는 입구인 '구마나리'는 가야의 구마나레 혹은 백제의 고마나루(熊津, 현재의 공주)를 방불케 한다. 이 밖에도 스사노오와 한국의 연관성을 시사하는 사례는 얼마든지 찾아볼 수 있다. 이와 더불어 스사노오는 가장 일본적인 코드와 결부되어 있는 신이기도 하다. 가령 신혼집을 이즈모 땅에 지으면서 스사노오가 불렀다는 다음과 같은 노래가 『고사기』에 전해진다.

> 겹겹의 구름들이 피어오르는 이즈모의 여덟 담장이여, 아내를 위해 여덟 담장을 세우노라, 여덟 담장을.(八雲立つ 出雲八重垣 妻籠みに 八重垣作る その 八重垣を)

흔히 이 노래는 일본 최초의 와카(和歌)라고 말해진다. 와카란 31음절로 이루어진 일본 고유의 정형시를 가리킨다. 이즈모에서 구름은 죽은 자의 영혼을 상징한다. 혹은 구름이 영혼을 맞이한다는 민속 관념도 있다. 죽음과 사랑과 영혼의 보이지 않는 끈을 말하고 싶었던 것일까? 어쨌든 신혼의 아내를 위해 스사노오가 겹겹이 쌓은 '여덟 담장'을 일본어로는 '야에가키'(八重垣)라 한다. 오늘날 시마네현 마쓰에시(松江市) 소재 야에가키(八重垣)신사는 이 신화적인 로망을 기념하여 세워졌으며, 이즈모 지역에서 이즈모대사와 더불어 가장 사랑받는 신사로 유명하다. 스사노오와 이나다히메 및 아들 사쿠사가 제신인데, 이 세 신은 사람들을 태어날 때부터 숙명적으로 누군가와 인연을 맺게 해 준다는 사랑과 연분의 신으로 믿어지고 있다. 그래서 당사는 특히 젊은 연인들에게 인기가 많다.

야에가키신사 경내에는 작은 동굴이 있는데, 입장료를 내고 그 안에 들어가 보니 놀랍게도 동굴 벽면 가득히 남녀 한 쌍의 얼굴이 그려져 있다. 893년 고세노 가나오카(巨勢金剛)가 그렸다는 이 동굴벽화는 현재 중요문화재

로 지정되어 있는데, 아직도 채색이 선명하다. 신사 측은 이 벽화의 주인공
이 바로 스사노오와 이나다히메라고 설명한다. 도톰한 볼과 붉은 입술 그리
고 무엇보다 살짝 째진 눈매와 표정은 마치 신화적 인물이 그림 속에서 걸
어 나와 여행자에게 말을 거는 듯이 생생하다.

앞의 와카에 나오는 '야쿠모'(八雲)를 자신의 귀화인명으로 선택한 라프카
디오 헌(일본명 고이즈미 야쿠모)이 19세기말 야에가키신사를 처음 방문했을
때, 그는 특히 할미새, 종이깃발, 동백나무, 오후다(부적), 사랑점 등에 깊은
인상을 받았다고 한다. 야에가키신사 정원 주변에는 할미새들이 많다. 이
새는 일본 국토의 창시자인 이자나기와 이자나미의 신조(神鳥)로, 전설에 의
하면 이 부부신이 남녀합일의 가르침을 할미새로부터 받았다는 것이다. 또
한 신사 경내에 깔려 있는 돌 주변에는 기묘한 모양의 하얀 종이깃발을 대
나무 장대에 붙인 것이 많이 꽂혀 있다. 이 작은 깃발들은 사랑하는 연인들
의 감사의 표시로, 사랑의 승리를 나타내는 상징이라 할 수 있다. 뿐만 아니
다. 야에가키신사에는 뿌리 근처가 두 갈래로 나뉘어 있는 동백나무가 있
다. 두 그루의 나무가 하나의 줄기로 이어져 있는 것이다. 그것이 변함없는
부부의 사랑과 인연을 상징하는 것이라 하여, 일본인들은 이 동백나무에 연
인들의 소원을 들어주는 사랑의 신이 깃들어 있다고 여겼다.

신사 경내에서 판매하는 오후다(お札) 중 가장 인상적인 것은 역시 인연
을 맺어주는 부적이 아닐 수 없다. 이 부적은 사랑하는 사람이 아니면 살 수
없다고 한다. 사람들은 그것을 사면 마음속에 둔 사람과 반드시 인연이 맺
어진다고 믿는다. 통상 이런 부적 안에는 일본풍의 복장을 한 부부의 그림
과 작은 인형이 들어 있다. 그 부부는 스사노오와 이나다히메를 표상한다.
하지만 이것은 다만 인연을 맺어주기만 하고 그 후의 일에 대해서는 책임이
없다. 결혼 후에도 언제까지나 오래오래 변하지 않는 사랑을 기원하는 자라

시마네현 마쓰에시 소재의 야에가키신사.
스사노오와 이나다히메의 신혼집이 마련된 곳에 세워진 신사라고 한다.

면 동백나무와 같은 사랑이 끊어지지 않고 계속 이어지기를 기원하는 문구가 쓰인 다른 부적을 사야만 한다. 그 안에는 뿌리가 두 갈래로 갈라진 이신동체(二身同體)의 동백나무 이파리 한 장이 들어있다.

야에가키신사 뒤편으로 들어가 보니 성스러운 숲이 나타난다. 이 고대풍의 울창한 숲은 낮에 들어가도 어둡다. 그 안에는 대나무와 동백나무 그리고 신도에서 성스러운 신목으로 여기는 비쭈기나무들이 무성하다. 예전에는 이 숲에 들어가기 전에 참배자는 모두 신발을 벗어야만 했다고 한다. 큰 대나무의 줄기마다 빼곡하게 글씨가 쓰여 있다. 하나 같이 사랑하는 사람과 맺어지기를 기원하는 내용이다. 가령 "하나코와 인연이 맺어지기를 기원합니다. 18세의 남자." 이런 식이다. 이끼 낀 소로를 따라 가노라면 숲 중앙에 작은 연못이 있다. 이것은 이즈모에서 매우 유명한 연못인데, 그 안에는 도롱뇽의 일종인 '영원'들이 살고 있다. 젊은 연인들이 종이배를 접어 그 위에 동전을 넣고는 연못 위에 띄운 다음 그 행방을 보고 사랑점을 친다. 종이가 젖어들면서 동전 무게로 배가 바닥에 가라앉게 되는데, 그때 영원이 가까이 다가와서 동전을 건드리면 사랑이 이루어진다는 것이다. 그러나 영원이 다가오지 않으면 흉점이 된다.

앞서도 언급했듯이 733년에 완성된 『이즈모국 풍토기』(出雲國風土記)에는 신이 어망줄로 신라의 땅을 끌어당겨 이즈모국을 완성시켰다는 신화가 적혀 있다. 이처럼 다른 나라의 땅을 끌어 당겨온다는 발상은 일본 외에는 찾아보기 어렵다. 고대 한반도와 이즈모의 밀접한 교류관계를 염두에 두건대, 이 기묘한 이야기는 어쩌면 신라의 문화적 빛을 받아들여 자기성숙을 이루었다는 것을 암시하는 표현일지도 모른다. 그런데 바로 이런 이즈모 지역이야말로 오늘날 독도 문제의 진원지라는 사실을 상기하는 순간, 우리는 문득 스사노오의 꿈에서 깨어나게 된다. 야에가키신사의 신화적 로망을 껴안아 온 물의 도시 마쓰에와, 다케시마의 날을 제정하고 선전해 온 시마네현 현청 소재지로서의 마쓰에는 아무래도 잘 어울리지 않아 보인다. 그럼에도 희망은 지워지지 않는 어떤 것이리라. 로망은 언제 어디서든 누구에게나 통하는 것일 테니까.

구름의 사랑

일본신화의 신통기에는 크게 두 계통이 있다. 하나는 천신(天神, 아마쓰가미) 아마테라스와 호노니니기를 중심으로 하는 고천원(다카마노하라) 또는 일향(日向, 휴가) 계열의 신통기이고, 다른 하나는 국신(國神, 구니쓰가미) 스사노오와 오쿠니누시(오나무치)를 중심으로 하는 이즈모 계열의 신통기이다. 전자가 천상과 빛과 생명에 관련된 신통기라면, 후자는 유명계와 어둠과 죽음에 관련된 신통기라 할 수 있다. 이세에 있는 이세신궁이 전자의 신통기를 대표하는 신사이고, 이즈모대사가 후자의 신통기를 상징하는 신사임은 말할 것도 없다. 그런데 이즈모대사가 주신으로 모시는 신은 예전에는 스사노오였으나 지금은 오쿠니누시라는 점이 흥미롭다. 그리고 보니 스사노오가 현재는 이즈모대사 본전 뒤쪽의 소가사(素鵞社)라는 조그만 신사에 모셔져 있다는 사실이 심상치 않게 느껴져 온다. 이는 국토이양신화에서 잘 엿볼 수 있듯이, 신들의 고향 이즈모가 정치적으로 천황가에 복속함으로써 『고사기』와 『일본서기』의 신화 체계에 편입되었지만, 정신적으로는 여전히 이즈모 고유의 풍토신인 오쿠니누시 즉 오나무치의 왕국임을 암시한다.

이세(伊勢)를 향해 이즈모대사를 떠나기에 앞서 그 앞에 있는 한 소바점에서 이즈모의 명물인 이즈모소바를 시켜 먹었다. 이즈모소바는 일명 와리고(割子)소바라 하여 조그만 나무 찬합에 한두 젓갈 분량의 소바를 담아 여러 개를 겹쳐 내온다. 일인분의 소바를 여러 그릇으로 나누어 내 놓는 것이다. 과연 사랑의 신을 모시는 이즈모의 소바답다는 생각이 들었다. 남녀의 연분과 사랑은 많이 나누면 나눌수록 커지는 법이 아니겠는가.

지난 이틀간의 이즈모 기행은 내 안 어딘가에 지워지지 않을 흔적을 남겨 놓은 듯싶다. 이즈모를 뒤로 하고 JR 특급 야쿠모호에 몸을 실은 나는 히노미사키신사 및 이나사노하마와 이즈모대사를 비롯하여 그 밖에 내가 들렀던 여러 곳들을 마치 그림 속에 들어간 화가처럼 회상하고 있었다. 이즈모대사의 미코로서 가부키의 시조가 된 이즈모노오쿠니(出雲阿國)의 묘소, 고풍스러운 마쓰에 시내의 〈고이즈미 야쿠모 기념관〉, 〈풍토기의 언덕〉(風土記の丘) 자료관, 이즈모 지방에서 가장 오래된 목조 건축물인 가모스(神魂)신사, 일본에서 가장 오래된 스사노오와 이나다히메의 벽화를 소장하고 있는

———————— 이즈모에서 가장 오래된 목조 건축물인 가모스신사.

야에가키신사…. 특히 가모스신사에서 야에가키신사로 넘어가는 하니와(埴
輪) 로드의 정겨운 산길은 잊을 수 없는 풍경으로 내 안에 둥지를 틀었다. 그
모든 풍경 속에는 신들의 변화무쌍한 그림자가 배회하고 있다.

　사랑의 신 오쿠니누시는 어쩌면 구름의 신이 아닐지. 이즈모에서 멀어질
수록 그런 생각이 들면서 여행자는 야쿠모호의 열차 창문 밖으로 저녁 구름
이 흘러가는 모양을 한참 동안 응시한다. 거기서 나는 이즈모의 구름이 빛
과 그림자와 어둠 모두를 삼키고 또 토해내는 환영을 보았다. 젊었을 때 구
름에 대해 더없이 경건하고 엄숙한 태도를 지녔지만 나이를 먹으면서 구름
을 아이 같다고 생각하게 되었다는, 그러나 생애를 통해 구름을 사랑하지 않
은 적이 없었다는 구름의 시인 헤르만 헤세. 불혹을 넘겼을 때 그는 스스로
를 덧없는 저녁 구름의 유희 같은 존재로 여기게 된 것 같다. 그래서 삶의 모

든 일들을 심상하게 받아들이는 일, 세상을 비유로 변용시키는 일, 사물을 그저 가만히 바라보는 일이야말로 자신의 몫임을 깨닫게 된 것이다. 이즈모 기행은 내게 그런 구름의 사랑을 일깨워 준 하나의 작은 선물이었다.

───── *더 읽을 책 ─────────────────────

오노 야스마로, 『고사기』, 강용자 옮김, 지식을만드는지식, 2014.
박규태, 『라프카디오 헌의 일본론』, 아카넷, 2015.
홍성화, 『한일고대사유적 답사기』, 삼인, 2008.

3부

일본 불교의 2대 성지

제5장 ——————— 히에이산
: 일본 불교의 어머니산

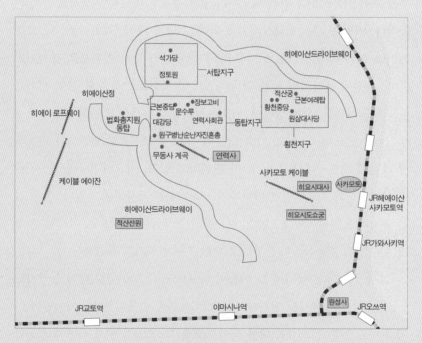

석가당
정토원
서탑지구
히에이산드라이브웨이
히에이산정
적산궁
근본여래탑
히에이 로프웨이
황천중당
근본중당
장보고비
문수루
원삼대사당
법화총지원
동탑
대강당
연력사회관
동탑지구
원구병난순난자진혼총
횡천지구
무동사 계곡
연력사
케이블 에이잔
시카모토 케이블
히요시대사
사카모토
히에이산드라이브웨이
JR헤에이산
사카모토역
적산선원
히요시도쇼궁
JR가와사키역
원성사
JR교토역
야마시나역
JR오쓰역

5장의 주요 무대

교토의 후지산이라고도 하는 히에이산(比叡山, 히에이잔)은 시가현(滋賀県) 오쓰시(大津市) 서부와 교토시 좌경구(左京區)의 경계에 있는 오히에이(大比 叡, 848.3m)와 교토시 좌경구에 있는 시메이가타케(四明岳, 838m)의 두 봉우 리를 중심으로 남북에 걸친 봉우리들을 총칭하는 말로, 본서의 6장에서 다 루는 고야산(高野山)과 함께 예로부터 일본 불교의 대표적인 성지로 꼽혀 온 곳이다. 예전 표기는 히에산(日枝山)이며 그 밖에 에이산(叡山, 에이잔), 호쿠 레이(北嶺), 텐다이산(天台山), 미야코후지(都富士) 등의 별칭으로 불리기도 한다. 산정에 올라서면 일본 최대의 호수인 비와호(琵琶湖)와 교토 시가가 한눈에 들어온다. 동쪽 산정에는 일본 천태종의 총본산인 연력사(延曆寺, 엔 랴쿠지)가 있으며, 그 아래 기슭에는 역사적·종교적으로 연력사와 밀접하 게 관련된 히요시대사(日吉大社)가 위치하고 있다. 히요시대사에서는 지금 도 히에이산의 지주신인 오야마쿠이(大山咋神)를 제사지내고 있다. 한편 산 정 북쪽의 오쿠히에이(奧比叡)는 예로부터 살생금단의 땅으로 여겨져 온 탓 에 귀중한 야생 동식물이 풍부하고 특히 조류 번식지로 유명하다.

『고사기』(古事記)에까지 그 이름이 나오며 문학 작품에도 많이 등장하고 오늘날 등산객들에게도 인기가 많은 히에이산은 일찍이 794년 헤이안(平安, 교토) 천도 이후 전교(傳敎)대사 사이초(最澄, 766-822)가 현재 히에이산 동탑 (東塔) 지구에 788년 현 근본중당(根本中堂, 곤폰추도)의 전신인 일승지관원 (一乘止観院, 이치조시칸인)을 세워 일본 천태종(天台宗)을 연 이래 왕성 헤이안의 북동쪽 귀문(鬼門) 즉 악귀가 드나든다고 여겨진 불길한 방위를 제어하는 왕성진호와 국가진호의 산이 되었다. 사이초 사후 자각(慈覺)대사 엔닌(圓仁, 794-864)과 지증(智証)대사 엔친(圓珍, 814-891)에 의해 천태종의 토대가 구축되었다. 이 중 엔닌은 횡천(橫川, 요카와) 지구를, 엔친은 서탑(西塔) 지구를 개창하여 10세기경 현재와 같이 동탑·서탑·횡천지구로 구성된 연력사의 모습이 완성되었다. 역대로 연력사는 불교 종파에 관계없이 수많은 고승들을 배출했으며, 이로써 히에이산은 일본 불교의 어머니산(母山)으로 불리게 되었다.

연력사는 히에이산의 중심 상징이다. 실은 히에이산 전체가 연력사라는 사찰의 경내지에 해당한다. 그러니까 연력사는 단독 당우의 명칭이라기보다는 히에이산 산상에서부터 동쪽 기슭에 걸친 150여 개의 당탑 가람을 가리키는 총칭인 것이다. 즉 연력사는 근본중당을 중심으로 하는 동탑지구, 석가당(釋迦堂, 샤카도)을 중심으로 하는 서탑지구, 횡천중당(橫川中堂, 요카와추도)을 중심으로 하는 횡천지구 등의 세 지역으로 구성되어 있는데, 이를 '히에이산 3탑'이라 부르기도 한다.

과거 최성기에는 당탑이 3천 개소를 넘었다고 한다. 그런데 사이초 사후 9세기 후반 엔닌과 엔친 시대에 이르러 비밀 전수를 원칙으로 하는 밀교의 가르침을 따라 후학 양성을 하면서 천태종은 두 분파로 갈라지게 되었다. 연력사를 본거지로 하는 엔닌 중심의 산문파(山門派)와 원성사(園城寺, 온조지)에 기반한 엔친 중심의 사문파(寺門派)가 그것이다. 이 중 귀문에 위치하여 악귀로부터 왕실과 수도를 지켜주는 수호신으로 간주된 연력사 산문파가 호국불교의 도량으로 부각되면서 점차 정치적·경제적·종교적으로 득세하게 되었다. 이 점은 히에이산이 사이초 입멸 후 사가(嵯峨)천황으로부터 연력사라는 칙액을 받아 진호국가의 도량이 되면서 황실과 귀족들에게 폭

히에이산 연력사 동탑지구의 근본중당.
안에는 개조 사이초가 불을 밝힌 이래 오늘날까지 1,200년 이상 꺼진 적이 없다는 '불멸의 등'이 켜져 있다.

넓은 숭경을 받았다는 사실에서도 잘 볼 수 있다. 이리하여 천태종의 본산 연력사는 진언종(眞言宗)의 본산인 고야산 금강봉사(金剛峯寺, 곤고부지) 및 교토의 동사(東寺, 도지)와 더불어 헤이안 불교의 양대 중심축 중 하나로 발전하는 가운데 당대 지성의 센터로서 중세 일본의 종교·사상·문화·학문을 주도했다. 이때 특히 종교사상사적으로 히에이산 연력사는 본지수적설(本地垂迹說)에 입각한 신불습합 담론의 주된 생산자로 기능하면서 융합적이고 다원적인 불교문화와 학술 전통을 형성했다. 이와 같은 연력사 최대의 성지는 동탑지구의 근본중당과 서탑지구의 정토원(淨土院, 조도인)이다. 근본중당의 전신이 일승지관원이고, 정토원에는 사이초의 묘소인 '전교대사 어묘'(傳敎大師御廟)가 모셔져 있기 때문이다.

사이초의 묘소가 있는 연력사 서탑지구의 정토원.
근본중당과 함께 히에이산 최대의 성지로 여겨진다.

사이초는 누구인가

최근 학생들을 인솔하여 15년 만에 다시 연력사를 찾았다. 며칠 전에 내
려 쌓인 눈이 히에이산의 비경을 더욱 신비롭게 만드는 늦겨울의 풍경이 펼
쳐져 있다. 동탑지구 입구에 들어서자 먼저 진입로 양쪽으로 연력사를 개창
한 사이초의 일생이 묘사된 18개의 그림 판넬들이 여행자를 맞이한다. 거기
에 적혀 있는 안내문들을 요약하자면 다음과 같다:

히에이산 동쪽 기슭의 사카모토(坂本)에는 후한(後漢) 효헌제(孝獻帝)의
자손으로 일본에 귀화한 미쓰노오비토(三津首) 일족이 번영을 누리며 살고
있었다. 767년 8월 18일 그곳에 연화꽃이 날리면서 미쓰노오비토 모모에
(百枝) 가문에 옥 같은 남자아이가 태어났다. 그는 후에 일본 천태종 히에

이산의 개조가 된 전교대사 사이초였다. 신동으로 평판이 자자했던 아이 때 이름은 히로노(廣野)라 했는데, 하나를 가르치면 열을 아는 재능이 있었다고 한다. 12세 때 부친의 뜻에 따라 오우미(近江) 국분사(國分寺)의 대국사 교효(行表) 법사 문하에 들어가 출가하여, 히에이산 기슭 신궁선원(神宮禪院)에 칩거하면서 면학수행에 힘썼다. 15세 때 득도(得度) 허가를 얻어 머리를 깎고 정식 승려가 되었으며, 이름도 사이초라고 개명했다. 나아가 20세 때 봄에는 나라(奈良) 동대사(東大寺) 계단원(戒壇院)에서 구족계(具足戒)를 받아 승려로서의 자격을 모두 구비했다. 그 후 나라 불교의 실상을 알고 실망한 그는 785년 7월에 고향으로 돌아가 히에이산 산중에 작은 암자를 짓고 날마다 대승경전을 독송하며 오로지 좌선 명상에만 집중했다. 그러던 어느 날 사이초는 암자의 북쪽 봉우리에서 낮에는 보라색 구름이 길게 뻗치고 밤에는 밝은 흰 빛이 떠오르는 광경을 목도했다. 기이하게 여겨 찾아가 보니 향기로운 고목이 있었다. 이에 몸과 마음을 정결히 한 후 그 나무로 약사여래, 석가여래, 아미타여래의 불상 3구를 조각했다고 한다. 곧 이어 788년 일승지관원을 창건하여 스스로 만든 약사여래를 본존으로 삼아 그 앞에 '영원불멸의 등명'을 바치면서 후대의 부처 시대까지 밝게 빛나도록 꺼뜨리지 말고 전하라는 내용의 노래를 읊었다. 이처럼 히에이산에서 수행에만 몰두하는 사이초에게 점차 사람들이 주목하게 되었고, 794년 9월 3일에 개최된 일승지관원(현재의 근본중당)의 준공 공양식은 당대의 간무(桓武) 천황이 몸소 행차할 만큼 성대했다고 한다. 사이초에 대한 절대적인 신임과 기대를 품었던 간무 천황은 헤이안경 귀문에 해당하는 연력사를 국가 진호의 도장으로 삼았다. 이런 우호적인 분위기 속에서 사이초는 802년 여름 와케씨(和氣氏)의 씨사(氏寺)인 교토 고웅산사(高雄山寺, 다카오산지)에서 중국 천태대사 지의(智顗, 538-597)의 삼부작 명저인 『법화현의』(法華玄義),

『법화문구』(法華文句), 『마하지관』(摩訶止觀)에 대해 강연했다. 히에이산 천태종의 근본 이념을 『법화경』에 대한 천태대사의 가르침에서 발견한 사이초는 무엇보다 『법화경』 선포에 힘을 쏟았던 것이다. 그리하여 마침내 사이초는 천태대사의 가르침을 더 깊이 알고자 제자 기신(義眞)을 통역사로 동반하고 804년 7월 6일(38세) 견당사 일행과 함께 당나라를 향해 출발하여 9월 1일 명주(明州) 즉 현재의 절강성 영파(寧波)에 도착했다. 이 후 사이초는 현재 절강성 태주(台州)에 위치한 천태종의 본산인 천태산(天台山)에 올라 천태대사의 법등을 이어받은 두 고승으로부터 천태 법문을 전수받았다. 8개월에 걸친 당나라 유학 후 805년 7월에 귀국한 사이초는 다음 해인 806년 1월 26일 히에이산에 일본 천태종을 개창하여 공인받았다. 천태종의 소의경전인 『법화경』에 따르면 사람은 모두 부처의 제자라는 보편적 존엄성을 가진다. 그러나 당시 나라 불교를 대표하는 법상종(法相宗)은 인간의 선천적 차별성을 설했고, 『법화경』은 임시의 방편에 불과하다고 주장했다. 도쿠이치(德一) 법사를 비롯한 남도 불교의 승려들은 이런 법상종의 입장에 서서 천태교학과 사이초를 공격했고, 이에 대해 사이초는 『수호국계장』(守護國界章) 등의 대저를 지어 맞섰다. 이와 함께 818년 52세 때 사이초는 소승의 계율을 버리고 오로지 대승 계율에 따르겠다고 선언했고, 또한 국보적 인재 양성을 도모하는 〈산가학생식〉(山家學生式)을 제정하여 히에이산 학승들의 행동 기준을 『법화경』 정신에서 찾고자 했다. 가령 학승은 12년간 산을 내려가지 않은 채 히에이산에서 수행할 것 등을 정했다. 이처럼 불법을 위해 신명을 바치던 사이초는 822년 병상에 누웠고 마침내 6월 4일 56세로 입멸했다. 다음 해인 823년 2월 26일 조정은 사이초의 최대 후원자였던 간무천황 치세의 연호를 사호로 삼는 칙원을 내렸고 이에 따라 히에이산의 사원은 이제 연력사로 불리게 되었다. 이로부터 45년 후인 866년에는 세이와(淸和)천황이 사이초에게 전교대사(傳敎大師)라는 시호(諡号)를 하사했다. 그 후 전교대사 사이초가 개창한 히에이산은 가마쿠라 신불교의 교조들을 배출하는 등, 실로 일본 불교의 어머니산으로 번창하여 오늘에 이르고 있다.

여기에 등장하는 와케씨에 관해서는 약간의 보충 설명이 필요해 보인다. 와케씨는 당대에 토지개발과 설계 및 시공을 전문으로 하는 가문으로 나가오카경(長岡京) 천도 및 헤이안경 천도(모두 하타씨가 부지를 제공) 시 설계와 시공 책임자를 맡았다. 이 두 번의 천도 시 부지를 제공한 것은 바로 가야=신라계 도래인 씨족인 하타씨(秦氏)였다. 와케씨는 당시 하타씨와 밀접한 우호관계에 있었다. 어쨌든 위 그림 판넬에서 묘사된 사이초의 생애 가운데 특히 내게 깊은 인상을 남긴 장면이 세 가지 있다. 첫 번째는 그가 19세 때 동대사에서 구족계를 받는 장면이다. 여기서 구족계란 출가자가 정식 승려가 될 때 받는 계율을 가리킨다. 당시 동대사에서 구족계를 받는다는 것은 국가 공인의 엘리트 승려임을 인정받았다는 것을 뜻한다. 사이초는 촉망받는 인재였음에 틀림없다. 그럼에도 그는 3개월 뒤 남도6종의 타락상을 보면서 출세의 지름길을 뒤로 한 채 홀연히 고향으로 돌아가 히에이산에서 12년간 은둔하며 수도생활에 들어간다. 이것은 누구나 쉽게 할 수 있는 결정이 아니다. 청년 사이초가 내린 올곧은 결단의 장면은 과연 그의 순수한 열정이 어떤 것인가를 잘 보여준다.

두 번째는 788년 사이초가 22세 때 히에이산 산중에 작은 초암을 짓고 자신이 제작한 약사여래상을 모신 일승지관원을 세우는 장면이다. 이것이 오늘날 연력사의 핵심 건물인 근본중당의 기원이다. 이때 그는 불상 앞에 기름등잔을 놓고 등불을 밝혔다. 이후 1200년 이상이 지난 오늘날까지 이 등불은 한 번도 꺼진 적이 없다고 한다. 연력사 근본중당 안에 들어가 보니, 약사여래상 앞에 놓인 등불 아래에 큰 글씨로 '불멸의 등'(不滅の法灯)이라고 쓰여 있다. 그것은 근본중당의 무겁고 느릿느릿한 어둠과 침묵을 견딜 수 있을 만한 것으로 바꾸어 주고 더 나아가 어둠과 침묵의 참된 힘을 느끼게 해주기까지 한다. 어둠이 깊을수록 새벽이 가까이 와 있다는 것일까? 히에이 산을 오르는 대절버스 안에서 나는 학생들에게 이런 설명을 했었다: "연력사의 정신을 상징하는 '불멸의 등'은 '유단'(油断)이라는 일본어와 밀접한 관계가 있다. 우리말로 번역하면 '방심'(放心)에 해당하는 일본어 '유단'은 말 그대로 '기름을 끊는다'는 뜻이다. 일본에는 '유단대적'(油断大敵)이라는 사자성구가 있다. 방심하는 것이야말로 가장 큰 적이라는 말이다. 그러니까 연력사에서 불법(佛法)의 등불(법정)을 꺼뜨리지 않도록 날마다 기름을 갈아주는 것은 곧 마음을 다스리는 수행 그 자체인 셈이다."

세 번째 인상 깊은 장면은 사이초의 당나라 유학과 관련이 있다. 히에이 산에서 12년간에 걸친 수행을 마친 후 사이초는 조정으로부터 청정승(淸淨僧)으로서 내공봉십선사(內供奉十禪師)로 보임 받은 이래 남도십대덕(南都十大德)을 초청하여 법화10강을 여는 등 활동을 시작했다. 이윽고 지금의 교토 신호사(神護寺, 진고지) 자리에 있던 고웅산사 천태삼대부강회(天台三大部講會)의 강사가 되었고, 그 결과 승려를 관리하는 직종인 남도 승강(僧綱, 소고) 뿐만 아니라 심지어 간무 천황까지 천태교학의 탁월성을 인정하면서 입당의 기회를 얻을 수 있었다. 간무 천황의 특별한 총애를 받은 그는 마침내 38세 때인 804년 국비유학생이 되어 견당사의 일원으로 당나라에 파견된다. 이때 견당사의 배에는 우연히도 훗날 사이초의 천태종과 더불어 헤이안 불교의 2대 종파를 이룬 진언종의 창시자 구카이가 함께 타고 있었다. 당시 사비 유학생이었던 구카이는 견당사 일행을 돕는 일종의 잡역부 같은 신분으로 배에 오를 수 있었는데, 이는 정부의 공식 유학생이었던 사이초와는 도저히 비교될 수 없는 상황이었다. 그러나 걸출한 인물들의 만남은 종종 모순적이거나 우연처럼 보이는 사건을 통해 필연성을 획득하는가 보다. 결과적으로 구카이와 사이초는 당나라로부터 각기 진언종과 천태종을 일본에 들여와 기존 불교계를 개혁하며 일본화된 밀교를 전개했다. 헤이안시대 일본이 적극적으로 당나라 문화를 수용한 것을 당풍문화라 하는데, 일본 진언종과 천태종의 성립은 9세기 말에 이르러 당풍문화에서 일본적인 국풍문화로 흐름이 바뀌는 데에 중요한 역할을 했다.

사이초는 806년 조정의 정식 인가를 받고 히에이산에서 천태종을 개창했다. 그런데 바로 이 해에 그의 유력한 후원자였던 간무 천황이 세상을 떠났고, 그 뒤를 이은 사가 천황은 구카이를 중용하여 진언종을 적극 후원했다. 이와 함께 구카이의 진언밀교가 귀족과 대중들에게 선풍적인 인기를 끌면서, 사이초는 천태종만으로는 부족하다고 느껴 본격적으로 밀교를 받아들일 필요성을 절감하게 되었다. 이때 그는 참으로 보기 드문 풍경을 연출한다. 이미 승려로서는 당대 최고의 지위에 올랐던 사이초가 자신보다 일곱 살이나 아래인 구카이를 스승으로 모셔 밀교를 배우고 그에게서 밀교식 수계 의식인 관정(灌頂)을 받았던 것이다. 이는 사이초의 인품과 학문에 대한 열정을 드라마틱하게 보여준다.

그러나 사이초가 아끼는 제자 다이한(泰範)이 결국 스승을 떠나 구카이 문하로 들어가 버리고, 또한 밀교 경전의 대차를 둘러싸고 갈등이 벌어지면서 양자 사이에 심각한 균열이 생겨났다. 한번은 사이초가 구카이에게 밀교 경전인 『이취석경』(理趣釋經)을 빌려달라고 하자 구카이는 그 경전을 원한다면 먼저 3년간 고야산에 칩거하며 수행해야만 한다는 조건을 내걸었다. 하지만 이것은 사이초가 받아들이기 힘든 조건이었다. 그러자 구카이는 "당신은 몸으로 수행할 생각은 안 하고 종이 위에서만 밀교를 알려고 하느냐"며 사이초를 면박했다. 이때부터 사이초와 구카이는 돌아올 수 없는 강을 건너고 말았다. 어쨌든 사이초는 밀교를 더욱 깊이 연구하여 천태종과 밀교를 결합하고자 애썼다. 일본에서는 통상 천태밀교는 태밀(台密)이라 하고 구카이의 진언밀교는 교토 동사(東寺, 도지)를 빗대어 동밀(東密)이라 한다.

일본 불교의 어머니 : 히에이산 연력사

연력사 경내 초입부에 설치된 판넬의 그림들은 사이초 외에도 많은 고승들의 생애를 묘사하고 있다. 가령 고승 겐신(源信, 942-1016)의 제자로 일본 정토종(淨土宗)을 개창한 호넨(法然, 1133-1212), 일본 선불교의 한 종파인 임제종(臨濟宗) 개조이자 일본 차(茶)문화의 원조라 할 수 있는 에이사이(榮西, 1141-1215), 마찬가지로 일본 선불교의 한 종파인 조동종(曹洞宗)의 개조 도겐(道元, 1200-1253), 일본 불교 중 가장 큰 대중적 영향력을 가진 정토진종(淨土眞宗)의 개조 신란(親鸞, 1173-1262), 염불춤을 추며 서민들 사이로 파고든 시종(時宗)의 개조 잇펜(一遍, 1239-1289), 일본적 불교의 특성을 가장 잘 보여주는 일련종(日蓮宗)의 창시자 니치렌(日蓮, 1222-1282) 등을 묘사한 그림들이 줄지어 서 있다. 히에이산 연력사에서 면학 수행한 이들은 모두 이른바 가마쿠라 신불교 각 종파의 창시자들이다. 이런 고승들이 하나 같이 연력사와 인연을 맺게 된 배경에는 사이초의 투철한 교육 이념이 깔려 있다.

사이초는 히에이산에 12년간 칩거하여 수행하며 공부하는 이른바 농산(籠山)수행 및 산수산학(山修山學) 교육제도를 확립시킨 장본인이다. 그는 『산가학생식』(山家學生式)을 지어 이 제도와 이념을 상세히 정리했는데, 그것이 국가의 승인을 얻어 시행됨으로써 향후 가마쿠라 시대에 이르러 연력사가 전술한 신불교 각 종파의 조사 고승들을 배출하는 데에 결정적인 견인

—— 근본중당 앞에 서 있는 사이초 석상.　　　—— 사이초의 생애를 묘사한 판넬 중 〈산가학생식〉.

력으로 작용한 것이다. 전교대사라는 호칭은 바로 이런 탁월한 교육자로서
의 사이초를 잘 나타낸다. 판넬의 그림들을 하나하나 읽어 나가는 사이에
이방인은 가마쿠라 시대로 거슬러 올라가는 시간여행자가 된다.

　연력사 동탑지구에는 정토종의 개조 '호넨 상인의 수행지'(法然上人修行
の地)인 법연당(法然堂, 호넨도)이 있다. 15세 때 히에이산에 올라 수계를 받
은 호넨은 주로 서탑지구에 거하면서 20여 년간 구도 생활을 했다. '히에이
산 제일의 수재'로 말해지던 그는 히에이산을 하산한 후 교토 요시미즈(吉
水) 즉 현재의 지은원(知恩院, 지온인) 부근에서 법문에 힘썼다. 그러나 당시
의 교토는 화재가 빈발하고 도적들이 창궐했으며 민중봉기나 병란 등으로
매우 혼란스러웠다. 그런 와중에 귀족뿐만 아니라 무사와 서민에 이르는 다
양한 계층의 신도들이 요시미즈에 모여들었고, 호넨은 그들을 모두 포용하
여 일본 정토종을 널리 퍼뜨렸다. 그중에는 29세의 신란도 끼어 있었다. 정
토진종의 창시자 신란은 놀랍게도 아홉 살에 불과한 어린 시절부터 자신과

세상을 구제하기 위해 어찌 하면 좋을지를 고민했다고 한다. 그래서 불도에 입문하여 히에이산에 올라가 20년간 수행하던 중 성욕의 강력한 힘 앞에서 번뇌하다, 29세 때인 1201년 봄에 유명한 교토 중경구 소재의 육각당(六角堂, 롯카쿠도)에서 백일백야 기도에 들어갔다. 그때 신란은 꿈속에서 관음보살로부터 계시(夢告)를 받았다고 하는데,『신란몽기』(親鸞夢記)는 그 관음보살이 다음과 같이 말했다고 전한다.

> 불도 수행에 힘쓰는 자가 전생의 인연과 그 응보로 음욕의 죄(女犯)를 범한다면, 그런 때는 내가 옥녀(玉女)라는 여자의 몸으로 변모하여 그대의 음욕을 충족시켜 줄 것이다. 그리하여 내가 평생 그대를 청정하게 지키고 임종 때에는 극락왕생 하도록 인도하겠노라.

관음보살 자신이 유녀가 되어 애욕의 바다에 빠져 고통받는 신란을 구제해 주겠다는 말이다. 구제에의 강렬한 정신적 욕구와 어찌할 수 없는 몸의 욕망 사이에서 진저리칠 만큼 고뇌하던 청년 신란은 관음보살의 무조건적이고 우주적인 자비에 절대적으로 의존하는 데에서 출구를 찾았던 모양이다. 위의 계시는 그런 신란의 심리적 원망(願望)이 꿈으로 투사된 것이리라. 어쨌든 매일 밤 몰래 교토 시내로 빠져나가는 신란을 수상히 여긴 다른 승려들이 그 뒤를 밟았고 급기야 험담을 퍼뜨렸다. 나쁜 소문을 들은 스승은 어느 날 신란이 방에 있는지를 확인하고자 메밀국수 야참을 베푼다는 명목으로 승려들을 모두 불러 모았다. 설화에 의하면 그때 부재중이던 신란은 자신이 만든 목상을 대신 참석하게 하여 메밀국수를 맛있게 먹게 했다고 한다. 이 목상은 지금도 무동사(無動寺) 계곡의 대승원(大乘院, 다이조인)에 안치되어 있다. 연력사 서탑지구에 있는 〈신란 성인 수행지〉(親鸞聖人修行の地)

동탑지구에 있는 일본 정토종의 개조 호넨 상인 득도지.

앞에서 여행자는 공공연히 불교의 계율을 파기하고 결혼함으로써 향후 대처(帶妻)불교의 효시가 된 신란을 어떻게 보아야 할지를 묻고 있었다. 가톨릭 신부와는 달리 개신교 목사들이 결혼하여 가정을 이루고 목회하듯, 일본 불교의 대처 관습도 어찌 보면 자연스러운 귀결이 아닐까? 그렇다 해도 계율을 파기한 불교가 과연 소금의 맛을 그대로 유지할 수 있을까? 두 가지 의문의 저울추가 팽팽하게 줄다리기를 한다. 하여간 신란이 절묘한 타협점을 찾은 것만은 분명해 보인다.

오늘날 많은 서구인들은 선불교 하면 한국 선불교나 원조인 중국 선불교보다도 '젠'(Zen)으로 불리는 일본 선불교를 먼저 떠올린다. 그만큼 서구에서 동양 불교의 대명사처럼 널리 알려져 있는 일본 선불교의 대표적인 고승이 에이사이와 도겐이다. 일본 임제종의 창시자 에이사이는 14세 때 히에이

서탑지구에 있는
일본 정토진종의 창시자 신란 성인 수행지.

횡천지구에 있는
일본 조동선의 창시자 도겐 선사 득도지.

산에 올라 득도 수계했으며, 동탑지구의 죽림방(竹林房)에서 유벤(有弁) 승정으로부터 천태학을, 그리고 겐이(顯意) 상인으로부터 천태밀교를 배웠다. 그후 두 차례에 걸친 송나라 유학을 통해 임제종을 전수 받은 이래, 천태종·진언종·선종의 삼종을 함께 포교했다. 현재 연력사 동탑지구에는 '에이사이 선사 수행지'(榮西禪師修行の地)가 있다.

한편 일본 조동종 창시자 도겐을 묘사한 그림 판넬도 흥미로운 일화를 전해 준다. 1223년 4월 중국 명주(明州)에 도착한 도겐은 배에 남아 순례 준비를 하고 있었다. 어느 날 일본의 진귀한 표고버섯을 사러 어떤 중국 노승이 배로 찾아왔다. 물어보니 명찰 아육왕산(阿育王山)에서 식사를 관장하는 승려였다. 도겐은 자신이 알고 있는 모든 지식을 피력하면서 중국의 불법에 대해 물었는데, 그때 노승은 "당신은 아직 수행이 문자 속이 아니라 일상 속에 있음을 알지 못하는군."이라고 하며 사라졌다고 한다. 여기서 도겐은 '불립문자'(不立文字)라는 선종 최대의 교의를 깨달았음 직하다. 여행자는 연력

사 횡천지구에 있는 '도겐 선사의 득도지'(道元禪師得度の地)에서 오랜 시간 머물며 불립문자라는 명제가 일본문화에 일상화되어 있다는 사실을 돌이켜 보았다.

　일본인들끼리는 말하고 싶은 것이 열 개 있다면 그중 서너 개만 말해도 충분하다는 공통감각이 존재한다. 그것을 개념화한 것이 바로 '기리'(義理) 라든가 '세켄'(世間) 혹은 '모노노아와레'(物哀れ)라는 문화 코드이다. 기리란 '세상 사람들의 시선에 늘 세심한 주의를 기울이면서 싫더라도 억지로 참고 해야만 하는 일종의 의무 감각'을 뜻하는 말이고, 세켄이란 이때 '세상 사람 들의 시선'을 가리키는 말이다. 일본인들은 대체로 다른 사람들이 날 어떻 게 볼까 하는 것을 모든 판단과 행동양식의 첫 번째 기준으로 삼는 경향이 많다. 이것과 함께 일본인의 사고방식을 결정짓는 중요한 기준인 모노노아 와레는 '무엇이든 깊고 절절하게 느끼는 공감 능력에 입각하여 사물이나 사 람의 마음 또는 그 비애와 슬픔을 아는 미적 감수성'을 지칭하는 말이다. 이 와 같은 기리, 세켄, 모노노아와레는 논리보다 직관적 감정을 더 중요한 일 차적인 현실로 인식하는 일본인의 사유 방식을 압축적으로 잘 보여준다. 불 립문자의 명제는 그런 사유방식을 배양해 준 토양이 아닐까 싶다. 일본어에 서 무엇이든지 우회적으로 표현하는 어법이 많이 발달한 것도 이런 토양에 서 비롯되었다고 볼 수 있다. 그러고 보니 일본인과 한국인은 참 많이 다르 다. 한국인이라면 말하고 싶은 것이 열 개 있을 때 적어도 예닐곱 개 정도는 말하지 않을까? 심지어 열두어 가지를 말해야 속이 시원하다는 한국인도 적 지 않을 것 같다.

　일본문화의 특징을 말하기 시작하면 끝이 없을 거 같으니 이 정도에서 멈 추고 다시 히에이산으로 돌아가 보자. 일련종 개조 니치렌은 히에이산의 횡 천지구에 있는 정광원(定光院, 조코인)을 본거지로 10년간의 구도 수행을 마친 후 1253년 32세 때 고향인 지바현으로 돌아가 삼매당(三昧堂, 산마이도)에 칩거하며 선정에 들어갔다. 그는 정진 7일 만인 4월 28일 새벽 무렵 산에 올라가 일출을 보며 '나무묘법연화경'(南無妙法蓮華經)이라는 제목(題目, 다이모쿠)을 외쳤다고 하는데, 이것이 바로 일련종의 출발점이 되었다. 가장 일본적인 불교 종파가 무엇이냐고 묻는다면 아마도 많은 연구자들은 일련종을 지목할 것이다. 일련종의 가장 큰 특징은 불교의 구제가 사회와 국가에까지 미쳐야 한다고 설한 국가주의에 있다. 실제로 니치렌은 법화경 절대주의에 입각한 이상국가의 실현을 시도하다 국가권력에 의해 유배형까지 당하기도 했다.

일련종의 독특한 국가주의는 일본 근대기에 내셔널리즘적 색채가 농후한 니치렌주의(日蓮主義)로 나타나는가 하면, 오늘날 일본사회에서 가장 큰 세력을 가진 창가학회(創價學會, 소카각카이)나 입정교성회(立正佼成會, 릿쇼코세이카이) 등과 같은 신종교에 의해 끊임없이 재생산되어 왔다. 일본을 대표하는 기독교 사상가 우치무라 간조(內村鑑三, 1861-1930) 같은 반전평화주의자조차『대표적 일본인』이라는 저서에서 니치렌을 일본이 배출한 가장 대표적인 일본인이라고 강조하며 "니치렌을 위해 필요하다면 나의 명예를 걸 각오가 되어 있다."고 까지 추켜세웠다. "니치렌의 독창성과 독립심으로 인해 불교가 일본의 종교가 되었다. 다른 불교 종파가 모두 중국이나 조선의 영향을 받은 데 비해, 일련종만큼은 순수하게 일본 토종의 종파."라는 것이 그 이유이다. 참고로 우치무라 간조는 정한론(征韓論)을 주창한 '마지막 사무라이' 사이고 다카모리(西郷隆盛)도 5인의 대표적 일본인 중 한 사람으로 꼽았다. 니치렌이든 사이고 다카모리든 한국인의 입장에서 보면 좀 껄끄럽고 불편한 인물인 것이 사실이다. 역시 누가 보느냐에 따라 평가가 달라질 수 있는가 보다. 현재 연력사 횡천지구에는 '니치렌 상인의 수행지'(日蓮上人修行

の地)가 남아 있다.

이와 같은 가마쿠라 신불교 교조들은 하나같이 개성적인 인물이지만, 내게 가장 와 닿는 인물은 시종의 창시자 잇펜이다. 그는 10세 때 모친과의 사별을 계기로 세상의 무상함을 느끼고 불교에 입문했다. 그 후 태어난 고향인 이요(伊予, 에히메현)로부터 규슈에 이르는 동안 오직 염불만 외우는 수행에 진력했고, 나아가 히에이산, 고야산, 오사카의 사천왕사(四天王寺, 시텐노지), 와카야마현의 구마노(熊野) 등지를 염불춤(踊

원삼대사당 앞에 세워져 있는 '오미쿠지 발상지' 비석.

り念仏, 오도리넨부쓰)을 추며 편력하는 이른바 '세상을 등진 고승'(捨て聖, 스테히지리)으로 널리 알려지게 되었다. 이런 잇펜이 당시 내전과 자연재해 등으로 몹시 혼란스러웠던 교토에 발을 들여 놓자 농민과 상인들뿐만 아니라 무사와 귀족들까지도 그를 마치 구세주처럼 열광적으로 맞이했다고 한다.

이런 잇펜과 아주 유사한 이미지를 가진 고승이 또 있다. 가령 948년 히에이산에서 천태좌주 엔쇼(延昌)에게서 수계(受戒)한 구야(空也, 903-972)는 시종의 트레이드 마크인 염불춤의 원조로 말해지기도 하는 인물이다. 951년 교토에 전염병이 만연했을 때 그가 십일면관음상을 가지고 다니며 염불춤을 추고 기도하자 질병이 그쳤다고 한다. 오늘날 우리의 추석에 해당하는 명절인 오봉(お盆) 때 거리마다 행해지는 봉오도리(盆踊り)는 바로 염불춤

——————— 일본에서 오미쿠지(운세점)를 처음 도입한 원삼대사 료겐을 모신 원삼대사당. 횡천지구에 있다.

을 추며 민중들에게 파고들었던 시장터의 성인 구야에게서 비롯된 것이다. 잇펜과 그의 모델이라 할 만한 구야는 어딘가 모르게 원효 대사를 떠올리게 하는 구석이 있다. 그래서 더 끌리는 건지도 모르겠다.

헤이안시대 전기의 천태종 승려인 소오(相応, 831-919) 화상과 '오미쿠지'(御神籤)라 불리는 일본 운세뽑기의 원조인 원삼(元三)대사 료겐(良源, 912-985) 또한 연력사와 매우 직접적인 관계로 엮어진 고승들이다. 예컨대 소오 화상이 '12년 농산행'(十二年籠山行)과 함께 연력사의 수행 전통을 대표하는 '천일회봉행'(千日回峰行)의 개창자라면, 원삼대사 료겐은 18대 천태좌주로서 전대의 대화재로 소실된 연력사 당탑들을 재건하고 근본중당을 오늘날과 같은 규모로 확장했으며 천태교학을 흥륭시킨 히에이산 중흥자로 말해진다. 횡천지구에 위치한 원삼대사당(元三大師堂)의 안내문에 따르면, 오늘

날 료겐은 온갖 재앙을 물리쳐주는 '제액의 대사'(厄除け大師)로 추앙받는다고 한다.

이 밖에 융통염불종(融通念佛宗)의 개조 료닌(良忍, 1072-1132), 전국시대 천태진성종(天台真盛宗)의 개조 신세이(真盛, 1443-1495), 에도시대에 도쿠가와 이에야스의 두터운 신임을 받아 '흑의의 재상'이라고 불렸던 덴카이(天海, 1536-1643) 대승정 등도 연력사를 말할 때 빼놓을 수 없는 고승들이다. 이 중 료닌은 히에이산에서 수행한 후 교토의 오하라(大原)에 내영원(來迎院)과 정련화원(淨蓮華院)을 세워 불교음악인 성명범패(聲明梵唄)에 전념하여 성명 중흥의 개조라 불렸다. 후대에 성명은 일본음악의 원류가 되어 평곡(平曲), 요곡(謠曲), 조루리(淨瑠璃), 장패(長唄), 민요(民謠), 가요곡(歌謠曲)에까지 큰 영향을 미쳤다. 이세국 출신의 신세이는 1461년 19세 때 히에이산에 올라 20년간 산을 내려오지 않은 채 수행에만 힘썼으며, 그 후 히에이산 동쪽 기슭의 서교사(西敎寺, 사이쿄지)를 재흥하여 천태종 진성파의 본산으로 삼았다. 현재 연력사 서탑지구에는 신란 성인 석비 근방에 '신세이 상인 수학지지'(真盛上人修學之地)라 새겨진 석비가 세워져 있다.

덴카이 또한 히에이산과 특별한 인연이 있다. 그는 히에이산에서의 수행을 마친 후 전국을 돌고 다시 히에이산으로 돌아가려 했으나, 이는 오다 노부나가의 히에이산 토벌로 인해 불발로 끝났다. 그 후 많은 시간이 흐른 뒤 덴카이가 다시 히에이산에 올랐을 때 반(反)이에야스 진영의 이시다 미쓰나리(石田三成)가 거병한 사실을 알고 호국기도를 올려 이에야스의 신뢰를 얻은 이야기는 유명하다. 그는 이에야스에게 히에이산에서 비롯된 산왕일실신도(山王一實神道)를 설했으며, 향후 히데타다(秀忠)와 이에미쓰(家光) 등 3대 쇼군에 걸쳐 막부 정치에 참여하여 도쿠가와 정권 확립에 크게 공헌했다. 현재 도쿄에 있는 유명한 천태종 사찰 관영사(寬永寺)는 도쿠가와 쇼군가의 보리사로 번창했는데, 덴카이는 바로 이 절의 초대 주직이었다.

　이상에서 알 수 있듯이 가마쿠라 신불교의 개조들을 비롯하여 일본 불교사에 빛나는 저명한 수많은 고승들이 하나같이 히에이산 연력사를 거쳐 갔다. 그런 만큼 사이초의 생애를 그린 그림 판넬 마지막 장면에서 히에이산을 '일본불교의 어머니산(母山)'이라고 표현한 것은 결코 과장이 아닐 것이다. 사이초 사후 연력사는 엄격한 수행의 사찰이자 교학의 전당으로서 일종의 불교종합대학으로 발전했다. 이처럼 종합불교를 지향한 히에이산 천태불교는 법화종, 밀교, 선, 염불, 대승계율, 성명(聲明) 등 모든 불교의 가르침과 수행을 포괄하는 일승(一乘)불교였던 셈이다.

히요시대사와 연력사 : 신불습합의 문화

　그러나 히에이산의 종합불교가 보여주는 가장 큰 특징은 무엇보다 먼저 신도까지 포괄하는 신불습합적 성격에서 찾아야 할 것이다. 히에이산 개창자 사이초의 탄생 설화에 따르면 사이초는 그의 양친이 히에이산의 지주신인 오야마쿠이(大山咋神)에게 기도하여 얻은 아이라고 한다. 이런 인연으로 사이초는 히에이산의 신들을 불법의 수호신으로 돈독히 신앙했고, 사이초 사후 히에이산은 이른바 본지수적설(本地垂迹說)의 본거지가 된다. 부처와 신도의 가미(神)는 동체라는 것이다. 그래서 천일회봉행의 행로에는 불교사원과 신사가 같이 들어가 있다. 또한 매년 5월 26일 연력사 승려는 시가현 오쓰시(大津市) 히에이산 산록에 위치한 히요시대사(日吉大社)의 오미야사(大宮社) 배전에서 '산왕예배강'(山王禮拜講)과 '법화8강'을 함께 행한다. 특히 4월 14일의 히요시산노제(日吉山王祭) 때는 천태좌주를 비롯한 연력사의 고승들이 히요시대사 신전에 정식으로 참배하여 신장대(御幣)를 바치면서 『반야심경』을 독송한다.

시가현 오쓰시 히에이산 산록에 있는 히요시대사.
히에이산의 지주신인 산왕신을 모신 관계로 산왕신사라고 불리기도 한다. 종래 히에이산 연력사의 수호신으로 숭경받아 왔다.

종래 히요시대사는 산왕(山王)신사라 했으며, 히에이산의 신들은 히요시산왕(日吉山王)이라고 칭해져 왔다. 이것을 합쳐 통상 산왕신앙이라 한다. 그러니까 히요시대사는 산왕 신격들을 모신 신사라 할 수 있다. 히에이산은 전통적으로 이런 산왕신앙의 본거지였다. 이때의 산왕은 두 가지 측면을 내포한다. 하나는 토속적인 산신신앙의 측면이고, 다른 하나는 중국 천태종의 수용과 관계가 있다. 사이초가 유학한 당나라 천태산 국청사(國淸寺)에서는 대대로 천태산의 산신인 산왕을 수호신으로 숭앙했다. 원래 중국 불교에서 산왕이란 용어는 불교적 우주의 중심인 수미산(須彌山)을 일컫는 말이었다. 그래서 한역 불경에서는 수미산을 '수미산왕'(須彌山王)이라고 번역한 사례들이 많다. 이리하여 히요시대사는 고래로 히에이산 연력사의 수호신으로 숭경받아 온 것이다.

히요시대사의 제신인 산왕신은 단일한 신이 아니라 여러 신들에 대한 집합적 호칭이다. 예컨대 오나무치(大己貴神, 오쿠니누시), 오야마쿠이, 쇼신시(聖眞子)의 삼신을 통칭 산왕삼성(山王三聖)이라 한다. 이 중 오야마쿠이는 히에이산의 본래 지주신이고, 오나무치 즉 오쿠니누시(大國主神)는 9세기경 미와산(三輪山)의 주신 오모노누시(大物主神)를 권청한 것이며, 쇼신시는 우사하치만궁에서 권청한 신이다. 연력사는 헤이안시대에 성립한 이런 히에이산의 산왕삼성을 삼위일체의 관계로 보면서 수호신으로 삼았던 것이다. 그러다가 향후 여기에 하치오지(八王子), 마로도(客人), 주젠지(十禪師), 산노미야(三宮)가 추가되어 산왕칠사(山王七社)가 성립되었다. 또한 이를 상칠사(上七社)로 삼고 거기에 중칠사(中七社)와 하칠사(下七社)가 더해져 가마쿠라시대에는 이른바 산왕이십일사(山王二十一社)가 성립되었으며, 나아가 전국적으로 많은 말사(末社)가 추가되어 히요시대사는 총 108개의 신사들의 총칭으로 확대되었다. 거기서 모시는 제신들마다 각각 본지불이 배치되었는데, 이 가운데 가장 중심적인 산왕칠사(상칠사)의 신사명과 신격 및 그 본지불은 다음 〈표4〉와 같다.

〈표4〉 히요시대사 '산왕칠사'의 제신과 본지불

신사명	사격	제신	구칭	본지불	위치
서본궁(西本宮)	본궁	오나무치(大己貴神)	오미야(大宮) 오비에(大比叡)	석가여래	히요시대사 본전
동본궁(東本宮)	본궁	오야마쿠이(大山咋神)	니노미야(二宮) 고비에(小比叡)	약사여래	히요시대사 본전
우사궁(宇佐宮)	섭사	다고리히메(田心姬神)	쇼신시(聖眞子)	아미타여래	히요시대사 경내
우시오(牛尾)신사	섭사	오야마쿠이 아라미타마 (大山咋神荒魂)	하치오지(八王子)	천수관음	하치오지산 (八王子山) 산정
시라야마히메 (白山姬)신사	섭사	시라야마히메(白山姬神)	마로도(客人)	십일면관음	히요시대사 경내

쥬게(樹下)신사	섭사	가모타마요리히메 (鴨玉依姫神)	주젠지(十禪師)	지장보살	동본궁 경내
산노미야(三宮)신사	섭사	가모타마요리히메 아라미타마 (鴨玉依姫神荒魂)	산노미야(三宮)	보현보살	하치오지산 (八王子山) 산정

이세신궁의 아마테라스가 천신(天神, 아마쓰가미)을 대표한다면, 이와 같은 히요시대사의 산왕신은 종묘사직의 지기(地祇)를 대표한다. 가령 오나무치(오쿠니누시), 쇼신시, 주젠지는 조상신 제사를 담당하는 종묘의 신이고, 오야마쿠이는 토지와 곡식을 주관하는 사직의 신이라 할 수 있다. 종묘의 신들은 모두 외부에서 권청한 신인 데 비해 사직의 신은 히에이산 본래의 지주신이다.

중세 천태종의 본지수적 이론과 산왕의 습합

위 〈표4〉에서 보듯이 히요시대사의 모든 산왕신들은 각각 연력사의 불보살과 본지수적(本地垂迹)의 관계에 있다. 그러니까 산왕신은 본지인 불보살이 일본의 중생을 제도하기 위해 신도 가미(神)의 모습으로 나타난 수적이라는 것이다. 이런 주장을 본지수적설이라 한다. 예컨대 오나무치는 히에이산 서탑지구 석가당의 본존인 석가모니의 수적이고, 오야마쿠이는 동탑지구 근본중당의 본존인 약사여래의 수적, 쇼신시는 횡천지구 횡천중당의 본존인 아미타불의 수적이라는 것이다. 여기서 수적이란 개념은 특히 『법화경』을 중심으로 하는 동아시아의 불경 해석학 전통에서 파생된 것이다. 다시 말해 본지수적설의 시작은 수적이라는 개념에서 비롯된 것이다. 가령 『법화경』 제11장 〈견보탑품〉과 제15장 〈종지용출품〉은 석가모니가 기원전 5세기경 인도에서 태어나 성불하여 열반에 들어갔다고 했는데, 제16장 〈여래수량품〉에서는 이 역사적 인물인 석가모니를 영원불멸한 진리의 여래가 중생을 구제하기 위해 지상에 현현(수적)한 존재로 기술한다.

일반적으로 본지수적이라는 용어의 가장 직접적인 연원은 통상 동진 시대의 불경 학자 승조(僧肇, 374-414)가 『유마경』 해석에서 "본(本)이 그 자취(迹)를 드리운다."고 표현한 데에서 비롯되었다고 한다. 중국 천태종의 개창자인 천태대사 지의(智顗, 538-598)는 승조의 이런 '본'과 '적'의 개념을 더욱 체계화했다. 지의는 천태의 소의경전인 『법화경』의 전반 14장을 여래의 현현인 석가모니가 교설하는 적문(迹門)으로, 그리고 후반 14장을 영구불멸의 초월적 붓다가 교설하는 본문(本門)으로 구분했다. 그러면서 본문이 "하늘에 떠 있는 달"이라면, 적문은 "연못에 비친 달"이라고 비유한 것이다.

이처럼 천태종에 의해 본지수적의 논리가 발전하면서 본과 적은 이원적 대립쌍이 아닌 진리의 두 가지 측면으로 이해되었다. 본지와 수적은 본질적으로 같다는 것이다. 중세일본 학술문화의 총화인 히에이산 천태종의 백과사전적 기록인 『계람습엽집』(溪嵐拾葉集)은 이와 같은 본지수적설에 입각하여 산왕삼성을 설명한다. 다시 말해 『계람습엽집』은 산왕삼성을 일심삼관(一心三觀)이나 일념삼천(一念三千)의 천태종 교의를 구현하는 종교적 표상으로 간주하면서, 오야마쿠이-오나무치-쇼신시의 삼성을 각각 법신(法身)-보신(報身)-응신(應身)과 대응시키는 동시에 그것들을 각각 약사여래-석가모니-아미타불의 수적으로 자리매김했다. 이런 『계람습엽집』〈신명부〉(제6권)에 따르면 산왕은 다음과 같이 제법(諸法)이 머무는 곳이며 제불의 본원이 된다. 산왕삼성은 바로 붓다의 삼신(三身) 즉 법신·보신·응신과 같다 하여 산왕의 절대성을 강조한 것이다.

> 모든 부처 중에서는 석가모니가 제일이고, 모든 가미 중에서는 산왕이 제일이다. 모든 부처들은 석가모니의 분신이며 동시에 제불이 석가모니로

나타난 것이므로, 여기서 삼신즉일(三身卽一)의 이치를 알 수 있다. 산왕 또한 석가모니의 분신이다…다함이 없는 영원한 제불의 총체를 나타내는 것이 산왕이다. 일본의 가미들은 모두 산왕의 분신이다. 사방의 모든 가미들은 일승의 산왕으로 귀속된다. 이 얼마나 심오한 이치인가…따라서 일본의 가미들은 모두 산왕의 수적이며 방편이다. 삼권(三權)의 제신들은 일실(一實)의 산왕으로 귀속된다. 이는 비결이다. 그러므로 일본의 제신들은 모두 본지인 산왕으로 돌아간다.

여기서 삼권이란 천태 교학 용어로 등급이 낮은 임시적인 가르침을 말한다. 한편 일실은 천태의 가르침을 칭한다. 즉 천태는 방편의 임시성을 '권'이라는 말로, 참된 진리의 가르침을 '실'이라는 말로 표현한 것이다. 다시 말해 다른 신도의 신들은 임시방편적인 존재일 뿐이고 오직 산왕이야말로 참된 진리의 신격이라는 말이다. 이런 산왕의 절대성에 대한 근거로 『계람습엽집』이 제시하는 논리는 이렇다. 즉 "산왕이란 명호는 일심삼관을 글자로 나타낸 것이다. 산이라는 글자는 하나의 가로(橫) 획과 세 개의 세로(縱) 획으로 이루어져 있고, 왕이라는 글자는 하나의 세로 획과 세 개의 가로 획으로 이루어져 있는데, 이는 바로 불종불횡(不縱不橫), 비일비삼(非一非三)의 일심삼관을 나타낸 것이다." 산(山)과 왕(王)이라는 글자를 언어유희로 풀어내는 방식이 참으로 엉뚱하면서도 재미있다.

수행의 메카 연력사

이와 같은 중세 신불습합설의 중심지인 히에이산은 동시에 엄격한 수행의 산으로도 유명하다. 히에이산의 수행 전통을 대표하는 것으로 '12년 농산행'(籠山行)과 '천일회봉행'(千日回峰行)을 들 수 있다. 산문을 나서지 않고 연력사에서 수행하는 것을 '농산행' 또는 '산수산학'(山修山學)이라 한다. 사이초 이래 1200년이 지난 현재에도 연력사에서는 이 수행 전통을 계승하고 있다. 특히 사이초의 묘가 있는 정토원에서는 밤낮으로 수행이 계속되고 있다.

현재 행해지는 정토원의 12년 농산행은 1699년 11월에 제정 선포된 〈개산당 시진조제〉(開山堂侍真條制)를 기본으로 한다. 여기서 '개산당'이란 그 수행 장소가 사이초의 묘소가 있는 곳이라 붙여진 명칭이고, '시진'은 12년 농산행을 실천하는 수행승을 가리킨다. 이 시진이란 칭호에는 사이초의 진영을 모신다는 뜻이 담겨져 있다. 그래서 매일 마치 전교대사 사이초가 살아 있는 것처럼 받들어 공양을 올리고 차를 올린다. 이런 시진승이 되려면 먼저 호상행(好相行)을 해야 한다. 호상행이란 각각의 부처에게 향과 꽃을 올리고 각 부처의 명호를 부르면서 오체투지의 예배를 하루 3천회씩 잠도 안 자고 눕지도 않으며 반복하는 수행법을 가리킨다. 〈개산당 시진조제〉가 확립된 1699년부터 현재에 이르기까지 시진승은 합 117명에 이른다.

이와 같은 12년 농산행을 마친 수행자 중에서 선발된 자에게만이 천일회봉행의 자격이 허용된다. 천일회봉행은 자각대사 엔닌 문하의 소오(相應, 831-910) 화상이 창시한 행법이다. 소오 화상은 수행 중 생신의 부동명왕을 감득한 후 865년 히에이산의 무동사(無動寺, 무도지) 명왕당(明王堂)을 창건하여 부동명왕을 본존으로 모셨는데, 이 부동명왕 신앙이 회봉행의 중추를 이룬다. 천일회봉행은 중국에서 전래한 진언밀교에 근거하여 대일여래의 교령륜신(教令輪身)인 부동명왕을 본존으로 삼는다. 여기서 교령이란 일체의 중생을 교화하라는 여래의 명령을 뜻하며, 교령륜신은 자성륜신(自性輪身) 및 정법륜신(正法輪身)과 함께 삼륜신(三輪身)의 하나를 가리킨다. 밀교에서는 대일여래와 반야보살이 각각 자성륜신과 정법륜신에 해당하고 교령륜신은 부동명왕을 가리킨다. 그러니까 부동명왕은 대일여래의 화신으로 간주되는 것이다. 이와 마찬가지로 부동명왕의 화신으로 간주되는 회봉행자는 부동명왕의 상징인 아직 피지 않은 연꽃 형태의 삿갓을 쓰고 마찬가지로 부동명왕을 표상하는 흰옷차림으로 허리에는 지혜의 검을 차고 오른손에는 쥘부채, 왼손에는 염주를 지닌 채 연화짚신을 신고 새벽 두 시에 히에이산 봉우리를 출발하여 입으로는 진언을 외우고 손으로는 결인을 하고 마음으로 관상하는 밀교 행법을 수행한다. 이처럼 흰 복장을 하고 부동명왕의 차림새가 되어 산림을 걸어 다니며 예배하는 그 모습은 일본 고유의 산악신앙인 수험도(修驗道, 수험도) 행자와 유사하다. 다수의 사원과 신사 등이 포함된 천일회봉행의 순례 코스는 대략 14세기경에 정해졌으며, 17세기에는 현행의 천일회봉행 형태가 확립되었다.

천일회봉행은 한 번에 끝나는 것이 아니다. 그것은 7년에 걸쳐 총 천 일 동안 행해진다. 제1년째에서 제3년째까지는 매년 백일씩 총 3백일간 심야 2시에 무동사 계곡을 출발하여 히에이산 산정의 동탑·서탑·횡천 지구 전역과 산 아래 사카모토의 히요시대사를 비롯한 260개소를 돌며 총 30km의 코스를 순배한다. 4년째와 5년째는 이것과 동일한 코스를 각각 2백일씩 걸어 총 7백일을 채운 후에는 바로 '본당 들기'(堂入り)가 행해진다. 여기서 본당이란 무동사 명왕당을 가리킨다. 행자는 본당에 들기 전 '산자의 장례식'(生き葬式)을 거행한 후 무동사 명왕당에 칩거하여 9일간 단식하면서 물도 마시지 않고 잠도 자지 않고 눕지도 않은 채 부동명왕 진언을 10만 번 외우는 염송 행법에만 전념한다. 이는 회봉행 중 최대 난코스로 목숨을 건 대고행이다.

이처럼 7백일의 회봉행과 '본당 들기' 고행을 마친 자는 '위대한 아사리'(大阿闍梨)로 불리게 되며, 이후는 자리행(自利行)이 아닌 중생 제도를 위한 화타행(化他行)에 들어간다. 이 기간 중 행자는 길에서 만나는 신자들의 재앙

소멸이나 발원 성취를 기원하여 중생 제도에 임한다. 그 첫 번째가 제6년째의 백일간에 걸친 적산(赤山) 고행이다. 이는 매일 종래의 히에이산 산정과 산 아래의 코스에 더하여 운모사카(雲母坂)를 거쳐 현 교토시 좌경구 수학원(修學院, 슈가쿠인) 가이콘보정(開根坊町)에 있는 적산선원(赤山禪院, 세키잔센인)을 왕복하는 약 60km의 순배 고행을 가리킨다. 그 후 제7년째의 백일간은 교토 시내에서 교외에 걸친 '크게 돌기'(大回り) 코스를 걷는다. 이는 히에이산 무동사를 출발하여 동탑-서탑-횡천-산기슭의 사카모토(坂本)-무동사-운모사카-적산선원-아와다(粟田)신사-야사카(八坂)신사-청수사(淸水寺, 기요미즈데라)-육바라밀사(六波羅密寺, 로쿠하라미쓰지)-평등사(平等寺, 뵤도지)-고죠텐(五條天)신사-신천원(神泉苑, 신센엔)-기타노덴만궁(北野天滿宮)-가미고료(上御靈)신사-시모가모(下鴨)신사-가와이(河合)신사-청정화원(淸淨華院, 쇼죠케인)까지 총 84km를 매일 걷는 대장정이다. 그런 다음 처음의 30km 코스를 백일 동안 순례하면 천일회봉행이 끝난다.

이렇게 천일 동안 걷는 총 거리는 놀랍게도 약 38,000km로 지구를 한 바퀴 도는 것에 상당한다. 천일회봉행을 마친 자는 '대행만대아사리'(大行滿大阿闍梨)라 불리는데, 오다 노부나가의 히에이산 화공(1571년) 이후 현재까지 50명이 배출되었다고 한다. 대행만대아사리는 이른바 '회봉지옥'을 통과한 특출한 인물이다. 지옥이란 말이 연상시키듯 히에이산의 수행 전통은 상상을 초월할 만큼 엄격하다. 히에이산 수행에는 이 회봉지옥을 포함하여 3대 지옥이 있다고 한다. 나머지 두 가지는 정토원 12년 농산행의 '청소지옥'과 횡천지구 원삼대사당(元三大師堂)의 '간경(看経)지옥'을 지칭한다. 이는 청소와 독경에 엄청난 시간을 할애해야만 하는 데에서 붙여진 명칭이다. 과연 히에이산은 근본중당의 '불멸의 등'이 상징하듯 마음을 닦는 수행의 산이다.

적산궁

연력사 횡천지구의 중심인 횡천중당(橫川中堂, 요카와츄도)은 엔닌(圓仁)이 창건한 절로 성관세음보살을 모시고 있는데, 그 앞쪽에 조그만 신사가 하나 있다. 모르면 그냥 지나치기 십상인 그곳은 실은 연력사의 역사에서 빼놓을 수 없는 중요한 의미가 있다. 적산궁(赤山宮, 세키잔구) 또는 적산명신사(赤山明神社, 세키잔묘진샤)라 불리는 이 신사의 안내문에는 다음과 같은 내용이 적혀 있다.

자각대사 엔닌 화상이 칙허를 받아 당나라로 건너가 적산(赤山) 신라명신(新羅明神)을 유학중 불법연구의 수호신으로서 권청하여 자신의 주명신(呪命神)으로 삼고 그 공덕에 의해 10년간의 수행을 무사히 끝낼 수 있었으므로 귀국 후 이곳에 모셨다. 이후 전국 사원에서는 자각대사를 천태불법 전승의 대사로 추앙하면서 적산 신라명신을 천태불법의 수호신으로 삼아 모시고 있다. 적산명신은 재난을 없애주고 수명을 늘려주는 방제의 신이자 지장보살의 화신으로 여겨지기도 한다.

엔닌이 입당구법 때 큰 도움을 받았던 장보고 적산법화원의 적산명신을 일본에 권청하여 모신 곳은 후술할 교토의 적산선원(赤山禪院)이지만, 그 후 엔닌의 가르침을 지키고 특히 횡천지구의 여법당(如法堂, 뇨호도)을 수호하기 위해 횡천의 승려들이 새롭게 적산명신의 사당을 건립한 것이 이 적산궁이다. 그 유래가 『산문당사』(山門堂舍)라는 문헌에 전해지지만 창건 연도는 확실치 않다. 여기서 여법당의 유래에 대해 알 필요가 있다. 『자각대사전』(慈覺大師傳)에 의하면 엔닌은 40세 때 병약해져 시력이 떨어지고 죽음을 예기하여 횡천지구에 초암을 짓고 3년간 입정 생활을 하게 되었다. 그 후 건강

횡천지구의 횡천중당 앞쪽에 위치한 적산궁.
여기서 '적산'이란 장보고가 세운 적산법화원에서 비롯된 명칭이다.

이 좋아져 『법화경』 8권 6만8천여 글자를 필사하고 그 필사본을 안치하기 위해 작은 탑을 세웠다. 이것이 여법당 또는 근본여법당의 기원인데, 지금은 근본여법탑(根本如法塔)이라 불린다. 횡천지구가 동탑 및 서탑지구와 함께 히에이산 3탑의 하나로 꼽히게 된 것은 바로 엔닌이 건립한 이 여법당에서 비롯된 것이다.

어쨌든 이 적산궁의 제신 적산명신은 니치렌의 수행지인 횡천지구 정광원(定光院, 조코인)에서도 30번신(三十番神) 중 25일째의 수호신으로 모셔져 있다. 삼십번신이란 한 달 30일 동안 날마다 교대로 국가와 해당 사원을 수호하는 30주의 대표적인 신도 가미(神)를 가리키는 말인데, 사이초가 히에이산에 모신 것이 최초의 사례로 중세 이래 널리 신앙되었다. 위 안내문에 나오는 적산 신라명신에 관해서는 뒤에서 다시 살펴보기로 하고 여기서는 먼저 엔닌이 어떤 인물인지를 아는 것이 중요하다.

자각대사 엔닌

유명한 『입당구법순례행기』(入唐求法巡禮行記, 이하 『행기』)의 저자로 일본 천태종 제3대 좌주(座主)이자 일본 불교사에서 처음으로 대사 혜호를 받은 고승 엔닌은 794년 지금의 도치기현 시모쓰가군(下都賀郡)에서 태어났다. 어려서 부친을 잃고 9세 때 고향의 대자사(大慈寺, 다이지지)에 맡겨져 주지승 고치(廣智) 밑에서 불교를 수행하다가, 15세 때인 808년 스승을 따라 히에이산에 올라가 사이초에게 사사받았다. 23세 때인 816년 나라 동대사에서 구족계(具足戒)를 받고 비구가 되었으며, 다음 해인 817년 사이초에게 전법관정(傳法灌頂)을 받았다. 822년 사이초가 적멸한 후에는 수년간 히에이산에 머물며 불법을 설하고 수행을 계속했다. 그러던 중 전술했듯이 833년 40세 때 큰 병이 들어 횡천 초암에 은거했으나 기적적으로 건강을 회복하여, 835년 제17차 견당사 파견 때 단기 유학 승려에게 주어지는 천태청익승(天台請益僧)으로 임명되어 입당의 기회를 얻었다.

이후 두 번의 실패 끝에 세 번 만인 838년 7월 2일 드디어 당나라 양주(揚州)에 상륙하여 847년까지 9년 반 동안 중국에 머물면서 오대산과 장안 등을 거쳐 많은 경전류를 수집했다. 『행기』에 따르면 청익승이라는 신분 때문에 애초 염원이었던 천태산에는 들어가지 못했으며, 838년 8월 24일부터 839년 2월 18일까지 억류당하는 등 수많은 곤경에 처했다. 좌절에 빠진 그를 도와준 것이 재당 신라인들이었다. 엔닌은 신라인들에게서 많은 조언을 받아 839년 3월 5일 불법 체류할 것을 결심하고, 이후 839년 6월 8일 등주에 도착하여 문등현(文登縣) 청녕향(淸寧鄉) 적산(赤山) 마을의 적산법화원(赤山法花院)으로 들어갔다. 적산법화원이 있는 지금의 산동성 적산포(赤山浦)는 당시 장보고의 본거지였다. 『행기』는 이 날의 일기에서 다음과 같이 적고 있다.

문등현 청녕향 적산 마을의 적산은 암석이 높고 빼어난 산인데, 그 뒤쪽에 절이 있다. 적산법화원이라고 한다. 장보고가 처음 세운 곳이다. 사원 내에 사원전이 있어 죽과 밥은 충분하다. 사원전에서는 매년 5백석의 쌀이 수확된다. 오래전부터 겨울에는 『법화경』, 여름에는 『금광명경』 전8권을 강설했다.

실제로 엔닌은 839년 11월 16일부터 840년 1월 15일까지 적산법화원에서 열린 법화회에 참석했다. 약 8개월에 걸친 적산법화원 체재 중에 엔닌은 신라 승려 성림(聖琳)으로부터 천태 수행법(법화삼매)이 행해지는 오대산 이야기를 듣게 된다. 이리하여 그는 840년 2월 19일 신세 졌던 적산법화원을 뒤로 하고 오대산으로 향했다. 『자각대사전』에 따르면 이때 적산법화원을 떠나기 전 엔닌은 바다의 여러 신들과 적산명신의 가호로 구법의 소원을 이루게 해달라고 기원한다. 그리고 만약 자신이 무사히 일본으로 돌아가게 된다면 선원을 건립하고 적산명신을 모시겠다고 다짐한다. 『행기』에는 이와 관련된 기록이 보이지 않지만, 그가 서원을 세운 곳이 적산법화원이었음은 분명하다.

일본의 역사서 『속일본후기』(續日本後紀)는 엔닌이 적산법화원을 떠난 다음 해인 841년 11월 장보고가 사망했다는 기사를 싣고 있다. 하지만 이 후에도 엔닌은 장보고 선단의 지원 하에 오대산과 장안 및 천태산 국청사(國淸寺) 등지에서 구법을 마치고, 845년 9월 5년 만에 다시 적산법화원으로 돌아온다. 그러나 적산법화원은 그 사이에 도교 신봉자인 당 무종(武宗)이 845년 4천 6백여 곳의 불교 사원을 폐찰한 '회창폐불'(會昌廢佛)로 인해 무참하게 파괴되어 있었다. 그럼에도 엔닌은 계속 재당 신라인들의 도움을 받을 수 있었다. 마침내 847년 9월 2일 엔닌은 신라인 해상업자 김진(金珍)의 배를 타고 산동성 적산포를 출발하여 신라 남해 섬들을 거쳐 9월 18일 규슈 후쿠오카의 영빈관 시설인 홍로관(鴻臚館, 고로칸)에 도착했다. 이로써 9년 6개월에 걸친 엔닌의 파란만장했던 입당구법이 막을 내린다.

천신만고 끝에 무사히 귀국한 엔닌은 848년 히에이산에 다시 올랐다. 장장 13년만이었다. 이 해 9월 횡천지구의 중심인 횡천중당을 창립하여 성관음과 비사문천을 안치했으며, 851년 8월에는 서탑지구에 상행당(常行堂, 조쿄도)을 창건했다. 854년 연력사 제3대 천태좌주가 된 이래 동탑지구에 세이와(淸和) 천황의 기원에 따라 861년 문수루(文殊樓, 몬쥬로)를, 그리고 몬토쿠(文德) 천황의 기원에 따라 862년 법화총지원(法華總持院, 홋케소지인)을 창건하는 등 히에이산 연력사의 역사에 지워지지 않을 큰 흔적을 남겼다. 그러다가 864년 1월 13일 제자들을 불러 모은 자리에서 유언을 남기고 그다음 날 72세로 입적하여 연력사 북쪽 산중턱에 묻혔다. 오늘날 동탑지구의 연력사 회관에서 꽤 험한 산길을 15분 정도 가면 인적이 없는 산중에 엔닌의 묘소가 있다. 그의 사후 2년 뒤인 866년 일본 조정은 엔닌에게 자각대사(慈覺大師)라는 시호(諡號)를 내렸고, 다시 2년 뒤인 888년에는 제5대 천태 좌주 엔친이 엔닌의 현창을 위해 동탑지구 대강당 뒤쪽에 전당원(前唐院, 젠토인)을 창건했다. 후술할 적산선원도 이 해에 건립되었다.

엔닌과 관련된 사찰은 2015년 현재 일본 전국에 689개소에 이른다. 그중 이와테현 히라이즈미정(平泉町)의 중존사(中尊寺, 쥬손지)와 나가노(長野)의 선광사(善光寺, 젠코지)가 특히 널리 알려져 있다. 천태종 도호쿠(東北) 대본산인 중존사는 세계유산으로 지정된 사찰로 한국의 백두산 신앙이 일본에 건너가 성립된 백산(白山)신앙과도 밀접한 관계가 있다. 선광사의 유명한 비불도 백제에서 건너간 불상이다. 어쨌든 엔닌 관련 사찰 수가 2015년 현재 일본 천태계 사찰 총수 4,545개소의 약 15퍼센트에 이른다는 것은 그만큼 엔닌이 일본 천태종에서 차지하는 비중이 크다는 점을 말해준다.

한편 현재 연력사에는 엔닌 관련 사적이 10개소가 있다. 전술한 근본여법탑, 횡천중당, 상행당, 문수루원, 법화총지원(이상 엔닌이 창건)을 비롯하여, 정토원(엔닌과 연관된 곳) 및 자각대사 묘소, 적산궁, 전당원(이상 후대에 창건), 장보고 기념비(현대에 창건) 등이 그것이다. 이 가운데 정토원과 엔닌의 관계에 특히 주목할 필요가 있다. 엔닌은 당나라에서 귀국한 뒤 오대산 죽림사(竹林寺) 풍의 제도를 본 떠 856년 7월 16일부터 사이초의 유해가 묻힌 정토원을 정식 어묘(御廟)로 삼았다. 그러니까 정토원이 오늘날처럼 '전교대사어묘'로 불리게 된 것은 엔닌에게서 유래한 것이다. 문수루 또한 엔닌이 중국 오대산에서 가지고 들어온 영석을 문수누각단의 오방(동서남북중)에 묻고 건립한 것이다. 동탑원(東塔院)이라 불리기도 하는 법화총지원은 엔닌이 입당 중에 견문한 당나라 수도 장안 소재 청룡사(靑龍寺) 도장의 형태를 모방하여 862년에 건립한 천태 밀교의 근본 도량이다. 동탑지구 대강당 북쪽에 위치한 전당원은 원래 엔닌이 평상시에 사용하던 방이라는 설도 있지만, 통상 엔친이 888년 엔닌의 학문적 업적을 현창하기 위해 창건했다고 전해진다. 엔닌이 당나라에서 가지고 들어온 불교 전적 584부 802권 중 현교(밀교에서 타종파를 가리키는 말) 관련 문헌은 사이초가 창건한 근본 경장에 보관하고 밀교 문헌은 원래 법화총지원에 소장했으나 나중에 이 전당원으로 옮겼다.

적산선원

적산법화원의 적산명신을 모신 교토 좌경구 슈가쿠인(修學院) 소재의 적산선원(赤山禪院, 세키잔젠인) 또한 엔닌 관련 유적지로, 위에서 언급한 연력사 경내의 유적지들 못지않게 중요한 장소이다. 엔닌은 입당구법의 목적을 달성할 수 있었던 것이 적산의 가호 덕분이라 믿고 864년 입적 직전에 적산명신을 모시는 선원을 세울 것을 유언으로 남긴다. 이 유언에 따라 제4대 천태좌주 안에(安惠 또는 安慧, 794-868)의 유지를 이어받은 다른 제자들이 엔닌 입적 후 24년 뒤인 888년 히에이산 기슭의 현 교토 니시사카모토(西坂本) 수학원이궁(修學院離宮, 슈가쿠인리큐) 옆에 세운 것이 적산선원이다. 이후 적산명신은 히요시대사의 히요시산왕과 함께 일본 천태종의 수호신으로 숭경받고 있다. 몇 년 전 아내와 함께 대표적인 일본 정원 중 하나로 꼽히는 수학원이궁을 둘러보고 나오면서 적산선원을 방문한 적이 있었다. 적산선원 참배 안내 팜플렛은 당사를 "교토의 표귀문을 수호하는 절, 일본에서 가장 오래된 교토 칠복신, 히에이산 연력사의 천일회봉행 및 적산 고행의 절"이라고 소개하고 있으며, 경내 안내판에는 다음과 같이 적혀 있었다.

헤이안시대 888년에 천태종 종정(연력사 주지) 안에(安惠)가 스승 자각대사 엔닌의 유언에 따라 창건한 천태종 사찰이다. 본존 적산명신은 자각대사가 중국 적산의 태산부군(泰山府君)을 권청한 것으로 신체는 비사문천을 닮은 무장(武將)을 본뜬 신상으로 연명과 부귀의 신으로 알려져 있다. 고미즈노오(後水尾)천황이 수학원이궁에 행차하셨을 때 상황이 신전의 수축 및 적산대명신의 칙액을 하사하셨다. 이곳은 교토의 동북방 표귀문(表鬼門, 귀신이 드나드는 방위)에 위치하므로 방위의 신으로 사람들의 숭앙을 받고 있다. 또한 적산명신의 제일(祭日)인 5일에 적산선원을 참배하고 외상을 받으러 가면 수금이 잘 된다고 해서 상인들의 신앙도 두텁다. 이 점에서 '5일 지불'이라는 상업적 관습이 생겼다고 전해진다. 한적한 이곳에는 소나무와 단풍나무가 많아 가을에는 단풍의 명소로 많은 사람들로 붐빈다.

연력사가 그렇듯이 적산선원 또한 교토의 귀문을 방어하는 중요한 사찰

교토 좌경구 소재 적산선원 입구.
부처가 아닌 적산명신이라는 신을 모시는 곳인데 신사의 입구인 도리이가 없어 특이하다.

로 간주되고 있다. 그래서인가 적산선원의 배전 지붕에는 기와로 만든 원숭이가 안치되어 있다. 귀문 방어를 위해 히에이산의 수호신 히요시산왕(日吉山王)의 사자인 원숭이가 모셔져 있는 것이다. 그런데 문제는 현재 천태종 히에이산 연력사 별원(탑두사원) 중 하나인 적산선원의 제신인 적산명신이 태산부군으로 되어 있다는 점이다. 태산부군은 중국 오악신의 하나인 동악대제(東嶽大帝) 또는 태일신(太一神, 북극성)과 동일시되는 도교 명부(冥府)의 신이다. 오늘날 적산선원에서는 적산명신을 바로 이 태산부군이라고 적시하고 있는 것이다. 이와 동시에 적산명신을 칠복신 중 하나인 후쿠로쿠쥬(福祿壽) 즉 장수와 재물운을 관장하는 복신으로 섬기고 있기도 하다. 하지만 어떤 경위로 적산명신이 태산부군이나 칠복신과 동일시되었는지는 전혀 알려져 있지 않다.

장보고 및 적산법화원과 엔닌이 맺었던 인연의 흔적을 기대했던 여행자에게 태산부군이나 칠복신으로 변해 버린 적산선원의 제신이 낯설기만 하다. 그것들이 과연 원래 엔닌이 권청하라고 유언했던 적산법화원의 적산명신일까? 천일회봉행 가운데 백일간 무동사 계곡에서 적산선원까지 왕복하는 제6년째의 적산 고행이 들어가 있다는 점은 그만큼 연력사의 역사에서 적산선원이 차지하는 위치가 중요함을 상기시켜 준다. 그럼에도 오늘날 적산선원은 본래의 기원을 망각하고 완전히 변질되어 있다. 왜 그렇게 된 것일까? 한국과의 깊은 인연을 드러내 보여주고 싶지 않은 미묘한 심리가 작동한 것일까? 혹은 오랫동안 주지가 없는 사원이었고, 메이지유신 직후의 폐불훼석 영향으로 유적이 남지 않았기 때문일까? 하여간 적산선원에는 지금 장보고나 적산법화원과의 관계를 말해주는 것이 아무것도 없다. 주지승에게 물어보아도 모르겠다고 한다.

적산선원을 나서면서 한 가지 더 풀리지 않는 의문이 떠올랐다. 적산선원은 신사인가 사원인가? 현재 공식적으로는 천태종 소속 사찰로 되어 있지만, 입구에는 도리이가 세워져 있고 본당의 본존은 천태종 수호신인 적산대명신이므로 신사라고 보아도 무방하다. 말하자면 적산선원은 불교 사찰이기도 하고 적산명신을 모신 신사이기도 하다. 이런 애매성은 아마도 기나긴 신불습합 시대의 잔재이겠지만, 장보고의 적산법화원과 떼려야 뗄 수 없는 관계에 있는 적산선원인 만큼 향후 학술적인 해명이 필요해 보인다.

장보고 기념비

연력사 경내에는 장보고와 엔닌과의 깊은 인연을 기념하기 위해 연력사의 요청에 따라 2001년 12월에 완도군에 의해 건립된 장보고 기념비가 세워져 있다. 이 기념비는 엔닌이 창건한 문수루(文殊樓) 옆에 있다. 문수루는 광대한 연력사 경내 중에서 가장 많은 참배객들이 방문하는 동탑 지구 근본중당 정면의 다소 가파른 돌계단을 오른 곳에 위치한다. 기념비 주변에 발이 푹푹 빠질 정도로 눈이 많이 쌓여 있어 학생들이 바라만 보고 있다. 그래서 "길이 없으면 만들어야지." 하며 내가 먼저 들어가 길을 다진 후 학생들을 불러 모아 기념비 명문을 함께 읽었다. '청해진대사 장보고 비'라 적힌 기념비 이면에는 한글로 다음과 같은 내용이 새겨져 있다.

연력사 동탑지구 근본중당 앞 문수루 옆에 세워져 있는 장보고 기념비. 연력사와 장보고의 깊은 인연을 알 수 있다.

장보고는 신라 사람으로 9세기 전반에 신라, 일본, 당 삼국의 해운질서를 바로잡고 동남아시아를 비롯하여 아랍과 페르시아와도 활발한 해상 교역을 펼친 해상왕이다. 신라 서남해의 완도에서 태어나 높은 뜻을 품고 당으로 건너가 30세에 무녕군(武寧軍) 군중소장(軍中小將)에 올랐다. 타고난 용맹과 바다같이 넓은 도량을 지녔던 그는 동아시아 해상에 횡행하던 인신매매에 의분강개하여 828년 귀국하여 완도에 청해진을 설치하고 해적을 소탕한 뒤 우의와 평화의 뱃길을 열었다. 일본 천태종의 제3대 좌주인 자각대사 엔닌은 9세기 중엽 9년 반 동안 당에서 구법순례하면서 장보고의 도움을 받았고 장대사가 세운 적산법화원에 거했다. 그 인연으로 엔닌은 오대산과 장안 등지를 순례할 수 있었다. 엔닌은 그의 일기『입당구법순례행기』에서 장보고에 대한 흠앙(欽仰)의 정을 다음과 같은 편지글로 남기고 있다. "아직까지 대사를 삼가 뵙지는 못했습니다만, 오랫동안 높으신 이름을 듣고 있었기에 우러러 존경하는 마음이 더해만 갑니다….저는 오래 된 소원을 이루기 위해 당나라에 머물고 있습니다. 다행히 미천한 자가 대사님의 본원의 땅(법화원)에 있습니다. 감사하고 즐겁다는 말 이외에 달리 비길 만한 말이 없습니다. 언제 뵈올지 기약할수 없습니다만, 대사를 경모하는 마음 더해갈 뿐입니다. 840년 2월 17일 일본국 구법승 전등법사(傳燈法師) 엔닌이 청해진대사 장군께 삼가 올림." 여기서 우리는 신라, 일본, 당의 문화교류 실상을 알 수 있다. 두 분이 다져 놓은 정다운 관계가 오늘날 두 나라 사이에 널리 알려져 더욱 두터워지기를 바라면서 이 비석을 세운다. 설립 2001년 12월 대한민국 완도군(청해진)

여기에는『행기』에 나오는, 장보고에게 보낸 엔닌의 서간문이 인용되어 있다. 그것은 엔닌이 적산법화원을 떠나기 이틀 전인 840년 2월 17일에 쓴 것이다. 한 번도 만난 적이 없는데도 장보고에 대한 존경의 염을 가득 담아 쓴 이 서간문은 엔닌이 중국에서 겪은 모진 고통의 깊이와 함께 그의 인간적인 품성을 느끼게 해 준다.

오래전 해상왕 장보고의 고향인 완도(옛 청해진)에 갔던 기억이 난다. 당시는 장보고 기념사업의 일환으로 공사가 한창이었는데, 인터넷을 찾아보니 2008년에 완공된〈장보고 기념관〉에 관한 정보가 많이 올라와 있었다. 다음에 꼭 다시 완도에 가 봐야겠다고 생각하며 학생들과 함께 다음 행선지로 발길을 돌렸다.

원성사 신라선신당

적산법화원의 적산명신은 신라인들이 모시던 신라명신(新羅明神)의 계보에 속해 있다. 연력사의 말사(末寺)로 시가현 오쓰시(大津市)에 있는 원성사(園城寺, 온조지) 통칭 삼정사(三井寺, 미이데라)의 경내 신사인 신라선신당(新羅善神堂, 신라젠진도)에도 신라명신이 모셔져 있다. 이곳의 신라명신은 엔닌 제자들의 산문, 즉 연력사가 모시는 적산명신에 대항하는 차원에서 엔친 제자들의 사문, 즉 원성사에서 섬긴 신이라는 설도 있다. 어쨌거나 오쓰시 지역은 5세기경 이래 오랫동안 신라계 도래씨족인 오토모씨(大友氏)의 거주지였고 그 오토모씨가 7세기경에 건립한 씨사(氏寺)가 바로 원성사였으며, 이곳에 현재 고려대장경 백여 점이 소장되어 있다는 점에서 한국과의 깊은 인연을 절감케 한다.

신라선신당은 원성사를 창건한 제5대 천태좌주 지증대사 엔친(圓珍, 814-891)이 858년 중국에서 유학을 마치고 돌아올 때 배에서 신라명신을 만나고 돌아와 세운 신사이다. 10여 년 전 이곳을 견학한 적이 있다. 원성사에 소속되어 있지만 본당 가람에서 꽤 멀리 떨어져 있어 한참을 걸어 신라선신당을 찾아갔던 기억이 난다. 현재 신라선신당 건물 및 그곳에 안치되어 있는 신라명신 좌상은 일본 국보로 지정되어 있다. 1062년에 편찬된 『원성사 용화회 연기』(園城寺龍華會緣起)에 따르면 엔친이 당나라로부터 일본으로 귀국하는 배가 난파 위기에 처했을 때 한 노옹이 꿈에 나타나 "나는 신라국의 명신이다. 나를 모시는 사당을 지어 준다면 엔친을 위해 불법을 지켜 주겠다고 약속한다."라고 말했다고 한다. 이에 엔친은 귀국 후 신라명신을 향해 수호신이자 불법의 수호신으로 모시게 되었다는 것이다.

일본 신도에는 '8백만신(八百萬神, 야오요로즈노가미)'이라는 말이 있듯 무수한 신들이 있지만, 나라 이름이 붙어 있는 신은 신라명신이 유일하다. 9세기 후반 신라명신을 모신 신라선신당이 세워지면서 그때까지 작은 사찰에 불과했던 원성사가 일본 불교의 요람으로 거듭나게 된다. 그 후 원성사는 미나모토씨(源氏)와 밀접한 관계를 맺게 되면서 일본 전국에 널리 알려지게 된다. 가령 헤이안시대 후기의 무장인 미나모토노 요리요시(源賴義)가 도호쿠 지방을 공격할 때 이 신라명신에게 참배하여 전승을 기원했다는 기록이 있다. 그의 아들 미나모토노 요시미쓰(源義光, 1045-1127)는 헤이안시대 말기의 최고 무사로 '일본 무사의 아버지'로 불리기도 하는데, 그가 13세 때 신라선신당 앞에서 원복(元服, 성년식)을 거행한 후 '신라사부로 요시미쓰'(新羅三郎義光)로 개명한 이야기는 너무도 유명하다. 그리하여 오늘날까지 그는 통칭 신라사부로라고 불린다. 이처럼 이름을 바꾼 것은 신라명신의 가호를 받기 위해서였다고 한다. 실제로 그는 전투마다 연승을 거듭했고 사후에는 신라선신당 뒷산에 묻혔다. 그는 후에 관동으로 가서 다케타가(武田家)의 시조가 된다. 그럼으로써 신라사부로는 일본에서 가장 오래된 전통을 자랑하는 무술인 대동류합기유술(大東流合氣柔術)의 창시자로 알려지게 된다. 이 무술의 상징인 다이아몬드형 문장은 신라사부로가 성인식을 할 때 신관이 그의 옷 위에 그려준 것이라고 한다. 참고로 1192년 일본 최초의 무사정권인 가마쿠라 막부(幕府)를 개창한 초대 정이대장군 미나모토노 요리토모(源賴朝)는 신라사부로의 형인 하치만타로(八幡太郎)의 후손이었다. 이렇게 유명한 일본의 무가 출신으로 '일본 무사의 아버지'라 칭해지는 인물의 이름에 '신라' 자가 들어가 있다는 사실은 참으로 놀라운 일이 아닐 수 없다.

시가현 오쓰시 소재 원성사 산문. 경내에 신라명신을 모신 신라선신당이 있다.

원성사에 신라선신당을 세운 지증대사 엔친 좌상.

원구병난 순난자 진혼총

일본을 돌아다니며 새삼스럽게 놀란 적이 많다. 연력사를 떠나기 전 마지막으로 동탑지구 입구 옆에 세워져 있는 비석 하나를 보고 놀란 기억이 지금도 새롭다. 1992년에 세워진 〈원구병난 순난자 진혼총〉(元龜の兵亂殉難者鎭魂塚)이 그것이다. 안내문에는 다음과 같이 적혀 있다.

연력사는 원구의 병란 즉 오다 노부나가의 히에이산 토벌이라는 비극적인 역사를 가지고 있다. 지금으로부터 420여 년 전 원구2년(1571) 9월 12일, 노부나가군은 사카모토(히에이산 동쪽 기슭)를 비롯하여 히요시산노(日吉山王) 21사 전체를 불질렀고, 이어서 히에이산을 목표로 근본중당 이하 3탑 16계곡의 당탑과 승방 5백여 곳을 사흘 밤낮에 걸쳐 모두 불태웠다. 또한 사카모토로부터 불길을 피해 산상에 도망친 천여 명에 산상의 승속 천여 명을 모두 불태워 죽이거나 참살했다. 이는 연력사가 수호대명인 에치젠의 아사쿠라 가문과 오우미의 아사이 가문 등과 연대하여 노부나가에게 대항했기 때문이다. 히에이산은 그 후 히데요시 및 이에야스의 비호를 받아 부흥되었지만, 그 상흔은 너무나 커서 지금까지도 커다란 그림자를 드리우고 있다. 420여 년이 지난 지금 당시의 희생자들, 불법을 위해 순교한 승속 2천여 명을 위해 여기에 무덤을 지어 유품을 묻고 탑을 건립하여 추선법요를 행하여 영혼을 진혼하고자 한다. 또한 노부나가군 전몰자의 영에 대해서도, 그리고 10년 후 본능사(本能寺, 혼노지)에서 불타 죽은 노부나가의 영에 대해서도 은원을 넘어서서 원친평등(怨親平等)의 마음으로 추선공양을 행하는 바이다.

전국시대를 통일한 오다 노부나가에 의한 연력사 화공(火攻) 사건은 우연

원성사 경내의 신라선신당.
일본 무사의 아버지로 불리는 미나모토노 요시미쓰가 신라명신의 가호를 받기 위해 이 앞에서 성년식을 거행한 후 '신라사부로'로 이름을 바꾸었다고 한다.

히 일어난 것이 아니었다. 그 이면에는 승병의 대두라는 기나긴 역사적 과정이 있었다. 연력사는 역사적으로 교학과 수행의 전당이면서 동시에 난폭한 승병으로도 악명이 높았다. 전술했듯이 히에이산 승려들은 엔닌과 엔친 사후 연력사를 본거지로 하는 엔닌파(산문파)와 엔친파(사문파)로 나뉘어 격하게 대립했다. 993년 엔친파 승려 천여 명이 하산하여 원성사에 본거지를 두고 점차 무장화하면서 승병이 출현하게 된다. 그 배경에는 연력사 창건 이래 왕족과 귀족의 기진으로 소유하게 된 많은 장원의 경제적 기득권을 둘러싼 갈등이 존재했다.

이런 갈등은 연력사와 당대의 최고 권력자 후지와라씨(藤原氏)의 씨사로 강대한 세력을 자랑했던 나라 홍복사(興福寺, 고후쿠지) 사이에 세력 다툼이 일어나면서 더욱 첨예한 대립 양상으로 전개되었다. 이를 남도북령(南都北嶺)의 대립이라 한다. 여기서 남도는 흥복사, 북령은 연력사를 가리킨다. 남도북령의 승병들이 싸우면서 수많은 사찰들이 불타 버렸고, 무사들조차 이들을 건들지 못했다. 남도북령의 첫 마찰은 오늘날 교토의 대표적 관광명소 중 하나인 청수사(淸水寺, 기요미즈데라)를 둘러싼 영역 싸움에서 시작되었다. 백제계 도래인의 후손으로 동북지방을 정벌한 무장 사카노우에 다무라마로(坂上田村麻呂, 758-811)가 778년 엔친에게 부지를 제공하여 창건되었다는 청수사는 당시 흥복사의 말사였고, 청수사에 딸린 기온사(祇園社, 야사카신사) 역시 원래는 흥복사의 배하에 있었는데 10세기 말의 항쟁의 결과 연력사가 이를 말사로 삼았다. 이런 청수사의 주지 임명을 둘러싸고 두 거대 사찰 사이에 싸움이 일어난 것이다.

그리하여 1113년 연력사 승병들이 히에(日枝)신사 즉 지금의 히요시대사의 신여(神輿)를 앞세우고 시라카와(白河) 법황 거처에 몰려들어 흥복사 승려를 청수사 주지로 임명한 것을 취소하라면서 거세게 항의했다. 그 정도로 연력사 승병 세력이 강력했던 것이다. 이들은 가사를 머리에 복면처럼 둘러쓰고 얼굴을 감추었다. 이에 대해 흥복사 승병들은 가스가(春日)신사의 신목(神木)을 앞세우고 교토로 들이닥쳤다. 결국 남도북령이 맞부딪치면서 청수사가 불탔고, 연력사 승병들은 나라의 흥복사까지 달려가 불을 질렀다. 이런 사태를 본 시라카와 법황은 "내 생각대로 되지 않는 것이 세 가지 있다. 가모강의 물, 쌍륙(雙六)의 주사위, 그리고 산법사(山法師)이다."라고 탄식했다고 한다. 여기서 쌍륙이란 주사위를 던져 말을 궁에 들여보내는 놀이를 가리키고 산법사란 히에이산 연력사의 승병을 지칭한다. 그만큼 연력사는 막강한 무력과 재력을 소유하여 당대의 권력자들조차 무시할 수 없는 일종의 독립국 같은 세력을 형성하고 있었다. 오늘날 학자들은 이를 사사(寺社)

세력이라고 부른다.

　가마쿠라시대로 들어서서 승병의 활동을 제약하고 무기 휴대를 금하는 조처가 내려지기도 했지만, 연력사는 여전히 무가정권에게 위협적인 존재였다. 처음으로 연력사를 제압하려 했던 권력자는 무로마치막부 6대 쇼군 아시카가 요시노리(足利義教)였다. 요시노리는 쇼군 취임 전에는 천태좌주로서 히에이산 측의 수장이었지만, 환속한 후 쇼군에 취임한 후에는 히에이산과 대립적인 관계가 되었다. 그러나 화의를 원한 대명들에 의해 번번이 연력사 제압에 실패했다. 그러다가 모략을 써서 연력사의 유력한 승려를 꾀어내어 참형에 처했다. 이에 반발한 연력사 승려들은 근본중당에 틀어박혀 요시노리를 강하게 성토했지만, 요시노리의 태도가 변하지 않자 이에 절망한 승려들은 1435년 2월 근본중당에 불을 지르고 분신자살했다. 같은 해 8월 요시노리는 불타 버린 근본중당의 재건을 명하여 수년 후 준공했다. 이로써 요시노리는 연력사 제압에 성공했지만, 훗날 요시노리가 정적에 의해 살해당하자 연력사는 다시금 무장하여 강대한 세력을 키웠다. 그 후 무로마치막부 세력이 약해지고 전국시대로 들어가면서 다시금 승병들이 위세를 떨치게 되었다.

　그러다 오다 노부나가가 교토에 입성했을 때 전국 대명 아사쿠라 요시카게(朝倉義景)와 아자이 나가마사(浅井長政) 등이 반(反) 노부나가 동맹을 결성하여 저항했다. 당시 아사쿠라씨와 친교가 깊었던 연력사도 이 싸움에 휘말리게 되었다. 즉 노부나가에 쫓기던 아자이씨 군대가 히에이산으로 피신 왔을 때 연력사는 이들을 받아들여 은닉해 주었다. 이에 분격한 노부나가는 1571년 9월 12일 히에이산을 토벌하면서 연력사를 모두 불태우고 수많은 승려와 승속을 살해했다. 이 사건을 일본사에서는 '히에이산 화공'(比叡山焼き討ち)이라 부른다. 당시 이 사건을 목도한 예수회 선교사 루이스 프로이스

는 서간에서 약 1,500명의 연력사 승려들이 살해당했다고 적고 있다. 다른 기록에는 최대 3, 4천 명으로 나오기도 한다. 오다 노부나가가 1582년 '본능사(本能寺, 혼노지)의 변'에서 사망한 뒤 연력사는 다시 복구되기 시작했지만, 승병은 더 이상 조직되지 않았다. 그 후 에도시대에 들어서서 3대 쇼군 도쿠가와 이에미쓰(德川家光) 시대인 1642년에 근본중당이 복원됨으로써 연력사는 원래 모습을 되찾게 되었다.

원친평등의 히에이산 : 폭력과 평화

희대의 무장 오다 노부나가에게 맞서 대항할 만큼 강력했던 연력사 승병들과 이를 무자비하게 제압한 '히에이산 화공'은 종교와 폭력의 은밀한 관계를 떠올리게 한다. 그러나 종교든 권력이든 폭력의 행사에는 늘 평화의 명분이 수반되기 마련이다. '원구병난 순난자 진혼총' 안내문은 마지막 부분에서 "마음의 평안과 항구적인 세계평화"를 기원하였다. 그러고 보니 진혼총 비석 위에는 '평화의 탑'이라고 새겨져 있다. 이와 함께 무엇보다 주목할 것은 안내문에 언급된 '원친평등'이라는 이념이다. 이것은 원래 역대 조사의 계보와 어록을 밝힌 『경덕전등록』(景德傳燈錄)이라는 송나라 시대 불교 문헌에 나오는 표현으로 "원수와 친구를 평등하게 대한다."는 것을 뜻하는 말이다. 그러니까 연력사 측은 원수인 노부나가조차 포용하여 함께 공양하겠다는 평화의 메시지를 전하고 있는 것이다.

하지만 폭력과 평화는 마치 동전의 양면처럼 오늘날에도 계속 엎치락뒤치락 반복되고 있다. 연력사의 경우도 마찬가지다. 가령 2006년 4월 21일 연력사에서 조직폭력단 야마구치구미(山口組) 역대 조장의 법요가 행해졌다. 영화에서나 볼 수 있는 이런 법요 장면은 불과 한 달 전인 3월 13일 전일본불교회(全日本佛教會) 이사장 야스하라 아키라(安原晃)가 "조직폭력단의 법요

───── 연력사 동탑지구 주차장 앞에 세워져 있는 '원구병난 순난자 진혼총'. ───── 2018년 8월 4일부터 개최된 연력사 주최 〈히에이산 종교지도자 회의〉 31주년 "세계평화 기도모임" 포스터.

에 협력하지 말 것"이라는 성명을 발표한 직후에 일어난 일이었다. 연력사를 비롯한 전국 약 7만5천 개 사원이 소속된 재단법인 전일본불교회는 이미 1976년의 전일본불교도회의에서 폭력단 배제를 결의한 바 있다. 결국 많은 비난이 쏟아지자 연력사 측은 공식적으로 사죄하고 향후 폭력단의 법요를 거부하겠다는 뜻을 표명했다.

그럼에도 연력사가 조직폭력단의 법요를 주관했다는 것은 아무래도 납득이 잘 되지 않는다. 평소 연력사는 종교인이 나서서 폭력을 막고 세계평화

연력사 횡천지구 횡천중당
옆에 세워져 있는 '평화 지장보살'.

를 이루어야 한다고 강조한 집단이기 때문이다. 실제로 연력사는 1986년 로마교황 바오로 2세의 제창에 의해 이탈리아 앗시시에서 열린 〈세계종교자 평화기도집회〉의 숭고한 정신을 계승하여 이듬해인 1987년 제1회 〈히에이산 종교회담〉(比叡山宗教サミット) '세계종교자 평화기도집회'(世界宗教者平和の祈りの集い)를 개최한 이래, 2018년 8월 4일 31회째를 맞이하여 '세계평화 기도집회'라는 타이틀하에 불교, 기독교, 이슬람교, 신도, 교파신도, 신종교 등의 종교자들이 모여 세계평화를 기원해 왔다. 그 취지문은 다음과 같이 적고 있다.

세계는 격차 확대와 부의 편중이 차별과 테러리즘을 낳고, 자유·평등·박애를 내건 민주주의가 일전하여 독재가 되고 타자를 공격하거나 멸시함으로써 자신의 우위성을 과시하는 배타주의가 시민권을 차지하려 하고 있습니다. 이것은 난민과 마이너리티 등의 약자에 대한 박해로 이어지고 있습니다. 우리 종교자들은 어떠한 어려움이 있더라도 기도와 대화를 통해 세계평화의 실현을 위해 매진하지 않으면 안 됩니다. 지구라는 '공동의 배'에 탄 우리들은 아욕을 넘어선 예지로써 이런 난제에 대응해야 할 때입니다. 우리는 〈히에이산 종교회담 31주년 세계평화 기도집회〉의 개최에 즈음하여 평화란 무엇인가를 깊이 숙고하면서 종교의 사명과 책무를 재확인하

연력사 동탑지구 입구 앞에 세워져 있는 커다란 돌비석.
"히에이산에 올라 성불한다"는 뜻의 '등예성불'이라는 문구가 새겨져 있다.

고자 합니다.

참으로 구구절절 옳은 말이다. 하지만 그 이면에는 히에이산을 둘러싸고 곳곳에 폭력으로 얼룩진 역사가 숨어 있다. 평화란 과연 무엇일까? 어려운 질문이지만 적어도 그것이 언제나 폭력의 반대를 뜻하는 것만은 아니라는 점은 분명해 보인다. 폭력과 평화는 늘 동시진행형이기 때문이다. 중요한 것은 폭력이 난무하는 세계 속에서 평화에의 의지를 굽히지 않는 일이다. 이와 관련하여 연력사 횡천지구 횡천중당 옆에 세워져 있던 '평화 지장보살'(平和地藏菩薩)의 세 가지 약속이 생각났다. 일본 천태종에서는 청소년 교화 활동의 일환으로 매년 히에이산을 회장으로 삼아 초등학교 및 중학교 학생들을 대상으로 하는 〈천태 청소년 히에이산 집회〉를 개최한다. 평화지장보살은 2015년 8월 제50회 개최를 기념하여 건립한 것이다. 이 지장보살은 오른손에 손가락 세 개를 치켜들고 왼손에 염주를 쥔 동자승의 모습을 하고 있다. 오른손의 세 손가락은 다음과 같은 학생들의 '세 가지 맹세'를 나타낸다.

첫째, 도심을 가진 사람이 되겠습니다.(부처님처럼 되겠다는 것) 둘째, 잘 행동하고 잘 말하는 사람이 되겠습니다.(좋은 일을 행하고 올바른 주장을 할 수 있는 사람이 되겠다는 것) 셋째, 일우(一隅)를 비추는 사람이 되겠습니다.(자신이 서 있는 장소에서 최선을 다해 살면서 이 세상에 없어서는 안 되는 사람이 되겠다는 것)

연력사 동탑지구 주차장 앞에는 "히에이산에 올라 성불한다"는 뜻의 '등예성불'(登叡成佛)이라는 문구가 적힌 커다란 돌비석이 세워져 있다. 그렇다고 히에이산을 내려가면 성불하기 어렵다는 말은 아닐 것이다. 히에이산의 '에이'(叡)는 '밝은 지혜'를 뜻하는 말이기도 하니까 이 문구는 "밝은 지혜로써 부처를 이룬다."고 의역할 수도 있겠다. 밝은 지혜로써 위의 세 가지 약속을 지키고자 노력하는 한, 폭력과 함께 살아갈 수밖에 없는 세상에서 평화의 의미를 묻는 것을 포기하는 일은 없으리라는 기대를 안고 히에이산을 내려왔다.

──── *더 읽을 책 ────

엔닌, 『입당구법순례행기』, 신복룡 번역·주해, 선인, 2007.
이서훈·황동남, 『교토 인 재팬』, 두르가, 2007.
가명(可明) 외, 『중국·한국·일본 삼국 천태 마음의 여행』, 코몬센스, 1999.

제6장 고야산
: 현세의 정토이자 일본 제일의 명당

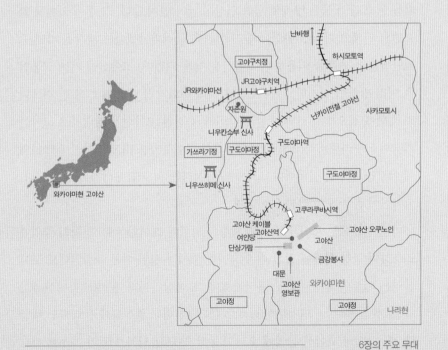

와카야마현 고야산

난바행

하시모토역

고야구치정

JR고야구치역

JR와카야마선

자존원

니우칸쇼부 신사

가쓰라기정

구도야마정

구도야마역

난카이전철 고야선

사카모토시

니우쓰히메 신사

구도야마정

고야산 케이블

고쿠라쿠비시역

여인당

고야산역

고야산 오쿠노인

단상가람

고야산

대문

금강봉사

고야산
영보관

와카야마현

고야정

고야정

나라현

6장의 주요 무대

와카야마현(和歌山県) 북부 고야정(高野町)에 위치한 고야산(高野山)은 진
언종의 개조 홍법대사(弘法大師, 고보다이시) 구카이(空海, 774-835)에 의해 개
창된 일본불교 최대의 순례 성지 중 하나로 흔히 '진언밀교의 성지', '일본의
총 보리사', '현세의 정토', '산속의 정창원', 나아가 '불교의 수도' 등으로 불려
왔으며 오늘날에는 '파워스폿'으로도 인기가 많다. 15년 전에 한번 방문한
적이 있었는데, 그때는 고야산에 대해 잘 모른 채 일본인 교수와 함께 렌트
카를 몰고 잠시 들른 탓에 특별한 인상이 남아 있지 않다. 그 후 구카이를 읽
으면서 언제고 다시 고야산에 올라 찬찬히 둘러봐야겠다는 생각을 하던 중
지난 5월 초 연휴를 이용하여 고야산을 찾게 되었다. 고야산에 가는 교통편
은 여러 방식이 있지만, 나는 오사카 시내 번화가인 난바(難波)의 한 비즈니
스 호텔에 묵으면서 난바역 발 난카이(南海)전철 고야선 급행 열차로 고야산
기슭의 고쿠라쿠바시(極樂橋)역까지 가서 케이블카를 타고 고야산(高野山)역
에 이르는 루트를 선택했다. 고쿠라쿠바시라는 역 이름부터가 심상치 않다.
고야산이 곧 '극락'이라는 뜻이니까.

마침 일본에는 헤이세이(平成) 천황의 퇴위와 레이와(令和) 천황의 즉위에
즈음하여 장장 열흘에 걸친 긴 연휴기간 중이라 평일 이른 아침인데도 고야
산역은 일본인 방문객들로 북적거렸다. 고야삼산이라 불리는 마니산(摩尼
山), 요류산(楊柳山), 덴치쿠산(轉軸山) 등의 1천미터급 산들에 둘러싸인 해발
약 8백 미터의 고야산 산정에 오르면 동서 약 6km 남북으로 약 2km에 이르

는 분지가 펼쳐진다. 8개의 봉우리에 둘러싸인 고야산의 지형은 연꽃이 핀 듯한 형국으로, 양계 만다라 중 태장계 만다라의 '중태팔엽원'(中台八葉院)에 비유되곤 한다. 이곳에 양계 만다라를 표상하는 두 개의 단장(壇場) 즉 선수행의 도장인 단상가람(壇上伽藍)과 홍법대사 신앙의 성지인 오쿠노인(奧の院)을 중심으로 장엄한 종교도시가 형성되어 있다. 놀랍게도 이곳에는 에도시대에 최대 1800개소 이상의 사원이 있었고, 1868년 신불분리령 당시에는 680개소가 존재했다고 한다. 현재 고야산에는 진언종 총본산인 금강봉사(金剛峯寺, 곤고부지)와 대본산 보수원(寶壽院, 호쥬인)을 비롯하여 템플스테이가 가능한 117개소의 사찰이 있으며, 그중 50여 개소가 숙방(宿坊)이라 하여 참배자의 숙박시설을 겸하고 있다. 오쿠노인에 관해서는 뒤에서 상술하기로 하고 여기서는 먼저 단상가람에 대해 살펴보자.

구카이에 의한 고야산 개창의 이념이 구체화된 장소인 단상가람은 근본대탑, 동탑, 서탑, 금당(金堂, 곤도), 어영당(御影堂, 미에이도), 삼매당(三昧堂, 산마이도), 대회당(大會堂, 다이에도), 부동당(不動堂, 후도도), 어사(御社, 미야시로) 등의 총칭으로 원래 호칭은 단장가람(壇場伽藍)이다. 단장가람은 만다라의 도장이라는 뜻의 단장과 산스크리트어 '상가 아라마'의 음역으로 승려가 모여 수행하는 청정한 곳을 뜻하는 가람이 합쳐진 말이다. 지면보다 한 단 높은 석단 위에 가람이 세워져 있으므로 단상가람이라고 표기하는 경우가 많다. 구카이는 이곳에 선수행(명상과 좌선)을 위한 진언종의 도장을 마련하고자 태장계와 금강계라는 진언밀교의 원리에 입각하여 비로자나(대일여래)의 진리를 구현한 탑 2기, 즉 태장계탑과 금강계탑을 세우려 했다. 하지만 구카이 생전에는 이런 구상이 실현되지 못했고, 사후 50여 년이 지난 887년 제자 신넨(眞然, 804-891)에 의해 근본대탑(태장계탑)과 서탑(금강계탑)을 비롯한 단상가람의 정비가 이루어졌다. 그 후 1127년 서탑과 같은 규모로 동탑이 건립된 이래, 이 3기의 탑 모두가 금태불이(金胎不二)의 탑으로 간주되어 왔다.

이 중 단상가람의 중심인 현재의 근본대탑은 1937년 구카이 입정 1100년을 기념하여 2층 다보탑으로 재건한 것이다. 근본대탑 우측에는 세계유산으로 지정된 고야산 정석도(町石道, 쵸이시미치)의 출발점을 알리는 첫 번째 정석이 세워져 있다. 고야산 정석도는 고야산에 이르는 순례길 중 하나로 그 노정의 길안내 표지석으로 세워진 것이 정석(町石, 쵸이시)이다. 높이 3m가 넘는 오륜탑 형태의 정석은 이 근본대탑을 기점으로 하여 자존원(慈尊院)까지 1정(町) 즉 약 109m마다 총 180기가 세워져 있고, 다시 대사묘 즉 홍법대사 묘지까지 36기가 세워져 있다. 계단을 올라 근본대탑 안으로 들어서니 중앙에 대일여래 불상이 모셔져 있고 좌우와 주변을 각종 금강보살 등의 협시보살들이 에워싸고 있다. 대일여래 뒤쪽 벽면에는 좌측 상단에 금강지(金剛智)와 불공(不空) 그리고 우측 상단에 혜과(惠果)와 구카이의 화상이 각각 그려져 있다. 일본 진언밀교의 계보에서 가장 중요한 인물인 이 4인의 고승들에 대해서는 뒤에서 다시 언급하기로 하겠다.

단상가람의 동북쪽에 위치한 금강봉사는 원래 구카이가 명명한 것으로 단상가람과 오쿠노인을 포함하여 고야산 전체를 가리키는 통칭이기도 하다. 현재 전국 4천여 개소에 이르는 고야산 진언종 사찰의 총본산인 금강봉사는 1869년 청암사(靑巖寺, 세이간지)와 홍산사(興山寺, 현재 폐사)를 병합한 것이며, 교토의 동사(東寺, 도지)와 함께 종조인 구카이가 수련도장으로 개창한 진언밀교의 성지이다. 청암사는 593년 도요토미 히데요시가 모친의 보리사로 건립한 사원으로 히데요시의 조카인 히데쓰구(秀次)가 자살한 장소이기도 하다. 역대 천황의 위패와 고야산 진언종 관장의 위패를 모시고 있는 금강봉사의 본존은 1680년에 제작된 '홍법대사 좌상'이며, 현재 약 2백 명

정석도 출발지점을 알리는 첫 번째 정석(一町).
계단 위쪽에 보이는 진홍색 건물이 단상가람의 중심인 근본대탑이다.

의 직원과 함께 통상 약 80~100명의 승려들이 수학하고 있다. 고야산 전체
가 이 금강봉사의 경내에 속하며, 그중에서도 약 5천 평 크기의 반룡정(蟠龍
庭, 반류테이)은 일본 최대의 가레산스이(枯山水)식 석정으로 널리 알려져 있
다. 이밖에 금강봉사에서 도보로 10분 정도 거리에 위치한 고야산 박물관인
영보관(靈寶館)은 국보 4,700여 점, 중요문화재 14,000여 점, 현 지정문화재
2,800여 점을 소장하고 있다. 이 영보관의 소장품을 포함하여 고야산에는
일본 전체 문화재의 약 8%가 집중되어 있어 가히 '산 속의 정창원'이라는 별
칭이 무색하지 않아 보인다.

816년 사가(嵯峨) 천황이 구카이에게 하사한 이래 진언밀교 수행을 위한
근본도장으로 성립된 고야산은 994년 대화재로 거의 모든 건물이 불타면서
한때 쇠퇴일로를 걷지 않을 수 없었다. 하지만 1016년경 진언종 승려 조요

고야산 진언종 총본산 금강봉사 입구.

(定譽, 958-1047)가 황폐한 고야산을 재흥한 후, 1023년에는 섭정관백 태정대신인 후지와라노 미치나가(藤原道長)가 참배하고 헤이안 말기에는 시라카와(白河) 상황과 도바(鳥羽) 상황이 참배하는 등 역대 천황들의 참배가 이어지면서 현세의 정토로서의 고야산이라는 관념이 형성되었고 점차 사령(寺領)도 증가하는 등 번성하게 되었다.

　이윽고 무력까지 축적한 고야산은 전국시대에 이르러 히에이산 토벌을 단행한 오다 노부나가(織田信長)와 대립하기에 이른다. 1581년 노부나가에게 반기를 든 대명 아라키 무라시게(荒木村重)의 가신 중 몇 명이 고야산으로 피신했다. 노부나가는 사자를 보내 이들을 넘겨줄 것을 요청했으나 고야산 측은 사자를 죽이고 요구에 응하지 않았다. 그러자 노부나가는 일본 각지에 있던 고야산 승려들을 수백 명(혹은 천 명이 넘는다고도 한다)이나 살해하고 나아가 수만 명의 군대로 고야산을 완전히 포위 공략했다. 하지만 노부나가가 1582년 6월 2일 본능사(本能寺, 혼노지)의 변으로 인해 사망함으로써 고야산은 가까스로 절체절명의 위기를 벗어날 수 있었다. 노부나가에 이어 권력을 장악한 도요토미 히데요시는 당초 고야산에 대해 사령의 반환을 요구했지만, 당시 고야산에 있던 무사 출신의 승려 모쿠지키 오고(木食応其, 1536-1608)가 중재자로 나서 히데요시에게 복종을 맹세함으로써 고야산은 현상을 유지할 수 있었다. 후에 히데요시는 오고에게 귀의하고 사령을 기진했으며 죽은 모친의 명복을 빌기 위해 고야산에 청암사를 세웠다. 이 무렵 무사들 사이에서 고야산 신앙이 널리 퍼졌고 전국대명이 출자한 자원 사찰들이 많이 세워졌다.

고야산의 수행의례

고야산에서는 단상가람의 어영당 및 오쿠노인의 등롱당(燈籠堂, 도로도)을 비롯한 모든 당에서 매일 행법이 수행되고 있으며, 이와 아울러 금강봉사 등에 산내 탑두사원의 주지들이 모인 가운데 매년 40회 이상 항례 법회 등의 연중행사가 열린다. 그중 특히 수정논의(竪精論義, 매년 음력 5월 3일~4일), 권학회(勸學會, 음력 9월 3일 이전), 내담의(內談義, 음력 6월 9일~10일), 어최승강(御最勝講, 음력 6월 9일~11일) 등에서 행해지는 '논의'(論義, 경론 문답)가 중요하다. 고야산에서는 이런 논의문강(論義問講)이 불도 수행의 핵심을 이루고 있다. 가령 『대일경』(大日經) 교주(敎主)의 문제, 『화엄경』이나 『법화경』 등의 일승(一乘) 가르침이 삼겁성불인지 즉신성불인지 하는 문제, 초목성불의 문제 등이 주된 논제이다. 이처럼 불도를 이해하고 그것을 체득하기 위해 경전을 읽으며 그 뜻을 논의하는 것이 고야산의 전통으로, 이를 '학도'(學道)라 한다. 오늘날 고야산 승려들은 모두 이런 학도를 이수해야만 한다. 이와 같은 전통은 1869년 고야삼방(高野三方) 즉 학려방(學侶方, 가쿠료가타), 행인방(行人方, 교닌가타), 성방(聖方, 히지리가타)이 폐지되고 모두 학려방의 불도수행에 따르게 된 후에도 지금까지 관례로 행해지고 있다. 고야산의 교단조직은 헤이안시대 말기인 11세기경에 구카이의 뒤를 이은 상층부의 학려방, 당탑을 지키며 법회의 잡무 및 사원 소유의 장지를 관리하는 하층부의 행인방, 이 행인방에서 갈라져 나온 성방의 세 계층으로 정돈되었다

수정논의란 정의자(精義者)와 수의자(竪義者) 및 5인의 질문자(問者) 사이에서 이루어지는 논의를 가리킨다. 여기서 정의자란 논제에 대해 의견을 비판하고 지도하는 시험관으로 통상 최연장자가 맡는다. 수의자란 두번째 연장자로 질문자가 내는 문제에 답하는 수험자를 가리킨다. 정의자와 수의자는 전년의 음력 9월 3일에 정의대명신(精義大明神)과 수의대명신(竪義大明神)을 승방에 맞이하여 1년간 몸을 정결히 하고 근신하면서, 대명신에게 매일 신주, 떡, 과자, 과일, 음식, 향 등을 바친다. 이런 수정논의는 1406년 고야산에서 교학을 열심히 하라는 대명신의 탁선에 따라 1407년 5월 3일부터 비롯되었다고 한다.

내담의는 원래 단상가람의 연화승원(지금의 대회당)에서 열렸던 전법대회 또는 권학회를 위한 예행 연습의 성격을 띠고 있었는데, 지금은 공적 의례인 어최승강에 대한 내부적인 담의로 개최되고 있다. 권학회는 비공개이며 학문연마의 의식으로 약 1개월간 진행되며, 그 기간 중에 참여 승려들은 하산할 수 없다. 한편 고야산의 어최승강은 고시라카와(後白河) 법황의 기원에 의해 1173년 6월 6일 산왕원(山王院, 산노인)에서 열린 것이 최초였다. 원래 어최승강은 궁중에 승려를 불러 강의하게 하여 국가안녕을 기원하던 법회였던 만큼 당초는 국가진호를 기원하는 법회였지만, 1274년 5월 27일의 강회부터 문답 논의가 중심이 되어 현재에 이르고 있다.

'여인금제의 고야산'과 '여인고야'

　종래 고야산을 비롯한 일본의 영산들은 대부분 수험도(修驗道, 수험도)의 영향 하에 있었는데, 수험도의 성산은 대부분 불교의 및 신도의 게가레 관념에 입각하여 여인의 입산을 금지했다. 특히 고야산은 개창자인 구카이가 모친의 입산을 금지한 이래 1872년 여인금제 철폐령인 태정관포고가 발포되기까지 약 천년 동안 철저하게 여인금제를 지켜 왔다. 그리하여 여성들은 결계 외측의 봉우리마다 이어진 이른바 여인도(女人道, 뇨닌미치)를 따라 순례했으며, 등산로 입구에 설치된 여인당(女人堂)에서만 고야산을 참배할 수 있었다. 예전에는 고야산에 이르는 일곱 군데의 길인 석정도(町石道, 초이시미치), 흑하도(黒河道, 구로코미치), 경대판도(京・大坂道, 교오사카미치), 소변로(小辺路, 고헤치), 대봉도(大峰道, 오미네미치), 유전・용신도(有田・龍神道, 아리다류진미치), 상포도(相ノ浦道, 아이노우라미치) 등 고야칠구(高野七口)의 진입로 입구마다 여인당이 있었지만, 지금은 부동판구(不動坂口, 후도자카구치)에 위치한 여인당 하나만 남아 있다. 이 여인당에는 대일여래, 벤자이텐(弁財天), 신변(神變)대보살이 모셔져 있다.

　고야산의 여인금제는 심지어 천황도 마음대로 할 수 없을 만큼 엄격했던 모양이다. 가령 1088년 시라카와(白河) 상황이 고야산을 참배했을 때, 어영당 안에는 상황과 극히 가까운 남자들만이 입당을 허락받았고, 동행한 상황의 여동생인 하치조인미야(八條院宮) 내친왕은 상징적으로 좌석만 마련되었고 정식으로는 입산을 허락받지 못했다고 한다. 그런 만큼 여인금제를 어긴 여성들과 관련된 설화도 많다. 예컨대 1313년 고우다(後宇多)상황이 고야산을 참배했을 때 소문을 들은 근방의 여성들이 남장을 해서라도 상황을 한번 보고자 결계 내로 침입한 사건이 있었다. 이때 갑자기 뇌우가 쳐서 이를 이상히 여겨 조사하자 남장한 여인들이 발각되어 즉시 그들을 추방시키자

고야산에 이르는 순례길(高野七口) 중 하나인 부동판구 종점에 위치한 여인당. 고야산은 근대 이전까지만 해도 여인입산이 엄격히 금지되어 있었기 때문에, 여성들은 이 여인당에서 멀리 고야산을 향해 참배했다고 한다.

뇌우가 그쳤다는 설화가 있다. 또한 도란(都藍) 비구니라는 무녀가 금제에 도전하여 고야산 기슭인 나루카와(鳴川)까지 올라갔는데, 우레와 번개가 쳐서 더 이상 나아갈 수 없었다는 전승도 전해진다.

과연 고야산은 여인금제의 산이었다. 그러나 이와는 다른 또 하나의 고야산이 있었다는 사실을 간과해서는 안 된다. '여인고야'(女人高野)가 그것이다. 가마쿠라시대에는 고야산 기슭에 위치한 아마노(天野) 지역에 수많은 여성들이 모여들었다. 유명한 가인 사이교(西行)의 아내(비구니)도 그중 한 사람이다. 그렇다면 여성들이 이 아마노를 많이 찾은 이유는 무엇일까? 그곳에는 여인금제로 인해 배제된 여성들의 구제를 위해 고야산 개창자 구카이의 어머니가 모셔진 아마노(天野)신사가 있었기 때문이다. 그리하여 해당 지역의 관청에서는 1183년 이 신사 앞에 정사를 건립하고 비구니 60명으로 하여금 주야로 염불과 전경에 힘쓰게 했다. 이와 함께 가마쿠라 막부를 개창한 미나모토노 요리토모(源賴朝)의 정실 부인 호조 마사코(北條政子)는 고야산에 오를 수 없는 여성들을 위해 아마노신사의 경외에 어영당(御影堂, 고에이도)을 건립했다. 현재 아마노신사는 남아 있지 않지만, 어영당은 아마노산(天野山) 금강사(金剛寺, 곤고지) 경내에 위치한다. 사람들은 이런 아마노를 여인고야라 불렀다.

자존원과 니우칸쇼부신사

그 후 무로마치시대에 들어서면 아마노신사와 어영당을 대신하여 고야산의 자존원(慈尊院, 지손인)이 여인정토 혹은 여인고야로 불리게 된다. 자존원은 원래 구카이가 고야산을 개창했을 때 연공 징수 등의 서무를 담당하는 고야정소(高野政所)와 숙박소를 설치한 곳이었다. 그런데 아들을 염려하고 그리워하는 마음에 사무친 구카이의 모친이 만년을 이곳에서 지냈고, 그녀 사후에 구카이의 기도력으로 전신이 사리가 된 모친을 미륵보살로 받들어 자존원 경내에 미륵당(彌勒堂, 미로쿠도)을 세웠다고 한다. 현재 이 미륵당에 안치된 미륵보살 좌상은 국보로 지정되어 있다.

자존원은 후술할 니우쓰히메신사와 마찬가지로 고야산 단상가람과 오쿠노인에서 좀 멀리 떨어져 있고 버스도 별로 다니지 않는 곳이라 따로 날을 잡아 찾아갔다. 자존원 본당 뒤쪽에 위치한 미륵당의 새전함 위에 놓인 '안산 어복대 수여'(安産御腹帶授與)라고 쓰인 명판과 좌우 기둥에 줄줄이 매달린 기이한 형태의 처음 보는 에마(絵馬)들이 인상적이었다. 궁금해서 옆 사무소 직원에게 물어보았더니 유방형 에마라고 한다. 여인들의 고야산 참배는 여인고야인 이 자존원까지만 허용되었으며, 구카이 모친이 생전에 미륵

와카야마현 이토군(伊都郡) 구도야마정(九度山町) 소재 자존원 입구. 좌측 명패에는 녹색으로 '세계유산'이라고 적혀 있고, 우측 명패 위쪽에는 '여인고야'라고 적혀 있다. 문 안으로 보이는 정면 계단 위를 올라가면 니우칸쇼부신사가 나온다. 자존원 본당은 문 안쪽 좌측에 있고 그 뒤에 미륵당이 있다.

보살을 숭경하였고 사후 미륵보살로 모셔졌기 때문에, 이 미륵당에 자식 점지, 안산, 육아, 수유(授乳), 질병 치유 등 모성의 가장 큰 소망을 담은 유방형 에마를 봉납하는 여성들이 많이 생겨났다는 것이다. 그러니까 구카이의 모친이 오늘날 안산의 여신으로 여겨지고 있는 셈이다.

자존원 본당 바로 앞쪽의 119개 계단을 오르면 니우칸쇼부(丹生官省符)신사가 나온다. 이는 816년 구카이가 자존원을 수호하는 진수사(鎭守社)로 건립한 신사로 현재 자존원과 함께 세계유산에 등록되어 있다. 이곳은 마찬가지로 세계유산으로 지정된 고야산 정석도(高野山町石道, 고야산 쵸이시미치)의 등산로 입구이기도 하다. 예로부터 여인들은 이곳에서 고야산을 요배했다

자존원 본당 뒤에 있는 미륵당. 좌우로 유방 모양의 에마가 주렁주렁 걸려 있고 새전함 위에는 '안산어복대수여'라고 적힌 안내 명판이 놓여 있다.

고 한다. 무엇보다 구카이는 불교 승려인데 신사를 세우기도 했다는 사실에 새삼스레 놀랐다. 과연 고야산은 일본 신불습합(神佛習合) 전통의 원천지이 구나 하는 생각이 들었다.

히에이산(比叡山)의 화적당(花摘堂, 하나쓰미도), 오미네야마(大峰山)의 모 공당(母公堂, 하하코도), 다테야마(立山)의 우바도(姥堂) 등도 이와 같은 여인 고야와 유사한 성격을 지닌 불당이라 할 수 있다. 하지만 여인고야라 해도 어디까지나 여인금제의 고야산 산정이 아닌 산기슭에 한정되었을 뿐이다. 에도시대가 되면 여인들이 여인고야를 벗어나 결계를 범하는 이야기가 갑 자기 많아진다. 이런 현상의 배후에는 '원록성재'(元禄聖裁, 1692년)라는 역사 적 사건이 깔려있다. 이는 에도시대 초 오랜 시기에 걸친 고야산 학려방과

816년 구카이가 자존원의 수호신사로 건립한 니우칸쇼부신사.

행인방 간의 싸움이 결국 학려방의 압승으로 결착된 것을 가리킨다. 그 결과 다수의 행인방 승려들이 추방되었으며 행인방 사원 9백 개소 이상이 폐사되고 그곳에 정인(町人)들이 거주하게 되었다. 이때부터 고야산에 승려 이외의 속인들이 살게 된 것이다. 이로써 고야산의 성성(聖性) 구조에 균열이 생겨났다. 이와 동시에 1734년에 행해진 홍법대사 900년제 때 여성 참배자들이 금강봉사 대문 안 교차점 부근까지 입산한다든지 1786년에는 변장한 여성이 몰래 오쿠노인 납골당을 참배하는 등 여인금제의 관례에도 심각한 틈새가 벌어지기 시작했다.

그러다가 메이지 신정부의 서구화 정책의 일환으로 1872년 3월 태정관 포고 98호에 의해 여인금제 해제령이 발포되었으며, 이어 동년 4월에는 태정관포고 133호에 의해 승려의 육식, 처대, 머리 기르는 것, 법요가 아닌 경우 평복 착용의 자유가 허용되었다. 이런 해제령의 발포에는 신불분리령으로 야기된 폐불훼석의 여파와 불교계에 대한 기득권 박탈 등 종래의 종교전통을 부정하는 정부 정책의 영향도 컸다. 이로써 여성들에게도 법적으로 고야산 입산의 자유가 주어졌다. 그러나 아직 여성들의 고야산 숙박은 허락되지 않았고, 실제로 여성이 고야산에 머물 수 있게 된 것은 러일전쟁이 끝난 1906년부터였다.

이와 같은 여인금제 해제령과 승려 처대 등의 허가에 대한 고야산 측의 거센 반발이 있었음은 말할 나위 없다. 하지만 결국 정부의 정책이 관철되어 1897년 7월 진언종 종규에서 승려의 처대(妻帶) 금지 조항이 삭제되었고, 이어 1906년 5월 금강봉사는 '산규(山規) 개정안'을 승인함으로써 명실상부하게 고야산의 여인금제 시대가 막을 내리게 되었다.

세계유산으로서의 고야산

고야산은 승려, 수행승, 순례자, 참배자 등 비일상적 인간군의 존재가 전제된 성스러운 공간이다. 고야산의 성성(聖性)은 그런 사람들을 받아들이는 숙방(宿坊)으로서의 자원 사찰군, 진언밀교의 표현인 단상가람, 사원군을 둘러싼 환경의 표현인 팔엽봉(八葉峰)과 삼나무숲(杉木立), 음의 표현인 독경소리와 종소리, 종교적 풍경의 표현인 수행승과 순례자들의 모습, 대사신앙의 표현인 오쿠노인의 대사묘(御廟)와 묘석군 등으로 이루어져 있다.

아래 〈표5〉에서 보듯이 이와 같은 종교적 공간에 대해 2004년 7월 7일 '고야산 정석도'(高野山町石道, 고야산 쵸이시미치)와 금강봉사 경내 건조물 12건이 구마노(熊野), 요시노(吉野), 오미네(大峯)와 함께 〈기이산지의 영장과 참예도〉(紀伊山地の靈場と參詣道)로서 세계유산에 등록되었다. 나아가 2016년 10월 24일 고야산 정석도를 포함한 참배길이 '고야참예도'(高野參詣道)로 등록 명칭이 변경되면서 흑하도(黒河道, 구로코미치), 여인도(女人道), 경대판도 부동판(京大坂道・不動坂, 교오사카미치후도자카) 및 니우쓰히메신사에 오르는 참배로인 삼곡판(三谷坂, 미타니미치) 등이 세계유산에 추가 등록되었다.

〈표5〉 세계유산 〈기이산지의 영장과 참배로〉 중 고야산 관련 등록 자산목록

구분	자산	종별	연대	개요	소재지
고야산 (高野山)	니우쓰히메(丹生都比賣)신사	유적	유사 이전	금강봉사의 진수사	와카야마현 이토군(伊都郡) 가쓰라기정(かつらぎ町) 가미아마노(上天野)
	금강봉사 (金剛峯寺)	유적 경관	816년	진언밀교의 수행도장	와카야마현 이토군 고야정(高野町)
	자존원(慈尊院)	유적	9세기 전반	금강봉사 영지 사무소(政所)에 창건된 사원	와카야마현 이토군 구도야마정(九度山町)
	니우칸쇼부(丹生官省符)신사	유적	9세기 전반	금강봉사 영지 사무소(政所)의 진수사	상동
참예도 (參詣道)	소변로(小辺路, 고헤치)	유적 경관	1573년 이전	고야산과 구마노삼산을 잇는 참배로(총 43.7km)	와카야마현・나라현
	고야참예도(高野參詣道, 고야산케이미치)	유적 경관	9세기 전반	고야산에 이르는 주참배로(총 48.6km)	와카야마현

세계유산으로서의 고야산은 크게 성지와 순롓길로 구분된다. 고야산 입구의 높이 25.8미터에 이르는 대문(大門, 중요문화재), 단상가람, 금강봉사, 니우쓰히메신사, 니우칸쇼부신사, 자존원, 도쿠가와가 영대(德川家靈台), 금강삼매원(金剛三昧院)을 비롯하여 오쿠노인 및 오쿠노인에 이르는 약 2km의 석비군 영역을 중핵으로 하는 주변 지역의 삼림과 사찰 마을 등이 고야산 성지를 구성하고 있다. 이 가운데 도쿠가와가 영대는 1643년 3대 쇼군 도쿠가와 이에미쓰(德川家光)가 건립한 것으로, 거기에는 도쿠가와 이에야스(德川家康)와 2대 쇼군 도쿠가와 히데타다(德川秀忠)의 영묘가 있다. 흔히 동쪽의 닛코도쇼궁(日光東照宮)이 있다면, 서쪽의 고야산에는 도쿠가와가 영대가

있다고 말해진다. 또한 1223년에 창건된 금강삼매원 경내에는 국보 다보탑 및 횡목을 우물 정(井)자 모양으로 쌓아 올린 아제쿠라즈쿠리(校倉造)라는 일본 고대 건축양식으로 지은 경장(經藏)이 세워져 있다. 한편 순롓길은 자존원에서 고야산에 이르는 약 20km의 정석도를 포함하는 고야참예도와 고야산에서 구마노에 이르는 소변로의 두 길이 있다.

이런 세계유산 영역 안에 보육원, 유치원, 초등학교, 중학교, 고등학교, 대학, 대학원에 이르는 각급 학교를 비롯하여 병원, 치과의원, 경찰서, 우체국, 은행, 편의점 등이 존재하는 고야산에는 현재 약 4천여 명이 거주하고 있다. 그중 천여 명이 승려라고 한다. 고야산이 일본불교의 성지이자 일본 최대의 종교도시 심지어 '불교의 수도(佛都)'로까지 불리는 이유가 여기에 있다. 일본의 전통적인 순례문화를 대표하는 시코쿠헨로(四国遍路)나 사이코쿠(西國) 33관음성지의 순례자들이 반드시 참배하는 고야산에는 매년 백만 명 이상의 참배객이 방문하고 있다. 이런 고야산의 속살을 들여다보기에 앞서 먼저 고야산의 개창자 구카이가 어떤 인물이었는지에 대해 살펴보는 것이 순서일 듯싶다.

구카이 출현의 의의

일본의 고대불교는 한반도에서 건너간 이주민들이 형성한 불교이다. 오늘날 고대 한국어가 간접적으로 『일본서기』에까지 영향을 미쳤음이 밝혀졌다. 또한 오사카의 사천왕사(四天王寺, 시텐노지) 건립 및 그것에 수반된 사천왕신앙도 한국문화가 초래한 것이다. 오사카뿐만 아니라 나라, 아스카, 교토를 비롯한 일본 전국에는 한국과 밀접하게 연관된 사찰들이 수없이 많다. 동대사(東大寺, 도다이지) 대불 건립의 최고 공로자로 일본 고대불교의 기초를 닦은 고승 교키(行基)만 해도 백제 왕인의 후손이라는 사실이 널리 알려져 있다. 그런데도 고대 한국불교와 일본불교의 관계는 아직 해명되지 않은 과제로 남아 있다. 아니, 한국불교사는 아직 세계 학계에서 거의 규명되지 않았다. 어쨌든 일본불교는 향후 국가에 의한 불교 즉 천황의 불교로 전개되면서 천황을 비롯한 호족들에 의해 수많은 사원들이 건립되었다. 그 대표적인 사례로 전술한 사천왕사를 비롯하여 쇼토쿠 태자가 세운 법륭사(法隆寺, 호류지) 및 쇼무(聖武) 천황의 동대사와 국분사 · 국분니사 건립을 들 수 있다. 그다음으로 백제계 간무(桓武) 천황을 꼽을 수 있겠는데, 그는 타락한 나라불교계를 숙정하고 정치를 일신하고자 794년 헤이안경으로 천도했다. 이 새로운 시대의 요청에 부응하여 출현한 인물이 일본 천태종의 개조 사이초(最澄)와 진언종의 개조 구카이(空海, 774-835)였다.

구카이 사후 80여 년이 지난 921년에 다이고(醍醐)천황으로부터 하사받은 시호(諡號)는 홍법대사(弘法大師, 고보다이시)이다. 홍법대사는 일본의 고승 중 대사 시호를 받은 총 27인 가운데 가장 지명도가 높아서 통상 구카이를 그냥 '대사'라고 칭하곤 한다. 본 장에서 '대사신앙'이라고 할 때의 대사는 바로 홍법대사를 가리키는 말이다. 탁월한 불교 저작가이자 서도가, 사회사업가, 교육가로도 이름이 높은 구카이는 후대에 형성된 대사신앙에서 '오다이시사마'(お大師様)로 전설화 · 신격화되어 불교뿐만 아니라 일본 문화와 예술 전반에 걸쳐 막대한 영향을 끼쳤다.

구카이의 출신 배경

구카이는 774년 사누키국(讚岐國) 다도군(多度郡) 즉 현재의 시코쿠(四國) 가가와현(香川縣) 젠쓰지시(善通寺市)에서 태어났다. 그의 고향 사누키는 당시 세토내해(瀬戸内海) 해상교통의 요충지로 일찍부터 수준 높은 문화가 발달했고, 후에는 시코쿠헨로라는 중요한 종교문화를 배양할 만큼 밀교적 정조도 풍부했다. 이와 함께 구카이의 출신 배경과 관련하여 한반도 도래씨족과의 연관성에 대해서도 주목할 만하다.

구카이의 부친 사에키씨(佐伯氏)는 일본신화에서 천손강림한 호노니니기를 모셔온 이른바 진무(神武)창업의 공신 미치노오미(道臣命)를 조상으로 하는 오토모씨(大伴氏)의 한 갈래로 동북정벌과 663년 백촌강전투에서의 백제 구원군에 관여한 무가 호족가문의 자손이라고 한다. 그러나 시바 료타로(司馬遼太郞)의 『구카이의 풍경』(空海の風景)에 따르면 오토모씨의 분파인 사에키씨는 사누키의 국조(國造)가문이었던 사에키씨와는 다른 중앙의 호족 가문이라고 추정한다. 그렇다면 사누키의 사에키씨는 어떤 가문일까? 이와 관련하여 구카이가 입당을 앞둔 804년 항해의 안전을 기원하기 위해 규슈의 가와라(香春)신사를 참배했다는 점은 중요한 시사점을 던져준다. 『부젠국풍토기』(豊前國風土記) 일문은 현재 후쿠오카현 다가와군(田川郡)에 위치한 가와라신사의 제신이 신라신이라고 적고 있기 때문이다.

내가 아내와 함께 가와라신사를 방문한 날에는 비가 세차게 내리고 있었다. 신사 처마 아래의 마루에 걸터앉아 이 신사를 세운 고대 신라인들의 삶을 상상하다 보니 이윽고 비가 그쳤다. 신사 옆에 저택이 붙어 있어 실례를 무릅쓰고 문을 두드렸더니 마침 궁사가 나와 반갑게 맞이해 주었다. 차가운 녹차를 내주어 습도가 높고 후텁지근한 일본 특유의 더위를 잠시나마 식힐 수 있었다. 궁사가 건네준 명함을 보니 아카조메 다다오미(赤染忠臣)라고 적혀 있다. 이 궁사는 자신이 하타씨(秦氏)의 후손이라고 밝히면서 친절하게도 가문의 족보까지 보여주었다. 가와라신사에서 대대로 신라신을 모셔온 제사가문 아카조메씨는 바로 하타씨 일족이었던 것이다. 오늘날 학계에서 하타씨는 일반적으로 신라계(또는 가야계)라고 말한다. 그러니까 신라계 도래인인 하타씨가 신라신을 모시는 것은 아주 자연스러운 일이다. 혹자는 '가와

가와라신사 진입로에 놓인 돌비석.
가와라신사의 제신이 신라신이라고 밝힌 『부젠국 풍토기』 일문의 원문이 새겨져 있다.

라'라는 지명, 신명, 신사명의 어원은 한국어 '구리' 혹은 '가구벌'에서 온 것이라고 주장하기도 한다. 사실 가와라 신사 뒤편은 고대 일본 최대의 구리광산인 가와라악(香香岳)이 있어 나라 동대사 대불 건립 때 구리를 조달하는 중요한 역할을 했다. 중국의 사서 『삼국지』〈위지동이전〉에는 "변한의 가야인이 가와라악의 구리와 철을 채굴했다."는 기사가 나온다. 이곳에서는 지금도 많은 구리를 생산하고 있다.

　가와라신사 궁사와의 대화가 끝난 후 신사를 떠나면서 정면 입구에 세워진 설명판을 보았다. 거기에는 이 신사의 주신인 가라쿠니오키나가라오히메오지(辛國息長大姬大自命)가 중국 당나라에서 건너온 신이라고 적혀 있었다. 궁사의 말과 모순되는 설명이라 이상한 생각이 들어 신사 주변을 살펴던 중 진입로에서 가와라신사의 제신의 유래를 밝힌 『부젠국 풍토기』 일문의 기사가 새겨진 커다란 돌비석이 눈에 들어왔다. 거기에는 "옛날에 신라 국신이 스스로 바다를 건너와 이곳 가와라(河原)에 거했다. 그 이름은 가와라신(鹿春神)이라 한다."고 적혀 있다. 궁사에게 돌아가 어떤 설명이 맞는지 물어볼까 하다가 열차 시간이 얼마 남지 않아 발걸음을 돌려 가와라역으로 향했다.

어쨌든 구카이가 이런 가와라신사까지 먼 길을 군이 찾아와 예배드린 것은 혹 그의 가문이 신라계 도래씨족인 하타씨와 밀접한 관계가 있었기 때문은 아닐까? 이런 추정과 관련하여 일본 천태종 5대 좌주이자 천태밀교의 완성자로 불리는 엔친(圓珍)의 모친이 사에키씨 출신으로 구카이의 질녀에 해당한다는 점에도 주목할 만하다. 엔친은 원성사(園城寺, 온조지)에 본존 미륵불과 함께 그 옆에 신라명신(新羅明神)을 모셨는데, 이는 사에키씨와 신라의 연관성을 짐작하게 한다. 물론 이것은 어디까지나 추정일 뿐이고 사에키씨가 하타씨라는 주장의 뚜렷한 근거가 될 수는 없을 것이다.

이 밖에 사에키씨를 하타씨 일족의 분파로 보는 설은 사에키씨의 원래 고향이 시코쿠(사누키)가 아니라 현재의 규슈 오이타현(大分県)이라고 주장한다. 오이타현의 옛 지명은 부젠국(豊前國) 및 분고국(豊後國)으로 원래는 도요노쿠니(豊國)라 불렸는데, 그곳은 고래 하타씨의 집단적 거주지였다. 『수서』(隋書) 왜국전(倭國傳)은 도요노쿠니를 '하타왕국'(秦王國)이라고 기록하고 있다. 바로 이 오이타현 남동부에 지금도 사에키시(佐伯市)라는 지명이 남아 있다. 이 점에서 시코쿠의 사에키 일족은 원래 북규슈의 하타왕국에 살던 하타씨 일족의 분파였을 가능성을 완전히 배제할 수는 없을 것 같다.

어쨌거나 구카이가 신라계 도래씨족인 하타씨와 밀접한 관계가 있었음은 분명해 보인다. 시바 료타로는 『구카이의 풍경』(空海の風景)에서 구카이를 승려 곤조(勤操, 754-827)의 비공식적인 제자로 묘사하는데, 이 곤조는 바로

야마토국 다케치군(高市郡) 출신으로 속성은 하타씨였다. 곤조는 어린 시절 구카이가 처음으로 불교에 입문했을 때 이끌어준 나라 대안사(大安寺, 다이안 지)의 주지승이었다. 당시 조정 직할의 관립대사였던 대안사는 지금으로 치면 일본 문부성과 도쿄대학을 합친 기관이라 할 수 있는데, 그 전신은 바로 백제대사(百濟大寺)였다. 『일본서기』에는 하타씨를 백제계로 볼 수 있는 기사도 나오므로 대안사와 하타씨가 가까운 관계에 있었을 개연성도 생각해 볼 수 있겠다. 하여간 백제계든 신라계든 같은 한반도 출신인 것만은 분명하다. 많은 입당 유학생들이 이 대안사로부터 파견되었는데, 구카이 또한 입당 유학 시 하타씨 출신의 승려 곤조(勤操)와 대안사를 통해 하타씨의 원조를 받았을 법하다. 구카이가 829년에 대안사의 별당(別堂, 사원의 사무 총괄직)으로 임직했다는 점도 이런 추정을 뒷받침해 준다. 요컨대 구카이는 사비유학생으로 당나라에서 2년간 유학하면서 엄청난 밀교 문헌들과 불구를 구입했는데, 그 막대한 경비는 하타씨의 원조에 의한 것이었을 가능성이 크다.

구카이의 스폰서로서의 하타씨에 관해서는 이른바 '금속사관'이라 하여 금속(금, 은, 동, 수은 등)과 관련된 하타씨 집단이었을 것이라는 설이 있다. 실제로 고야산에는 수은과 관련된 니우쓰히메(丹生都比賣)신사가 있다. 니우쓰히메는 고야산 산록에 위치한 아마노(天野) 지역의 호족이 모시던 신인데, 아마도 수은 채굴과 관련된 사람들의 수호신이었던 것 같다. 이름에 들어가 있는 단(丹)은 수은의 원재료이며, 수은은 사원 건축에 쓰는 적토(朱)에 필수적인 원재료이다. 일본의 수은 산지는 통상 니우(丹生)라 불리는 곳이 많다. 와카야마현에서 나라현과 미에현 지역은 장대한 수은 광맥이 펼쳐진 곳이다. 구카이는 농작물 생산에 적합한 곳을 산록에 가지고 있고 수은의 산지인 고야산이야말로 사원경제에 적합한 곳이라고 판단하여 고야산에 진언밀교의 도장을 개창한 것으로 보인다.

구카이와 하타씨의 관계를 짐작할 수 있는 다른 근거도 있다. 즉 사누키 지방은 고래 양잠과 직조 산업이 발달했는데, 이는 하타씨 일족에 의한 것이었다. 또한 말년의 구카이는 821년 일본 최대의 관개용 저수지인 사누키의 만농지(滿濃池) 공사 책임자가 되어 성공적으로 수축(修築)을 마쳤는데, 당시 그런 토목기술의 소유자는 바로 하타씨였다. 이 만농지 일화는 하타씨 일족으로 사누키국 가가와군(香河郡) 출신인 승려 도쇼(道昌, 798-875)를 떠올리게 한다. 구카이에게 관정을 받고 진언종을 수학하며 밀교수행에 힘쓴 도쇼는 하타씨가 건립한 교토 광륭사(廣隆寺, 고류지) 별당이 되어 광륭사를 재건한 인물이다. 이와 동시에 그는 현재 교토의 도게쓰교(渡月橋) 부근에 위치했던 '가도노오이'(葛野大堰) 제방을 수복한 당사자이기도 했다. 고대 교토에서 광륭사가 위치한 가도노군은 대표적인 하타씨 집주지였고, 가도노오이 제방을 처음 쌓은 장본인은 바로 하타씨였다.

이처럼 구카이와 그의 부계를 신라계 도래씨족인 하타씨와 연관시키는 관점은 어디까지나 추정일 뿐이며 직접적인 근거는 분명치 않다. 이에 비해 구카이의 모계인 아토씨(阿刀氏)는 비교적 분명하게 한반도와의 연관성을 보여준다. 일본불교와 구카이 연구의 대가 중 한 사람인 와타나베 쇼코(渡辺照宏)에 따르면, 아토씨는 학자 집안으로 천자문을 전해준 백제 왕인(王仁)의 후손으로, 구카이는 외숙부인 아토노 오타리(阿刀大足)에게서 어릴 때 『논어』와 『효경』 등 한학을 배웠다. 역사서 『속일본후기』(續日本後紀)에 따르면 오타리는 백제계 간무천황의 황자인 이요친왕(伊予親王)의 시강(侍講)이었던 당대의 대학자였다. 구카이의 문재(文才)는 모계 혈통을 이어받은 것이다. 오진(應神)천황(4세기말에서 5세기 초) 때 일본에 도래한 백제의 왕인과 아치노오미(阿知使主)들은 사부(史部) 직책을 세습하면서 조정을 섬겼는데, 아토씨 또한 유교와 불교 및 한학에 조예가 깊은 백제계 도래인 계통의 학자 가문이었다. 어릴 때 이런 모친 집안에서 성장한 구카이는 한국과 관계가 깊은 대안사나 하타씨 일족과 자연스럽게 접촉했을 것으로 보인다.

『삼교지귀』: 출가와 산림수행

구카이는 24세 때(797년) 일본 비교종교학의 효시라고 할 만한 처녀작 『삼교지귀』(三敎指歸)를 펴냈다. 상중하 세 권으로 구성되어 있으며 리딩 드라마 형식의 사육변려체(四六駢儷體)로 쓰인 이 책은 일본 한문학사에 빛나는 명작으로 꼽히기도 한다. 사육변려체란 각 구의 글자 수(4자구나 6자구)가 반드시 상응하도록 글 전체의 어구가 대부분 둘씩 짝을 이루는 독특한 한문 문체를 가리킨다. 중국 육조 때부터 유행했으며, 한국의 경우는 신라시대에 유행하기 시작하여 고려시대에 성행했고 조선시대에는 과거시험에 사용되기도 했다. 구카이의 출가 경위를 밝힌 서문으로 시작되는 상권에는 유교를 대표하는 기모(龜毛) 선생이 등장하여 유교적인 효와 충의 가르침을 피력한다. 중권에서는 도교를 대표하는 교보(虛亡)은사가 유교보다 도교가 뛰어남을 주장하고, 하권에서는 승려 가메이고쓰지(假名乞兒)가 등장하여 불교가 가장 뛰어나다고 역설한다. 이 책은 구카이가 유교와 도교를 거쳐 마침내 불교에 도달하기까지의 정신적 편력 과정을 묘사한 자서전적 비평문학으로, 가메이고쓰지는 바로 구카이 자신의 대역이라 할 수 있다. 그 서문에서 구카이는 다음과 같이 적고 있다.

①내가 15세가 되던 때 2천석의 녹봉을 받던 친왕의 학사였던 외숙부에게서 학문을 배웠다. ②18세에 대학에 입학하여 눈과 반딧불의 불빛으로 서책을 읽던 선인들을 목표로 게을러지려는 마음을 다스리며 줄을 머리에 묶고 송곳으로 다리를 찌르며 잠을 쫓던 선인들을 본받아 열심히 공부하지

않은 자신을 질타했다. ③그때 한 사람의 사문을 만나게 되었는데, 그가 나에게 허공장구문지법을 가르쳐주었다. 이 법을 설한 경전이 가르치는 대로 백만 편의 진언을 외우면 바로 모든 경전의 문구를 암기할 수 있고 그 의미와 내용을 이해할 수 있다고 한다. 그래서 나는 이것을 믿고 아와지방의 대룡악(大瀧嶽, 오타키타케)에 기어오르고 도사지방 무로토(室戶) 해안 동굴에서 일념으로 수행 정진하였다. 이에 계곡이 메아리로 응답했고 명성이 나타났다. 그래서 나는 점차 세속의 번영을 멀리하고 안개로 뒤덮인 산악에서 생활할 것을 희구하게 되었다. ④가벼운 옷을 입고 살찐 말을 타고 흐르는 물처럼 빠른 수레를 타고 다니는 부유한 생활을 하는 사람들을 보면서 나는 번개와 같은 인생의 무상에 대해 탄식하는 마음이 생겼고 추한 사람과 가난한 사람을 보고는 전생의 업을 생각했다. 눈에 보이는 모든 것은 나에게 출가를 재촉했다. 부는 바람을 멈추게 할 수 없듯이 누가 내 출가 의지를 멈출 수 있게 하겠는가.(번호는 필자)

불교에 입문하여 출가 수행하게 된 경위를 진술하는 위 서문 구절에서 구카이는 먼저 자신의 학문적 뿌리가 외숙부 아토노 오타리에게 있음을 언급하고 있다.(①, ②) 여기에는 밝히고 있지 않지만, 구카이는 사누키 군사(郡司)의 자제였으므로 18세 때 외숙부의 도움을 받아 도성(나라)의 대학료인 가이시(槐市)의 명경과(明經科)에 입학하기 전 아마도 사누키의 국학(지방대학)에서 수학하다가 중퇴했을 것으로 짐작된다. 당시 〈대보령〉이 규정한 대학 입학 제한연령이 16세까지 구카이의 입학은 좀 늦은 감이 있다. 어쨌든 구카이는 한 승려와의 만남이 엘리트 관료의 출세코스를 중도에 포기하고 산림수행에 들어가게 된 결정적인 동기가 되었음을 시사한다.(③) 그 승려는 누구였을까?

일본 불교학의 원로 쓰지 젠노스케(辻善之助)는 구카이가 만난 사문이 곤조였을 가능성을 시사한다. 시바 료타로도 이런 입장에 동조한다. 하지만 구카이의 한시(漢詩)를 집성한 『성령집』(性靈集)에서 곤조가 언급된 부분에서는 그 근거를 찾을 수 없다. 그 사문이 누구이든 중요한 것은 구카이가 이 만남에서 '허공장구문지법'(虛空藏求聞持法)을 전수받았다는 점이다. 대일여래의 지혜를 관장하는 허공장은 허공에 편재하는 예지를 가르쳐주는 밀교의 보살이다. 구카이는 허공장구문지법을 수련하면 모든 경전의 문구를 암기할 수 있고 그 의미와 내용을 이해할 수 있다고 믿었다. 요컨대 허공장구문지법은 불경을 암기하기 위한 기억력 증진의 밀교 비법이라 할 수 있다. 그런데 이 밀교 비법을 처음 일본에 전한 자는 대안사의 도지(道慈, ?-744) 율사였다. 구카이가 입적 전에 제자들에게 남겼다는 〈이십오개조어유고〉(二十五箇條御遺告)에서 도지를 '나의 조사(祖師)'라 하고 곤조를 '나의 대사'라 칭한다는 점을 염두에 두건대, 대안사의 비법이었던 〈허공장구문지법〉을 구카이에게 전수한 인물이 곤조였다고 볼 만한 개연성은 존재한다.

이와 같은 허공장구문지법을 수련한 장소인 대롱악은 지금의 도쿠시마현(德島県) 대롱사(大瀧寺, 오타키지) 또는 태롱사(太龍寺, 다이류지)이고, 무로토는 고치현(高知県) 무로토(室戶) 해안에 해당한다. 거기서 구카이는 삶의 방향을 전환시킨 종교체험을 한 후 대학을 중퇴할 결심을 한 듯싶다. 그런 결심에 이르게 된 구카이의 내면에는 삶과 세계에 대한 거부할 수 없는 무상감이 무겁게 자리잡고 있었다.(④) 구카이가 『삼교지귀』 하권 〈무상의 부(賦)〉에서 가메이고쓰지의 입을 빌려 다음과 같이 설파하는 대목은 불교적 무상관의 극치를 보여준다.

인간의 몸과 마음을 구성하는 다섯 가지 요소(五蘊)는 덧없는 것으로 물에 비친 달그림자 같은 것이고, 자연을 구성하는 네 가지 원소(四大)는 순간의 존재로 하루살이의 허무한 그림자와 같다. 저세상에서 이 세상으로 다시 이승에서 저승으로 돌고 도는 12인연은 잔나비처럼 경박스럽게 흔들려 마음을 초조하게 만들고, 사고(四苦) 팔고(八苦)의 고통이 쉬임없이 마음 깊은 곳에 번뇌를 일게 한다. 탐욕과 증오와 어리석음의 삼독(三毒)이 불꽃처럼 주야로 타오르고, 백팔 가지 악덕이 덤불숲처럼 365일 날마다 우리를 구속한다. 이 육체는 땅에 떨어지는 먼지처럼 취약하고, 시간이 흐르면 아침바람에 흩어지는 봄의 꽃과 같다. 또한 우리가 임시로 받은 생명은 저녁 바람에 불려 떨어지는 가을낙엽과 같다. 값비싼 주옥같은 육체라 해도 파도처럼 순식간에 땅 밑에 묻히고 고귀한 보석 같은 미인도 연기처럼 재빨리 허공으로 사라져간다. 미인의 아름다운 눈썹도 안개와 함께 구름마차에 실려 사라지고 백옥 같은 이빨도 이슬과 함께 떨어져 버린다. 왕들이 성채를 수여할 만한 미인의 꽃 같은 눈도 순식간에 이끼에 덮여 늪이 되고, 귀걸이를 드리운 어여쁜 귀도 곧 솔바람이 부는 계곡으로 변한다. 연지 바른 볼에도 결국에는 쉬파리가 꾀어들고 붉은 입술도 까마귀 먹이가 된다. 말라비틀어져 버려진 해골에게서는 화사한 미소도 더 이상 찾아볼 수 없고, 썩은 육체 안에서는 교태를 찾아볼 수 없다. 찰랑거리는 흑발은 어지럽게 흐트러져 덤불 속 쓰레기처럼 되고, 백옥 같은 섬섬옥수는 잡풀과 함께 썩어 간다. 짙게 감돌던 향기는 바람과 함께 사라져 버리고, 육체의 모든 구멍으로부터 역겨운 체액이 흘러나온다. … 무상의 폭풍은 신이건 선인이건 피할 수 없다. 생명을 빼앗는 난폭한 귀신은 신분의 높고 낮음을 구별하지 않는다. 돈으로 되돌릴 수도 없고 권력으로도 막을 수도 없다. 생명을 늘려준다는 영약을 아무리 마셔도, 영혼을 다시 불러준다는 신비한 향을 아무리 피운다 해도 일분일초도 생명을 늘릴 수 없다. 아무리 애써도 인간은 모두 저

세상으로 가지 않으면 안 된다.

흔히 일본 중세 사상의 가장 큰 특징 중 하나로 무상관을 거론한다. 하지만 일본인의 무상관이 중세에 갑자기 나타난 것은 아니다. 위 구절은 이미 헤이안시대에 일본인의 무상관이 무르익어 있었음을 잘 보여준다. 이로 보건대 부귀영화의 덧없음과 죽을 수밖에 없는 인간 존재에 대한 구카이의 무상감이 출가의 중요한 동기였음을 짐작할 수 있겠다. 이와 관련하여 시바 료타로가 『구카이의 풍경』에서 다음과 같이 구카이의 출가 동기를 성적 욕망과 연관시켜 이해하는 장면은 흥미롭다.

18세 무렵의 구카이는 자신이 생물이라는 점에 대해 후세의 우리가 믿기 어려울 만큼 크나큰 충격을 받았던 모양이다. 가령 그는 밀물처럼 자기 육체에 가득 차오는 성욕에 놀랐고 그것을 인정하지 않을 수 없었던 것 같다. 후대 구카이의 거대한 사상적 스케일과 논리구조의 유연함에서 보건대 이 시기의 그가 비소한 도학적 금욕자였다고는 보이지 않는다.

구카이의 출가 동기를 성의 문제와 결부시키는 시바 료타로의 관점은 근거가 없지 않다. 가령 『삼교지귀』에서 승려 가메코쓰지는 "사도승 아비(阿毘)법사는 좋은 친구이다…어떤 때는 스미요시의 해녀를 보고 마음이 동요되었고, 어떤 때는 비구니를 보고 이끌리는 마음을 억지로 자제했다."라 하여 반승반속의 사도승과 어울리는가 하면 해녀와 비구니를 보고 세속적인 욕정을 드러내기도 한다. 아마도 이 장면이 시바 료타로의 상상력을 자극시켰을 것이다. 시바 료타로는 진언밀교의 경전인 『반야바라밀다이취경』(般若波羅蜜多理趣經, 이하 '이취경')을 끌어들여 구카이 밀교의 성립이 종교적으로 승화된 성욕이 아닐까 하는 프로이트적 가설을 시사한다.

이후 구카이 밀교체계의 근본경전이 된 『이취경』은 구카이와 사이초의 관계 단절이라는 유명한 일화의 소재이기도 하다. 사이초는 밀교를 심화시키기 위해 구카이의 제자가 되었고, 둘의 관계는 10여 년간 이어졌다. 그런데 어느 날 사이초가 『이취경』의 주석서인 『이취석경』(理趣釋經)을 구카이에게 빌려달라고 청했으나, 구카이는 이를 정중히 거절했다. 구카이는 『이취경』을 표면적으로 읽으면 세속적인 성의 묘사로 받아들여지기 쉬우므로 그 본질을 체득하려면 고야산에 3년 체재하면서 일대일로 대면 학습을 해야 한다고 사이초에게 주문했다. 붓다 이래 불교는 성욕을 번뇌로서 부정했다. 그러나 밀교경전인 『이취경』은 동물로서의 인간의 본능이라 할 만한 번뇌를 '17가지 청정구(淸淨句)'로 분류하면서, 그것을 보살 본래의 경지라 하여 역설적으로 번뇌의 본질을 지적했다. '17가지 청정구'는 가령 "남녀 교합의 황홀경은 본질적으로 청정한 것이며, 그대로 보살의 경지이다."(妙適淸淨句是菩薩位)라든가 "성욕이 화살처럼 빨리 움직이는 것은 본질적으로 청정한 것이며, 그대로 보살의 경지이다."(慾箭淸淨句是菩薩位)라 하여, 범부의 번뇌가 일어나 욕망이 성취되는 과정을 보살에 의한 보리심에 입각한 중생의 구제 과정과 동일시한다. 『이취경』은 성욕에 대해 마음과 몸, 자기와 타자, 자신과 자연이라는 이원론을 넘어서 본래는 모든 것이 하나이고 공임을 보여주었다는 것이다. 요컨대 구카이는 성(性)에서 생(生)과 성(聖)을 보았다는 말이다.

이리하여 구카이는 20세 무렵에 대학을 그만두고 출가하여 24세 때 『삼교지귀』를 집필할 때까지 3년 이상 산림수행자가 되었다. 하지만 구카이가 정식 승려가 된 것은 804년 견당사 승선을 허락받기 위해 관승이 되었을 때이다. 그 전까지 구카이는 사도승(私度僧) 혹은 우바소쿠(優婆塞, 재가 불교수행자)의 신분이었다. 당시는 당나라 율령제도를 모방한 〈승니령〉에 의해 승니가 되려면 정부의 허가를 얻어야만 했다. 이를 득도(得度)라 한다. 하지만 득도 인원은 엄격하게 제한되었고 승니가 사원 바깥에서 종교활동을 하는 것도 금지되어 있었다. 그럼에도 정부의 허가를 얻지 않은 승니들이 많았다. 이들을 사도승이라 한다. 사도승을 민간에서는 우바소쿠라 불렀다. 구카이는 입당하기 직전 관승이 되기 전까지는 문자 그대로 우바소쿠였다. 『삼교지귀』에 등장하는 가메이고쓰지도 우바소쿠였다.

구카이가 수험도적 산림수행을 한 곳은 나라 근처 요시노의 금봉산(金峯山)이었던 것 같다. 그런데 수험도 연구의 일인자 미야케 히토시에 의하면 산림수행은 아스카시대에 한반도 도래인에 의해 도교가 전래되면서 시작된 것이다. 고야산은 나라시대부터 산림수행자들의 필수 코스로 수험도 산악 영장의 하나였다. 사실 영산이라 불리는 일본의 산들은 거의 예외 없이 수험도의 창시자라 불리는 엔노오즈누(役小角)에 관한 설화를 가지고 있다. 또한 일본에서 오래된 고사(古寺)들은 거의 예외 없이 고승 교키(行基, 670-749)와 관련된 전승을 가지고 있다. 이 엔노오즈누와 교키는 모두 한반도와 밀접한 관련성이 있는 인물이다. 고야산에도 이런 엔노교자 및 교키와 관련된 전승이 있다. 가령 설화에 의하면 엔노오즈누가 덴치(天智)천황 시대에 고야산에 올라 6개소의 방사(坊舍)를 지었다고 한다. 그가 고야산을 떠난 후 그곳에 거하던 행자들이 구카이의 제자가 되어 밀교 수행을 했고, 나아가 오미네산(大峯山)과 가쓰라기산(葛城山) 등지에서 수험도 수행을 하게 되었다. 이들은 행인(行人, 교닌)이라 한다. 한편 백제 왕인의 후손이라 하는 고승 교키는 고야산 서원곡(西院谷)의 서남원(西南院)을 창립했고 스스로 만든 본존을 안치했다고 하는데, 구카이에게도 이와 흡사한 설화가 만들어졌다.

구카이의 입당구법과 그 후

804년 구카이는 사이초와 함께 견당사를 따라 중국에 갔다. 사이초는 관비로 파견되는 국가 공인 견당유학생으로 1년 연수 뒤에 돌아오는 환학승(還學僧)이었지만, 구카이는 사비로 20년간 장기 체류할 작정으로 떠난 무명의 유학승이었다. 견당사의 배 4척 중 1호선에는 구카이가, 2호선에는 사이초가 타고 있었다. 무사히 중국에 도착한 사이초는 천태산 국청사(國淸寺)로 들어가 천태학을 배우고 보살계를 받은 다음 곧바로 귀국하여 히에이산 연력사에서 천태종을 열었다.

그런데 구카이가 탄 1호선은 풍랑을 맞아 표류하다 남쪽 복주(福州)에 표착하여 해적 혐의를 받았다. 이때 이미 하타씨의 도움을 받아 독학으로 중국어에 능통했던 구카이는 견당사를 대신하여 저간의 사정을 유려한 글로 써서 상륙 허가를 받았고, 이후 구카이는 육로를 통해 수도 장안에 들어가 당나라 문화를 두루 견문했다. 당시 장안에는 경교, 조로아스터교, 마니교 등 여러 외래 종교가 유행하고 있었다. 구카이는 장안의 예천사(醴泉寺)에서 정통 바라문계의 여러 철학과 산스크리트어를 배우고, 당시 여러 나라의 유학생들이 모여 있는 청룡사(靑龍寺)로 옮겨 극적으로 혜과(惠果, 746-805)를 만나 스승으로 모시면서 '편조금강'(遍照金剛)이라는 칭호를 얻고 진언밀교를 전수받았다. 혜과는 불과 3개월 만에 구카이를 자신의 후계자로 삼고 경전, 만다라, 불화, 밀교 법구 등 의발을 모두 내려준 뒤 몇 달 후 세상을 하직했다.

혜과가 입적하자 구카이는 유학을 포기하고 2년 만인 806년(32세) 8월에 귀국한 후 그 해 10월에 자신이 중국에서 가져온 불교 물품들을 기록한 〈어청래목록〉(御請來目錄)을 조정에 제출했다. 거기에는 삼교의 경·율·논·소(經律論疏) 216부 460권과 불구 9종, 금태양부 만다라도상 10축, 아사리 부촉물 13종뿐만 아니라 시(詩), 부(賦), 비(碑), 명(銘), 오명(五明) 등 당대 중국의 첨단 학문과 사상 및 문물을 비롯하여 산스크리트어 원전도 대량 포함되어 있었다. 여기서 오명이란 학문의 5대 영역 즉 성명(聲明, 문법학), 의방명(醫方明, 의학), 공교명(工巧明, 공학), 인명(因明, 논리학), 내명(內明, 불교학)을 가리킨다. 어쨌든 이 정도로 많은 산스크리트어 문헌이 일시에 일본에 유입된 것은 전무후무한 일이었다. 그 후 구카이는 포교 활동을 공인받아 고웅산사(高雄山寺)에서 처음으로 밀교의 수계(受戒)의식인 관정(灌頂, 머리 위에 물을 뿌리는 의식)을 베풀었다. 이 자리에는 사이초도 참석하여 사제의 예를 갖추었다고 한다. 그 후 당나라에서 귀국한 지 10년 만인 816년(42세) 구카이는 조정의 허락을 받아 고야산에 금강봉사를 세워 진언종의 근본도량이자 밀교 수행처로 삼았다.

만년의 구카이는 특히 사회사업과 교육사업에 진력했다. 대표적인 사회사업으로 전술했듯이 일본 최대의 저수지인 시코쿠의 만농지(滿濃池, 만노이케) 수리사업을 들 수 있다. 사누키 지방은 강수량이 적어 한발 피해가 많은 곳이라 701년에서 703년에 걸쳐 만농지가 축조되었는데, 이것이 818년 무너져 버려서 821년 6월 구카이가 수리공사에 착공하여 그 해 여름에 완성했다. 호수 둘레 약 20km에 저수량 1,540만톤에 달하는 현재의 것은 1870년에 재축조한 것이다. 당시 문서에 따르면 사누키의 농민들은 구카이를 부모처럼 존경하고 따라 너도나도 앞다투어 만농지 공사에 참여했다고 한다. 구카이가 서민들에게 미친 이런 감화와 영향력은 교키를 연상케 한다. 교키는 서민들에게 부모 같은 존재로 수많은 사회사업을 전개한 한반도 도래계 고승이다. 현재의 시코쿠헨로 88개소 사찰 중 28개소가 교키에 의해 건립된 것이다.

이와 더불어 구카이 만년의 최대 업적으로 종예종지원(綜芸種智院, 슈게이슈치인)의 창립을 꼽지 않을 수 없다. 823년(49세) 사가(嵯峨)천황은 구카이에게 동사(東寺)를 수여하면서 50명의 정액승을 배속시켜 주었다. 본래 동사는 '교왕호국사'(敎王護國寺)라는 이름처럼 정치색이 짙어 대중기도는 하지 않았다. 그러나 세속에서 불교를 실천하는 대중적 포교를 중시한 구카이는 같은 해 12월 15일 후지와라노 미모리(藤原三守)로부터 토지와 가옥을 양도받아 동사 옆에 일반 서민을 위한 사설 교육기관으로 종예종지원을 설립했다. 이 교명에서 '종예'란 『대일경』에 나오는 '다양한 학문을 종합한다'(兼綜衆藝)는 말에서 유래했고, '종지'는 『법화경』 및 『대반야경』에 나오는 '일체의 깨달음의 근간'(一切種智)이라는 말에서 비롯된 것이다.

일본 최초의 관립학교는 7세기 중엽 덴치 천황이 설립한 상서(庠序, 쇼조)이다. 701년 〈대보율령〉에 의해 최초로 학제가 정해져서 수도에는 대학료(大學寮) 1교, 지방 각지에는 국학(國學) 1교씩 설치되었다. 귀족 자제를 위한 사립학교는 몇 군데 있었지만, 일반 서민에게 개방된 사립학교는 종예종지원이 최초였다. 『성령집』권10의 〈종예종지원식병서〉(綜藝種智院式幷序)에 나오는 다음과 같은 구카이의 말에서 잘 엿볼 수 있듯이, 이 서민학교는 서양보다도 빨리 신분에 관계없이 교육 기회의 균등을 보장하고 유교뿐만 아니라 불교와 도교 등을 포함하는 종합적 학문을 가르쳤으며 무엇보다 교사와 생도 모두에게 급료를 지급하는 이상적인 학교로 구상된 것이었다.

① 지금 이 헤이안경(華城)에는 단 하나의 대학만이 있다. 여숙(閭塾)이 설립되지 않아 빈천한 자제들이 가르침을 받을 곳이 없다. 멀리 떨어진 지역에 살면서 배우기를 좋아하는 자들이 있다 해도 오가는 일이 힘들다. 이번에 한 학원을 세워 널리 무지한 동몽(童蒙)을 구제하고자 한다.
② 삼교(三敎)의 문서(策)와 오명(五明)의 서적(簡)에 이르러서는 막혀서 통하지 않는다. 그러므로 종예종지원을 세워 널리 삼교를 갖추고 여러 능

력 있는 자들을 불러 모으고자 한다.

③ 그 도를 넓히고자 한다면 반드시 모름지기 그 사람에게 밥을 먹게 해야 한다. 도이든 속(俗)이든 선생이든 생도이든 어느 경우를 막론하고 도를 깨닫는 일에 마음을 두는 자에게는 모두 비용을 지급해야 한다.

여기서 '여숙'(①)이란 당나라 장안 각 마을마다 있던 교육시설로 승속과 귀천의 구분 없이 누구나 입학이 가능한 학교를 가리킨다. 당시 대학이나 국학이 귀족 관인들만을 위한 교육기관이라는 점에 문제의식을 가지고 있었던 구카이는 이런 여숙을 모델로 삼아 종예종지원을 설립했던 것이다. 한편 '삼교'(②)에 대해서는 유교, 현교, 밀교로 해석하는 견해도 있고 유교, 도교, 불교로 보아야 한다는 주장도 있는데, 어떤 경우든 당시 유교 일방의 교육 풍토에서 종합교육을 표방했다는 점에서 획기적인 시도임에 분명하다. 그러나 완전 무상교육의 이념(③)이 지나치게 시대를 앞서간 이상이었던 것일까, 결국 재원 부족으로 인해 종예종지원은 20여 년 정도 존속하고 문을 닫고 말았다. 교육의 기회균등, 종합교육, 무상교육이라는 구카이의 높은 이념이 과연 오늘날 1949년 교토 후시미구(伏見區)에 세워진 진언종계 종지원대학(種智院大學)에 의해 얼마만큼 계승되고 있는지 모르겠다.

진언밀교의 창시자 구카이

6세기에 백제로부터 전래된 이래 불교는 오늘날까지 일본문화 전반에 걸쳐 엄청난 영향을 끼쳐 왔다. 불교를 빼고 일본의 역사, 사상, 문학, 예술 등을 말할 수 없다. 그런데 일본에서는 과연 밀교를 불교라 할 수 있는가 하는 논의가 지금도 진행 중이다. 불교 중에서도 밀교가 지금도 생생하게 살아 있는 것은 세계에서 티벳 불교권과 일본(진언밀교, 천태밀교)뿐이다. 일본에서는 밀교를 잡밀(雜密)과 순밀(純密)로 구분한다. 잡밀이 원시불교의 다라니 경전 등에 단편적으로 설해져 온 주술적 밀교라면, 순밀은 『대일경』과 『금강정경』처럼 체계적이고 종합적으로 설해진 밀교를 가리킨다. 잡밀의 교주가 석가모니라면 순밀의 교주는 법신 대일여래이다. 이 중 일본밀교의 원류는 순밀에 있다고 말해진다.

인도 승려 금강지(金剛智, 671-741)가 8세기에 중국에 와서 일으킨 순밀은 『대일경』과 『금강정경』(金剛頂經)을 소의경전으로 삼는다. 밀교의 이 두 근본경전은 모두 당나라 현종 때인 8세기 전반에 중국에 전해졌다. 그중 『대일경』은 인도 승려 선무외(善無畏, 637-735)와 그 제자인 일행(一行, 683-727)에 의해, 그리고 『금강정경』은 금강지와 그의 제자인 불공(不空, 705-774)에 의해 한문으로 번역되었다. 이 두 계통을 종합한 인물이 바로 구카이의 스승인 혜과였다. 이상의 선무외, 일행, 금강지, 불공을 중국 밀교에서는 '사철'(四哲)이라 부른다. 금강지가 제시한 밀교는 그의 제자 불공에 의해 더욱 체계화되었다. 불공이 세상을 떠날 때 수제자 여섯이 있었는데, 그중 한 명이 『왕오천축국전』을 지은 신라의 혜초(慧超)였고, 또 한 명이 구카이가 스승으로 모신 혜과였다. 혜과는 신라승 혜일(惠日) 등 다른 제자들에게는 태장법이나 금강계법 중 하나만을 전수했지만, 의명공봉(義明供奉)과 구카이에게는 양부의 법문을 모두 전수했다. 혜초는 끝내 신라로 돌아오지 않고 당나라에 머물렀기 때문에 밀교는 한국에 곧바로 전래되지 못했다. 한편 9세기 무렵 혜일에 의해 금강계 밀교가 신라에 유입되었으리라 추정되지만, 하대 신라에서는 도의(道義) 선사가 들여온 선종이 주도적인 사상이 되었다. 이에 비해 일본의 경우는 구카이에 의해 밀교가 중국보다 더 발전하게 되었다. 참고로 구카이는 불공의 환생이라는 설화도 전해진다.

어쨌든 일본에서는 양부(兩部) 혹은 양계(兩界)라 하여 『대일경』에 기초한 태장계와 『금강정경』에 기초한 금강계를 일체로 생각하는데, 이런 밀교 사상은 혜과에게서 처음으로 성립한 것이다. 그러나 혜과에게는 저서가 없고 또 그 이후 중국의 밀교는 쇠퇴했으므로 사실상 혜과의 밀교 사상은 구카이에 의해 계승되고 체계화된 것이라 할 수 있다. 물론 일본에 처음 밀교가 전래된 것은 구카이 이전의 나라시대부터였다. 나라시대에 다라니 경전이라는 인도 초기밀교의 현세 이익을 설하는 잡밀 경전이 견당사와 유학생들에 의해 일본에 많이 들어왔다. 당시 중요한 유학승으로는 도쇼(道昭, 661년), 도지(道慈, 718년), 겐보(玄昉, 735년), 도센(道璿, 736년) 등이 있는데(연수는 귀국한 해), 이들은 견당사와 함께 귀국 시 다수의 밀교 경전을 가져왔다.

728년 일본에서 순밀 경전인 『대일경』의 사경이 이루어졌다. 이는 인도에서 중국으로 온 선무외가 『대일경』을 번역한 후 12년 뒤의 일이었다. 구카이는 이 『대일경』 사본을 읽고 입당을 결심했다고 한다. '허공장구문지법'도 718년 도지가 선무외로부터 받아 선의(善義)에게 전하고 다시 곤조가 이를 받아들여 구카이에게 전한 것이다. 이런 구카이에 의해 중국으로부터 본격적으로 순밀을 받아들인 일본밀교는 크게 사이초의 천태종 계열의 밀교인 태밀(台密)과 구카이의 진언종 계통의 밀교인 동밀(東密)로 구분된다. 여기서 동밀이란 진언밀교의 본산인 동사(東寺)에서 비롯된 범주이다. 동밀은 현교와 밀교, 대일여래와 석가모니를 구별한다. 이에 비해 현교와 밀교를 하나로 간주하는 태밀에서는 대일여래와 석가모니를 동체로 본다.

일본 진언밀교 즉 동밀의 창시자 구카이는 810년 종래 화엄종 출신자가 점하고 있던 동대사의 최고 책임자 자리인 별당이 되었다. 822년에는 동대사 경내에 관정도량인 진언원(眞言院)을 건립하여 국가수호를 위한 수법을 행하고 '금광명사천왕호국지사'(金光明四天王護國之寺)의 편액을 쓰는 등 동대사의 진언밀교화 작업을 점진적으로 추진했다. 다음 해인 823년 구카이는 왕성진호를 위한 사찰로 하사받은 동사를 밀교 활동의 거점으로 삼았다. 그리하여 동사는 '진언인사'(眞言仁祠)로 불리기도 했다. 거기서는 『인왕경』(仁王經)과 『금광명경』이 독송되었고, 호국안민의 밀교 수법이 수행되었다.

만년의 구카이는 궁중진언원(宮中眞言院)을 세우고 정월 8일부터 14일까지 7일간 천황의 평안을 기원하는 법회를 주재했다. '후칠일어수법'(後七日御修法)이라 불린 이 법회는 메이지유신 초기 폐불훼석 때 일시 중지되었을 뿐 1천년이 넘도록 지금까지 계속되고 있다. 이것은 중국의 불공이 궁중 내 도장(內道場)에서 시작한 수법을 모델로 삼아 810년에 고웅산사(高雄山寺)에서 국가를 위한 진호수법으로 창안된 것이었다. 그 후 구카이가 입멸하기 4개월 전인 834년 12월 19일에 매년 정월에 궁중에서 행해지는 '금광명최승회'(金光明最勝會)에서 그것과는 별도로 진언 수법을 행할 것을 진상하여 허가를 받았다. 즉 종래의 경전 강설과 병행하여 진언 수법에 통달한 승려 14인으로 국가진호 수법인 '후칠일어수법'을 행하게 된 것이다. 이는 궁중에서 국가적인 불교행사가 공식적으로 밀교에 의해 행해지게 된 것을 의미한다.

일본에서 밀교는 현교(顯敎)의 대립 개념으로 쓰인다. 현교는 석가모니가 인간의 몸으로 나타나서(顯) 가르친 것을 충실히 따른다. 그러나 밀교는 부처의 내면에 존재하면서 드러나지 않는 것(密) 즉 불성을 찾아가겠다는 것이다. 그래서 밀교에서는 석가모니가 아니라 불법 그 자체를 의미하는 대일여래(비로자나불)를 주존불로 삼는다. 대일여래의 불성은 잘 알려진 대로 태장계(胎藏界)와 금강계(金剛界)로 설명된다. 태금이란 세상의 모든 지혜가 대일여래의 몸속에 태아처럼 배태(胎藏)되어 있고 그렇게 나타난 진리는 다이아몬드처럼 견고하다(金剛)는 것을 뜻한다. 이 불성을 터득하기 위해서는 즉신성불 곧 몸으로 실천해야 하는데, 그 수행 방법으로는 행동(行), 언어(言), 생각(意)을 깨끗이 해야 한다는 것. 이를 위해 진언밀교에서는 손으로 결인

(結印)을 하고(身密) 입으로는 진언(眞言)을 외우며(口密) 눈으로는 명상대상으로서의 만다라를 마음에 새겨 본존을 떠올리며(意密) 몸으로는 요가 수행(三密瑜伽行)을 행한다. 이는 현세에서 몸을 가진 채 깨달음을 달성하여 부처가 되는 것 곧 즉신성불(卽身成佛)을 목표로 한다.

구카이는 819년에 펴낸 『즉신성불의』(卽身成佛義)에서 밀교 수행의 궁극적인 목표인 즉신성불 이론을 체계화했다. 거기서 즉신성불은 성과 속이라는 본래 상이한 차원의 양극을 접속하려는 밀교 사상의 핵심 축으로 제시되고 있다. 밀교의 밀교다움은 현상세계에 몸을 담고 있는 우리 안에 어떻게 성스러운 실재의 경지를 드러내느냐에 있다. 이때 구카이는 성과 속을 잇는 수직 구조를 즉신성불이라고 부르면서 육대(六大)의 존재론, 사만(四曼)의 인식론, 삼밀가지(三密加持)의 실천론을 각각 본질 혹은 본체(體), 현상 혹은 양상(相), 작용(用)으로 이론화했다.

지 · 수 · 화 · 풍 · 공 · 식(地水火風空識)의 육대에서 '대'는 세계의 구성 원리를 가리킨다. 구카이는 종래의 지수화풍공이라는 오대에 식대를 추가하여 세계를 이해했다. 이 중 오대가 물질적인 원리라면 식대는 정신적인 원리에 해당한다. 다시 말해 육대란 물질과 정신을 합한 이 세계의 총체를 의미한다. 대승불교에서는 세계의 본질을 공(空)으로 파악하지만, 밀교에서는 물질 및 정신의 구체적이고 현상적인 사실의 세계 그대로가 근원적인 원리로 간주된다. 그것이 곧 대일여래의 법신(法身) 즉 본질적인 존재의 모습이라는 것이다. 그러니까 우리는 수행할 필요도 없이 이미 본래의 부처 그 자체이며 수행이란 그것을 자각해 나가는 과정이라는 말이다.

육대가 감각적으로 표상화된 것이 네 가지 만다라인 사만이다. 만다라란 하나의 그림 안에 제불(諸佛)과 제존(諸尊)을 그린 것이다. 사만은 일반적으로 우리가 만다라라고 부르는 대만다라(大曼茶羅), 제불이 소지하는 기구를 그린 삼매야(三昧耶) 만다라, 제불을 상징하는 범자(梵字)나 종자(種字)를 그린 법(法) 만다라, 제불의 행위를 나타내는 갈마(羯磨) 만다라를 지칭한다. 하지만 육대는 그 자체가 이 세계의 구체적이고 현상적인 사건이므로 그것과 별도로 감각적인 표상이 따로 있는 것은 아니다. 육대 자체가 하나의 만다라인 것이다. 그러니까 사만은 우리가 이 본질적인 우주만다라(육대)에 접근하기 위한 통로이며, 우주만다라를 상징적으로 표현한 것이 된다.

끝으로 삼밀가지에서 '삼밀'이란 몸(身), 입(口), 마음(意)의 작용을 말하는 것으로, 통상 삼업(三業)이라고도 한다. 상식을 초월한 부처의 작용이라는 점에서 그것을 삼밀이라 부르는 것이다. 한편 '가지'란 우리의 작용과 부처의 작용이 합쳐지는 것을 뜻하는 말이다. 즉 전술했듯이 몸으로는 결인을 하고 입으로는 진언을 외우고 마음으로는 삼매에 머물면서 자아와 부처의 합일 곧 즉신성불을 이루는 것이 바로 삼밀가지의 내용이다.

마음의 열 계단 : 『십주심론』

이상과 같은 즉신성불론에 토대하여 구카이는 만년인 830년에 주저 『비밀만다라십주심론』(秘密曼茶羅十住心論, 이하 십주심론)을 썼다. 이는 준나(淳和) 천황이 9세기 초엽에 칙명을 내려 각 종파의 제일인자에게 교의를 기록해서 제출하도록 한 데 따른 것이었다. 구카이는 불법이란 먼 곳이 아니라 마음속에 있다고 설했다. 인간의 마음을 10단계로 나누어 진언밀교를 최고위에 자리매김하면서, 즉신성불론에 입각한 구카이의 사상을 총괄한 이 대작은 인도와 중국의 불교이론을 융합하여 만들어낸 성과였다. 다시 말해 그것은 구카이가 혜과로부터 받은 진언밀교의 교리를 일본적 상황에 맞게 독자적으로 종합한 최종단계의 결과물이었다. 거기서 구카이는 인간의 마음이 천박한 단계에서 점차 깊어져 밀교의 궁극적인 지혜에 이르는 마음의 열

계단을 다음 〈표6〉과 같이 십주심으로 기술한다.

〈표6〉 십주심: 마음의 열 계단

단계	종교	교단	특징	비고
제1주심	세간도 (世間道)		이생저양심(異生羝羊心): 번뇌하는 마음의 단계	
제2주심		유교	우동지재심(愚童持齋心): 도덕적 자각의 단계	
제3주심		도교	영동무외심(嬰童無畏心): 세속을 벗어난 종교적 자각의 단계	
제4주심	소승불교	성문승	유온무아심(唯蘊無我心): 사성제(四聖諦)와 삼매(三昧)의 단계	현교
제5주심		연각승	발업인종심(拔業因種心)	
제6주심	대승불교	유식·법상종	타연대승심(他緣大乘心): 모든 존재가 공허함을 깨닫는 단계	
제7주심		중관·삼론종	각심불생심(覺心不生心)	
제8주심		천태종	일도무위심(一道無爲心): 일심삼관(一心三觀)을 깨닫는 단계	
제9주심		화엄종	극무자성심(極無自性心): 모든 존재가 평등함을 깨닫는 단계	
제10주심	금강대승	진언종	비밀장엄심(秘密莊嚴心): 깨달음의 최고 경지	밀교

위 〈표6〉에서 알 수 있듯이, 구카이는 제10주심을 밀교라 하고 제1주심에서 제9주심까지는 현교라 칭한다. 다시 말해 구카이는 밀교 이외의 가르침을 유교와 도교는 물론이고 대승과 소승까지도 포함하여 모두 현교라 부르면서 밀교와 엄격히 구별한다. 이때 구카이가 화엄종을 천태종 위에 놓고 현교 중에서 최고의 것으로 인정했다는 점은 특기할 만하다. 어쨌거나 이는 구카이가 현교를 '밀교의 예비단계'로 간주했음을 의미한다. 밀교야말로 궁극적인 진리라는 것이다. 그러면서도 구카이는 다른 종교나 종파를 배제하지는 않았으며 나아가 세속 권력과 타협하고 융합하고자 했다.

구카이 사후 진언밀교는 동사와 금강봉사 외에 교토의 인화사(仁和寺, 닌나지)와 제호사(醍醐寺, 다이고지) 등이 번창하면서 다양한 분파가 이루어졌다. 고야산 진언밀교는 10세기 말에 한때 쇠퇴했다가 11세기 이후 다시 재흥되었다. 특히 12세기 초에 가쿠방(覚鑁, 1095-1144)이 나와 진언종 사상을 부활시켰는데, 그는 밀교의 입장에서 아미타불과 대일여래를 동일시하면서 이 현실세계 이외에 정토는 없다고 설했다. 이처럼 아미타불을 강조한 것은 가마쿠라시대 정토교 사상의 선구로서 주목할 만하다. 하지만 가쿠방은 고야산에서 박해받아 결국 현재의 와카야마현 이와데시(岩出市) 소재 네고로산(根來山)으로 본거지를 옮겼다. 그럼에도 진언밀교 분파 형성에 끼친 그의 영향은 매우 컸다. 그는 13세기 말 이래 독립적 분파인 신의(新義) 진언종의 교조로 추앙받았다. 그 후 네고로산이 도요토미 히데요시에게 괴멸 당하면서 신의진언종은 사쿠라이시(桜井市) 소재의 장곡사(長谷寺, 하세데라)를 본산으로 하는 풍산파(豊山派)와 교토 소재의 지적원(智積院, 지샤쿠인)을 본산으로 하는 지산파(智山派)로 분리되어 오늘에 이르고 있다. 현재 진언종 사원수로 보자면 고야산 진언종이 가장 많고 지산파와 풍산파가 그다음으로 많다. 이 밖에 교토 소재의 제호사, 인화사, 대각사(大覺寺, 다이가쿠지), 동사, 권수사(勸修寺, 가슈지), 천용사(泉涌寺, 센뉴지) 등을 각각 본산으로 하는 제호파(醍醐派), 어실파(御室派), 대각사파, 동사파, 산계파(山階派), 천용사파 등이 있는데, 이것들은 모두 황실과 관계가 깊다. 그중 제호사는 오늘날 수험도의 본산으로 널리 알려져 있기도 하다.

오쿠노인의 풍경 : 일본 제일의 명당

진언밀교는 복잡한 교리 대신 가지(加持)기도와 구복신앙을 제시하며 민중과 귀족 모두에게 강한 지지를 받았다. 구카이는 탁월한 정치력을 발휘하여 남도(나라)의 대사찰들과도 우호적인 관계를 맺고 왕족들에게도 절대적인 신뢰를 받았다. 구카이는 타종파 및 권력과 타협하는 형태로 진언밀교의 확장과 사회사업에 매진하다 금강봉사와 동사의 준공을 보지 못한 채 835년 3월 21일 60세로 고야산에서 입적했다. 그의 묘소인 어묘(御廟, 이하 대사묘)

관동대진재
공양탑

다케다 신겐묘비

일교

동기의 사쿠라의 비석
시바 료타로 문학비
항공순난난자비

우에스기 겐신 영묘

오사카시 노인클럽
연합회 공양탑

납골당

홍법대사
어묘

오다노부나가
공양탑

어묘교

경장

등롱당

필구일념석

오족지묘

경교비

아케치미쓰히데
공양탑

닛산자동차위령비

도요토미가묘소

에도소사자
추도비

중교

이치카와
단주로 묘소

젠니조치비

고려진공양비

바쇼시비

마쓰시타전기 공양탑

야쿠르트묘석

고야산대학
묘소

신메이와공업 위령비

낡은 불단 공양탑

후쿠스케
위령비

시로아리 공양탑

애견지비

영령전

동물
공양탑

동일본 대진재
물고자 위령비

한신아와지 대진재
물고자 위령비

LCC 묘석

오쿠노인

가 있는 곳이 바로 고야산의 단상가람 동쪽에 위치하는 오쿠노인이다. 오쿠노인의 입구에서 대사묘로 통하는 2km 길이의 정석도 길목에는 일교(一の橋, 이치노하시), 중교(中の橋, 나카노하시), 어묘교(御廟橋, 고뵤바시) 등 세 개의 다리가 놓여 있다.

대사묘에 이르는 참배로 양쪽에는 오래된 삼나무들이 가득 늘어서 있고 그 사이사이로 무려 이십만여 기에 이르는 납골묘 및 공양탑들이 줄지어 서 있다. 이렇게 많은 석탑들이 들어선 것은 그곳에 구카이의 대사묘가 있기 때문이다. 그것들은 가마쿠라시대부터 세워지기 시작했다. 그 후 무로마치시대 후기 및 전국시대에 처음으로 묘석과 석조 오륜탑이 세워지게 되었고 에도시대 이후 특히 도쿠가와 가문이 고야산을 보리사(菩提寺)로 지정하면서 유력 대명들과 무장들이 고야산에 자원(子院) 숙방, 묘비, 공양탑 등을 건립했다. 여기서 보리사란 선조의 사후 명복을 비는 절 또는 대대로 해당 절

— 오쿠노인 일교를 넘자마자 좌측에있는 〈동기의 사쿠라의 비석〉. 전사한 가미카제 자살특공대원 등을 기리는 위령비이다.

— 오쿠노인 일교를 지나자마자 우측에 있는 〈필구일념석〉. 이차대전 때 시베리아에 억류된 일본인 포로들의 귀환을 기원하여 세운 비석이다.

의 종지에 귀의하여 선조의 위패를 모신 절을 가리키는 말이다. 원래 보제란 보리 즉 불교 최고의 이상인 붓다 정각(正覺)의 지혜와 깨달음 또는 그런 지혜를 얻기 위해 닦는 도를 가리키는 불교 용어이지만, 보리사의 보제는 '사후의 명복'을 가리킨다. 어쨌든 당시 250여 개소의 번들 가운데 절반 정도의 번주가 묘석과 공양탑을 세웠다. 이에 따라 일반인들 사이에서도 오쿠노인에 묘를 쓰는 것이 널리 유행하게 되었다.

황실, 공가, 전국무장과 대명들의 공양탑도 적지 않지만 대부분은 일반 서민들의 석묘이다. 가마쿠라시대까지 거슬러 올라가는 오래된 석탑도 눈에 띄지만 에도시대에 건립된 것이 가장 많고 최근에 세워진 회사묘(會社墓)도 적지 않다. 석탑의 위령 및 추도 대상도 일반인을 비롯하여 황족, 공가,

만주국을 중심으로 일본족, 조선족, 한(漢)족, 만주족, 몽고족 전사자들을 공양한 〈오족지묘〉.

사무라이 무장뿐만 아니라 시인, 작가, 배우, 군인, 정치가 등 다양하다. 게다가 낡은 불단이라든가 실험동물이나 애완동물 등에 대한 위령비까지 다양하다.

일교를 건너자마자 만나게 되는 〈동기의 사쿠라의 비석〉(同期の桜の碑)과 〈필구일념석〉(必救一念石) 및 거기서 멀지 않은 곳에 조성된 〈오족지묘〉(五族之墓)는 한국인 여행자의 마음을 착잡하게 만든다. 입구 좌측에 있는 〈동기의 사쿠라의 비석〉은 이차대전 때 가미카제 특공대의 공양비이고, 우측의 〈필구일념석〉은 이차대전 때 포로가 되어 시베리아에 억류된 일본군들이 무사히 귀환하기를 기원하여 세운 비석이다. 한편 1976년 '만주국 군(軍) 오족묘 봉찬회'가 건립한 〈오족지묘〉에서 오족이란 일본족, 조선족, 한(漢)족, 만주족, 몽골족을 가리킨다. 이는 일본이 아시아의 맹주가 되어 서구 제

국주의와 맞서자는 이른바 '대동아공영권'이라는 허구적인 이데올로기를 연상시킨다. 어쨌거나 세 공양비 모두 일본이 저지른 제국주의 전쟁과 관련된 것이다. 이 가운데 〈동기의 사쿠라의 비석〉 비문에는 다음과 같이 새겨져 있다.

이차대전의 전황이 불리해져 국가 존망의 위기에 처했을 때 대학과 전문학교의 문화계열에 재학 중인 학생 전원이 징병되어 1943년 육해군에 입대했다. 그중 해군항공대에 배속된 것이 제14기 비행전수 예비학생들이다. 서로 '그대와 나는 동기의 사쿠라. 지는 사쿠라, 남은 사쿠라도 떨어지는 사쿠라'라고 노래하면서 혹독한 훈련을 견뎌낸 이들은 태평양 남서 제도 각지에서 400여 명이 전사 혹은 병사했다. 거기에는 가미카제 특별공격대도 110여 명에 달했다. 고야산 대원원(大圓院) 주직인 동기생 후지타 히카루(藤田光)는 산화한 동기생들의 공양을 생애의 책무로 여겨 날마다 은밀히 정진했다. 이를 알게 된 동기생들과 가족 및 유족들이 감동하여 위령비 건립에 나서게 되었다. 이윽고 전후 23주년 기일에 해당하는 1967년 8월에 멋진 위용을 나타낸 이 탑은 천수관음의 자비와 부동명왕의 분노의 모습을 구현한 것이다. 이것은 젊은 나이에 산화한 동기생의 진혼과 일본의 번영 및 세계의 참된 평화를 기원하는 탑으로, 떨어진 사쿠라의 비원이다.

그러니까 해군항공대에 소속되었던 제14기 동기생 중에 고야산 자원(子院)의 주직이 전쟁에서 사망한 동기생들을 공양하기 위해 세운 것이 〈동기의 사쿠라의 비석〉이라는 것이다. 하지만 그 비석이 시사하는 천수관음의 자비는 알겠는데, 부동명왕의 분노는 무엇을 가리키는 것인지 잘 들어오지 않는다. '동기의 사쿠라'란 원래 "너와 나는 동기의 사쿠라/같은 항공대의 정원에 피어났지/한번 피어난 꽃이 지는 것은 각오한 일/멋지게 지겠노라 나라를 위해" 라는 가사의 야스쿠니 노래이다. 여기에는 천황을 위해 죽은 다음 사쿠라의 명소인 야스쿠니 신사에서 다시 만나자는 의미가 함축되어 있다.

고야산을 '환상적인 이역의 종교도시'로 묘사한 〈시바 료타로 문학비〉.

역사의 교훈이라는 관점에서 볼 때 〈동기의 사쿠라의 비석〉과 〈필구일념석〉이 고야산 최대의 성지인 오쿠노인 입구 양쪽에 세워져 있는 것은 아무래도 껄끄러운 측면이 있다. 그럼에도 종교적 입장에서 보자면 이 두 개의 비석은 어찌 보면 오쿠노인의 정신을 상징하는 측면이 없지 않다. 그것들은 사자에 대한 공양과 생자에 대한 기도를 나타내기 때문이다. 즉 양자를 대비시킴으로써 오쿠노인은 생과 사가 동시에 존재함을 보여준다.

위의 두 비석이 세워져 있는 곳에서 조금 더 앞으로 나아가면 일본의 국민작가 시바 료타로(司馬遼太郎, 1923-1996)의 문학비가 보인다. 그 돌비석에는 "이 종교도시는 실은 현실의 것이 아니고 허공에 걸쳐 있는 환영이 아닐까 하는 느낌마저 든다. 참으로 고야산은 일본국의 여러 도시 중에서 유일하다고 해도 좋을 만한 이역(異域)이 아닐지."라고 새겨져 있다. 고야산을 '환상적인 이역의 종교도시'로 묘사한 이 문학비야말로 일교 입구에서 가장 가까운 곳에 있었으면 더 좋았을 것 같다는 생각이 들었다.

중국 당시대에 최초로 들어온 기독교 종파인 네스토리우스파의 전래를 기념하는 〈경교비〉 상단부. 복제품인 이 비석을 건립한 사람은 놀랍게도 영국인 종교학자 고든 부인이다.

여기서 멀지 않은 곳에 세워져 있는 〈경교비〉(景敎碑)는 시바 료타로가 말한 '이역의 종교도시'에 잘 어울리는 비석이다. 중국 당 시대인 781년에 최초로 들어온 네스토리우스파 기독교의 전래를 기념하는 이 비석의 정식 명칭은 〈대진경교유행중국비〉(大秦景敎流行中國碑)인데, 비문에 의하면 '대당 건중(建中) 2년' 즉 782년에 건립된 것이다. 물론 이것은 레플리카이고 원본은 현재 중국 서안(西安) 비림(碑林)박물관에 소장되어 있다. 이런 〈경교비〉 복제품은 고야산 오쿠노인 외에 교토대학총합박물관 및 아이치현 가스가이시(春日井市)에 위치한 일본경교연구회 본부에도 세워져 있다. 이것이 고야산 오쿠노인에 세워지게 된 것은 한 외국인 여성 때문이었다. 구카이가 국제도시 장안에서 경교를 접한 후 그것을 일본에 전했다고 믿은 영국의 종교학자 고든(E. A. Gordon, 1851-1925) 부인이 1911년에 사비를 들여 건립한 것이 이

〈오사카 노인클럽연합회 공양비〉
상단에 '구회일처'라는 문구가 새겨져 있다.

〈경교비〉이다. 옆에는 와세다대학 소장의 〈고든문고〉 및 히비야(日比谷)도서관 소장의 10만여 권에 달하는 〈일영문고〉(Dulce Cor Library)를 기증할 만큼 일본을 사랑했던 그녀의 묘소가 있다. 확실히 오쿠노인은 일본인뿐만 아니라 이방인에게도 기이한 마력을 풍기는 공간인가보다.

전국시대 최대의 라이벌이었던 다케다 신겐(武田信玄)과 우에스기 겐신(上杉謙信)의 묘를 지나서 바로 맞은편 우측에 〈오사카 노인클럽연합회 공양비〉가 서 있는데, 그 상단의 '구회일처'(俱會一處)라는 문구가 오랜 동안 여행자의 눈길을 사로잡았다. 그것은 『아미타경』에 나오는 일구절로 "아미타불의 극락정토에 왕생한 자는 정토의 불보살들과 한 곳에서 같이 만날 수 있다"는 것을 뜻하는 말이다. 일본 정토진종 신자들의 묘비에는 흔히 이 구절이 새겨져 있다. 마침 그 앞에 쉴 만한 공간이 있어 나무 의자에 앉아 땅콩과 밤으로 점심을 때웠다. 당연한 말이지만 성지 오쿠노인에는 식당이 없기 때문이다. '구회일처'라는 문구를 물끄러미 쳐다보면서 여행자는 늙는다는 것이 무엇인지를 생각하고 있었다. 그런 생각을 한 것은 처음이었다. 한 선배가 『한국에서 늙는다는 것』이라는 제목의 책을 낸다고 하던데 빨리 나왔으면 좋겠다. 읽고 싶은 책이다.

중교 바로 앞쪽에는 가부키 배우로 유명한 이치카와류의 이에모토(家元,

종가) 〈초대 이치카와 단주로(市川團十郞, 1660-1704) 묘소〉가 있고, 거기서 조금 더 나아가면 우측에 오쿠노인 중에서 가장 오래된 여성의 묘소가 있다. 1375년에 세워진 〈젠니조치비〉(禅尼上智碑)가 그것이다. 90cm 정도의 나지막한 돌비석 위에는 동전들이 가득하다. 일본인들은 이런 데까지 동전을 던지고 복을 기원한다. 참으로 현세의 행복에 대한 열망이 강한 사람들이다. 안내문에는 "예로부터 이 공양탑에 귀를 대면 극락의 소리가 들린다는 말이 전해진다."고 적혀 있다. 일본인들은 모두 이 말대로 귀를 갖다 대고는 무언가를 듣고 싶어 한다. 우리 마음속에는 극락도 있고 지옥도 있다는데, 그들의 귀에 정말로 극락의 소리만 들렸으면 싶었다. 물론 나도 극락의 소리를 듣고자 귀를 기울였다. 하지만 아쉽게도 지나가는 사람들의 두런거리는 소리만 들린다. 내 안에는 극락과 지옥이 반반씩 차지하고 있는가 보다.

이이 나오스케(井伊直弼, 1815-1860)의 묘소는 참배로의 옆길 안쪽 깊은 곳에 있어 찾기가 쉽지 않았다. 나오스케는 1858년 미일수호통상조약을 천황의 승인 없이 독단적으로 처리한 막부 말기의 대로(大老)로, 안세이 대옥(安政の大獄, 1858-59)을 일으킨 장본인이다. 그는 전 미토번(水戸藩, 이바라키현) 영주 도쿠가와 나리아키(德川齊昭)를 가택 연금시켰는데, 이에 원한을 품은 미토번 출신 로닌들이 일으킨 '사쿠라다 문 밖의 변'(桜田門外の変, 1860년 3월 24일) 때 암살당했다. 그의 묘지는 석묘보다 더 화려한 영옥(靈屋, 다마야)으로 지어져 있다. 테러리즘은 현대 세계만의 전유물이 아니다. 일본의 막말 유신기는 정말 테러리즘이 유행했던 때였다.

중교와 어묘교의 중간쯤에 위치한 에도 전기의 유명한 하이쿠(俳句) 시인 마쓰오 바쇼(松尾芭蕉, 1644-1694)의 시비는 테러리즘과 함께 살 수밖에 없는 세계의 비극을 잠시나마 잊게 해 주었다. 시비에는 그가 금강봉사에서 읊었다는 "(조용한 숲속에 들려오는) 꿩 울음소리에 부모님이 너무도 그립네(父母の

——— 일교에서 멀지 않은 곳에　　　　　　　　　　　　　　　　　　　〈공원묘지〉
세워져 있는 〈관동대진재 공양탑〉.　　　영령전 진입로 우측의 〈동일본대진재 물고자 위령비〉.

しきりに雉子の声"라는 구절이 새겨져 있다. 지나는 사람들이 없어 잠시 정적이 깃든 오쿠노인 정석도에서 여행자는 작은 새 울음소리에 문득 돌아올 수 없는 길을 떠난 누군가를 떠올리며 그리움이 무엇인지를 묻고 있었다. 마쓰오 바쇼 시비 근처에는 신종교 교단인 수양단봉성회(修養團捧誠會)에서 1965년에 세운 〈부모은중비〉(父母恩重碑)가 있는가 하면, 요코하마 명륜(明倫)학원에서 건립한 위령비도 있다. 부모와 조상을 기리고 그리워하는 마음은 시인이든 혹은 불교나 유교나 신종교 등의 종교인이든, 한국인이든 일본인이든 공통된 심정일 것이다. 그런 공통분모가 알고 보면 상당히 많은데도, 우리는 평소 공통점보다는 차이점에 더 민감한 것 같다.

　오쿠노인에는 자연재해의 희생자들을 위한 공양비도 많다. 마쓰오 바쇼 시비 아래쪽에는 에도의 대화재로 죽은 서민들을 위한 에도소사자추도비

(江戸燒死者追悼碑)가 있고, 일교를 지나 조금만 가면 1923년 관동대지진 희생자 10만여 명을 추도하는 〈관동대진재공양탑〉(關東大震災慰靈塔)도 세워져 있다. 다른 어떤 공양탑보다도 가장 상세하고 길게 적혀 있는 안내문에는 그때 학살당한 수많은 한국인들에 대한 언급은 어디에도 보이지 않는다. 〈공원묘지〉의 〈영령전〉 진입로 좌우측에는 각각 1995년 한신대지진 희생자를 추도하는 〈한신·아와지대진재 물고자 위령비〉(阪神·淡路大震災物故者慰靈碑)와 2011년 3·11 동일본대지진 희생자를 추도하는 〈동일본대진재 물고자 위령비〉(東日本大震災物故者慰靈碑)가 세워져 있다. 재난이 많은 일본 열도에서 재난 후를 사는 것이 아니다. 그들은 항상 재난과 재난 사이를 살고 있다. 일본이 역사 왜곡에 집착하는 것을 멈출 때 일본인들이 재난을 극복해 온 놀라운 역사가 더 빛나게 될 것이다.

화재나 지진으로 인한 희생자들은 일반 서민들이다. 이들을 위한 공양비가 오쿠노인에 많이 있다는 것은 특별한 의미가 있다. 일본불교를 대표하는 또 하나의 중심지인 천태종 총본산 히에이산(比叡山)과 비교해 보면 이 점이 분명하게 드러난다. 히에이산은 학문불교의 최고 전당으로 '불교의 어머니산'으로 불린다. 이에 대해 고야산은 서민불교의 최대 성지로 '일본 총보리사'로 칭해진다. 이런 차이가 묘지 형태에도 여실히 드러난다. 히에이산에는 전교대사 사이초를 비롯한 고승들의 묘는 있지만 재가자의 묘는 없다. 이에 비해 고야산 오쿠노인에는 홍법대사 구카이의 묘소 외에도 가마쿠라 시대 이래 일반인들의 납골신앙 및 탑파 공양의 풍습이 지금까지도 성행하고 있다. 하지만 오늘날 고야산은 서민들이 묫자리를 쓰기에는 너무 귀족화되어 있다. 현재 고야산에 영대공양(永代供養) 즉 묘를 쓰려면 공양료, 위패료, 납골료를 합쳐 최소 50만엔에서 비싼 것은 400만엔 정도 든다. 그럼에도 오쿠노인은 여전히 일본 최고의 명당 자리로 인기가 많다. 이곳에 세워진 무수한 석탑 가운데 사무라이 무장 공양탑, 고려진공양비, 회사묘에 대해 좀 더 부연하고 넘어가기로 하자.

사무라이 무장 공양탑

일교에서 오쿠노인까지의 참배로 양측에는 장엄한 분위기의 공양탑이 즐비하다. 전체 전국대명 중 6할 이상의 묘소가 집중되어 있는 오쿠노인에는 다음 〈표7〉에서 보듯 생전에 극렬하게 대립하여 싸우던 다케다 신겐과 우에스기 겐신과 같은 전국 무장들이 마주보고 있다든가, 고야산을 공격한 무장 오다 노부나가의 공양탑도 있다.

〈표7〉 사무라이 무장 관련 주요 공양탑

공양탑	비고
모리가(毛利家) 공양탑	가마쿠라시대의 무사 모리 스에미쓰(毛利季光)를 조상으로 하는 전국대명 가문의 공양탑
에치젠 마쓰다이라가 석묘 (越前松平家の石廟)	마쓰다이라 가문의 종가 초대 유키 히데야스(結城秀康)와 모친(長勝院)의 석묘
다테 마사무네 (伊達政宗) 공양탑	고야산의 공양탑 중에서도 눈에 띌 만큼 큰 공양탑. 오륜탑. 주변에는 마사무네를 따라 순사한 20인 정도의 묘가 세워져 있다.
다케다(武田)의 부자(父子) 묘비	다케다 신겐(武田信玄)과 아들 다케다 가쓰요리(武田勝頼)의 묘비 큰 것이 신겐의 묘(오륜탑, 170cm)이고 작은 것이 가쓰요리의 묘
우에스기 겐신(上杉) 부자(父子) 영옥	우에스기 겐신(上杉謙信) 및 양자 우에스기 가게카쓰(上杉景勝)의 영옥(靈屋) 목조. 다케다 신겐 묘비 맞은편에 위치. 국가 중요문화재. 겐신은 생전에 수차례 고야산을 등산했다.
사쓰마의 시마즈가 (島津家) 묘소	지금의 가고시마현을 본거지로 하는 대명 가문의 묘소.
오다 노부나가 공양탑	고야산을 공격하여 많은 승려들을 살해한 장본인. 구카이 대사묘에서 가까운 명승지에 위치한 높이 2미터 정도의 오륜탑. 묘소 일대에는 오다 가문의 묘지가 20기 정도 세워져 있다.
아케치 미쓰히데 (明智光秀) 공양탑	오다 노부나가에게 반기를 든 아케치 미쓰히데의 묘석은 깨어진 채 그대로이다. 다테 마사무네(伊達政宗)의 공양탑 옆에 위치한다.
도요토미 히데요시 공양탑	940년 5월 17일 풍공회(豊公會)가 도요토미가 묘소에 세운 오륜탑. 그 안에는 의관을 차려입은 모습의 오래된 히데요시 목상이 수납되어 있다.

도요토미가 묘소	히데요시 사망 후 아들 히데요리 등이 만든 것으로 추정됨. 매우 넓은 부지를 차지. 울타리가 있어서 안으로 들어가지는 못한다. 현재 이름이 확인되는 공양비로는 히데요시의 모친인 나카, 동생 도요토미 히데나가(豊臣秀長) 부부, 누이 도모, 요도도노(淀殿, 오다 노부나가의 조카딸/히데요시의 측실/히데요리의 모친)와의 사이에서 태어났으나 요절한 장남 도요토미 쓰루마쓰(豊臣鶴松), 그리고 생전에 만들어진 요도도노의 역수비(逆修碑) 등 6기가 있다.
도요토미 히데요리 (豊臣秀頼) 오륜탑	3m에 이르는 대형 석탑인 요도도노의 오륜탑과 함께 나란히 서 있다. 그러나 히데요리의 탑은 지륜과 수륜만 남아 있다. 두 탑 모두 건립일이 오사카성이 함락된 1615년 5월 7일이다.
이치방이시 탑 (一番石塔)	오쿠노인에서 가장 큰 공양탑으로 높이 6.6미터에 받침돌은 다다미 8조 크기. 도쿠가와 막부 2대 쇼군 도쿠가와 히데타다(德川秀忠)의 3남 도쿠가와 다다나가(德川忠長)가 모친 소겐인(崇源院, 히데타다의 아내)을 위해 세운 것이다.
아사노 다쿠미노카미 (浅野内匠頭) 공양탑	47인의 사무라이가 주군의 복수를 한 후 할복한 아코(赤穂) 사건을 연극화한 『주신구라』(忠臣藏)에 나오는 영주 아사노 나가노리(浅野長矩, 1675-1701)의 공양탑. 나가노리는 통상 관직명인 다쿠미노카미로 불린다.

이 중 도요토미가 묘소의 비고란에 나오는 '역수'란 생전에 사후를 생각하여 덕을 쌓아 두는 것을 가리키는 불교용어이다. 대명을 비롯한 사무라이 무장들의 공양탑은 거의 오륜탑이다. 밑에서부터 위쪽으로 올라가면서 방형의 지륜(地輪), 구형의 수륜(水輪), 삼각형의 화륜(火輪), 반구형의 풍륜(風輪), 둥근 보주(寶珠) 모양(団形)의 공륜(空輪)으로 이루어진 오륜탑의 각 륜에는 아(A) 바(VA), 라(RA), 카(HA), 캬(KHA)에 해당하는 범어가 새겨져 있다. 오륜탑은 원래 밀교에서 진리를 나타내는 부처인 법신대일여래의 상징인데, 후에는 일반적으로 묘소에 쓰이게 되었다. 이처럼 지수화풍공(地水火風空)의 오륜 또는 오대(五大)를 상징하는 밀교적 묘탑인 오륜탑은 헤이안시대 말기에 처음 나타나 가마쿠라시대부터 성행하기 시작했다. 에도시대에 세워진 오쿠노인의 오륜탑은 무가에게만 허용된 것이고, 서민들의 경우는 방형 형태의 무개탑(無蓋塔)에 한정되었다.

고려진공양비와 원친평등

오쿠노인에는 전쟁 사망자들의 공양탑도 많이 있다. 그중 도요토미 히데요시가 일으킨 침략전쟁 때 죽은 병사들을 공양하기 위해 세워진 '고려진적·아군 공양비'(高麗陣敵·我軍供養碑, 이하 고려진공양비)는 한국과의 악연을 담고 있어 특기할 만하다. 이것은 1597년 정유재란 때 죽은 아군과 적군을 공양하기 위해 1599년 6월 시마즈번 영주인 시마즈 요시히로(島津義弘, 1535-1619)와 아들 다다쓰네(忠恒)가 세운 공양비이다. 처음에는 오쿠노인 참배객들이 대사묘로 들어서기 위해 반드시 건너야 하는 어묘교 아래에 세워졌지만, 훗날 현재의 소재지인 시마즈가 묘역으로 이전되었다. 공양비 높이는 약 4미터 폭은 약 80cm이고 석재는 시마즈씨가 조선에서 실어온 것이라 한다.

고려진공양비를 보며 한편으로 '병 주고 약 주는 것 아닌가'라는 느낌을 받았다. 그러나 당사자가 아닌 외국인 가운데에는 다르게 보는 이도 있다. 가령 이 공양비를 목도한 세계유산 등록 사전조사원은 4백여 년 전에 이미 일본인이 적십자정신을 가지고 있었다며 놀랐다고 한다. 실제로 근대일본에서는 만국적십자사 가입을 둘러싸고 종종 고려진공양비가 거론되었다. 가령 오늘날 아사히신문 1면의 '천성인어'(天聲人語) 칼럼을 처음 고안한 언론인 니시무라 덴슈(西村天囚)는 〈오사카 아사히신문〉 1902년 10월 22일자 기사 '적십자와 무사도'에서 다음과 같이 적고 있다 : "적십자사의 정신 같은 것은 결코 서양에서 비롯된 것이 아니다. 우리나라에서는 예로부터 이를 실행해 왔다.…그 증거를 제시하자면, 금강산(金剛山)에 요세테즈카(寄手塚)와 미카타즈카(身方塚)가 있다. 이것은 일본 무사의 귀감인 구스노키 마사시게(楠正成)가 세운 것으로, 전사자에 대한 박애자인(博愛慈人)의 눈물은 피아 구별 없이 그 사체를 장사지내고 명복을 빌었던 것이다.…그 후 시마즈 부자가 조선의 전장으로부터 돌아와 피아 전사자 모두를 불도로 이끌기 위해 거대한 비석을 고야산에 세운 것은 구스노키공 부자의 유풍을 이은 것이라 할 것이다…우리들은 선조로부터 전해져 온 무사도를 계승하고 발휘하여 적십자사를 통해 우리의 정신을 실천하는 데 노력해야 할 것이다."

고야산 측 역시 종교전쟁이 끊이지 않는 인류 역사 속에서 신불습합(神佛쩝合)이라는 문화전통과 더불어 1200년 이상에 걸쳐 종파나 계급에 상관없이 심지어 적과 아군의 구별을 넘어서서 모든 것을 포용하는 정신이 고야산에 계승되어 내려왔기 때문에 세계유산에 등록된 것이라고 역설한다. 이는 세계에서 다시 찾아보기 힘든 현상으로, 그 배경에는 모든 생명이 연결되어 있고 평등하다는 구카이의 가르침이 있다는 것이다. 어쨌거나 이처럼 적과 아군을 평등하게 공양한다는 관념을 일본에서는 '원친평등'(怨親平等, 온신뵤도)이라고 한다. 일본의 원친평등 관념에 주목해 온 역사학자 이세연은 『사무라이의 정신세계와 불교 : 일본사회의 전사자공양과 원친평등』에서 '적·아군 공양'을 '피아전사자 공양'이라고 번역하면서 다음과 같이 말한다.

피아전사자 공양은 대체로 불교적 감화에 의해 형성된 일본사회의 미풍양속 또는 전통문화라는 시각에서 해석되어 왔다. 다시 말해 피아전사자공양은 일본사회에 뿌리내린 불교적 자비심을 배경으로 거행된 것이라 설명되어 왔다. 거기서는 원친평등이라는 불교용어가 원용되었다. 원친평등이란 감각적으로 인지되는 원수와 근친을 불교적 원리에 입각하여 평등하게 인식하고 대한다는 의미인데, 일본사회에서는 근대 이후 전사자 공양과 관련하여 불교적 자비심을 가리키는 용어로 정착되었다.

역대 부처 및 조사들의 어록과 행적을 모은 『전등록』(傳燈錄)에는 이런 일화가 나온다. 육조 혜능(慧能)의 입적 후 그의 머리(首)를 몰래 모시려 법구를 훼손한 도적이 있었다. 그 자를 붙잡은 관리는 혜능의 제자들에게 어떻게 처단하면 좋을지를 물었다. 그러자 제자 영도(令韜)는 "국법으로 논하면 사형이 마땅하나 부처님의 가르침은 자비이므로 원한과 친함이 평등합니다(佛敎慈悲冤親平等). 다만 선사를 모시려고 그러한 것이니 죄를 용서해 주소서"라고 답했다고 한다. 이처럼 원래 피아 구별 없이 대자대비로써 원수와 친구를 평등하게 대하여 모든 중생의 구제를 기원하는 불교용어인 원친평등을 일본에서는 피아전사자 공양의 정신으로 말해 왔고, 고려진공양비는 오늘날까지도 종종 그런 피아전사자 공양의 대표적인 사례로 거론된다.

실은 원친평등이란 용어를 일본에서 최초로 사용한 자는 구카이였다고 한다. 구카이는 〈이십오개조어유고〉에서 "직계 제자 중 심성이 부족한 자가 있다면 그에게 가르침을 전수해서는 안 되며, 또한 대대로 지도한 고승 직하의 제자, 동문의 제자, 혹은 문도 중에서 전수자를 정할 수 있더라도 원친평등에 입각해야만 한다."고 했는데, 여기서의 원친평등은 피아전사자 공양을 말할 때의 원친평등과는 맥락과 의미가 다르다. 즉 구카이는 사제관계에서 제자에게 밀교를 전수할 때 차별 없이 평등하게 똑같이 대하라는 뜻으로 원친평등이라는 불교용어를 사용한 것이다. 그러니까 구카이가 사용한 원친평등이라는 말이 4백년 후 가마쿠라시대에 이르러 그 의미가 확장 변용된 것으로 보아야 한다.

이와 더불어 피아전사자 공양 관례의 밑바닥에 뿌리 깊은 재앙신(다타리가미)과 원령(怨靈)에 관련된 공포심이 깔려 있다는 점도 간과해서는 안 될 것이다. 일본에는 헤이안시대 이래 전사자처럼 비정상적인 죽음을 당한 자가 원령이 되어 재앙을 일으킨다는 관념이 있다. 그런 원령에 대한 두려움은 현대인의 상상 이상으로 대단한 것이었다. 그리하여 신사나 사찰에서 원령을 신으로 모셔 제사지내면 어령(御靈)이 되어 더 이상 재앙을 일으키지 않는다고 여겼다. 구카이의 진언밀교가 헤이안 황실과 귀족들에게 대대적으로 환영받은 것도 밀교의례를 통해 원령의 분노를 진정시킬 수 있을 것이라고 기대되었기 때문이다. 물론 원친평등 관념은 단지 원령에 의한 재액의 공포와 관련된 원령신앙만으로 다 설명될 수 없다든가, 그것은 무사들뿐만 아니라 일본인 일반의 정신구조 근저에 일관되게 깔려 있는 관념이라는 반론도 가능할 것이다. 하지만 원령을 위무함으로써 어령으로 바꾸어 재앙을 피하려는 일종의 액땜 의식이 피아전사자 공양에 무의식처럼 깔려 있다는 점도 부정하기 어려워 보인다.

한편 원령신앙과 원친평등 관념을 신도와 불교의 습합이라는 관점에서 이해할 수도 있다. 사실 일본 종교사에 특이한 신불습합은 언제나 쌍방향적으로 이루어졌다. 즉 신도가 불교의 영향을 받았듯이 불교도 신도의 영향으로 변화하여 일각에서는 불교의 일본화가 진행되었다. 그리하여 원래의 재앙신 및 원령에 대한 공포로부터 발전해 온 신도신앙과 의례가 불교적 원리인 원친평등 개념에 의해 재해석되었다. 다시 말해 원령의 위무라는 지극히 일본적인 신도신앙이 불교의 원친평등과 융합하여 일본화된 불교적 제사로 변모해 온 것이다.

어쨌든 피아전사자 공양 관습에 원친평등 관념이 접목된 것은 분명 특이한 일본적 현상이다. 그런데 잘 들여다보면 원친평등 관념은 그저 하나의 표면적 명분일 뿐이고 피아전사자 공양의 숨은 목적은 딴 데 있어서 그 진정성을 전면적으로 받아들이기 어려운 측면이 있다. 이세연은 고려진공양비 비문을 분석하면서 이 점을 잘 밝혀냈다. 비문의 내용은 이렇다.

1597년 8월 15일 전라도 남원에서 전사한 명군 수천 명 가운데 시마즈군에 의한 사자는 420명이다. 같은 해 10월 1일 경상도 사천(泗川)에서 명군 8만여 명이 전사했다. 앙크. 조선에 진주했을 때 전사한 피아 군병을 불도로 이끌기 위해 비를 세운다. 상기 곳곳의 전장에서 희생된 아군 병졸은 3천여 명이다. 바다와 육지에서 횡사나 병사한 자는 상세하게 적기 어렵다. 사쓰마국(薩州) 시마즈 효고노카미(嶋津兵庫頭) 후지와라 아손 요시히로(藤原朝臣義弘). 1599년 6월. 아들 다다쓰네(忠恒) 세움.

위 비문 중 '앙크'란 태장계 대일여래를 의미하는 종자(種字) 즉 일본 밀교에서 불존을 상징하는 일음절의 주문(진언)을 범어로 표기한 말이다. 이 비문에 따르면 남원전투와 사천전투는 어디까지나 일본군과 명군의 전투가 된다. 시마즈씨는 조선군 전사자의 존재를 의도적으로 배제했는데, 그 배경에는 조선멸시관이 있다. 즉 신공황후의 삼한(조선)정벌 신화에 입각하여 고대에 조선이 일본에 복속했음에도 불구하고 이후 조공국으로서의 책무를 게을리 한 바, 일본군의 조선 침략은 그 잘못을 바로잡는 행위라고 여겼던 시마즈씨는 속국의 병사인 조선군을 일본군과 대등하게 맞설 수 있는 상대로 간주하지 않았고 그 대신 자신의 전공을 현창하고자 명군을 부각시킨 것으로 보인다. 게다가 위 비문은 사천전투에서 명군 8만 명을 죽였다고 적고 있는데, 이는 매우 과장된 숫자이다. 실제로는 30,817명이었다. 게다가 도요토미 정권이 공식적으로 인정한 38,717명도 시마즈씨의 수급 조작에 따른 것이었다. 이로 보건대 고려진공양비에는 교토의 이총(耳塚)과 마찬가지로 전승기념비로서의 의미가 있었다고 판단된다. 거기서 사자는 생자의 전공을 부각시키는 도구에 불과했다.

그런데 고려진공양비 옆에는 1609년 시마즈 요시히로가 생전에 세운 자신의 공양탑이 서 있다. 그 명문에는 "현당이세의 소원성취를 바라노라. 시

마즈 사쓰마모리 후지와라 아손 요시히로"(以現當二世所願成就也 島津薩摩守
藤原朝臣義弘)"라고 적혀 있다. 여기서 '현당이세'란 현세와 내세를 가리키는
불교용어이다. 이처럼 현생과 내생의 안온을 기원하며 생전에 자신의 공양
탑까지 세운 요시히로가 고려진공양비를 건립한 속뜻이 과연 원친평등에
있었으리라고 기대하기는 어려워 보인다.

등롱당과 대사묘

어묘교(御廟橋)를 지나자마자 왼쪽에 사람들이 길게 서 있었다. 무슨 일
인가 했더니 미륵석(彌勒石)이라는 돌을 만지기 위해서였다. 안내판에는 "이
돌은 '선인에게는 가볍고 악인에게는 무겁다'고 말해져 와서 별명 '중경석'
(重輕石)이라고도 한다. 본래는 미륵보살과 인연을 맺어주는 결연석으로 보
인다."고 적혀 있다. 그러니까 미륵보살과 인연을 맺기 위해 줄을 서서 기다
리고 있는 것이다. 사진을 열심히 찍고 있는데, 한 일본 남성이 나보고 '노
포토'라고 소리친다. 무슨 말인가 싶었는데, 알고 보니 어묘교부터 대사묘까
지의 공간은 신성한 곳이므로 사진 촬영 금지이고 모자도 벗으라는 것이다.
그 신성 공간 안에서 많은 일본인들은 현세의 복을 받기 위해 어떤 주술적
몸짓이든 마다하지 않는다.

어묘교 이후의 공간을 신성시하는 것은 말 그대로 그곳에 어묘 곧 대사묘
가 있기 때문이다. 대사묘 앞에는 일본인들이 공양하거나 봉납한 1만 수천
여 개의 등롱들이 안치된 등롱당이 있다. 등롱당에 들어서기에 앞서 사람들
은 저마다 도향(塗香)이라는 향가루를 양손에 비빈다. 그러면 정화된다는 것
이다. 이윽고 등롱당 안에 들어서니 천장과 벽면 가득히 크고 작은 등롱들
이 불빛을 발하고 있다. 우측에 등롱 공양의 접수처가 있는데, 안내문을 보
니 3일간의 등롱 공양은 1천엔이고 1년에 5만엔이며, 봉납은 작은 등롱이

어묘교 바로 앞쪽의 〈미륵석〉을 만지기 위해 긴 줄을 서서 기다리는 일본인들.
나무들 사이로 보이는 건물이 등롱당이다.

50만엔이고 큰 등롱이 100만엔이라 한다. 또한 납골 공양은 1인당 5만엔인데, 분골을 맡아 공양한 후 유족에게 돌려준다고 한다. 이 정도 되면 거대 비즈니스가 아닐 수 없다.

기이한 느낌이 들었다. 앞에서는 신성 공간을 만들어 놓고 뒤로는 장사하고 있는 것이 아닌가. 고야산은 두 얼굴을 가지고 있었다. 어디 고야산뿐이랴. 종교에 사람들이 몰리면 엄청난 돈이 모이니 어느새 종교 비즈니스로 상업화되는 것은 어디서나 찾아볼 수 있는 식상한 풍경이다. 접수처 좌측에는 쇼와 천황이 봉납한 '쇼와등롱'(昭和灯) 앞에 사람들이 줄 서서 동전을 새전함에 던지고 기도한다. 그 옆에는 시코쿠헨로와 사이코쿠 33개소 영장의 부적인 오사메후다(納め札)를 넣는 상자도 있다. 시코쿠헨로와 사이코쿠 영

장을 순례한 사람들이 마지막으로 이곳에 들러 순례의 피날레를 장식하는 것이다. 그리고 보니 오쿠노인을 비롯하여 고야산 여기저기서 흰 옷에 삿갓을 쓴 순례 복장의 남녀들을 목격했던 기억이 난다.

등롱당을 나와 뒤쪽으로 돌아가면 바로 대사묘 즉 구카이의 묘소가 나온다. 이곳이 바로 고야산 최대의 성지이다. 묘소 입구 위에는 금줄과 신도식 오리가미 및 부적이 붙어있고, 그 앞에는 양쪽으로 금빛 청동제 연꽃들이 장식되어 있다. 대사묘 뒤편으로 보이는 산은 고야산(姑射山, 917m)이라고 하는데, 고야산(高野山)이라는 명칭은 여기서 비롯된 것이다. 대사묘 앞은 사람들이 공양한 작은 촛불들의 흔들림과 향 연기로 자욱하여 몽롱한 풍경을 연출한다. 나는 등롱당 건물 벽면 쪽에 마련된 긴의자에 앉아 사람들이 끊임없이 와서 동전을 던지며 무언가를 기도하는 모습을 오랫동안 지켜보았다.

대사묘를 본 후 되돌아 나오면서 등롱당 지하실에도 들어가 보았다. 그곳에도 공양 중이거나 봉납된 등롱들이 빽빽하게 가득 차 있었고, 은은한 등롱 불빛에 마치 금가루로 뒤덮인 호수 밑바닥에 서 있는 듯한 기분이었다. 이세신궁 정궁의 마당과 마찬가지로 등롱당 앞마당에도 작고 흰 자갈들이 깔려 있다. 마당 한쪽에는 1977년에 이곳을 방문한 쇼와 천황이 남긴 와카가 적힌 판넬이 세워져 있다. 거기에는 "역사서에 나오는 오쿠노인을 참배하면서 삼나무 거목들이 늘어선 산을 오르네"(史に見る おくつきどころを をがみつつ 杉大樹並む 山のぼりゆく)라고 적혀 있다. 역대 천황들은 모두 시가에 능하다. 이는 실질적인 권력은 쇼군(將軍)이 가지고 천황은 학문과 문화 영역에만 한정시켰던 이원적 체제의 역사가 낳은 현상이다.

회사묘 : 현대의 사무라이 공양탑

오쿠노인을 되돌아 나올 때는 중교와 어묘교 사이에 위치한 〈공원묘지〉(公

園墓地) 쪽으로 빠져나왔다. 거기에 많이 세워진 이른바 '회사묘'들을 보기 위해서이다. 일본 회사는 사망한 임직원에 대해 회사장과 추도의례를 행할 뿐만 아니라 회사 자체의 묘지를 가진 경우가 많다. 고야산은 일본 최대의 회사묘 센터이다. 히에이산이나 도쿄 우에노공원 시노바즈노이케(不忍池)의 벤텐도(弁天堂)에도 기업묘가 있지만, 그것들은 규모 면에서 고야산에 비할 바가 못 된다. 오쿠노인의 회사묘는 일교를 기점으로 하는 참배로 안에도 점재하지만, 주로 동쪽의 중교 위쪽에 위치하는 약 1만평의 〈공원묘지〉에 많이 세워져 있다. 〈공원묘지〉는 전후 전몰자를 제사지내는 고야산 〈영령전〉의 완성에 즈음하여 새롭게 조영된 것이다. 이 밖에 1969년 인접한 곳에 약 2만평의 〈총본산 금강봉사 고야산 대영원(大靈園)〉이 조성되었는데, 이 고야산 대영원 내 주요 도로 양측도 거의 회사공양탑으로 가득 차 있다. 이런 고야산 내 회사공양탑의 건립은 대개 고도성장기에서 버블 붕괴 전까지가 정점을 이루었지만, 고야산의 묘지를 관리하는 금강봉사에는 현재에도 이곳에 회사묘를 세우고 싶다는 문의가 자주 온다고 한다.

물론 오쿠노인의 일교와 중교 사이에도 전국 무장들의 공양탑 사이사이로 마이니치(每日)신문사 제5대 사장의 묘소를 비롯하여 기업 관련 위령탑이 적지 않게 눈에 띈다. 〈오족지묘〉 근처에 위치한 〈항공순난자비〉(航空殉難者之碑)도 그중 하나이다. 신메이와(新明和) 흥업주식회사가 세운 이 〈항공순난자비〉의 비문에는 "일본 항공업계의 선각자인 일본항공 주식회사 상담역이었던 고 가와니시 세이베(川西清兵衛)씨의 발원에 의해 항공순난자 위령을 위해 1928년 5월 이곳에 〈항공순난자비〉를 건립하였고 그 후 가와니시항공기 주식회사 사장인 고 가와니시 료조(川西龍三)씨가 동 회사의 순난자를 합사 공양하여 (구)비석을 세웠는데, 그것은 이차대전 때 국가에 헌납되었다. 그 후신인 당사의 창립 10주년 때 가와니시 씨의 독지에 의해 당 비

항공기 모양의 〈항공순난자비〉 위령탑.

석을 재건하였다. 1959년 신메이와 흥업주식회사."라고 새겨져 있다. 항공기 모양의 위령탑이 인상적이다.

오쿠노인 묘지에 이런 회사 공양탑이 들어서게 된 것은 1927년 기타오(北尾) 신문사가 가묘(家廟)와 함께 〈물고점원지묘〉(物故店員之墓)를 건립한 것이 최초이고, 그다음이 1938년에 건립된 〈마쓰시타전기 묘소〉(松下電気墓所)이다. 이후 주로 오사카나 교토 등 간사이(關西) 지방의 회사들이 줄지어 고야산에 회사 공양탑을 세움으로써 오늘날 고야산은 회사 묘지의 성소와 같은 곳이 되었다. 현재 100개가 넘는 회사들의 기업 묘지가 들어서 있는데, 그것들은 대개 고도성장기에서 버블 경제 붕괴 이전까지의 시기에 집중적으로 세워졌다.

그중 중교 근방에 서 있는 〈마쓰시타전기 묘소〉(松下電器墓所)는 지금까지도 고야산을 대표하는 회사묘로 유명하다. 이곳에는 현재 창업자 마쓰시타 고노스케(松下幸之助, 1894-1989)의 공양탑과 함께 그의 분골이 수납되어 있는 마쓰시타 가문의 묘소 및 분골은 없고 영혼만 모시는 사망한 종업원들의 묘소가 함께 안치되어 있다. 마쓰시타전기 〈공양탑건립지(建立誌)〉에는 "1918년 마쓰시타전기 제작소 창설 이래 열성적인 종업원 가운데 불행하게도 상해와 질병으로 인해 사망한 사람들이 있어 실로 애통할 따름이다. 이에 이곳 천석(千石) 불멸의 영역에 영대(永代) 공양탑을 건립하여 그들의 정령을 추도함과 아울러 향후 순직하거나 재직 중 사망한 종업원들의 영을 합사하여 명복을 빌고자 한다…1938년 9월 마쓰시타전기산업 주식회사 사주 마쓰시타 고노스케 45세 경백(敬白)"이라고 적혀 있다. 바로 옆에는 2008년 마쓰시타전기에서 파나소닉사로 사명을 변경하면서 새로운 디자인으로 만들어 세운 〈파나소닉 묘소〉가 있다. 이곳에서는 매년 9월에 약 80여 명의 회사 임원들이 모여 위령 법요를 개최한다.

이 〈마쓰시타전기 묘소〉가 오쿠노인에 건립된 이래 특히 〈공원묘지〉에는 유명 기업들의 회사묘가 계속 들어섰다. 그중 특히 인상적인 위령비 건립을 통해 기업 선전 효과까지 노린 사례 몇 가지만 더 부연하기로 하자. 가령 닛산 자동차의 공양탑은 작업복 차림의 종업원 모습을 하고 있고, 야쿠르트 공양탑 앞에는 야쿠르트 병 모양의 묘석이 세워져 있다. 또한 UCC 우에시마 커피(上島珈琲) 회사는 커피컵 모양의 묘석을 조성했으며, 기린(麒麟) 맥주 주식회사는 기린 모양의 공양탑을 세웠다. 또한 비행기 부품을 제작하는 신메이와(新明和) 공업주식회사는 전술한 〈항공순난자비〉 외에도 〈공원묘지〉에 아폴로 11호가 발사된 1969년에 창업 20주년을 기념하여 아폴로11호의 형태를 한 로켓형 위령비를 건립했으며, 전기화학공업 주식회사(현 덴카 주식회사)의 회사묘는 '무한'을 상징하는 뫼비우스의 띠 모양을 하고 있다.

도쿄에 본사를 둔 양말, 스타킹, 내복 관련 유명 브랜드 회사인 후쿠스케(福助) 주식회사의 위령비는 '복(福)'자가 새겨진 단 위에 에도시대부터 유행한 복신 모양의 '후쿠스케 인형'이 세워져 있다.

고령자의 재산관리, 유언신탁, 생활지원, 장례 등을 종합적으로 지원하는 '사단법인 시니어 종합 서포트 센터'의 회사묘에는 이 회사의 이념인 "사람들이 서로 돕는다"는 '공조'를 테마로 조각가 우에다 쓰토무(植田努)가 제작한 부조가 세워져 있다. 이것은 최근의 2016년에 건립된 것인데, 부조 제작자인 우에다 쓰토무는 도쿄대학 농학부에 〈우에노 히데사부로(上野英三郎) 박사와 하치공(ハチ公)〉이라는 제목의 동상을 조각한 인물로 널리 알려져 있다. 이 밖에 샤프, 치요다(千代田)생명, 전국 건설전문 공사업(工事業) 단체 연합회를 비롯하여 세계적인 가발과 육모제(育毛劑) 관련 기업인 아데란스 (Aderans)사의 위령비 및 〈고야산대학 묘소〉도 사람들의 눈길을 끈다.

한편 〈공원묘지〉의 상징이라 할 만한 높은 키의 〈구세관음상〉(救世観音像) 바로 옆에는 한국계 실업가에 의해 건립된 거대한 〈야마모토가(安本家) 묘소〉가 있다. 오사카의 한국계 실업인인 야마모토씨가 제주도 출신의 모친 고종훈(高從訓)의 묘비와 함께 건립한 이 묘소는 회사보다 가족이 더 중요한 의미를 가진다. 눈에 확 띄는 3기의 거대한 한국식 무덤 봉분이 주변의 다른 묘소들을 압도한다. 일본인들은 한국인의 묘지라고 한마디씩 하며 지나간다.

2016년 7월 16일자 〈일본경제신문〉 기사는 고야산의 회사묘를 다루면서 회사원을 '현대의 사무라이'라고 표현한 바 있다. 이런 의미에서 고야산을 전국시대와 현대가 교차하는 역사적 로망의 공간이라고 적고 있다. 이 기사는 오사카부 스이타(吹田) 시립박물관 관장인 종교인류학자 나카마키 히로치카(中牧弘允)의 다음과 같은 말을 인용한다. "주군을 위해 봉공하는 무사

애견의 명복을 비는 〈애견지비〉.

를 기리는 일본문화는 현대기업에도 살아 숨쉬고 있다." 또한 시카고에서
온 전세계 묘석 비교연구자인 스미스씨의 "이렇게 기이한 형태의 묘석들이
모여 있는 장소는 처음이다. 하나의 기업에 오랜 기간에 걸쳐 근무하는 경
우가 많은 일본의 독특한 기업문화가 낳은 현상이다." 라는 인터뷰 기사도
싣고 있다. 확실히 현대 일본의 회사원은 종종 예전의 사무라이에 비유되곤
한다. 이 점에서 고야산의 회사묘는 전술한 사무라이 무장들의 공양탑들과
기묘한 대칭성을 보여준다.

　하지만 고야산 회사묘의 풍경이 담고 있는 기이함은 여기서 끝나지 않는
다. 그것들은 회사원의 추도를 넘어서서 사물이나 동물 혹은 곤충에 대한 공
양까지 포괄하는 데로 나아간다. 가령 〈공원묘지〉에는 오래 쓰다 버려진 불
단들을 공양하는 〈폐불단 공양탑〉(古い 仏檀の 供養塔)이 있는가 하면, 〈애견

지비〉(愛犬之碑)와 〈복어 공양탑〉도 세워져 있다. 특히 1967년 고베시의 〈후지이 의화학 시험동물취급소〉(藤井醫化學試驗動物取扱所)가 세운 〈동물공양탑〉은 비문에서 "화학의 진보에 따라 인체도 여러 가지 불명확하고 복잡한 질병에 걸리므로, 그 병의 원인을 발견하고 치료하기 위해 현대의학의 진보에 기여하여 희생된 실험동물의 명복을 진심으로 빌면서 이 공양탑을 건립하였습니다."라고 밝히고 있다. 나아가 사단법인 일본시로아리 대책협회가 세운 〈시로아리 공양탑〉은 구제(驅除) 박멸한 흰개미들을 매장한 곳인데 그 비문에는 "편히 잠들거라."고 적혀 있다. 일본인들조차 이런 회사묘들에 대해 이게 왜 여기에 있는지 알 수 없다는 놀란 표정으로 혀를 차며 지나간다.

대사신앙의 중층성

오쿠노인의 회사묘 중에는 〈대사다라니(大師陀羅尼)제약 공양탑〉도 있었다. 대사다라니는 배앓이에 잘 듣는 검은색의 작은 천연 환약인데, 나도 종종 애용한다. 어쨌든 2004년 세계유산으로 등재된 오쿠노인 주변의 방대한 묘역은 일본 최고의 명당으로 꼽혀 지금도 기업을 비롯하여 많은 사람들이 묘를 쓰고 싶어 하는 곳이다. 이는 무엇보다 거기에 구카이의 대사묘가 있기 때문일 것이다. 이처럼 고야산에 유골을 매장하거나 공양탑을 세우는 것을 납골신앙이라 한다. 고야산을 근거지로 삼는 우바소쿠 계통의 고야히지리(高野聖)가 전국을 돌아다니며 각 지방의 민중들로부터 시주를 받고 위탁받은 유골을 짊어지고 와서 고야산에 납골을 해주는 역할을 담당하면서, 납골신앙이 널리 유포되었다.

히지리(聖)란 승려도 아니고 속인도 아닌 반승반속의 민간수행자, 또는 사원에 소속하지 않은 수행승, 혹은 산악수험자나 신선도를 닦는 수행자를 가리킨다. 이는 원래 히지리(日知り) 즉 해의 길흉을 점치는 종교자 또는 신

성한 불을 관리하는 자를 의미했다. 이와 같은 히지리는 은둔, 고행, 유행, 주술성, 집단성, 세속성 등을 특징으로 한다. 역사적으로는 정토신앙에 근거한 염불히지리, 절과 신사의 조영과 수리 등을 위해 물자를 모으는 권진(勸進)히지리, 각지를 편력하면서 포교에 힘쓰는 유행(遊行)히지리, 장송에 관여하는 삼매(三昧)히지리 등이 있었다. 고야히지리는 이 중 염불히지리의 일종이지만, 대개 히지리는 위의 성격을 어느 정도는 모두 겸비하면서 불교 민중화에 선도적 역할을 담당했다.

다시 말하거니와 이런 고야히지리에 의해 고야산의 납골신앙이 성행하게 된 가장 큰 이유는 그곳에 홍법대사 구카이의 대사묘가 있기 때문이다. 사람들은 고야산에 납골함으로써 홍법대사와 인연을 맺으면 현세의 행복과 내세의 구제가 이루어질 것이라고 믿었다. 이런 믿음을 통상 대사(大使)신앙이라고 부른다. 여기서 대사가 홍법대사를 지칭하는 것임은 말할 나위 없다. 대사신앙에는 통상 구카이의 신격화가 따라다닌다. 가령 구카이가 무로토 갑(室戶岬)에서 용을 조복시켰다든가 하늘에서 별이 떨어져 구카이의 입을 통해 몸 안으로 들어간 뒤 머리가 명석해졌다는 설화들이 수없이 많이 만들어졌고, 그것들이 대사의 영험으로 받아들여짐으로써 구카이는 일본인들에게 독특한 신앙대상이 되었다. 시코쿠헨로는 이러한 대사신앙에 의해 형성된 대표적인 순례문화이다.

대사신앙의 주요 특징 중 하나로 구카이가 지금도 살아서 일본 전국을 돌아다니며 여러 가지 기이한 영험을 발휘하면서 중생 구제에 힘쓰고 있다는 관념을 들 수 있다. 고야산 입구의 총문에 해당하는 고야산 금강봉사 대문(大門) 좌우에 목제 족자가 걸려있는데, 우측에는 "날마다 모습을 드러내기를 그치지 않는다(不闕日日之出影向)." 그리고 좌측에는 "곳곳의 유적을 검지하신다(檢知處々之遺跡)."라고 적혀 있다. 이는 구카이가 오쿠노인 안에 거하면서 고야산에 오는 사람들을 구제함과 동시에 날마다 대사묘로부터 모습을 드러내어 생전에 순행한 곳을 돌아다니며 사람들을 구제한다는 뜻이다. 그리하여 오늘날에도 동행이인(同行二人)이라 적힌 삿갓을 쓴 시코쿠헨로 순례자들은 '혼자가 아니라 구카이와 함께 동행하여 걷는다'고 여긴다. 이와 같은 대사신앙에는 그 원점인 오쿠노인 대사묘를 둘러싼 납골신앙뿐만 아니라 이른바 입정신앙을 비롯하여 미륵신앙과 정토신앙이 함께 동거하고 있다. 다음에는 이 점에 대해 좀더 살펴보기로 하자.

고야산과 입정신앙

일본에는 구카이가 명상에 든 채 이 세상에 신체를 남기고 입적했는데, 지금도 중생 구제를 위해 노력하고 있다고 믿는 사람들이 많다. 이를 입정(入定)신앙이라 한다. 입정에서 '정'(定)이란 선정(禪定)의 약자로 종교적 명상의 경지를 가리키는 말이고, 입정이란 원래 이런 경지를 실현하는 것을 의미한다. 구카이의 경우 입정은 불사의 몸으로 지금도 선정에 들어가 있다는 것을 가리킨다. 앞에서 납골신앙을 전국에 유포한 고야히지리에 대해 언급했는데, 그들은 바로 홍법대사의 입정신앙을 설하면서 납골을 권했다. 구카이가 지금도 살아 있는 모습으로 입정 중에 있다는 것이다. 그래서 오쿠노인의 어공소(御供所)에서는 하루에 두 차례씩 어김없이 대사에게 식사를 바친다. 1098년경에 성립한 오에노 마사후사(大江匡房)의 『본조신선전』(本朝神仙傳)에 나오는 다음 구절은 입정신앙이 어떤 것인지를 엿볼 수 있게 해준다.

(홍법대사는) 그 후 금강봉사에서 금강정(金剛定)에 들어가신 이래 지금도 그곳에 살아 계신다. 처음에 그곳을 찾아간 사람들은 모두 대사의 머리카락이 계속 자라고 모습이 변하지 않았음을 볼 수 있었다. 산정을 파고 반

리 정도 밑에다 선정(禪定)을 위한 암실로 삼았다.

여기서는 입정 대신 '금강정'이라고 표현되어 나오지만 '선정'이라는 말이 쓰인 것을 볼 때 내용적으로 입정과 크게 다르지 않아 보인다. 이에 비해 984년에 성립한 미나모토노 다메노리(源為憲)의 불교설화집『삼보회권』(三宝絵巻) 하권에는 "835년 봄 기이국 금강봉사에서 62세로 입정(入定)하셨다." 고 하여 직접 입정이라는 표현을 쓰고 있다.

구카이는 사후 23년이 지난 857년 10월 제자 신제이(眞濟)의 상표에 따라 몬토쿠(文德)천황으로부터 대승정(大僧正)의 관위를 수여받았다. 이로부터 다시 60여 년이 지난 921년 10월 27일 제자 간겐(觀賢)의 진정에 의해 다이고(醍醐) 천황이 홍법대사라는 시호를 하사하자, 다음 달 간겐은 이 시호를 받들고 고야산에 올라갔다.『제왕편년기』(帝王編年記) 권13의 기사는 그때의 정황을 다음과 같이 묘사한다.

간겐이 (구카이 입멸) 수십 년 후 묘소 문을 열고 들어가서 대사를 뵙고자 했으나 안개가 자욱하여 아무것도 보이지 않았다. 이에 간겐이 참회의 예배를 올리자 대사가 나타나 배알할 수 있었다. 그의 모습은 마치 자욱한 안개 속에 밝게 빛나는 달과 같았다. 간겐은 환희하면서 대사의 머리를 삭발시켜주고 가사를 갈아입혀 드렸다. 대사의 육신은 고야산의 수림에 머무른 채 영혼은 도솔천의 구름 위에 있는 것이리라.

『금석물어집』(今昔物語集) 권11 제25화 〈홍법대사가 처음으로 고야산을 세운 이야기〉에도 이것과 동일한 일화가 나온다. 고야산에서는 이때부터 매년 대사에게 새로운 가사를 바치는 가사공양의례(御衣替え)를 거행해 오고 있다. 이 밖에 교토 사람들은 지금도 매달 대사가 돌아가신 21일마다 동사(東寺)에서 '고보상'(弘法さん) 또는 '고보시'(弘法市)라는 생활 장터를 축제처럼 열고 있다. 많게는 1천개의 천막으로 이루어진 벼룩시장인데 다양한 중고품, 고서적, 골동품, 도자기, 의복, 식품 등을 사고판다. 특히 연말인 12월 21일에 열리는 '시마이 고보'(終い弘法)가 가장 성대하다. 이와 같은 입정신앙이 형성된 11, 12세기는 헤이안 귀족정치의 혼란, 장원경제의 파탄, 무사계급의 등장, 말법시대가 도래했다는 말법신앙 등으로 인해 사회적, 경제적, 문화적, 종교적으로 극심한 혼란기였다. 그런 가운데 입정신앙을 형성시킨 직접적인 동인은 말법사상의 확산에 따라 당시 급속히 퍼진 정토교에 대응하려는 고야산 부흥의 의지에 의한 것으로 보인다.

고야산과 미륵신앙

여기서 대사신앙의 중핵인 입정신앙은 미륵신앙 및 정토신앙과 동전의 양면과 같은 관계에 있다는 점을 강조하지 않을 수 없다. 먼저 미륵신앙부터 생각해 보자. 입정신앙에 입각한 대사신앙의 근저에는 고야산에 참배하거나 납골하여 구카이와 인연을 맺으면 미륵불을 통해 구원받을 것이라는 신앙 또는 자신이 직접 찾아가서 체험할 수 있는 고야산이야말로 도솔천이자 미륵하생의 정토 또는 현신정토라는 관념이 깔려 있기 때문이다. 먼저 입정신앙과 미륵신앙의 밀접한 연관성부터 살펴보자. 이 점은 구카이가 입멸 직전 제자들에게 남긴 〈이십오개조어유고〉에 나오는 다음 구절에서 잘 엿볼 수 있다.

내가 눈을 감은 후에는 반드시 도솔타천(兜率他天)에 왕생할 것이다. 미륵 자존(慈尊)을 받들고 있다가 56억여 년 뒤에는 반드시 자존을 모시고 하생해서 나의 생전의 자취를 물을 것이다.

일반적으로 미륵삼부경(彌勒三部經)에 입각하여 발생한 미륵신앙이란 석가모니 입적 후 그의 제자 미륵보살이 도솔천에서 수행하다가 56억 7천만년 뒤 이 세상으로 내려와 용화수(龍華樹) 밑에서 도를 이루고 세 번의 설법(龍華三會)을 행하는데, 이 설법을 들은 사람들은 왕생을 얻는다는 신앙을 가리킨다. 이런 미륵신앙에는 신앙인이 임종 후 그 정토인 도솔천에서 일단 미륵보살의 설법을 듣다가 56억 7천만년 후 미륵보살과 함께 지상에 하강해서 세 번의 설법을 듣고 왕생을 얻는다는 미륵상생신앙과, 이 세상에서 56억 7천만년 동안 미륵보살이 출현하기를 기다려 그 설법을 듣고 왕생을 얻는다는 미륵하생신앙이 있다.

이런 맥락에서 보자면 구카이 자신의 미륵신앙을 보여주는 위 인용 구절에서 사후 도솔천에 왕생한다는 것은 미륵상생신앙을, 그리고 56억여 년 뒤에 하생한다는 것은 미륵하생신앙을 가리킨다. 하지만 이것은 구카이를 기준으로 삼았을 때이며, 구카이를 대사신앙의 대상으로 믿는 일반 민중들의 관점에서 보자면 다른 이해도 가능하다. 즉 미륵보살을 믿고 받드는 사람이 장구한 세월을 기다릴 수는 없으므로 현재 보살이 있는 도솔천에 태어나고자 염원하며 부지런히 덕을 쌓고 노력한다는 것이 미륵상생신앙이고, 미륵보살이 보다 빨리 지상에 강림하기를 염원하며 수행하는 것이 미륵하생신앙이 된다. 이런 관점에서 보자면 835년에 입적한 구카이가 지금도 고야산에서 살아 있는 채로 56억 7천만년 후 미륵보살이 하생할 때를 기다리고 있다는 관념은 미륵하생신앙을 기반으로 한 것이라고 볼 수 있다.

일본의 경우 8세기에서 10세기 사이에는 미륵상생신앙이 발달했으나, 11세기 이후 말법사상의 대두와 함께 미륵하생신앙이 나타났다. 구카이의 입정설화는 미륵하생신앙에 입각한 일본적 특성을 잘 보여준다. 예컨대 입정설화 중에는 미륵보살이 용화삼회 중 일회를 이미 고야산에서 설법했는데 그때 구카이가 출정(出定)했다는 이야기가 있다. 여기서 출정이란 입정과 대비되는 개념으로 선정 상태에서 원래의 평상시 상태로 돌아가는 것을 뜻하는 말이다. 또한 구카이는 56억 7천만년 후의 미륵 출세 때까지 중생을 구제하는 역할을 수행한다는, 다시 말해 석가모니와 미륵보살 사이의 안내자(大導師)라는 식의 입정설화도 있다. 이와 관련하여 황족과 귀족에서 일반 서민에 이르기까지 다양한 계층의 가요를 수록한 가집 『양진비초』(梁塵秘抄)에 나오는 다음 두 시가도 주목할 만하다.

> 가섭존자의 선정은 계족산(鷄足山) 구름 위의 봄 안개 자욱한 용화회에 부촉(付囑)의 가사를 전하기 위함이어라.
> 삼회의 새벽을 기다리는 자는 장소를 정해서 계시네. 계족산에는 마하가섭이, 고야산에는 대사께서.

여기서 '부촉'이란 부처가 대법을 부여 촉탁하는 것을 뜻하는 말이다. 미래불인 미륵불의 출현을 예고하는 『미륵하생경』에 따르면 석가모니는 미륵보살이 56억 7천만년 후 수행을 끝내고 세상에 출현하면 석가의 가사를 전해주도록 가섭존자(迦葉尊者, 마하가섭)에게 위탁해 두었으며, 가섭존자는 이 가사를 미륵보살에게 전하기 위해 56억 7천만년 동안 계족산에서 선정에 들어 있다고 한다. 위 시가에서 구카이는 가섭존자에 그리고 고야산은 계족산에 비견되고 있다. 다시 말해 구카이가 말법시대를 지키는 가섭존자의 이미지로 수용되고 있는 것이다.

이렇게 보건대 오쿠노인의 납골 관습도 실은 미륵신앙 때문에 성행한 것이라고 말할 수 있다. 즉 56억 7천만년 후 미륵보살이 이 세상에 나타나 용화수 밑에서 깨달음을 얻고 삼회 설법을 하여 사람들을 구제한다는 용화삼회의 장소가 바로 고야산이라는 신앙 때문에 사람들이 오쿠노인에 묘를 쓰고 싶어 한 것이다. 거기서 구카이는 이 용화삼회에 참석하여 설법을 듣기 위해 오쿠노인에서 입정했다고 믿어진다. 그때까지 구카이는 날마다 오쿠노인으로부터 일본 전국을 돌아다닌다는 것이다. 어쨌거나 이러한 입정신앙에서 고야산을 미륵보살의 정토인 도솔천 혹은 그 도솔천으로 통하는 지름길로 보는 관념은 매우 뿌리 깊다.

고야산과 정토신앙

고야산은 구카이에 의한 개창 이후 현세의 정토를 설하는 즉신성불의 밀교의 산으로 출발했으나, 후대에는 점차 내세의 왕생을 기원하는 정토교의 산으로 변모해 갔다. 앞서 살펴본 납골신앙의 풍습은 그 구체적인 표현이라 할 수 있다. 정토신앙이 강했던 중세의 고야산은 진언밀교의 그림자가 가장 희박했던 시대였다. 예컨대 다채로운 염불춤을 전개하고 독특한 염불신앙을 퍼뜨린 시종(時宗)의 개조 잇펜(一遍, 1239-1289)이 고야산에 올라간 것은 매우 상징적인 일화이다. 당시 고야산에는 전국을 유행하면서 염불을 권하고 정토신앙을 포교하며 오쿠노인의 입정신앙과 납골신앙을 퍼뜨린 고야히지리들이 활발하게 활약하고 있었다. 잇펜의 고야산 등산 이래 백 수십여 년이 지난 15세기경의 고야산은 사실상 시종화되어 있었다.

헤이안시대 『양진비초』의 "정토는 수없이 많지만 아미타의 정토가 가장 뛰어나네."라는 시가에서 엿볼 수 있듯이, 일찍이 아미타 정토신앙이 널리 퍼져 있었다. 그런 정토신앙이 진언밀교의 도장에 부가되어 사자의 영을 모시고 정토에 대한 사람들의 염원을 충족시켜줌으로써 고야산이 일본 총보리사로서 알려지게 된 것이다. 이리하여 "1223년 고야산에 장육당(丈六堂)을 조영해서 미나모토노 요리토모(源頼朝)의 모발을 본존 아미타불 속에 봉납했다."는 『제왕편년기』 권24의 기사에서처럼 고야산에는 미륵정토 외에도 아미타 정토 등 다양한 정토신앙이 공존하게 되었다.

고야산과 산악신앙

되풀이 말하거니와 원래 고야산은 산악영장이었다. 구카이 또한 원래는 산림수행자였다. 이와 더불어 고야산의 산악신앙은 대표적으로 고야히지리의 존재와 산중타계신앙에서 잘 엿볼 수 있다. 가마쿠라시대에는 근본대탑을 중심으로 하는 단상가람은 학려(學侶)라 불린 승려들이 관리하고, 대사묘가 있는 오쿠노인 등은 고야산에서 수험도(修驗道)의 산악수행을 행하던 행인(行人, 교닌)들의 관리 하에 있었다. 고야히지리는 원래 이 수험도적 행인 중에서 갈라져 나온 것이다.

이런 산악신앙의 요소에서 특히 주목할 것은 일본인의 전통적인 타계관이다. 일본인은 일반적으로 죽은 자의 영혼이 산으로 가서 정화된 후에 조령(조상신)이 되어 다시 사람 사는 마을로 내려온다는 민속적 관념을 가지고 있다. 일본 민속학에서는 이것을 산중타계신앙이라고 부른다. 그러니까 일본 고래의 신앙에서 산중은 타계로 간주되어 사후 영혼이 가는 곳으로 관념되었던 것이다. 고야산에 대규모의 묘소군이 형성된 것은 이런 산악신앙에다 입정신앙, 미륵신앙, 정토신앙 등이 합쳐져 선조의 유해를 오쿠노인에 묻으려는 원망 때문이다. 오쿠노인에 납골하는 사람들에게 고야산은 도솔천이기도 하고 동시에 조상이 은거하다가 일정 기간이 지나면 조상신으로 재생하는 영장으로 믿어졌다.

오쿠노인의 대사묘에 가려면 세 개의 강 위에 놓인 세 개의 다리를 건너야 한다. 신화와 종교의식에서 흔히 강은 현세와 이승의 경계로, 그리고 다리는 사자가 현세에서 이승으로 가기 위한 건널목으로 비유되곤 한다. 그런 강과 다리 건너편은 저승이나 정토 등의 타계에 해당되며, 그 타계에 들어가려면 강물에 의한 정화가 요청된다. 가령 일교(一の橋)와 그 밑에 흐르는 오도강(御殿川)에 대해 『고야산비기』(高野山祕記)는 그곳에 '대도용혈'(大渡龍穴)이 있다고 적고 있다. '대도'란 일교의 별칭이며, '용혈'이 있다는 것은 이 강이 전통적인 타계로 통하는 입구였음을 의미한다.

한편 중교(中の橋)의 정식 명칭은 조즈바시(手水橋)인데, 이것은 오늘날 모든 신사의 배전 앞에 놓인 조즈야(手水舍, 데미즈야)라는 정화시설을 연상시킨다. 『남산비기』(南山祕記)에 따르면 다이고(醍醐)천황으로부터 홍법대사에게 가사를 헌상하라는 칙명을 받은 관리가 부스럼병으로 어명을 따를 수 없었다. 그런데 꿈에서 대사로부터 고야산의 영수를 마시라는 계시를 받은 관리가 중교 밑에 흐르는 강물을 마시고 목욕을 하자 즉각 병이 나아 무사히 칙명을 수행할 수 있었다고 한다. 이 전승은 이곳이 예전에 미소기(禊ぎ) 장소였음을 말해준다. 또한 어묘교(御廟橋)는 일명 '무명의 다리'(無明の橋)라고도 하는데, 그 밑에 흐르는 고뵤강(御廟川)은 원래 걸어서 건너면서 미소기를 행하는 강이었다. 이 강에서 손과 발을 씻어 게가레(穢れ)를 정화해야만 부처의 정토로 들어갈 수 있다고 여겨진 것이다.

니우쓰히메신사

여기서 미소기나 게가레 같은 신도(神道) 개념이 등장하는 것은 고야산이 전형적인 신불습합(神佛習合)의 영산이라는 점에서 볼 때 지극히 자연스러워 보인다. 고야산의 신불습합 하면 먼저 떠오르는 것은 진언밀교와 신도가

습합하여 성립된 중세신도 최초의 유파인 양부(兩部, 료부)신도이다. 진언신
도라고도 불리는 양부신도설에는 구카이와 관련된 이야기가 많이 나온다.
하지만 본고에서는 고야산과 직접 연관된 신불습합의 사례에 한정하여 살
펴볼 것이다. 예컨대 히에이산과 더불어 일본불교 최대의 성지로 일컬어지
는 고야산에서는 지금도 니우명신(丹生明神), 고야명신(高野明神), 시라카미
이나리대명신(白髮稻荷大明神)과 같은 신도 신들을 제사지내고 있다. 진언종
사원에서는 수호신으로 신도의 이나리대명신을 모시는 경우가 많다. 니우
명신과 고야명신에 관해 좀더 상세하게 살펴보자.

　헤이안시대 후기에 완성된 작자 미상의 설화집인『금석물어집』(今昔物語
集) 권11 제25화에는 사가(嵯峨) 천황이 구카이에게 고야산을 하사했다는 정
설과 다른 전승이 나온다. 그 설화는 다음과 같다. 구카이가 수행에 적합한
곳을 찾아 걷다가 지금의 나라현 고조시(五條市)에 이르렀을 때 흑백 두 마
리의 개를 데리고 있는 사냥꾼을 만났다. 실은 가리바명신(狩場明神)의 현현
인 사냥꾼은 개를 풀어놓고는 구카이에게 그 개를 따라가라고 말했다. 구카
이가 그 말대로 했더니 이번에는 지금의 와카야마현 가쓰라기정(葛城町)의
토지신인 니우명신(丹生明神)이 나타났다. 구카이는 이 니우명신으로부터
고야산을 수여받아 금강봉사를 세웠다는 것이다.

　앞에서 자존원 경내에 위치한 니우칸쇼부신사를 언급했는데, 그 배전에
서 흥미로운 에마(絵馬)를 보았다. 네 컷으로 이루어진 그 에마 그림에는 교
토 동사를 진언밀교의 거점으로 삼고 있던 구카이가 어느 날 흰 개와 검은
개를 수반한 가리바명신과 만난 후 그의 인도에 따라 816년(弘仁7) 고야산을
개산하여 금강봉사 근본도장을 건립하고 같은 해 니우(丹生)신사를 창건하
여 니우명신과 고야명신을 모셨다는 내용이 묘사되어 있다. 고야산과 근본
도장 및 니우칸쇼부신사(니우신사)의 창건 유래를 밝히고 있는 것이다.

이 설화에 나오는 니우명신은 구카이 이전 고야산의 지주신인 니우쓰히메(丹生都比賣神)를 가리킨다. 여신 니우쓰히메는 『고사기』와 『일본서기』에는 나오지 않고 일본에서 가장 오래 된 지방지 중 하나인 『하리마국 풍토기』(播磨國風土記)에 처음 등장한다. 이 문헌에 따르면 신화적 인물인 신공(神功)황후가 하리마국에서 원정의 무운을 신들에게 기도하자, 이자나미의 딸 니우쓰히메가 나타나 "나를 제사지내면 능력을 주어 상대 나라를 평정하게 해 주겠다."고 하면서 황후에게 적토를 수여했다. 황후는 이 적토를 아메노사카호코(天の逆鉾)라는 창에 발라 군선 뱃머리에 세우고 또한 배 외부와 병사의 갑옷에도 발랐더니 아무런 저항도 받지 않고 신라를 정벌할 수 있었다고 한다. 이에 개선 후 니우쓰히메를 모시는 신사를 세웠는데, 그것이 니우쓰히메신사의 기원이라는 것이다. 특히 규슈 지방과 효고현 지역에는 이런 식의 기묘한 신공황후 설화가 곳곳에 많이 전해진다. 신공황후는 오늘날 학계에서 가공적인 인물로 말해지고 있는 데도 말이다.

한편 오늘날 고야산의 단상가람에 모셔져 있는 가리바명신은 산신 니우쓰히메를 섬기는 제사자로 고야명신(高野明神)이라고도 한다. 그러니까 신성한 고야산에 이국종교인 불교 가람을 세우고자 할 때 지주신인 산신의 허가를 받은 셈이다. 니우명신과 고야명신(가리바명신)은 현재 고야산 기슭의 가쓰라기정 아마노(天野) 마을에 위치한 니우쓰히메(丹生都比売)신사에 모셔져 있다. 니우쓰히메를 제신으로 모시는 전국 180여 개소 신사의 총본산이자 세계유산으로 지정되어 있는 이 신사는 예로부터 금강봉사와 매우 밀접한 관계를 유지해 왔다. 제신인 니우명신(丹生都比売神)과 고야명신(高野御子大神, 다카노미코)이 구카이의 고야산 개창과 관련된 신으로 숭경받고 있기 때문이다. 그래서 메이지유신 직후의 신불분리 이래 오늘날까지도 금강봉사 승려들은 주기적으로 니우쓰히메신사를 참배한다.

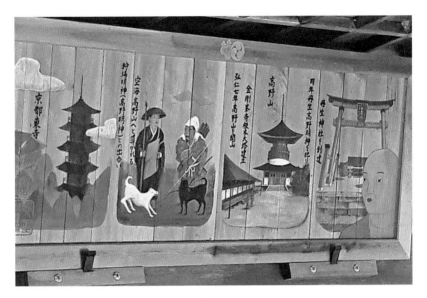

니우칸쇼부신사 배전에 걸려 있는 에마.
고야산과 근본도장 및 니우칸쇼부신사의 창건 유래가 네 컷 그림으로 묘사되어 있다.

니우쓰히메신사는 당연히 신사를 상징하는 입구인 도리이(鳥居)가 있다. 그런데 금강봉사의 경우 또한 불교 사찰임에도 구카이가 고야산을 개창했을 당시 그 입구인 대문(大門)은 원래 도리이였다. 불교 사원의 산문이 도리이라는 것은 그것이 수험도 계통의 사원임을 의미한다. 지금도 산악사원으로서 도리이 산문을 가진 것은 수험도 계통의 사찰이다. 그러다가 1140년 재건 때 금강봉사의 대문이 현재와 같은 누문(樓門)으로 변경되었다. 이런 변화는 고야산이 신도와 습합한 수험도적 영산에서 밀교의 본산으로 질적인 전환을 이루었음을 시사한다.

앞서 살펴본 니우칸쇼부(丹生官省符)신사는 구카이의 모친이 거주했다는 자존원(慈尊院)의 수호신사이다. 여기서 자존이란 미륵보살을 가리키는 별칭이다. 이는 자존원에 거했다는 구카이의 모친을 미륵보살의 현신으로, 그리고 자존원을 미륵정토인 도솔천으로 간주했다는 것을 암시한다. 그런데 이런 불교 사찰 경내에 니우칸쇼부신사의 도리이가 세워져 있다. 심지어 고야산 단상가람 안에도 어사(御社, 미야시로)라는 신사가 있고 그 앞에 도리이가 서 있다. 사실 고야산에는 이 밖에도 여기 저기 발 닿는 곳마다 흔히 도리이가 눈에 띈다. 이는 미륵정토와 신도 가미(神)의 세계가 일체라는 신불습합적 관념을 표상한다.

고야산의 신불습합

고야산의 신불습합은 여기서 끝나지 않는다. 전술했듯이 고야산 승려들은 수정논의 의례 때 정의대명신과 수의대명신 같은 신도 신을 승방에 모신다. 또한 『제왕편년기』 권13의 기사에 나오는 도솔천은 천상타계의 이미지를 가진다. 미야타 노보루(宮田登) 등 기존의 미륵신앙 연구자들은 미륵신앙의 타계를 해상타계로 설정하고 천상타계에 대해서는 거의 주목하지 않았다. 그런데 "내궁과 외궁은 바로 양부의 대일(大日)이라고 전해 들었다. 아마노이와토(天岩戸)는 도솔천이다. 고천원(다카마노하라)이라고도 한다."는 중세 불교설화집 『사석집』(沙石集)의 구절은 미륵신앙의 천상타계관을 엿볼 수 있게 해 준다. 물론 이는 미륵과 도솔천이 본지이고 아마테라스와 고천원을 수적으로 보는 본지수적설(本地垂迹說)의 전형적인 사례이다. 거기서 아마테라스는 미륵의 현현이고 고천원은 도솔천의 다른 이름으로 등장하고 있다. 이는 고야산 입정신앙과 결부된 미륵신앙의 천상타계관을 시사한다. 나아가 미륵하생신앙이 말하는 미륵보살의 하강을 천손강림의 신화적 구조와 유비시킬 수도 있겠다.

나아가 고야산의 가사공양의례를 이세신궁(伊勢神宮)의 신어의제(神御衣

──── 구카이를 고야산으로 인도한 니우명신(니우쓰히메)과 고야명신(가리바명신)을 모신 니우쓰히메신사.

祭, 간미소사이)와 대비시키는 것도 가능해 보인다. 전승에 따르면 가사공양 의례는 921년 11월 구카이에게 홍법대사 시호가 하사된 뒤 1개월이 지나서 다이고 천황이 꿈에 계시를 받아 노송나무색 가사를 대사에게 헌상한 것에서 비롯되었다고 한다. 하지만 문헌기록상으로는 이보다 10여 년 앞선 910년 구카이의 제자 간겐(觀賢)에 의해 교토 동사의 관정원(灌頂院)에서 조사의 명일에 그 도상(御影)을 공양하는 불교 법회인 미에쿠(御影供) 법요가 행해진 것이 가사공양의례의 최초 사례이며, 고야산에서는 1057년부터 시작되었다. 현재는 매년 구카이의 명일(命日)인 3월 21일에 쇼미에구(正御影供)라는 법요가 행해진다.

구카이가 입적한 날 새로운 가사를 공양하면서 묵은 가사(실은 대사 영정 옆에 2년 동안 모셔져 있던 가사)는 그 해의 신임 승정이 1년 동안 입게 된다. 이는 고야산의 가사공양의례가 재생의례임을 보여준다. 그러니까 구카이의 영이 신임 승정을 통해 재생한다는 관념이 가사공양의례에 깔려 있다는 말이다. 이런 관념은 이세신궁의 신어의제에서도 엿볼 수 있다. 아마테라스를 모신 이세신궁 내궁 및 아마테라스의 황혼(荒魂, 아라미타마)을 모신 별궁 아라마쓰리궁(荒祭宮)에서는 헤이안시대 이전부터 음력 4월과 9월(현재는 5월과 10월) 14일에 비단과 마포에 실과 바늘을 첨가해서 아마테라스에게 봉납해 왔다. 이는 계절의 변환기에 아마테라스에게 공물을 봉납함으로써 신의 영험을 유지하기 위한 것이다.

가사공양의례와 신어의제는 공통적으로 태양신 신앙에 토대를 둔 의례이다. 마찬가지로 진언종에서는 구카이를 '편조대사'(遍照大使)라 하여 대일여래와 일체시한다. 구카이를 태양신으로 간주하는 것이다. 이는 대사강(大使講)이라는 민간신앙에서도 확인할 수 있다. 일본 각지에 걸쳐 음력 11월 23일(또는 24일)에는 반드시 눈이 내리며 홍법대사가 방문하는 날이므로 무와

팥죽을 공양물로 준비하고 기다리는 풍속이 있다. 이 기간은 태양이 소생하는 동지의 시기와 일치한다. 여기서 우리는 대사신앙과 태양신 신앙의 습합을 엿볼 수 있다.

고야산의 역설

대사신앙의 중층 구조는 한편으로 진언밀교의 양부 만다라뿐만 아니라 다른 한편으로 고야산의 이원적 공간구조와도 공명하는 측면이 있다. 즉 밀교를 대표하는 단상가람과 입정신앙에 토대를 둔 오쿠노인은 금태 만다라의 이원적 세계를 연상케 한다. 하지만 그런 이원성이 항상 조화로운 것만은 아니다. 가령 '여인금제의 산'과 '여인고야의 산'이라는 고야산의 이원성은 개창자 구카이의 한계를 뚜렷하게 노출한다. 이른바 가마쿠라 신불교의 호넨(法然)과 도겐(道元)은 여인금제에 대해 비판적인 입장을 취했다. 가령 도겐은 주저 『정법안장』(正法眼藏)에서 "예배를 드리고 청하는 것은 출가의 으뜸가는 일과 같다. 비록 여인이라 해도 축생이라 해도 그러하다."고 적고 있다. 이에 반해 구카이는 승방에 여인을 들이지 말라고 강조했다. 이는 즉신성불의 진언밀교를 체계화하고 종예종지원이라는 이상적인 학교를 세웠으며 사후에는 신격화되어 납골신앙, 입정신앙, 미륵신앙, 정토신앙 등으로 중무장한 대사신앙의 숭경 대상이 된 구카이라 할지라도 여성의 게가레를 강조한 당대 사회의 시대적 한계까지 넘어서지는 못했음을 여실히 보여준다. 그런데 구카이 사후 반세기도 채 지나기 전인 883년에 제자 신넨(眞然)은 고야산을 오르는 자는 어떤 죄장(罪障)이라도 곧바로 소멸된다고 선포했다. 이는 후에 고야산을 '현세의 정토'로 만든 근본이념 중 하나이다. 그렇다면 여인의 죄장도 소멸될 것이니 처음부터 여인금제 자체가 불필요했던 것은 아닐까? 확실히 고야정토 신앙과 여인금제는 모순의 관계이다.

또한 구카이가 『십주심론』에서 기술한 깨달음의 열 단계는 앞의 아홉 단계가 현교이고 마지막 10단계만이 밀교(9현1밀)이다. 하지만 밀교에서는 번뇌와 악과 미혹을 포함한 일체의 존재가 모두 궁극적 근원인 대일여래의 드러남이라고 보는 관점에서 앞의 아홉 단계도 밀교적 진리의 현현으로 간주하기도 한다(9현10밀). 이로써 구카이는 다른 모든 종파는 물론이고 밀교적 외도(外道)나 세속 도덕까지도 모두 자신의 체계에 포함시켰다. 그렇다면 애당초 9현1밀을 구별하면서 굳이 밀교만이 최고의 진리라고 주장할 필요가 있었을까? 나아가 구카이는 사후 도솔천에 왕생했는데도 불구하고 언제나 고야산에 머물면서 날마다 나타나 중생을 구제한다는 입정신앙의 관념도 하나의 역설이다. 따지고 보면 대사신앙의 중층성도 신불습합 자체도 모순의 고리들로 이어져 있을 뿐이다.

이런 상황을 마루야마 마사오(丸山眞男)는 『일본의 사상』에서 서로 원리적으로 모순되는 것까지 무한대로 포용하여 그것을 무구조·무시간적으로 평화 공존시키거나 아니면 서로 다른 것을 사상적으로 접합시키는 것을 합리화하는 '정신적 잡거성'이라고 불렀다. 그러한 정신적 잡거성의 논리를 일본인에게 제공해준 대표적인 것이 바로 '즉'(卽)이라는 불교 수사학이다. 거기서는 역설이 역설로 작용하지 못한다. 나아가 마루야마는 "신도의 무한포용성과 사상적 잡거성이 이런 일본의 사상적 전통을 집약적으로 표현한다."고 보았는데, 거기서 신도 대신 고야산을 넣어도 큰 무리가 없을 듯싶다.

예컨대 '즉'의 수사학을 극적이라 할 만큼 파고든 구카이의 즉신성불(卽身成佛) 사상은 일본인의 종교관을 이론화한 측면을 내포한다. 이 점과 관련하여 오늘날 일본의 대표적인 불교연구자 중 하나인 스에키 후미히코(末木文美士)는 『일본불교사』에서 "밀교에서는 불교의 무아와 공이 갖는 현세부정성이 사라지고 대신 현저한 현실긍정성이 지배적인 위상을 점하게 된다."고

진단하면서, "대체로 일본인은 이 현상계의 바깥에 절대신을 세우거나 이데 아적인 세계를 인정하지 않고 현상세계를 있는 그대로 긍정하는 경향이 강하다. 이것은 원래 애니미즘적 세계관에서 유래한 것으로, 특히 자연세계를 존중한다. 범신론적인 육대설은 이런 일본인의 세계관과 아주 잘 들어맞는다."고 지적한다.

과연 일본인의 사유방식 가운데 가장 현저한 특징은 주어진 환경 및 조건을 그대로 긍정하는 자세라 할 수 있다. 즉 종교든 사상이든 문화든 일본인에게는 현상세계 그대로를 절대세계로 인정하려는 경향이 강하게 나타난다. 이 점에 대해 나카무라 하지메(中村元)는 명저『일본인의 사유방법』에서 현실세계를 강하게 긍정하려는 일본인의 사유방식을 특히 일본의 불교 전통에서 확인하고 있다. 가령 일본 천태학의 본각(本覺)사상에서 우리는 현실세계에 대한 일본인의 특유한 태도를 찾아볼 수 있다. 여기서 본각이란 원래 인도에서 저술된『대승기신론』의 용어로서, 모든 현상세계를 초월한 궁극적인 깨달음을 의미한다. 그런데 일본에서의 본각은 오히려 현상계 안으로 끌어내려졌다. 그리하여 리(理, 보편자)보다 사(事, 공간 및 시간적으로 한정된 현상적인 특수자 혹은 개별자)를 중시하는 일본 천태학에서는 '본각법문'이라 하여 현상계의 모든 모습이 그대로 부처라고 주장한다.

이와 같은 일본인의 사유방식은 불경번역에서도 여실히 드러난다. 중국 남북조시대의 역경승(譯經僧) 구마라십(鳩摩羅什, 344-413)은 인도불경을 중국어로 번역하면서 범어 다르마타(dharmata)를 '제법실상'(諸法實相)이라는 말로 표기했다. 이 말은 원래 "현실 세계에서 경험하는 온갖 현상의 참된 모습"을 뜻하는 것으로, 거기서 '제법'과 '실상'은 서로 상반된 개념이고 양자 사이에는 모순대립의 관계가 존재한다. 그러나 일본 천태학에서는 그것을 "제법은 곧 실상"이라고 해석함으로써 현상 그 자체를 실재로 이해했다.

한편 중세 일본에서는 이른바 '초목성불론'(草木成佛論)이라는 것이 널리 퍼졌다. 여기서 '초목성불론'이란 느끼고 생각하는 능력이 없는 무생물조차 성불할 수 있다는 것을 뜻한다. 그런데 일본 천태종에서는 여기서 더 나아가 '초목불성불론'(草木不成佛論)까지 주장했다. 즉 모든 만물은 새삼 어떤 수행이나 깨달음 없이도 본래부터 그대로 부처라는 말이다. 그러니까 산하대지 일체가 그대로 깨달음의 여래이고 부처이므로 달리 성불의 길을 찾을 필요가 없다는 것이다. 일본 불교의 강력한 현실 긍정 사상은 여기서 극한에 이른다. 그리하여 일본불교의 거의 모든 종파에서는 누구든 지금 현세에서 바로 깨달음을 얻어 부처가 될 수 있다는 즉신성불을 강조하게 되었다.

과거 일본의 침략전쟁에 편승하고 오늘날에도 정치인들의 야스쿠니 참배에 대해 "금일의 평화를 보다 확실하게 하고 항구 평화를 기념하는 가장 평화적인 행위"라고 정당화하는 일본 진언밀교의 태도는 아마도 현상세계 그대로를 절대세계로 인정하려는 이와 같은 일본인의 사유방식의 음화(陰畫)일 것이다. 진언밀교는 일본의 침략전쟁을 적극 지지하면서 일본의 국가적 영광과 번영만을 기원하는 주술체계로 변모하고 말았다는 비판으로부터 자유롭지 못한 것이 사실이다. 이 또한 구카이가 추구한 궁극적인 자유의 역설이라고 보아야 할 것인지를 물으며 고야산을 내려왔다.

고야선을 타고 난바로 가는 도중 하시모토(橋本)역에서 한 번 갈아타야만 한다. 그런데 그만 가죽잠바를 열차에 두고 내렸다. 아내가 터키에서 사준 귀한 옷인데 어쩌나 막막한 생각이 들었다. 갈아탄 열차에서 급히 내려 역장을 찾아가 여차여차해서 다행히 옷을 찾을 수 있었다. 오래전 도쿄에서 유학할 때는 열차 안에 지갑을 두고 내렸다가 다시 찾은 적도 있었다. 어쨌든 이런 해프닝 끝에 난바역에 도착했다. 숙소 호텔이 있는 난바역 앞의 난바난카이 거리(難波南海通り)는 언제나 사람들이 북적거리는 오사카의 관광

명소이자 먹거리통이다. 그곳에서 재미있는 음식점을 발견했다. 하나는 각종 철판구이 전문점인 철판신사(鐵板神社)라는 식당이다. 도쿄에서 에마(絵馬)를 테마로 한 화정식 레스토랑을 경험한 적은 있지만, 식당 이름 자체가 아무개 신사라고 명명된 곳은 처음이다. 당연히 들어가 철판구이 정식을 맛보았다. 다른 하나는 금룡사(金龍寺)라는 라면집이다. 고야산 답사 기간 중매일 저녁식사를 했던 이 라면집은 오사카의 명물인 돈코쓰 라면에다 밥, 김치, 부추김치, 마늘 '다대기'를 무제한으로 먹을 수 있어 항상 사람들로 가득차 있다. 이제는 일본인의 입맛도 매운 김치에 중독되어 있는 듯싶다. 게다가 먹거리에까지 신사와 절이 함께 공존한다. 이것이 일본인 것이다.

───── *더 읽을 책 ─────────────────────────────

임태홍, 『일본 사상을 만나다』, 성균관대학교출판부, 2010.
스에키 후미히코, 『일본불교사』, 이시준 옮김, 뿌리와이파리, 2005.
요리토미 모토히로 외, 『밀교의 역사와 문화』, 김무생 옮김, 민족사, 1989.

4부

일본 기독교 전래기의
성지

제7장

가고시마
: 하비에르가 상륙한 일본 기독교의 발상지

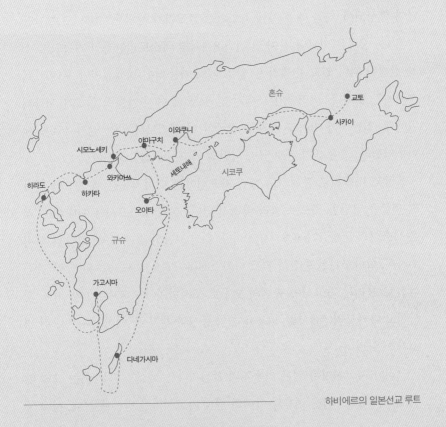

하비에르의 일본선교 루트

오늘날 한국은 동아시아 삼국 중에서 가장 기독교 신자와 교회가 많지만, 실은 기독교가 가장 늦게 전래된 나라이다. 한국에 처음 기독교(가톨릭)가 전해진 것은 이승훈(李承薰, 1756-1801)이 중국 연경에서 포르투갈 선교사에게 세례를 받고 1784년 기독교 서적을 가지고 들어온 뒤 자생적인 신자집단이 형성되어, 다음 해 한양에 최초의 조선교회가 성립된 1785년으로 잡을 수 있다. 중국은 이보다 천여 년 전인 8세기경 네스토리안파의 기독교(경교)가 전래된 적이 있고 13세기 원 왕조 때에 가톨릭이 전해졌지만 후대로 계승되지는 못했다. 그러다가 16세기 명 왕조 때 다시 가톨릭 선교가 시작되었는데, 일본에의 기독교 전래는 중국의 이 시기보다 약간 앞선 1549년에 이루어졌다. 그 무대가 바로 규슈 남단의 가고시마(鹿児島)이다.

　　동양의 나폴리로 불리기도 했던 가고시마는 메이지유신 때 중요한 역사적 역할을 담당한 곳으로 널리 알려져 있다. 실제로 가고시마 시내에는 '젊은 사쓰마의 군상'(若き薩摩の群像)이나 '유신 고향의 길'과 '유신 고향관'을 비롯하여, 야마구치현 출신의 기도 다카요시(木戸孝允, 1833-1877)와 함께 '유신 삼걸'로 불리는 가고시마 출신의 오쿠보 도시미치(大久保利通, 1830-1878) 및 사이고 다카모리(西郷隆盛, 1828-1877)의 동상과 생가 등 메이지유신 관련 명소가 매우 많다.

　　그러나 가고시마가 일본 기독교의 발상지라는 사실을 아는 이는 그리 많지 않다. 어느 무더운 여름날 아내와 함께 가고시마를 방문했을 때, 시내 중

가고시마 출신으로 유신 삼걸로 불리는
오쿠보 도시미치의 동상(좌하)과 사이고 다카모리 동상.

심에 위치한 최대 번화가인 덴몬칸(天文館) 거리의 '니기와이도오리 상점가'
(にぎわい通商店街) 아케이드를 지나다가 무심코 위를 쳐다보았을 때 깜짝 놀
랐던 기억이 난다. 아케이드 천장에 기독교 성화가 가득 그려져 있었기 때
문이다. 〈하비에르돔〉이라 불리는 그 천장화에는 바로 일본에 최초로 기독
교를 전해준 스페인 출신의 예수회 선교사 프란치스코 하비에르(Francisco
Xavier, 1506-1552)의 생애가 묘사되어 있는 것이 아닌가! 1994년에 제작된 이
천장화의 안내문에는 다음과 같이 적혀 있다.

프란치스코 하비에르는 1506년 스페인 북부의 나바라 왕국에서 태어났다. 청년기에 파리대학에서 수학하고 예수회라는 기독교 수도회 창설에 참여했다. 이윽고 아시아 선교의 임무를 띠고 1541년 리스본을 떠나 인도의 고아와 말레이시아의 말라카를 중심으로 활동했는데, 1547년 가고시마 출신의 야지로와 만나 일본에 대해 알게 되었고, 1549년 8월 15일 가고시마에 상륙하여 영주 시마즈 다카히사(島津貴久)의 허가를 받아 포교를 시작했다. 1년 뒤 일본 전국 포교의 뜻을 품고 교토에 갔지만 성공하지 못했고, 야마구치와 오이타에서 포교하다가 1551년 다네가시마(種子島)를 거쳐 인도로 갔다. 그 후 중국선교를 위해 광동성 상천도에서 입국 기회를 기다리다가 열병에 걸려 1552년 12월 3일에 세상을 떠났다. 이 돔은 하비에르의 가고시마 상륙을 기념하여 그의 생애를 묘사한 것이다.

프란치스코 하비에르의 생애

하비에르 생애의 궤적을 이해하기 위해서는 먼저 16세기 유럽이 종교적으로 어떤 시대였는지를 알아야 한다. 르네상스의 절정기인 16세기 유럽은 개신교(프로테스탄티즘) 발생의 단서를 제공한 루터(Martin Luther, 1483-1546)와 칼뱅(Jean Calvin, 1509-1564)의 종교개혁 시대이자 이에 맞선 가톨릭교회의 반(反)종교개혁 시대이기도 하다. 바로 이런 시대에 가톨릭 선교회인 예수회에 속한 하비에르가 포르투갈 무역선을 타고 리스본을 떠나 인도의 고아 항구에 도착함으로써 유럽과 아시아의 본격적인 만남이 시작되었다. 세계종교사의 관점에서 볼 때 하비에르야말로 아시아를 만난 최초의 유럽인이라 할 수 있다. 그는 인도의 고아(Goa), 코친(Cochin), 진주해변, 스리랑카의 실론, 말레이시아의 말라카(Malacca), 인도네시아의 몰루카(Moluccas)제도, 일본의 가고시마, 히라도(平戶), 야마구치(山口), 오이타(大分), 중국의 상천도(上川島) 등지에서 12년에 걸쳐 기독교신앙을 전파했다.

하비에르는 1506년 4월 7일 스페인 나바라(Navarre) 왕국의 상게사(Sangüesa)에서 귀족 하비에르 가문의 막내아들로 태어나 현재의 스페인 북부에 위치한 하비에르 성에서 어린 시절을 보냈다. 상게사는 오늘날 우리에게도 잘 알려져 있는 중세 유럽 최고의 순례지 중 하나인 산티아고 데 콤포스텔라(Santiago de Compostela)로 가는 경로에 위치한 소도시이다. 전통적으로 '바스크'(Basque)라고 불려 온 나바레 왕국 영토의 약 80%는 스페인에, 그 밖의 지역은 프랑스 서남부에 각각 속해 있었다. 바스크 사람들은 스페인과는 다른 독자적인 문화와 언어를 가지고 있었으며, 인내심과 독립심이 매우 강한 기질의 소유자였다고 한다. 하비에르의 생애는 묵묵히 고통을 감내하면서 말보다 행동을 우선시하는 바스크 사람들의 엄격주의를 보여준다.

하비에르는 1525년 9월부터 1536년 9월까지 총 11년을 당대 유럽 최고의 명문이었던 파리대학의 상트 바흐브(Sainte-Barbe) 단과대학에서 수학했다. 당시 파리대학 학생들은 새벽 4시에 일어나 10시까지 오전수업을 수강하고 아침 겸 점심식사를 한 후 오후 1시까지 그리스 철학을 비롯한 인문학 교육을 받았으며, 저녁식사가 제공되는 오후 6시까지는 각자 자율적으로 학습했다. 하비에르는 오늘날보다 훨씬 더 철저한 대학교육을 받았던 것이다. 하지만 그의 대학생활이 학문적 훈련으로만 채워져 있었던 것은 아니다. 하비에르는 1545년 인도의 산토메(San Thome)에서 말라카로 떠나기 전 동료 신부에게 파리대학 시절을 회고한 적이 있다. 이 대화 내용을 기록해 놓은 동료 신부의 말에 따르면 하비에르는 대학 시절 한때 방탕아였던 모양이다. 밤마다 교수들과 함께 대학을 빠져나가 사창가를 가기도 했는데, 어느 날 한 교수와 친구들이 매독에 걸려 온몸에 욕창이 난 것을 본 다음부터 다시는 그들과 어울리지 않았다고 한다. 그 후 결국 매독 때문에 죽은 교수의 모습을 보고 두려움과 충격에 휩싸였으며 그때부터 경건하고 금욕적인 생활을 한 것으로 보인다.

하비에르가 철저하게 금욕적 생활을 하게 된 결정적인 또 하나의 계기가 있다. 그것은 예수회(Society of Jesus) 창시자인 바스크 출신의 이냐시오 데 로욜라(Ignatius de Loyola, 1491-1556)와 만난 사건이다. 둘의 만남은 어쩌면 운명적인 것이었는지도 모른다. 하비에르의 어린 시절에 이미 이냐시오와의 우연한 조우가 있었다. 1520년부터 나바라 왕국에서 반(反)스페인 반란이 일어났을 때 하비에르의 두 형은 나바라 왕국의 지휘관으로 참전했다. 1521년 5월 24일 하비에르 성으로부터 40km 정도 떨어진 곳에 있는 팜플로나(Pamplona) 성채에서 스페인의 정예군대와 나바라 반란군 사이에 치열한 교전이 벌어졌다. 이때 스페인 측 지휘관 중에 이냐시오가 있었는데, 그는 전투 중 다리에 부상을 입은 채 체포되었고 하비에르 성으로 후송되어 2주간 치료를 받았다. 비록 적군으로 참전했지만 같은 바스크 출신이기 때문에 치료해 주었을 것이다. 어쨌든 당시 10세였던 하비에르와 30세였던 이냐시오는 2주 동안 같은 공간에 있었으므로 오가며 마주쳤을 가능성도 있다.

하지만 둘의 직접적인 만남은 이로부터 8년 뒤인 1529년에 이루어졌다. 그때 이냐시오는 우여곡절 끝에 만학도로서 상트바흐브 대학에 입학하여 우연히도 하비에르의 기숙사 방을 배정받는다. 원래 하비에르의 룸메이트는 철학에 뛰어난 피에르 파브르(Pierre Favre)였는데, 이로써 3인이 같은 방에서 지내게 된 것이다. 얼마 안 있어 하비에르는 석사학위를 취득하여 인근 대학에서 철학 등을 강의하기 시작했는데, 이 무렵부터 그는 이냐시오를 마치 성자처럼 존경하게 된다. 그 후 1534년 8월 15일, 오늘날 인기 있는 관광지로 널리 알려져 있는 파리 몽마르트 언덕의 성 베드로 성당에서 평생 다리를 저는 치명적인 신체장애와 신장결석이라는 지병을 안고 살았던 만학도 이냐시오와 명문 파리대학에서 석사학위를 받은 엘리트 지식인 하비에르 및 파브르, 이 세 명이 예루살렘 성지순례의 실천과 하느님의 뜻에 순종하는 삶을 살겠다는 기도를 올린다. 이것이 바로 예수회의 출발점이 된 유명한 '몽마르트 서원'이다.

예수회는 처음에는 루터파 이단자라는 혐의를 받았다. 이미 수세기 전에 성립된 가톨릭교회의 베네딕토회(6세기), 아우구스티노회(13세기), 프란치스코회(13세기), 도미니코회(13세기)의 지도자들은 예수회에 대해 회의적이었다. 하지만 결국 이단 혐의는 거두어지고 1540년 9월 27일 예수회가 가톨릭교회의 정식 수도회로 인정받게 된다. 예수회의 가장 큰 특징은 '상급자에 대한 절대 순종의 의무'에 있다. 마치 군사조직을 방불케 하는 이 의무는 무엇보다 "아무리 힘들고 위험하더라도 교황의 명령에 절대 복종해야 한다"는 원칙에서 가장 잘 드러난다. 나아가 투표로 선출되는 예수회 총장의 임기를 '종신직'으로 규정한 것도 파격적이다. 이와 같은 의무가 정식 문서로 채택되자 종교개혁자들의 도전에 직면하여 어려운 시기를 보내던 교황청으로서는 당연히 대환영이었을 것이다. 그리하여 종교개혁자들로부터 가톨릭교회를 구하라는 교황 바오로 3세의 특별 명령에 순종하기 위해 하비에르는 포르투갈 대사와 함께 로마를 떠나 예수회가 정식 공인을 받기 직전인 1540년 7월 리스본에 도착했다.

이와 같은 하비에르 파송의 배경에는 포르투갈 국왕이 개입되어 있었다. 당시 교역뿐만 아니라 가톨릭신앙의 수호자 자리를 놓고 스페인 국왕과 라이벌 관계에 있던 포르투갈 국왕 요한 3세는 자국 무역선이 아프리카, 아시아, 브라질을 오가며 막대한 수익을 챙겼음에도 불구하고 거기에 만족하지 못했다. 그리하여 무역을 통한 기독교 포교를 사명으로 여긴 요한 3세는 리스본을 떠나는 모든 포르투갈 무역선에 가톨릭교회 신부나 수도사들이 동승할 것을 법으로 규정했다. 이런 포르투갈 국왕의 청원에 따라 교황이 이냐시오에게 포르투갈의 아시아 선교 책임자 파송을 지시했던 것이다.

이윽고 1541년 4월 7일 하비에르 일행을 태운 산티아고호가 리스본을 떠났고 1년여에 걸친 고된 바닷길 끝에 1542년 5월 6일 인도의 고아에 도착했다. 이미 40여 년 전부터 유럽인이 왕래하면서 프란치스코회의 활동이 현저하여 '아시아의 예루살렘'으로 불리던 고아에는 성당과 수도회 건물이 곳곳에 세워져 있었다. 그중에는 장차 아시아 원주민들을 위한 신학교육과 선교사 교육을 위한 요람이 될 '성 바울 신학교'가 있었다. 예수회의 인도선교 센터로 발전한 이 신학교는 일본인 야지로가 신학교육을 받은 곳이기도 하다. 이곳 고아에서 하비에르는 훗날 야지로의 신학 교육을 책임진 란치로토(Nicolao Lancilotto) 수사, 말라카에서 사역하다 히라도로 들어간 나폴리 출신의 페레즈(Francesco Perez, 1553-1602) 수사, 자신과 함께 가고시마에 상륙한 바르셀로나 출신의 톨레스(Cosme de Torres, 1510-1570) 신부 등을 만난다.

야지로와의 만남

고아에서 말레이시아의 말라카로 간 하비에르는 1547년 12월 7일 그곳에서 일본인 야지로(弥次郞, 또는 안지로)를 만나게 된다. 말라카에는 현재 하비에르가 설교했던 성당이 있고 그 입구엔 하비에르 기념동상이 서 있다. 야지로를 만나기 이전부터 이미 일본의 존재에 대해 들어 알고 있었던 하비에르는 서간에서 그와의 만남을 이렇게 회고한다.

말라카에서 포르투갈의 고위직 무역상들이 제게 놀라운 소식을 전해 주었습니다. 중국에서 동쪽으로 항해를 계속하면 '지팡구'라는 거대한 섬나라가 있다는 것입니다. 그들의 보고에 따르면, 인도에서 복음을 전하는 것보다 그 나라에서 전하는 것이 훨씬 효과적일 거라고 합니다. 일본인들은 새로운 지식과 종교적 가르침을 받는 것에 대단히 열성적인데, 인도 사람들은 그렇지 않기 때문입니다. 그 나라에서 온 야지로라는 사람이 있습니다. 그는 저를 만나고 싶어 했습니다. 함께 온 포르투갈 상인들이 제 얘기를 많이 했다고 합니다. 그는 저를 만나자마자 당장 고해를 바치겠다고 했습니다. 상인들의 말에 의하면 그는 어릴 때 어떤 범죄를 저질렀고, 그 죄책감에서 벗어나고자 하나님의 용서를 구하고 있다고 했습니다. 상인들은 야지로에게 말라카에 있는 저를 찾아가 죄의 용서를 받으라고 말해주었다고 합니다. 하지만 그가 처음 말라카에 도착했을 때 저는 이미 몰루카 제도로 떠난 뒤였습니다. 이에 야지로는 고향으로 떠났는데 거의 일본에 도착할 즈음 폭풍이 몰아쳐 죽을 고비에 처했다고 합니다. 그가 탄 배는 결국 다시 말라카로 돌아왔고, 저도 그때 말라카로 돌아왔습니다. 그는 나를 처음 보았을 때 크게 감격했으며, 우리가 믿고 있는 종교에 대해 알고 싶다는 강한 열정을 보였습니다. 그는 포르투갈어도 곧잘 해서 대화에 별 문제가 없었습니다. 일본인들이 이 사람처럼 똑똑하고 새로운 것을 배우는 데 열심히라면, 일본은 아마 지금까지 발견한 어떤 (아시아의) 나라보다 신속하게 복음이 전파될 것입니다. 그는 자신이 배운 기독교 교리를 일본어로 옮겨 적었습니다. 그는 제게도 많은 질문을 했습니다. 그는 새로운 것을 배우기를 늘 갈망했으므로 놀랍고도 신속하게 기독교의 진리를 깨닫게 되었습니다. 저는 그에게 함께 일본으로 가서 기독교를 전파하면 많은 사람들이 개종할 가능성이 있겠느냐고 물었습니다. 그러자 그는 일본인들이 먼저 제게 많은 질문을 할 것이고, 제가 얼마만큼의 지식이 있는지 확인한 다음에야 개종할 것이라고 말했습니다. 제가 알고 있는 지식 그리고 믿고 있는 지식의 체계에 따라 실제로 그 지식을 실천하며 살고 있는지를 한 6개월쯤 관찰한 다음, 일본의 왕과 귀족들 그리고 분별력 있는 일반 사람들이 기독교로 개종할 거라는 겁니다. 야지로는 일본인이 이성적인 판단을 하는 사람들이라고 말했습니다.

여기서 하비에르는 '이성적인 판단'을 하는 일본인에 대해 언급하고 있다. 이때 이성적 판단이란 토마스 아퀴나스 신학과 관련된 표현으로 하나님을 인식할 수 있는 능력을 가리킨다. 하비에르는 "새로운 지식과 종교적 가르침을 받는 것에 대단히 열성적"인 일본인이야말로 아시아에서 복음을 받아들일 준비가 되어 있는 완벽한 민족이라고 판단했던 것 같다. 이는 인도나 몰루카 제도의 원주민에 대한 낮은 평가와는 매우 다른 것이었다. 그것은 예수회의 아시아 선교 중심축이 인도와 동남아시아로부터 중국과 일본으로 옮겨 가는 데 중요한 계기가 되었을 성싶다.

이리하여 야지로는 고아의 성 바울 신학교에서 란치로토 수사의 지도하에 1548년 1월부터 5월에 걸쳐 신학과 유럽 예술 등에 관한 교육을 받게 되었다. 교육이 끝나갈 무렵 야지로와 그의 두 시종은 하비에르가 지켜보는 가운데 1548년 5월 20일 고아의 대주교에게 세례를 받았다. 그때 야지로는 '성스러운 신앙의 바울'을 뜻하는 '파울로 데 산타페'(Paulo de Santa Fe), 그리고 두 시종은 각각 주아옹(Juão)과 안토니오(Antonio)라는 세례명을 받았다. 하비에르는 이 세례식이 아시아선교의 새로운 분기점이 될 것이라고 확신했다.

다음해인 1549년 4월 25일, 마침내 하비에르 일행이 고아를 출발하여 일본으로 향했다. 그러니까 하비에르는 1547년 12월 말라카에서 야지로를 처음 만난 이래 약 17개월간 일본 선교를 준비한 것이다. 일행은 37일간의 순탄한 항해 끝에 1549년 5월 31일 말라카에 도착했다. 이곳 말라카에서 일본으로 가는 해상 항해는 16세기 당시 유럽의 무역상들에게는 목숨을 건 도박이었다. 말라카가 위치한 적도 부근에서 북위 35도상의 일본 열도로 무역선을 끌어올릴 수 있는 바람은 여름철 서태평양과 동아시아를 주기적으로 강타하는 태풍밖에 없었기 때문이다. 그뿐만 아니라 일본 열도에서 말라카 해협까지 출몰하던 일본 왜구는 더욱 심각한 위협이었다.

그럼에도 많은 포르투갈 무역상들이 일본에 가려 했던 이유는 중국 마카오와 일본 나가사키를 축으로 전개되던 비단과 은의 중개무역에 의한 막대한 이익 때문이었다. 당시 명나라는 일본과의 모든 교역을 금지했지만, 일본에서는 중국에서 생산되는 고급 비단의 수요가 매우 빠른 속도로 늘고 있었다. 한편 중국은 일본에서 생산되는 은이 필요했다. 이런 양자의 수요를 중개한 것이 포르투갈 상인들이었다. 그들은 광동에서 생산 판매되던 비단을 매점매석해서 교역 시기와 가격을 조절하여 일본과의 중개무역을 독점했다. 이때 모든 운송수단은 포르투갈 국왕이 임명한 포르투갈인 선장이 관할했다. 하비에르가 일본을 향할 즈음, 포르투갈 무역상들에 의한 마카오-나가사키 국제무역은 이제 막 태동 단계에 들어서고 있었다.

하비에르가 일본에 상륙하여 포교에 임했을 때, 당시 일본이 내전 상태였음에도 유럽에서 온 푸른 눈의 이방인 일행에게 관심과 호의를 보인 데는 이와 같은 동아시아의 국제무역 관계 때문이었다. 오다 노부나가나 도요토미 히데요시는 외국 선교사들의 포교 활동에 대해서는 부정적이었음에도 불구하고, 포르투갈 무역상들의 도움이 없다면 비단 거래로 확보하던 막대한 수입을 포기해야만 하는 상황이었기 때문에 선교사들의 입국을 허용하고 때로 그들의 선교 활동까지 지원했던 것이다.

하비에르 일행은 말라카에서 한 달 남짓 묶여 있었다. 이는 태풍과 왜구의 위험을 무릅쓸 만한 포르투갈 배를 구하지 못했기 때문이다. 그래서 결

———————————————— 고아의 〈봄 지저스 대성당〉 제단에 안치된 썩지 않는다는 하비에르의 유해.
가고시마의 하비에르교회 내에 전시된 사진.

국 하비에르는 중국 정크선을 빌릴 수밖에 없었다. 정크선은 일찍이 마르코 폴로가 이용했던 배이기도 한데, 보통 두세 개의 돛을 달고 있으며 선체 길이가 최대 150미터에 달하는 원거리 항해용 대형 선박이었다. 당시 예수회의 기록에 의하면, 정크선의 선장 이름은 아반(Avan)이라 했고, 하비에르는 그를 '해적'(라드라오)이라고 불렀다. 이 정크선을 타고 1549년 6월 24일 성 세례요한의 축일을 기하여 말라카항을 출발한 하비에르 일행은 장장 7주에 걸친 목숨을 건 항해 끝에 1549년 8월 15일(성모승천 기념축일) 사쿠라지마(桜島) 화산이 눈앞에 보이는 가고시마 해안에 도착했다. 하비에르가 도착할 당시 사쿠라지마는 육지와 떨어진 화산섬이었지만, 지금은 1914년의 화산

폭발에 따른 용암 분출로 인해 사쿠라지마와 오스미 반도(大隅半島)가 육지로 이어져 있다.

햇수로 3년간 일본에 머물면서 포교에 힘썼던 하비에르는 일본선교에 대해 처음에 품었던 낙관적인 전망이 뜻대로 이루어지지 않자 이번에는 중국선교에 큰 희망을 걸었다. 무엇보다 강력한 중앙집권적 군주가 통치하는 중국에서 황제에게 먼저 복음을 전파하면 '위에서 아래로' 선교가 가능할 것이라고 생각한 것이다. 하지만 이는 명 왕조의 국운이 쇠퇴하기 시작한 16세기 중엽의 중국 상황을 잘 모르는 상태에서 내려진 오판이었다. 그럼에도 1551년 야지로의 두 시종 안토니오와 주아옹 및 기독교로 개종한 후나이(府內, 오이타시) 출신의 일본인 페레이라 등을 대동하고 일본을 떠난 하비에르는 죽음의 위기를 넘어서 가까스로 상천도에 기착했다. 당시 상천도는 외국과의 교역이 금지된 중국에서 포르투갈 무역상들과 물자를 사고파는 밀거래 장소였다. 그러나 1552년 11월 21일 하비에르는 열병으로 쓰러졌고 12월 3일 사망했다. 그의 시신은 상천도에 묻혔다가 두 달 정도 후 말라카로 옮겨졌다. 그 후 1554년 3월 15일 다시 인도 고아로 시신을 이송했는데, 놀랍게도 하비에르의 시신은 전혀 썩지 않았다고 한다. 유네스코 세계유산에 등재된 인도 유일의 기독교 관련 유적지인 고아의 〈봄 지저스 대성당〉(Basillica of Bom Jesus)에는 중앙 제단 오른쪽 유리관 안에 사후 4백년 이상이 지난 지금도 썩지 않고 있다는 하비에르의 유해가 모셔져 있다. 가톨릭교회에서는 이것을 기적이라고 부른다.

하비에르 상륙기념비

이상과 같이 치열한 삶을 살았던 하비에르의 상륙기념비가 가고시마 시내에서 멀지 않은 해변가의 기온노스(祇園之洲) 공원에 세워져 있다. 그곳이

가고시마시 기온노스 공원에 세워져 있는 〈하비에르 상륙기념비〉. 우측은 하비에르 입상.

일본에서의 하비에르 족적을 쫓는 이번 여행의 첫 번째 일정이다. 1978년 4월에 건립된 〈하비에르 상륙기념비〉에는 "사람이 온 세상을 얻는다 해도 제 목숨을 잃으면 무슨 소용이 있겠느냐?"(마태오 16:26)라는 예수의 말이 적혀 있다. 이때의 목숨은 육체의 목숨을 넘어선 살아 있는 영혼 또는 영원한 생명을 뜻하는 말이리라. 이것은 "나를 따르려는 사람은 누구든지 자기를 버리고 제 십자가를 지고 따라야 한다. 제 목숨을 살리려고 하는 사람은 잃을 것이며 나를 위하여 제 목숨을 잃는 사람은 얻을 것이다."(마태오 16:24-25)는 구절에 이어진 말이다. 그러니까 하비에르는 자기를 버리고 예수를 따른 자라는 것이다. 무사(無私)의 가치를 중시하는 일본인들에게 위 성서 구절은 더욱 특별한 의미로 다가왔을 성싶다. 어쨌든 하비에르가 가고시마에 상륙했을 때 그는 일본국을 대천사 미카엘에게 바치는 서원을 올렸다고 한다. 대천사 미카엘은 하비에르가 어린 시절을 보낸 하비에르 성의 수호천사이다. 그가 일본 상륙 후 시마즈 다카히사(島津貴久) 영주에게 처음으로 포교허가를 받은 1549년 9월 29일은 공교롭게도 성 미카엘 축일이었다. 이 때문에 일본 가톨릭교회에서 미카엘은 일본의 수호천사로 추앙받고 있다.

상륙기념비 좌측에는 한 일본인 남자의 등에 업혀 상륙하는 하비에르의 모습이 묘사되어 있다. 그 배후에는 거친 바다와 하비에르 가문의 문장이, 그리고 우측에는 무사와 상인과 부녀자 등 여러 계층의 사람들이 함께 그려져 있다. 그들의 얼굴에는 모두 놀라움과 기대 섞인 표정이 역력하다. 이 중 하비에르를 등에 업은 자가 그를 일본으로 안내해준 야지로임을 상상하기란 그리 어렵지 않을 것이다. 앞에서도 언급했듯이, 일본 최초의 기독교 신자라 할 수 있는 야지로는 가고시마 출신으로 세례명은 파울로 데 산타페이다. 1547년 말라카에서 하비에르를 만난 이래 3년간 거의 매일같이 그와 함께 지냈던 야지로는 인도 고아에서 란치로토 수사와 톨레스 신부 그리고 당시 신학생이었던 프로이스(Luís Fróis, 1532-1597)로부터 영향을 받아 기독교에 입문한 후 하비에르 일본 선교의 안내자가 되었고 실제로 가고시마 선교에서 중요한 역할을 담당한 인물이다. 혹자는 야지로를 일본 최초의 순교자로 간주한다.

하지만 이런 주장은 애매한 점이 많은 것도 사실이다. 예컨대 엔도 슈사쿠(遠藤周作)는 하비에르의 일본 상륙 및 그 후 일본 기독교의 전개를 소재로 쓴 소설 『침묵』(沈默)에서 야지로를 모델로 삼은 캐릭터인 기치지로가 예수를 배반한 유다처럼 하비에르를 배반하는 것으로 설정하고 있다. 실제 야지로가 신앙을 버렸는지 혹은 진짜 기독교인이었는지는 불분명하다. 프로이스의 『일본사』(日本史, 平凡社)에서는 하비에르가 일본을 떠난 뒤 야지로는 해적선을 타고 중국에 도항했으며 거기서 싸움에 휘말려 살해당했다고 적고 있다. 이 밖에 하비에르 일행이 히라도를 처음 방문한 지 5개월 뒤에 야지로가 승려들에 의해 외국으로 추방당했다거나, 불교도의 핍박을 피해 신앙을 지키고자 일본을 떠났으나 중국에 도착하기 전에 죽었다는 설도 있다. 어쨌거나 야지로는 한자를 읽을 줄 모르는 하급 사무라이 출신이었지만, 논리적이고 비판적인 사고능력을 가진 인물이었던 것으로 보인다. 이 점은 하비에르가 이냐시오에게 보낸 편지에 기록된 다음과 같은 야지로와의 인상적인 대화에서 잘 엿볼 수 있다.

일본인은 우리가 글을 쓰는 방식과 완전히 다릅니다. 이들은 위에서 아래로 글을 씁니다. 하루는 제가 야지로에게 왜 일본인은 우리가 쓰는 방식(왼쪽에서 오른쪽으로)을 택하지 않느냐고 물었습니다. 그러자 야지로는 "왜 유럽 사람들은 우리가 쓰는 방식을 사용하지 않는지 제가 더 궁금합니다. 사람의 머리는 위에 있고 발은 아래에 있으니 글 쓰는 방식도 위아래로 쓰는 것이 자연의 이치와 같지 않습니까?" 라며 날카로운 반응을 보였습니다.

『가고시마 대백과사전』(鹿児島大百科辭典, 南日本新聞社)은 "1549년 하비에르 일행을 태운 포르투갈선이 가고시마를 향해 가던 도중, 기카이지마(喜界島)에 기항했음이 선장의 항해일지에 기록되어 있다…그 기록에 따르면 기카이지마와 다네가시마(種子島)는 당시 포르투갈선의 항로에 해당한다. 하비에르 일행을 태운 포르투갈선은 기카이지마를 거쳐 다네가시마에 기항하여 8일간 체재하면서 영주의 환영을 받았다."고 기술한다. 하지만 전술했듯이 하비에르가 타고 온 배는 포르투갈선이 아니라 중국 정크선이었다. 선원도 모두 중국인이었고 선장 아반은 해적이었다. 다네가시마에 8일간 체재하면서 환영받았다는 설명은 1554년 고아를 출항한 예수회 수사 알카소바

(Pedro Alcaçova, 1522-1579)의 편지에 나오는 내용이 잘못 차용된 것으로 하비에르의 일본 도항과는 무관하다.

여기서 하비에르 일행이란 하비에르, 야지로, 야지로의 두 시종, 톨레스(Cosme de Torres) 신부, 페르난데즈(Juan Fernández) 수사, 그리고 고야의 성 바울 신학교에서 교육을 받은 중국 청년 마누엘(Manuel)과 인도인 아마도르(Amador) 등 8인을 가리킨다. 이 중 톨레스 신부는 1551년 하비에르가 일본 땅을 떠난 뒤 그의 후임자가 되어 가고시마, 히라도, 야마구치 등에서 활약하면서 약 20년간 일본 교회를 지도한 핵심 인물이다. 한편 페르난데즈는 스페인 코르도바에서 비단 사업을 하던 부유한 집안 출신으로 언어에 뛰어난 재능이 있어 제일 먼저 일본어를 익혀 일본에서 가두 설교를 할 정도였다. 이 하비에르 일행이 상륙한 정확한 지점 및 그들의 거주지와 전도 장소에 대해서는 불분명한 점이 많다. 그럼에도 한 연구에 따르면 하비에르 일행이 1549년 8월 15일 현재의 가고시마 네지메(根占)항에 상륙하여 먼저 야지로의 고향을 방문했다고 말하기도 한다. 이들은 야지로 집에서 환대받았고 마을 사람들도 우호적이었으며 야지로의 모친과 처자 및 몇몇 친척들이 기독교에 입문했다는 것이다.

가고시마에서의 포교활동

가고시마 시내 덴몬칸 거리의 〈하비에르돔〉 천정화 안내문은 하비에르가 당시 사쓰마(薩摩) 영주였던 시마즈 다카히사를 만나 최초의 포교 허가를 받았다고 적고 있다. 그렇다면 둘이 만난 곳은 어디일까? 일본 종교사상 특필할 만한 그곳은 현재의 가고시마현 히오키시(日置市) 이쥬인정(伊集院町) 오타(大田) 마을로 추정되는데, JR이쥬인역에서 도보로 10분 정도 가면 나온다. 이쥬인에서의 역사적 만남을 기념하는 〈시마즈 다카히사·하비에르

회견지비〉(太守島津貴久聖師・ザビエル会見の地碑)는 원래 풀이 무성한 산 속에 있었지만, 지금은 사적공원으로 정비되어 있다. 양자의 최초 회견장소로는 이런 이쥬인설과 함께 고쿠부(國分)설도 있는데, 학술적인 결론은 아직 나오지 않았다. 가고시마에서는 당연히 이쥬인설을 지지한다. 이와 관련하여 이쥬인정 기요후지(清藤) 마을의 도로변에는 야지로의 묘지라고 전해지는 돌비석까지 있다는데, 실제 그의 묘지인지는 불확실하다.

어쨌든 1549년 8월 말이나 9월 초, 야지로는 시마즈 영주의 초청을 받아 성채를 방문하게 된다. 그때 천축국(인도)에서 왔다고 소문이 난 정체불명의 사제(하비에르)는 초청하지 않았다. 포르투갈 상인들이 가져다줄지도 모르는 막대한 경제적 이익에 관심이 많았던 영주는 야지로를 극진히 환대했고, 그에게서 포르투갈인들의 생활습관이라든가 서양 물건들의 종류와 기능 특히 선박과 대포 등의 무기에 관해 최대한 많은 정보를 얻고 싶어 했다. 하비에르의 다음 편지글에서 잘 알 수 있듯이, 이런 정보 외에 야지로는 성모상을 영주에게 보여주어 많은 관심과 호기심을 촉발시키기도 했다. 이것은 종교예술을 일본선교의 도구로 간주한 하비에르가 고아에서 야지로에게 유럽예술을 가르쳐준 데에 따른 하나의 결실이라 할 수 있다.

영주는 야지로의 방문을 무척 기뻐했고 환대를 베풀며 포르투갈의 풍습과 정치적 영향력에 대해 많은 질문을 했습니다. 그는 야지로의 답변을 듣고 매우 만족스러워했습니다. 야지로는 우리가 일본으로 가져간 성모자상의 성화 한 점을 보여주었는데, 그것이 영주에게 큰 기쁨을 주었습니다. 그리하여 영주는 무릎을 꿇고 성화 앞에서 최대한의 경의를 표했습니다. 그 후 영주의 모친께서 그 그림을 보았는데, 역시 그분께도 큰 기쁨이 되었습니다. 며칠 뒤 야지로가 가고시마로 돌아왔는데, 영주의 모친은 가신을 보

가톨릭 화가 하세가와 로카(長谷川路可)의 그림
〈하비에르의 가고시마 선교〉(1949년 작). 가고시마 하비에르 교회 내 전시물.

내 그 성화의 복사본을 만들어 달라고 부탁했습니다. 그러나 우리는 모사화를 그릴 수 있는 재료를 갖고 오지 않았기 때문에 그 부탁을 들어줄 수 없었습니다. 그러자 영주의 모친은 대신 기독교신앙에 대한 개요를 글로 써서 보내 달라고 부탁했고, 야지로는 몇 날 동안 그 부탁을 들어주려고 열심히 노력했습니다.

이렇게 야지로가 영주의 환대를 받은 지 며칠이 지나 다시 연락이 왔다. 이번에도 우연의 일치인지 성 미카엘 축일인 9월 29일 가고시마 영주의 초청을 받은 하비에르는 야지로를 대동하고 영주의 성채로 들어갔다. 영주는 하비에르를 극진히 대접하면서 야지로가 쓴 기독교신앙의 개요가 모두 사실이라면 하비에르 일행과 그들의 가르침을 존중하겠으며, 가신들 중에 교인이 되고자 하는 이가 있다면 이를 말리지 않겠다는 약속을 그 자리에서 해 주었다. 며칠 뒤 하비에르는 영주의 성채를 다시 방문하여 15명에게 세례를 베풀었다. 이리하여 일본 최초로 세례를 받은 일본인 중에는 가고시마 영주의 아내와 자녀 및 최측근 가신들의 딸도 포함되어 있었다. 로드리게스(João Rodrigues)의 『일본교회사』(日本教会史, 岩波書店)는 시마즈 영주가 이처럼 선뜻 포교를 허락한 것은 포르투갈선이 영내 항구에 들어오도록 하비에르가 중개 역할을 해줄 것을 기대했기 때문이며, 후에 그런 기대가 뜻대로 되지 않자 하비에르를 추방하고 다시는 만나지 않으려 했다고 적고 있다. 그러니까 당시 영주는 하비에르를 포르투갈 무역선단을 이끄는 핵심인물로 오해했던 것이다.

초기 예수회의 불교에 대한 오해

하비에르와 일본의 만남에는 이와 같은 정치적 오해뿐만 아니라 종교적 오해도 적지 않게 따라다녔다. 가령 영주와 그의 모친 및 개종하여 세례를 받은 일본인들은 하비에르가 불교를 전파하려고 인도에서 온 승려라고 착각했을 가능성이 크다. 1549년 말에서 1550년 초 가고시마에서 하비에르는 6주에 걸쳐 야지로와 페르난데즈 수사로 하여금 십계명을 일본어로 번역하도록 했는데, 그때 기독교 신의 이름은 '다이니치'로 채택되었다. 이는 헤이안시대에 고승 구카이(空海)가 창시한 불교 종파인 진언(眞言)밀교에서 오래전부터 사용해온 '대일여래'(大日如來)에서 따온 이름이었다. 일본어로 대일(大日)은 '다이니치'라고 읽는다. 인도(천축국)에서 왔다는 하비에르와 그의 동료들이 검은 사제복을 입고 이런 다이니치를 믿으라고 했으니, 대부분의 일본인들은 그들이 진언밀교의 최고 부처인 대일여래에 대해 설명하는 것이라고 받아들였을 법하다.

이런 터무니없는 오해의 가능성을 전혀 예상하지 못했던 하비에르는 선교지의 문화를 존중하고 거기에 적응하고자 일본 불교를 알기 위해 종종 근방의 절을 방문했다. 그러면서 하비에르는 특히 복창사(福昌寺, 후쿠쇼지)의 주지승 닌시쓰 몬쇼(忍室文勝)와 친해졌다. 이 절은 예전에 가고시마시에 있던 일본 선종의 일파인 조동종(曹洞宗) 대사찰로 시마즈씨의 보리사(菩提寺)였지만, 메이지유신 직후 폐불훼석에 의해 1869년 폐사되었다. 현재 〈하비에르 상륙기념비〉가 있는 기온노스 공원에서 멀지 않은 곳에 기리시탄 묘지가 있고 그 근방에 〈복창사 터〉가 남아 있다. 하비에르는 서간에서 이 복창사의 선승과 나눈 대화를 다음과 같이 기록하고 있다.

저는 불교승려 중에서 가장 탁월하다고 알려진 사람과 자주 대화를 나누었습니다. 그 사람은 깊은 학식으로 모든 사람에게 존경받았고, 성실한 자세와 높은 직위 그리고 80세에 이른 삶의 경륜 때문에 많은 사람들이 우러러보고 있었습니다. 그의 이름은 닌시쓰(Ninxit)인데, 일본말로 '진리의 마음'이란 뜻이라고 합니다. 그는 일종의 주교와 같은 자리에 있으며, 본명과 직책의 이름을 하나로 사용하는 것으로 미루어볼 때 매우 존귀한 사람임에 분명합니다. 우리는 많은 대화를 나누었습니다. 닌시쓰 스님은 인간의 영혼이 불멸하는 것인지 아니면 죽음과 함께 소멸하는 것인지 확신하기를 주저하거나 혹은 영혼불멸을 믿지 않는 듯했습니다. 그는 어떤 때는 확신한다고 했다가 또 어떤 때는 이를 번복하곤 했습니다. 다른 유명한 승려들도 마찬가지였습니다. 이런 닌시쓰 스님과 제가 친해진 것은 참 경이로운 일입니다. 사실 모든 승려와 일반 신도들은 우리를 친절하게 대해 주었습니다. 그들은 우리가 포르투갈과 일본 사이에 놓인 11,000km 거리의 바다를 건너온 것에 대해 신기하게 생각했습니다.

여기서 하비에르는 일본 불교를 대단히 호의적인 시선으로 바라보고 있다. 특히 닌시쓰에 관해서는 서로 신앙과 생각이 다름에도 불구하고 마치 존경하는 주교를 대하듯이 최대한의 경의를 표하고 있다. 닌시쓰 승려와 하비에르의 대화는 프로이스가 1562년에 쓴 편지에도 등장한다. 거기서 프로이스는 닌시쓰가 백여 명의 승려를 거느린 선불교 사찰의 주지스님이라고 밝힌다. 16세기 중엽에 일어난 기독교와 불교의 초기 대화라는 점에서 매우 중요한 이 프로이스의 서간 기록은 다음과 같이 하비에르와 닌시쓰의 철학적, 문학적인 대화 내용을 더욱 구체적으로 보여준다.

(하비에르가 만난) 승려들은 한 번에 한두 시간씩 보통 1년에 백여 차례 참선을 합니다. 이들은 함께 참선을 하면서 '무'(無)에 대해서만 골똘히 생각하며, 마치 황홀경에 빠져 있는 듯한 자세로 매우 절제된 행동을 합니다. 하루는 하비에르 신부님이 닌시쓰에게 이 승려들이 지금 무엇을 하고 있느냐고 물었습니다. 그러자 그 노승은 미소를 지으며 "이들 중 일부는 지난 한 달 동안 신도들에게 거두어들인 시주 돈을 생각하고 있고, 어떤 이들은 옷이나 음식을 생각하고, 마지막 세 번째 부류의 승려들은 사물의 결과에 대해 아무런 생각이 없는 그런 사람들입니다."라고 대답했습니다. 또 어떤 날 신부님이 다시 닌시쓰에게 물었습니다. "인생의 황금기는 언제라고 생각하십니까? 청년의 때입니까? 아니면 스님의 지금 나이처럼 노년의 때입니까?" 이 질문에 대해 닌시쓰는 "당연히 청년의 때이지요. 육신적으로 건강하고 원하는 욕망을 충족시킬 수 있는 것이 청년 때이니까요."라고 답했습

니다. 그러자 신부님이 다시 물었습니다. "폭풍이 불어 파도가 높아진 때가 있고, 안전한 항구가 눈앞에 보이는 순간이 있다고 합시다. 그럼 지금 있는 항구에서 다음 항구로 항해하기에 적절한 때는 언제입니까? 폭풍이 칠 때입니까? 아니면 안전한 항구에 도착했을 때입니까?" 이번에는 닌시쓰가 이렇게 말했습니다. "무슨 말씀인지 잘 알겠습니다만, 제게는 해당하지 않는 질문입니다. 인생의 최종 목표를 아는 사람이라면 안전한 항구에 도착한 그때가 적절한 때일 것입니다. 그러나 나는 어디로 배를 몰고 가야 할지, 내 인생의 목표가 어떻게 달성될 것인지 알지 못하는 사람입니다."

하비에르는 매우 진솔한 이 대화에서 일본 선승의 겸허하고 개방적이며 솔직하기 짝이 없는 마음과 사유의 깊이를 느꼈을 성싶다. 실제로 하비에르는 서간에서 가고시마 사람들을 칭찬하면서 불교 승려들이 일본 민중들에게 존경받는다고 적고 있다. 이는 하비에르가 선교 초기에 가고시마의 불교계와 우호적인 관계를 지향했음을 시사한다. 하지만 일본 불교와 승려에 대한 비난조의 기록도 있다. 예컨대 하비에르의 서간 중에는 "만일 승려들의 방해가 없었다면 그곳 사람들은 거의 모두 신자가 되었을 것에 틀림없다."라든가 "승려들은 기독교 신자가 된 자는 누구라도 사형에 처한다고 영주가 명하도록 책략을 꾸미는 데에 성공했고, 그래서 영주는 누구든 신자가 되어서는 안 된다고 명했다."라는 보고도 나온다. 아마도 하비에르가 우호적 관계를 맺은 것은 조동종 선승들이었고, 이에 비해 진언종 승려들은 하비에르가 해적선을 타고 히라도를 방문한 것을 알고 난 후 그를 시마즈 영주의 적으로 보아 위험시했을 수도 있다.

일본에 도착하기 전 불교에 대한 하비에르의 지식은 전적으로 야지로에게서 들은 정보에 의존한 것이었다. 그러나 야지로의 불교 지식은 불완전한 것이었다. 가령 야지로는 불교가 "중국과 타타르 사이에 있는 천축국에서 왔다."고 알려주었다. 아시아 지리에 무지했던 야지로는 인도에 있으면서 자신이 말하는 천축국이 어디에 위치한 나라인지를 제대로 알지 못했으며 그것이 바로 인도라는 사실에 대해서도 무지한 상태였다. 그럼에도 유럽과 일본 불교의 만남에 기여한 야지로의 역할은 결코 작지 않았다. 고아에서 야지로의 교육을 담당했던 예수회 수사 란치로토는 그 기간 중에 야지로에게서 일본불교에 대한 광범위한 정보를 취합하여 로마교황청에 보고했다. 이것은 1547년에 기록된 포르투갈 상인 알바레스(Jorge Alvares)의 〈일본 보고〉에 이어 유럽인에 의해 두 번째로 취합된 일본불교에 대한 보고서이다. 기본적으로 알바레스의 〈일본 보고〉와 많은 부분이 유사한 이 보고서에는 일본의 불교 승려들이 비구니나 소년들과 성적 접촉을 한다는 기술이 반복적으로 등장한다. 물론 다음과 같이 새로운 정보도 있다.

일본의 불교 승려들은 오직 유일신이 존재할 뿐이라고 설하며, 그 유일신이 세상을 창조하신 창조주라고 믿는다. 또 그들은 낙원이 존재함을 가르치며, 죄의 정화를 위한 연옥과 지옥의 존재를 믿는다. 사람이 죽으면 모든 영혼은 일단 죄를 정화하는 곳으로 보내지는데, 선한 사람이나 악한 사람 모두 그곳으로 가야 한다고 믿는다. 그곳에서 선한 인간은 하나님이 계신 곳으로 보내지고 악한 사람은 악마들이 있는 지옥으로 보내진다고 여긴다. 또한 그들은 하나님께서 악마를 세상에 보내 악한 인간들을 심판하신다고 생각한다.

이와 같은 불교 이해가 유럽인의 기독교적 관점에서 이루어진 자의적인 해석임은 말할 나위 없다. 다시 말해 일본 선교의 가능성을 로마교황청에 보고하면서 불교와 기독교의 공통점을 강조하는 수준을 넘어 아예 일본 불교에 숨겨진 유일신교 신앙의 가능성까지 부각시킨 것이다. 또한 위 보고서는 승려들의 삭발, 수도원의 집단생활, 정기적인 예불과 기도, 묵주, 탁발, 금욕주의 등 불교 승려들의 종교생활이 기독교의 그것과 상당히 유사하다는 점을 거듭 강조한다. 나아가 석가모니의 생애와 가르침에 대해서도 상세한 설명을 가하고 있다. 란치로토 수사는 야지로의 증언에 대한 기술을 마치면서 "석가모니는 모든 이들에게 유일한 절대자를 섬기라고 가르쳤습니다. 이 유일신은 바로 창조주이십니다."라는 식으로 석가모니의 가르침을 요약하고 있다.

가고시마의 개종자들

그러나 불교를 둘러싼 오해가 가고시마 선교에 끼친 영향을 입증하기란 쉽지 않을뿐더러 그런 입증 자체가 사실상 별 의미가 없다. 그보다 더 중요한 것은 하비에르의 가고시마 체류 기간 동안 약 150명 정도가 세례를 받았다는 사실에 있다. 개종자들 가운데 가장 특기할 만한 자는 베르나르도이다. 세례명만 알려진 가고시마 출신의 이 일본인 청년은 향후 야지로를 대신하여 하비에르의 충실한 동반자가 된다. 그는 하비에르가 유럽에 파견한 일본 최초의 유학생 제1호라 할 수 있다. 이로부터 3백여 년 후인 1865년 유럽에 유학한 19명의 사쓰마 번사들을 기리는 '젊은 사쓰마의 군상' 기념비가 오늘날 가고시마 중앙역 앞에 세워져 있다. 흔히 이들을 가리켜 일본 최초의 유럽 유학생이라고들 하지만, 엄밀히 말하자면 이런 상식은 수정되어야 마땅하다.

베르나르도는 인도를 거쳐 포르투갈로 건너가 1554년 예수회에 정식 입단했다. 촉망받는 신학생이었던 그는 많은 유럽인들의 관심 대상이었다. 초

——— 가고시마 중앙역 앞의 '젊은 사쓰마의 군상' 기념비.
당시의 번령(藩令)을 어기고 1865년 유럽에 유학한 19명의
사쓰마 번사들의 동상이 배치되어 있다.

기 예수회의 명설교자이자 수사학 교수인 리바데네이라(Pedro Ribadeneira)
신부는 베르나르도에 대해 "초대 기독교인의 살아있는 이미지"를 가진 인물
이라고 극찬해 마지않았다. 나아가 1555년 이냐시오 데 로욜라는 베르나르
도를 로마로 불러 예수회의 초기 지도자인 나달(Jerónimo Nadal) 신부 밑에서
신학 수업을 받게 했고 교황 알현까지 주선했다. 이처럼 예수회의 아시아
선교에 큰 영향을 미쳤던 베르나르도는 그러나 고국으로 돌아가지 못한 채
1557년 포르투갈에서 임종을 맞았다. 이 베르나르도가 유럽에 파견되기 이
전에 말한 증언에 따르면, 하비에르는 손을 대기만 해도 나병 환자를 고쳤다

거나 심지어 사무라이의 딸을 죽음에서 소생시켰다고도 한다.

치병과 관련된 하비에르의 기사는 프로이스의 『일본사』에도 나온다. 즉 가고시마에서 세례를 받은 자 중에 미게르라는 자가 있었는데, 그는 주군의 가족 전원을 기독교인으로 개종시켰다. 이때 미게르가 질병 치유에 사용할 성물을 남겨 달라고 하자 하비에르는 성모 마리아의 성화와 고행용 채찍을 수여하면서 "미게르여, 이것은 몸을 치료하는 성물이다. 열병에 걸렸을 때 예수와 마리아의 이름을 창하면서 간원하고 이 채찍으로 가볍게 5회 병자를 때려주면 나을 것이다."라고 말했다는 것이다.

가고시마의 개종자 가운데 일본 최초의 여성 개종자인 마리아도 특기할 만하다. 그녀는 시마즈 영주가 하사한 집에 기거하던 하비에르 일행의 숙식을 돌본 여주인의 딸이었다. 1550년 하비에르가 가고시마를 떠난 뒤 10여 년이 지난 1561년 선교사 알메이다(Almeida)가 가고시마로 돌아왔을 때 그곳에는 2백여 명의 기독교인들이 있었는데, 그 신앙공동체의 실질적인 리더가 바로 마리아였다. 1583년 알메이다가 다시 가고시마를 방문했을 당시 개종한 기독교인들은 모두 불교 승려들의 박해를 받아 사망하거나 배교자가 되었지만, 마리아만은 마지막까지 신앙을 지켰다. 임종을 앞둔 그녀의 고민은 자신의 유해를 불교식으로 화장 처리할 것이란 우려뿐이었다. 그녀는 "나는 지금 이 방에서 늙어 죽는 것보다 하나님의 사랑 안에서 순교자로 생애를 마감하길 바랍니다."라고 말했다고 한다. 일본 예수회는 그녀를 나가사키로 옮겨 임종을 맞게 했고, 기독교식으로 장례를 치른 뒤 개종자들의 공동묘지에 매장했다.

하비에르의 일본관

하비에르가 유럽에 보낸 팽대한 서간 가운데 통상 '대서간'이라 불리는 것이 두 편 있다. 1549년 11월 5일 가고시마발 서간(서간 제90)과 1552년 1월 29일 코친발 서간(서간 제96)이 그것이다. 이 중 전자의 경우는 하비에르가 가고시마에 도착한 지 2개월 반밖에 지나지 않은 시점에 쓴 편지인데, 거기서 하비에르는 다음과 같이 일본인은 지금까지 발견된 민족 중 가장 선량하고 명예를 중시하는 민족이라고 칭찬해 마지않는다.

일본인은 지금까지 발견된 인종 중 가장 뛰어나다고 할 수 있습니다. 기독교인이 아닌 인종 중에 일본인을 능가하는 인종을 찾기란 쉽지 않을 것입니다. 그들은 서로 우호적인 사회적 관계를 맺고 있으며, 다른 어떤 것보다 명예를 소중히 여깁니다. 전반적으로 볼 때 그들은 물질적으로 풍요로운 사람들이 아닙니다. 그렇다고 해서 귀족이나 평민들 모두 가난을 불명예로 여기지는 않습니다. 가난한 귀족 남자는 가난한 귀족 여성과 결혼할 생각을 하지 않지만, 그렇다고 해서 낮은 계급의 부유한 여성과 결혼할 생각도 하지 않습니다. 비록 가난하게 살더라도 명예를 지켜야 한다고 믿기 때문입니다. 이런 일은 기독교인들 가운데서도 흔치 않은 일입니다. 일본인들은 서로 예의를 지키며 우호적으로 대합니다. 남자들은 무기를 많이 소지하고 다니며, 귀족과 평민 할 것 없이 14세 이상이 되면 모두 칼이나 단검을 휴대하고 다닙니다. 그들은 약간이라도 모욕을 느끼면 참지 않습니다. 평민들은 무사계급을 매우 존경합니다. 이들은 자기 영주에게 충성을 다하는데 그들에게 어떤 공포를 느껴서라기보다 그렇게 하는 것이 자신에게 더 명예스러운 일이라고 믿기 때문입니다. 그들은 음식을 먹을 때도 절제하지만, 쌀로 만든 특별한 술을 즐깁니다. 포도가 자라지 않아 포도주는 없습니다. 그들은 도박을 하지 않으며, 도박은 도적질로 간주되므로 매우 불명예스러운 행동으로 여깁니다. 맹세는 좀처럼 하지 않으며, 만약 맹세할 경우는 태양을 두고 합니다. 많은 사람들이 글을 읽고 쓸 수 있으며, 이 사실을 잘 활용하면 하나님에 대한 교리와 기도문을 그들에게 쉽게 소개할 수 있을 것입니다. 그들은 일부일처제를 지키고 있습니다. 도둑질을 혐오하고 강도는 사형을 시킬 정도로 절도를 강력하게 금지하고 있습니다. 기독교인들을 포함해서 지금까지 제가 본 어느 민족과 인종보다 일본인들은 도적질에 대해 절대적으로 반대하는 입장을 보이고 있습니다. 그래서 일본에서는 도둑을 찾아보기 힘듭니다. 그들은 <u>이해력이 남달라 잘 알아듣고</u>, 새로운 것을 배우는 것에 열정이 있습니다. 그들은 고대 (중국) 철학자들의 지혜를 믿고 있습니다. 많은 일본인들이 해와 달을 숭배합니다. 그들은 <u>이성적 판단을 존중하며</u> 이성적으로 옳다고 판단되는 것에 따라 살아가는 사람들입니다…한 가지 분명히 알려드리고 싶고 또 하나님께 감사드려야 할 일은, 이 섬나라는 <u>복음을 받아들이기에 가장 적절하고 잘 준비되어 있다는 것입니다.</u> 우리가 일본어만 능통하다면, 수많은 일본인들이 개종할 것을 믿어 의심치 않습니다. 하나님의 인도하심으로 우리는 모두 일본어에 능통하게 될 것입니다. 저도 벌써 약간의 일본어를 알아듣기 시작했습니다. 하나님께서 도와주신다면 우리는 6주 안으로 십계명을 일본어로 옮길 수 있을 것입니다. 제가 이 편지를 쓰는 이유는 (선교 결과에 대해) 모두 기뻐하셔도 좋고, 또 이로써 하나님께 감사의 경배를 드릴 수 있기 때문입니다. 일본에서 새로운 종교의 가르침이 시작되었고, 우리가 조금만 더 노력하면 거대한 영적 수확을 기약할 수 있으며, 덕분에 그리스도를 위해 고난당하겠다는 열정과 굳건한 믿음을 이곳에서 다시 세울 수 있게 되었기 때문입니다…일본의 풍습과 제도는 어떤 다른 나라의 것과도 달라 보입니다. 마치 세상에 존재하는 다른 인종들과 의도적으로 다르게 보이려고 연구한 것처럼 보일 정도입니다. <u>일본의 풍습은 유럽과 정반대라고 보시는 것이 정</u>

확한 표현입니다. 모든 것이 우리 유럽인의 방식과 정반대입니다. 가령 그
들의 음식과 의복을 비롯하여 장례방식, 축제, 언어, 사업을 경영하는 태도,
앉는 방식, 건축술, 살림살이, 의술, 유아를 위한 교육 그리고 다른 모든 살
아가는 방식이 우리와 다릅니다. 그 차이는 말로 설명하기 쉽지 않습니다.
제가 정말 이해하지 못하는 것은, 일본인들이 이렇게 우리와 전혀 다른 방
식으로 살아가고 있는데도 고도의 <u>문명을 이루고 있다</u>는 점입니다. 아직
제가 이들과의 생활 경험이 짧기 때문에 확신을 갖고 말씀드릴 수는 없지
만, 우리와 감정 체계도 다르고 미적 감각도 완전히 다릅니다. 예를 들면 우
리는 흰색을 기쁨과 축제의 색으로 받아들이지만, 일본인들은 흰색을 장례
식에 사용하는 애도의 색으로 봅니다. 반대로 일본인들은 경축해야 할 기
쁜 일이 있을 때 검은색이나 자주색 옷을 입는데, 우리는 반대로 검은색이
나 자주색을 슬픔이나 애도의 표시로 이해하지 않습니까? 눈으로 보는 색
깔에 대해서도 이렇게 다르지만, 귀로 듣는 소리에 대한 이해도 다릅니다.
우리 유럽 사람들의 악기에서 나는 소리나 성악곡은 일본인들에게 잡음으
로 들리는 대신, 그들이 좋아하는 음악 소리는 우리에게 마치 고문과 같습
니다.(밑줄은 필자)

이 서간이 보여주는 하비에르의 일본인론은 루스 베네딕트의 고전 『국화
와 칼』을 연상시킨다. 예컨대 "다른 어떤 것보다 명예를 소중히 여기"고 "약
간이라도 모욕을 느끼면 참지 않"으며 "영주에게 충성을 다하는" 일본인의
이미지는 베네딕트가 말한 '기리'(義理)와 '하지'(恥)라는 핵심적인 문화코드
의 내용과 정확히 일치한다. 이때 '기리'란 인간관계의 유지를 대단히 무겁
게 생각하는 일본인들이 마치 하나의 부채(負債)처럼 반드시 갚아야만 할 것
으로 여기는 여러 유형의 의무 관념을 가리키고, '하지'란 그 기리가 상대방

에게 받아들여지지 않았다고 여길 때 일본인들이 느끼는 수치감을 뜻한다. 베네딕트는 전자를 '세상(世間, 세켄)에 대한 기리'와 '이름에 대한 기리'로 구분하는 한편, 후자에 관해서는 '죄의 문화'와 '수치의 문화'를 대비시킨다. 이런 개념들을 간단히 정리하자면 이렇다. 인간은 누구나 자기가 속한 집단(세켄)으로부터 이런저런 은혜를 입고 살 수밖에 없으며, 그 은혜는 반드시 갚아야만 하는 하나의 빚이다. 봉건시대의 일본인들은 영주로부터 받은 은혜도 그중의 하나이므로 영주에게 충성을 다해 그 빚을 갚아야 할 의무가 있다. 이에 비해 이름에 대한 기리란 자기 자신이나 그가 속한 집단의 명예를 지켜야 할 의무를 가리키는데, 그 명예가 손상되거나 모욕당했다고 느끼면 반드시 복수를 해야 한다. 상대에 대한 복수가 불가능할 때 취하는 할복은 자신의 명예를 입증하는 최후 수단이다. 서양이 '죄의 문화'라면 일본은 '수치의 문화'이다. 이와 같은 베네딕트의 '기리와 하지'론이 하비에르의 일본인론과 내용적으로 중첩되는 것은 아마도 베네딕트가 하비에르의 서간들을 읽고 거기서 적지 않은 시사를 받았기 때문일지도 모른다.

그러나 베네딕트는 하비에르와 달리 일본인에 대해 '국화'와 '칼'이라는 양면성의 관점에 입각하여 입체적으로 바라보고자 애썼다. 이에 비해 하비에르는 일본인이 유럽과 "정반대의 삶의 방식"을 취하면서도 "이해력이 남달라 잘 알아듣고" 유럽인과 마찬가지로 "이성적 판단을 존중"하며 "고도의 문명을 이루고 있다"는 점에 감탄한다. 그러면서 일본인들이야말로 "지금까지 발견된 인종 중 가장 뛰어나다"는 극찬을 아끼지 않는다. 하지만 하비에르는 "기독교인이 아닌 인종 중에 일본인을 능가하는 인종을 찾기란 쉽지 않을 것"이라는 단서를 붙인다. 이 말에는 기독교를 믿는 유럽인들이야말로 가장 뛰어난 인종이라는 선입견이 깔려 있다.

어쨌든 현존하는 그의 서간 중에서 일본에 관한 가장 긴 내용을 담고 있는 위 편지글은 하비에르가 일본선교에 거는 기대가 얼마나 컸는지를 잘 보여준다. 일본에 대해 "복음을 받아들이기에 가장 적절하고 잘 준비되어 있다"고 말한 데에서 잘 엿볼 수 있듯이, 하비에르가 일본 선교를 지극히 낙관적으로 전망한 것은 아직 그의 일본 경험이 가고시마에 한정되어 있고, 장차 일본에서 만나게 될 여러 가지 시련과 박해를 겪기 전이었기 때문일 것이다. 후에 하비에르는 일본인이 매우 호전적이며 변덕스럽다고 적으면서, 일본 선교가 인도의 진주해변 선교보다 더 힘들다고 말한다. 훗날 제2대 일본 포교장 가브랄 신부는 "나는 일본인만큼 오만하고 탐욕적이며 불안정하고 위선적인 국민을 본 적이 없다. 그들이 공동체 생활에 잘 순응하는 것은 다름 아니라 생활수단이 없는 경우에 한해서이다. 생계에 문제가 없으면 그들은 주인처럼 행동한다."고 적고 있다. 하비에르와 가브랄의 일본평은 누가 맞고 틀리고의 문제가 아니다. 양극단의 평가가 가능한 대상이 바로 일본이기 때문이다.

나는 가고시마 시내에 위치한 〈하비에르 공원〉(ザビエル公園)과 〈하비에르 교회〉(ザビエル教会)를 찾아가면서 하비에르의 가고시마 선교가 과연 성공적이었다고 말할 수 있는지를 반추하고 있었다. 숙박지 호텔이 위치한 JR 가고시마 중앙역에서 버스를 타면 히가시센고쿠정(東千石町) 소재의 〈하비에르 공원〉까지 10분 정도밖에 걸리지 않았다. 지도를 보니 덴몬칸 거리에서 네 블록 정도 떨어진 곳에 위치한 이 공원은 1949년 하비에르 도항 4백주년을 기념하여 조성된 것이다. 아담한 공원 안에는 〈하비에르 가고시마 도래기념비〉(ザビエル来鹿記念碑)와 함께 하비에르 및 그를 도운 야지로와 베르나르도 등 3인의 포교 활동을 묘사한 동상이 서 있다. 좌측의 야지로 상은 엔도 슈사쿠의 『침묵』에서 묘사된 모순에 찬 인물상과는 달리 성서를 읽는 신실한 신학도의 표정을 연출하고 있어 다소 의외라는 느낌을 받았다.

아담한 〈하비에르 공원〉 내에 세워진
하비에르(중앙), 아지로(좌), 베르나르도(우) 입상.

　〈하비에르 공원〉 맞은편에 위치한 〈하비에르 교회〉의 정식 명칭은 〈가고시마캐시드럴·하비에르기념성당〉(鹿児島カテドラル・ザビエル記念聖堂)이라 한다. 이 성당은 원래 메이지시대에 일본 최초로 불화(佛和)사전을 만든 라게(Emile Raguet) 신부에 의해 1908년에 세워진 일본 최초의 석조성당이었다. 그러나 1945년 4월 8일 미사 직후 공습으로 불타 버렸고, 1949년 하비에르 도항 4백주년을 기념하여 이탈리아 로마시의 기부금을 토대로 목조성당이 세워졌다가 다시 1999년 하비에르 도항 450주년을 기하여 오늘날과 같은 콘크리트 성당으로 재건된 것이라고 한다. 하비에르가 일본에 올 때 탔던 정크선 모양을 본떠 세워진 이 성당의 2층 대성전에는 하비에르의 손톱

이 성물로 안치되어 있다. 높이 31미터의 종루에 걸린 종은 '하비에르의 종'
이라 하며 매일 정오와 오후 6시마다 울린다. 성당 내부를 찬찬히 둘러보며
사진을 찍다 보니 이윽고 오후 6시를 알리는 하비에르의 종이 울려 퍼졌다.
그 종소리에는 어딘가 모르게 고뇌에 찬 하비에르의 삶과 그가 만난 가고시
마인들의 삶이 묻어나는 것만 같았다.

────── *더 읽을 책

김상근, 『프란치스코 하비에르』, 홍성사, 2010.
나카무라 사토시, 『일본 기독교 선교의 역사』, 박창수 옮김, 홍성사, 2016.
엔도 슈사쿠, 『침묵』, 김윤성 옮김, 바오로딸, 2007.

제8장 ———— 히라도와 야마구치
: 하비에르의 일본 선교는 실패인가?

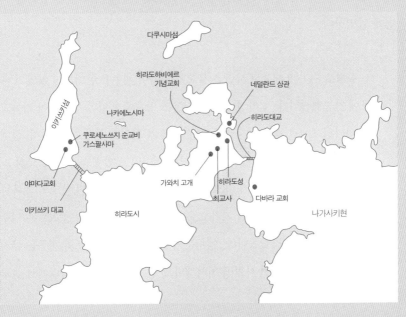

히라도의 주요 무대

사실 가고시마에서 하비에르는 처음 기대한 것만큼 큰 성과를 얻지 못했다. 세례를 베푸느라 팔이 마비될 지경이었던 인도 진주해변에서의 놀라운 성과와는 완전히 달랐다. 하비에르는 가고시마에 체류하는 동안 150여 명에게 세례를 베풀었는데, 이것은 대부분 야지로의 전도를 통한 것이었다. 이윽고 규슈와 가고시마가 일본의 변방임을 알게 된 하비에르는 가고시마를 떠날 계획을 세운다. 황실이 있는 교토로 가서 직접 천황에게 복음을 전하기 위한 것이었다. 하비에르는 서간에서 가고시마를 떠나게 된 경위를 이렇게 설명한다.

　실제로 초기에 개종한 사람은 불교 승려들이 개종을 반대하지 않았기 때문에 가능했습니다. 점차 승려들은 시마즈 영주에게 만약 주민들이 기독교의 하나님에게로 개종하면 결국 영주의 통치 영역을 잃게 될 것이며, 현재 그들이 믿고 있는 불교 사원도 허물어질 것이라고 말했습니다. 불교의 가르침과 기독교의 가르침이 다르기 때문에 그들이 개종하면 불교의 거룩한 가르침과 유물을 버리게 될 거라고도 경고했습니다. 마침내 승려들은 영주를 설득하는 데 성공했습니다. 영주는 주민들에게 기독교로의 개종을 금지했으며, 만약 개종하면 사형에 처하겠다고 발표했습니다. 길거리에서 설교하는 것도 금지했습니다.

그러니까 불교 승려들의 반대와 방해 때문에 더 이상 선교가 힘들어져 가고시마를 떠나게 되었다는 말이다. 이는 선교 초창기에 하비에르가 가고시마 불교계에 대해 가졌던 호의적인 관점 및 일본인을 극찬하던 태도와 정반대되는 설명이다. 시간이 지남에 따라 하비에르는 점차 일본이 가진 두 얼굴의 양극단을 목도하게 된다. 이리하여 하비에르는 가고시마를 뒤로하고 교토로 가기 위해 먼저 히라도(平戶)를 방문한다. 1550년 8월 말, 규슈 북단의 작은 섬인 히라도에 포르투갈 무역선이 도착했다는 소문을 들은 하비에르는 은밀히 해적선을 타고 서둘러 히라도로 간다. 하지만 그가 오랫동안 기대했던 유럽으로부터의 편지와 보고서는 받지 못했다.

히라도의 젊은 영주 마쓰라 다카노부(松浦隆信)는 하비에르를 크게 환영하면서 숙박 장소로 가신 기무라(木村)의 집을 내주기까지 했다. 이렇게 호의를 베푼 것은 하비에르를 통해 포르투갈과 더 많은 교역을 하기를 기대했기 때문이다. 선교 허락까지 받은 하비에르 일행은 가고시마에서 만든 교리서를 사용하여 기독교 포교에 힘썼다. 그 결과 하비에르가 숙박하던 집의 주인 기무라씨(木村氏)와 그 가족들이 입신하는 등 백여 명 정도의 개종자가 나왔다. 기무라씨의 손자인 기무라 안토니오(木村アントニヨ, 1597-1619)와 기무라 세바스찬(木村セバスチアン, 1565-1622) 및 이들의 삼촌으로 일본 예수회의 수도사가 된 기무라 레오나르도(木村レオナルド, 1574-1619)는 훗날 나가사키의 니시자카(西坂)에서 순교하여 '일본 205복자(福者)'에 이름이 올라 있다. 이 중 기무라 세바스찬은 1580년 일본 최초로 세워진 예수회 중등 교육 기관인 아리마(有馬) 세미나리오와 선교사 양성을 위해 1591년에 건립된 고등 신학교인 아마쿠사(天草) 콜레지오에서 공부했으며, 마카오의 신학교에 유학한 후 1601년 최초의 일본인 신부가 되었다.

안토니오, 세바스찬, 레오나르도 등은 아마도 기무라씨에게 세례를 베푼 하비에르의 일본 선교사상 가장 의미 있는 결실 중의 하나가 아닐까 싶다. 하비에르는 이 첫 번째 히라도 방문에서 한 달 정도만 머물다가 일단 가고시마로 돌아갔다. 이는 가고시마 신앙공동체를 야지로와 마리아에게 맡기기 위한 것이었다. 그런 다음 하비에르는 토레스 신부, 페르난데즈 수사, 베르나르도, 야지로의 두 시종 주아웅과 안토니오, 인도인 시종 아마도르를 동반하고 교토로 가서 천황을 알현하고자 재차 히라도로 떠났다.

규슈올레 히라도 코스 : 일본 최초의 무역항

규슈 나가사키현의 북서부 최단 지역에 위치한 히라도는 일본 최초의 서양 무역항으로 번영을 누리면서 백여 년 동안 일본의 최전방 관문으로 기능했다. 그런 만큼 히라도에는 역사적으로 일본 최초라는 수식어가 붙는 것들이 많이 있다. 가령 일본 선종의 일파인 임제종(臨濟宗)의 개창자 에이사이(榮西)가 송나라 유학을 마치고 1191년 히라도로 귀항했는데, 이때 차 씨앗을 가지고 들어와 히라도의 부춘원(富春園)에서 일본 '최초'로 차 재배를 시작했다. 또한 1550년 히라도에 내항한 포르투갈인들을 통해 '최초'로 빵이 알려졌고 후에 나가사키를 거쳐 일본에 빵이 전래되었다. 이뿐만 아니라 1601년 히라도에 온 스페인 프란치스코회 선교사 헤로니모 데 헤수스(Jerónimo de Jesús, ?-1601)가 약용으로 잎담배를 가지고 들어와 요양 중이었던 도쿠가와 이에야스에게 헌상했는데, 이것이 일본 '최초'의 담배 전래라 할 수 있다. 1609년에는 일본 '최초'의 서양 상관이자 동시에 일본 '최초'의 서양 건축물인 네덜란드 상관이 히라도에 세워졌는데, 그것은 일본 '최초'의 페인트 도색 건물이기도 했다. 1613년에는 영국배가 일본 '최초'로 히라도에 입항하여 영국 상관을 설치했으며, 그때 '최초'로 일본인들이 맥주를 마시기 시작했다.

나아가 1615년 영국 상관장 리처드 콕스(Richard Cocks)가 도쿠가와 이에야스의 외교고문을 지냈던 영국 출신의 귀화인 윌리엄 애덤스(William Adams, 1564-1620) 즉 일본명 미우라 안진(三浦按針)에게 받은 고구마를 히라도에 심었다. 이것이 일본에 '최초'로 전래된 고구마의 유래이다. 그 후 고구마는 사쓰마(가고시마)에 전해져 '사쓰마이모'(薩摩芋)라는 이름으로 널리 재배되었다. 여기서 '이모'(芋)란 감자나 토란 등을 지칭하는 일본어이다. 이 사쓰마이모가 다시 쓰시마(対馬) 섬에 전래되었고, 1764년 제11회 조선통신사 정사 조엄(趙曮)이 쓰시마에서 사쓰마이모의 가치를 알아보고 그 종자를 비밀리에 조선으로 보내 재배하도록 함으로써 한국에까지 전해진 것이다. 고구마라는 명칭은 원래 '효행(孝行, 고코) 이모'를 뜻하는 쓰시마 방언 '고코모'에서 비롯된 말이다. 그러니까 고구마는 한국어가 아니라 일본어에서 비롯된 것이다.

이처럼 차, 빵, 담배, 맥주, 고구마 등이 처음으로 일본에 전해진 히라도는 오늘날 일본 '최초'로 제주 올레가 수출된 규슈올레 트래킹 코스의 하나이기도 하다. 규슈올레는 '일본 규슈 관광추진기구'가 2011년 사단법인 제주올레와 제휴 협약을 체결하여 매년 로열티를 지불하면서 만들기 시작했는데, 2012년 2월 제1호 다케오(武雄)코스가 개장된 이래 2019년 현재 21개 코스가 오픈되어 있다. 가는 곳마다 제주 조랑말을 상징하는 '간세' 표지판과 청색 및 적색 리본이 이방인의 여정을 안내해 주어 전혀 낯설지가 않다. 아내와 함께 제주 올레는 거의 다 걸었고, 규슈올레는 4, 5년 전부터 틈틈이 걷고 있다. 한 코스당 보통 4, 5시간 소요되지만, 내 경우는 주변의 신사와 사찰 및 유적지 등을 꼼꼼히 돌아보기 때문에 7, 8시간 정도 걸린다. 히라도항 교류광장에서 시작해서 12개 거점으로 이루어진 히라도 올레 코스의 핵심은 역시 네덜란드 상관터와 기독교 관련 유적에 있다.

몇 년 전 무더운 여름날, 아내와 나는 가라쓰(唐津) 시내의 호텔에 머문 뒤 근방의 시외버스터미널에서 히라도행 버스에 올랐다. 버스는 1시간 반 정도를 달려 일본 최서단 철도역인 다비라히라도구치(田平平戸口)역을 경유하여 히라도섬의 현관인 진홍색 히라도대교(465.4m)를 지나 히라도항 교류광장에 도착했다. 안내소에는 올레 코스 및 히라도 안내 자료들이 많이 비치되어 있었는데, 개중에는 한글로 된 자료도 몇 가지 눈에 띄어 반가웠다. 정감어린 히라도 거리를 지나 맨 처음 만난 거점은 최교사(最敎寺, 사이쿄지)라는 절이다. 일본인에게 가장 친숙한 고승 구카이(空海)가 806년 당나라에서 귀국하여 좌선을 했던 자리에 세워진 이 절은 1607년 제26대 히라도 번주인 마쓰라 시게노부(松浦鎭信, 1549-1614)에 의해 건립되었다.

최교사 진입로 양편에 줄지어 선 일본 특유의 지장보살들이 뜨거운 햇살에 지친 여행자의 눈을 편안하게 해 준다. 일본을 돌아다니다 보면 비단 불교 사원 경내뿐만 아니라 산이든 평지든 도시의 동네 골목이건 시골이건 지장보살을 쉬이 볼 수 있다. 동아시아에서 지장은 원래 말법시대에 중생을 교화하고 특히 지옥에 떨어진 중생을 구제하는 보살로 널리 알려져 있다. 하지만 일본에서는 순산과 양육을 주관하고 자녀를 지켜주는 수호신으로 변형되어 임산부들이나 아이를 키우는 어머니들에게 가장 친근한 존재로 신앙되고 있다. 나아가 지장보살은 여행자를 인도하는 길의 수호신으로 여겨지기도 해서 일본에서는 길가에 조그만 지장 석상들이 많이 세워져 있다.

최교사 경내에 들어서자 일본 최대 규모라는 삼중탑이 보인다. 삼중탑 지하에는 태내 순례코스(胎藏界巡り)가 있다. 빛 한 조각 없는 깜깜한 곳을 더듬어 돌면서 태내로의 회귀를 체험하는 것이다. 불과 2, 3분 만에 끝나는 코스지만 이건 세계종교사에서 일반적으로 많이 확인할 수 있는 죽음과 재생의 모티브를 내포하고 있다. 태내로의 상징적 복귀는 죽음과 재생을 의미하

——————— 최교사 영보관 내부. 와불 뒤쪽의 대형 비단그림이 조선에서 건너온 〈불열반도〉이다.

기 때문이다. 일본 절들을 다니다 보면 이런 코스가 많이 있다.

삼중탑을 나와 옆에 있는 영보관(靈宝館)으로 들어갔다. 이 보물관은 규모는 작지만 히라도의 외국무역 전성시대에 마쓰라 번주가 풍부한 재력으로 국내외에서 입수하거나 기증받은 많은 문화재들을 소장하고 있다. 특히 조선시대의 대형 불화 〈불열반도〉(佛涅槃圖)가 전시되어 있으니 필히 관람해볼 만하다. 이 불화가 어떻게 해서 일본에 건너온 것인지 그 내력이 안내문에는 적혀 있지 않았는데, 아마도 약탈 문화재일 가능성이 있어 보인다. 착잡한 심경으로 영보관을 나오자 사찰 스님이 시원한 냉녹차와 다과를 서비스해 주면서 한국인 올레꾼이 삼중탑 내부와 영보관까지 관람하는 것은 드문 일이라고 말한다.

최교사에서 많은 시간을 소모한 탓에 벌써 정오가 되어간다. 서둘러 숲과

가와치 고개를 가리키는 간세 안내판.

산을 지나 간세 안내판이 지시하는 대로 제주 오름 같은 가와치고개((川内峠)를 넘었다. 사이카이 국립공원 안에 있는 약 30ha의 드넓은 초원의 정상에 올라서니 히라도 내해와 저 멀리 쓰시마 섬까지 한눈에 들어온다. 산길을 내려와 33도를 웃도는 폭서의 땡볕 아래서 고행자처럼 걷고 또 걷는다. 저 앞에 묵묵히 걸어가는 아내의 동그란 뒷모습에 한없는 안타까움과 함께 고마움을 느낀다. 아내도 나와 마찬가지로 돌아올 수 없는 먼 길을 떠난 누군가를 생각하며 그 누군가와 함께 걷고 있는 거라고 스스로를 위로하고 있을까? 물론 나는 먼 길을 걸을 때 되도록 모든 생각을 지우기로 마음먹는다. 하지만 종종 그것이 잘 안 된다. 어떤 길은 내게 창조적인 생각을 일깨워주기도 하고, 또 어떤 길은 내게 망각 저편에 잠들어 있던 장면들을 회상시켜주기도 하기 때문이다. 이윽고 평지로 나오니 슈퍼마켓이 보인다. 거기서 아내와 함께 사 먹은 신선한 토마토 맛은 지금까지도 기억에 새롭다.

이윽고 우리는 히라도 올레 코스의 하이라이트라 할 수 있는 길로 접어들었다. 그 길 위에는 조동종 서운사(瑞雲寺, 즈이운지)와 정토진종 광명사(光明寺, 고메이지) 및 〈히라도 하비에르(平戶ザビエル) 기념교회〉가 함께 만들어내는 절묘하고도 아름다운 조화의 풍경이 펼쳐진다. 파란 하늘 아래 저 멀리 히라도 시가지가 보이는 곳에 사원 건물과 성당의 첨탑 십자가가 어우러진 모습은 일본인의 독특한 종교관을 떠올리게 한다. 예전에 일본에서는 교회를 '남만사'(南蠻寺) 즉 '서양 오랑캐의 절'이라 불렀다. 사실 일본인에게 교회, 절, 신사는 서로 모순되지 않는다. 아기가 태어나면 신사를 참배하고, 결혼은 교회에서 하고, 장례식은 절에서 하는 일본인들에게 종교를 믿느냐 안 믿느냐보다 더 중요한 것은 그것이 인간에게 어떤 도움이 되느냐, 어떤 이익을 주느냐 하는 점이다. 이런 종교관을 두고 어느 일본인 종교학자는 '신앙 없는 종교'라고 정의 내렸지만, 예수도 안식일이 사람을 위해 있는 것이지 사람이 안식일을 위해 있는 것이 아니라고 말하지 않았던가.

서운사와 광명사를 잇는 한적하고 운치 있는 석단 골목의 내리막길을 따라가다 보면 히라도시 가가미가와정(鏡川町) 소재의 〈히라도 하비에르 기념교회〉가 나온다. 1931년에 건립된 이 고딕 양식의 성당에 1971년 '하비에르 기념동상'이 세워졌고 1998년부터 하비에르를 기념하여 매년 7월마다 시내에서 '히라도 하비에르축제'가 열린다. 성당 안에 들어서니 엷은 오렌지색의 기둥들이 스테인드글라스 사이로 새어드는 빛을 받아 한층 더 부드럽고 평화스러운 느낌을 자아낸다. 중앙 제단 위에는 성 미카엘 천사상이 걸려 있다. 하비에르가 가고시마에 상륙하면서 그랬듯이 이 성당도 대천사 미카엘에게 바쳐졌다고 한다. 이곳은 일본인 관광객들뿐만 아니라 한국 기독교인들도 많이 찾는 곳이다. 내가 방문한 날은 온몸이 땀으로 범벅이 될 만큼 무

더웠는데도 일본인 단체 관광객
들로 북적였다. 젊은 여성 둘이
신사나 절에서 하듯이 마리아상
앞에서 두 손 모아 두 번 박수를
치며 기도를 올리고 있다. 박수를
치는 것은 신사의 참배 작법인데
일본인은 절이나 성당에 가서도
똑같은 행동양식을 보이는 경우
가 많다. 이런 장면은 일본에서만
볼 수 있는 특이한 풍경이다. 일
견 정체성 없는 무국적의 종교 행
동처럼 비치기 십상이지만, 좋게
보자면 종교 교리에 얽매이지 않
는 자유로운 몸짓일 수도 있겠다

히라도시 가가미가와정 소재의
〈히라도 하비에르 기념교회〉.

는 생각이 들었다. 사원과 성당을
잇는 길가의 나비들이 크고 멋졌
다. 그리고 보니 군복무 시절 양구에서 철책 근무할 때 수없이 많이 보았던
큰 호랑나비 생각이 난다. 그때 내게 나비는 한마디로 자유의 상징이었다.

잠복 기리시탄의 성지 : 이키쓰키 섬과 나카에노시마 섬

히라도에는 이 하비에르 기념교회 외에도 가톨릭 성지가 몇 군데 더 있
다. 히라도항 교류광장에서 도보로 10분도 안 걸리는 사키가타(崎方)공원 안
에는 1949년 하비에르 상륙 4백주년을 기하여 건립된 〈하비에르 기념비〉
가 있고, 히라도 대교 근방에는 〈다비라(田平) 교회〉가 있다. 1915년부터 3

년 동안 신자들의 손으로 건설된 로마네스크 양식의 빨간 벽돌로 지어진 이 성당은 일본 최고의 교회 건축가라고 말해지는 나가사키현 출신의 데쓰카와 요스케(鉄川与助, 1879-1976)의 대표작이다. 흥미롭게도 데쓰카와는 평생 불교도였지만 일본 교회건축에 다대한 공헌을 했다. 사원들과 성당이 멋지게 어우러진 히라도 올레 코스의 하이라이트 풍경처럼 종교와 예술은 신앙의 차이를 넘어 이런 식으로 얼마든지 교차될 수 있다. 다비라 교회 인근에는 무려 1천여 개의 묘비들이 빽빽이 차 있는 가톨릭 묘지가 있다. 묘비 위에 세워진 십자가들의 실루엣이 석양에 물들 무렵, 그 앞에 펼쳐진 바다 넘어 히라도 섬을 조용히 응시하는 여행자는 기독교가 일본인에게 끼친 영향이 결코 작지 않음을 새삼 인정하지 않을 수 없었다.

이 밖에 히라도시에 속한 이키쓰키(生月) 섬은 이른바 '잠복 기리시탄'(潛伏キリシタン)의 섬으로 유명하다. 예전에는 섬이었지만 지금은 이키쓰키 대교(生月大橋)로 히라도시와 연결되어 있다. 엔도 슈사쿠(遠藤周作)의 소설 『침묵』(沈默, 1966)은 야지로라는 실제 역사적 인물을 모델로 삼은 캐릭터인 기치지로의 배신에 따라 여러 명의 잠복 기리시탄들과 함께 주인공 로드리고 신부가 체포된 곳으로 이 섬을 묘사한다. 여기서 잠복 기리시탄이란 에도시대에서 메이지시대 초기에 걸쳐 기독교신앙이 금지된 250여 년간 겉으로는 당시 국교적 위치에 있던 불교 신자를 위장하면서 몰래 기독교를 신앙한 가톨릭 신자들을 가리키는 말이다. 이때 '기리시탄'이란 기독교 신자를 가리키는 포르투갈어이다. 어쨌든 일본의 잠복 기리시탄은 세계 기독교사에 유래를 찾기 힘든 현상이다. 잠복 기리시탄 시대에는 교회도 사제도 없었기 때문에 가톨릭 신앙이 일본 신도나 민속신앙 및 특히 불교와 뒤섞인 종교로 변질될 수밖에 없었다. 그런데 이키쓰키 섬에는 지금도 그런 신앙을 지키고 있는 노인들이 많이 있다. 이런 사람들을 잠복 기리시탄과 유사한

잠복 기리시탄의 섬으로 유명한 이키쓰키 섬의 〈야마다 교회〉.
이 교회 건축도 데쓰가와 요스케의 작품이다.

다른 표현으로 '가쿠레기리시탄'(隠れキリシタン)이라고 부르기도 한다. 기리
시탄 연구자 중에는 잠복 기리시탄과 구별하여 가쿠레기리시탄을 정의내리
는 이들도 있다. 그 입장에 따르면, 가쿠레기리시탄이란 엄밀히 말해 1873
년 기독교 금교령의 팻말이 철거된 후에도 가톨릭교회에 복귀하지 않은 채
오늘날까지 잠복 기리시탄 시대의 신앙 형태를 견지해 온 신자들을 가리킨
다. 현재 이키쓰키 섬의 인구 7천여 명 중 7, 8백 명 정도가 가쿠레기리시탄
이라고 한다.

　오늘날 이키쓰키 섬에는 〈다비라 교회〉의 건축가 데쓰카와 요스케가 그

에 앞서 1912년에 지은 로마네스크 양식의 〈야마다(山田)교회〉가 세워져 있다. 이 섬을 통치하던 기리시탄 영주 고테다씨(籠手田氏)와 이치부씨(一部氏)가 육지로 망명한 후 섬에 남은 신도들을 지도한 니시 겐카(西玄可, 1555-1609)가 1609년 이키쓰키 섬 최초의 순교자가 된 것을 기념한 〈쿠로세노쓰지 순교비〉(黒瀬の辻巡教碑)도 이키쓰키 섬 순례에서 빼놓을 수 없는 여정이다. 거기서 '쿠로세'(黒瀬)는 십자가를 뜻하는 '쿠루스'에서 온 말이며, '쓰지'(辻)는 도로가 십자형으로 교차하는 곳을 가리키는 일본어이다. 그러니까 '쿠로세노쓰지'란 십자가를 강조하는 표현이며, 따라서 이 성지는 '십자가의 순교비'라 번역해도 그만일 것이다. 니시 겐카의 세례명인 '가스팔'의 묘지를 섬의 잠복 기리시탄들이 〈가스팔 사마〉(ガスパル様)라 부르면서 숭경해 온 이곳은 야마다 교회에서 차로 5분 거리에 있는데, 1992년에 세워진 대형 십자가 모양의 순교비 비문에는 다음과 같은 취지문이 새겨져 있다.

이 쿠로세노쓰지는 이키쓰키 섬의 기리시탄들에게 신앙의 원점이라 할 만한 최고의 성지입니다. 1558년 이키쓰키 섬에 처음으로 기독교를 포교한 가스팔 빌레다 신부님은 이곳에 커다란 십자가를 세우고 그 주위에 해자를 둘러 신자들의 공동묘지로 삼았습니다. 이키쓰키 섬을 찾아온 신자들은 먼저 이곳으로 안내받아 기도를 올렸다고 합니다. 또한 1563년에는 코스메 데 톨레스 신부님에 의해 새로운 십자가가 건립되었습니다. 이와 관련하여 예수회 수도사 페르난데즈는 이렇게 적고 있습니다. '이 해 설날 이키쓰키 섬에는 지금까지 일본에 세워진 것 중에서 가장 아름다운 십자가가 세워졌습니다. 우리들은 천여 명의 신자들과 함께 기나긴 행렬을 지어 모두 꽃다발을 바치고 성가를 부르면서 행진했습니다. 십자가가 세워진 곳에 이르자 하나님과 십자가를 찬미했으며 하나님을 숭경하는 이유에 관한 설교를 들

었습니다.' 쿠로세노쓰지의 십자가는 이처럼 이키쓰키 섬의 기리시탄신앙을 키우고 지켜왔습니다. 이윽고 박해의 시대가 시작되자 눈에 보이는 십자가는 철거되고 말았지만, 그 후에도 '저 십자가 밑에 목숨을 바치고 싶다'는 소망은 계속 이어졌습니다. 1609년 이키쓰키 섬 최초의 순교자가 된 가스팔 니시 겐카와 그 가족이 이곳에서 순교하였습니다. 또한 나카에노시마(中江ノ島) 섬에서 순교한 많은 기리시탄들도 마음속에 십자가를 떠올리면서 최후의 기도를 올리며 '여기서부터 멀지 않은 곳에 천국이 있다'는 확신을 얻어 그 목숨을 하나님께 바쳤습니다. 우리들은 이러한 이키쓰키 섬의 수많은 순교자들의 신앙과 정신이 향후에도 자자손손에 이르기까지 마음에 깊이 새겨지기를 이 기념비 건립에 즈음하여 기원하는 바입니다. 1992년 11월. 이키쓰키 가톨릭 신자 일동.

이키쓰키 섬 잠복 기리시탄의 후손들이 작성한 위 비문은 일본인의 치열하고 진정성 있는 기독교 신앙을 짐작케 해 준다. 여기에 등장하는 빌레다(Gaspar Vileda) 신부, 톨레스(Cosme de Torres) 신부, 페르난데즈(Juan Fernández) 수사는 모두 초창기 일본 기독교사에 진한 흔적을 남긴 선교사들이다. 한편 비문에 나오는 나카에노시마 섬은 이키쓰키 섬 옆에 위치한 또 하나의 잠복 기리시탄 성지를 가리킨다. 나카에노시마 섬에는 암벽 한 곳에 작은 신사가 있는데, 그곳은 예전에 히라도와 이키쓰키 섬의 기리시탄들을 처형하던 장소였다. 1622년에 순교한 이 섬 출신의 조안 지로우에몬(ジョアン次郎有衛門)을 비롯하여 많은 기리시탄들이 이곳에서 참수 당했다. 그 후 흥미롭게도 섬 주민들은 조안 지로우에몬을 '산주완님'이라고 칭하면서 작은 신사에 모셔 제사지냈다. 신사 옆에는 암청수(岩淸水) 샘이 있는데, 오늘날 사람들은 이것을 '산주완님의 물'이라고 부르면서 종교 의식에 쓴다고 한

이키쓰키 섬 최초의 순교자인 니시 겐카를 기리는 〈쿠로세노쓰지 순교비〉.
'쿠로세'는 십자가를 뜻하는 '쿠루스'에서 온 말이다.

다. 이처럼 기독교 순교자를 신사에 신으로 모셔 제사지내는 모습은 위 비
문에서 진하게 풍겨오는 기독교신앙과 크게 모순되는 것처럼 보이지만, 그
게 바로 일본인이다.

히라도 네덜란드 상관

〈히라도 하비에르 기념교회〉를 지나 2011년에 복원된 '히라도 네덜란드
상관'(平戸オランダ商館)으로 가는 길에 만나게 되는 임제종 사원 정종사(正宗
寺, 쇼주지)에는 하비에르에게 포교 허가를 내주었던 마쓰라 다카노부(松浦
隆信)의 묘지가 커다랗게 세워져 있다. 마쓰라 다카노부 시대는 히라도 네덜

란드 상관과 영국 상관이 개설되는 등 해외 무역이 번성했던 시절로, 당시는 히라도가 '서쪽의 도읍'이라고 불리기도 했다.

이윽고 규슈올레 히라도 코스는 출발점이자 도착점인 히라도항의 네덜란드 상관으로 이어진다. 네덜란드 상관은 1609년 히라도항에 설치된 석조 창고로서 당시 동아시아의 무역 거점이었다. 그 후 이 상관은 1639년 최대 규모의 석조 창고로 거듭난 이래 막부의 쇄국정책에 따라 1641년 나가사키의 인공섬인 데지마(出島)로 이전되었다. 그러면서 1639년에 개축된 석조창고는 지붕 박공에 서력 연호가 들어가 있다는 이유로 아쉽게도 막부에 의해 파괴되었다. 일본 최초의 서양 건축물인 이 석조 창고를 복원하여 370여 년 뒤에 박물관으로 개관한 것이 현재의 히라도 네덜란드 상관이다. 외관과 구조가 네덜란드 건물과 유사한 흰색 석조 건물 옆의 상관터에는 당시의 네덜란드 식 담벽과 우물 및 등대와 부두 등의 흔적이 남아 있다. 또한 1600년 네덜란드 선박 리프데호를 타고 분고(豊後, 오이타현)에 표착한 후 도쿠가와 이에야스의 외교고문이 되어 상관 설치에 공헌한 중심인물인 윌리엄 애덤스(미우라 안진) 묘소 등의 유적도 찾아볼 수 있다. 네덜란드 상관 안에 들어가 보니 근사하게 재현해 놓은 리프데호의 모형이 전시되어 있었다.

히라도항의 교류광장에 서 있는 '자가타라 소녀상'에는 가슴 아픈 역사가 서려 있다. 1639년 도쿠가와 막부는 네덜란드인이나 영국인과 결혼하여 자녀를 낳은 일본 부인과 그 자녀들을 모두 네덜란드 배에 태워 '자가타라'(Jagatara) 즉 지금의 인도네시아 수도인 자카르타로 추방하라는 명령을 내렸다. 이때 추방된 부녀자들이 고향에 보내온 편지를 '자가타라 문서'라고 하는데, 이것이 현재 히라도 네덜란드 상관에 전시되어 있다. 사랑에는 국경이 없는 법인데, '자가타라 소녀상'과 '자가타라 문서'에는 인위적인 국경을 만들어 강제로 사랑을 추방한 어두운 역사의 그림자가 짙게 드리워져 있다.

이에 비해 정성공(鄭成功)이라는 인물과 관련된 유적지는 히라도의 영광스런 역사를 보여준다. 히라도인 어머니에게서 1624년에 히라도에서 태어나 7세까지 살았던 정성공은 타이완에서 큰 공을 세워 그곳에서 오늘날까지 신으로 모셔져 왔다. 이 정성공 사당과 정성공 기념관이 히라도시 가와치(川內)에 있다. 그밖에 '네덜란드 다리'라는 뜻의 일명 '오란다바시'로 불리는 '행복의 다리'(幸橋, 사이와이바시)도 인상적이다. 이것은 원래 1669년 히라도성과 성하마을을 연결하는 다리로 만들어진 목조 다리였는데, 1702년 지금과 같은 석조 다리로 개축되었다.

히라도 올레 코스를 완주한 뒤 탑승한 귀로의 버스 안에서는 끊임없이 "지금 휴대전화를 쓰고 있지는 않나요? 옆 빈자리에 가방을 놓아두지는 않았나요? 모두가 유쾌한 탑승이 되도록 협력을 부탁드립니다."라는 내용의 차내 방송이 되풀이 나오고 있다. 아침 일찍 떠나온 가라쓰 시외버스터미널에서 내려 서둘러 도보로 10분 거리인 가라쓰역에 도착하여 사세보(佐世保)역으로 향하는 기차에 올라탔다. 역장은 기차가 떠나 보이지 않을 때까지 정중하게 허리를 굽혀 인사한다. 일본은 버스뿐만 아니라 지하철과 열차 안도 한국과 달리 조용하다. "어쩌면 이렇게 휴대폰 벨소리가 하나도 안 들릴 수가 있어?" 열차에서 아내가 하는 말이다. 그런데 중고생 학생들이 많이 타자 갑자기 시끌시끌해진다. 이건 세계 공통일 것이다. 왠지 마음이 편해진다.

야마구치와 하비에르

이쯤에서 다시 히라도의 하비에르 이야기로 되돌아가 보자. 하비에르는 1550년 10월 말 톨레스 신부에게 히라도의 개종자들을 맡기고 일본어에 능통한 페르난데즈 수사와 베르나르도를 대동한 채 히라도에서 혼슈(本州)로 가는 배에 올랐다. 일단 하카타(博多)항으로 가는 배편을 이용했으며, 육로로 무나카타(宗像)와 아카마(赤間)를 거쳐 모지(門司) 항구까지 가서 다시 배를 타고 혼슈의 시노모세키(下関)로 건너가 도보로 11월 중순경 야마구치(山口)에 도착했다. 그 사이에 맞이한 일본의 겨울은 하비에르 일행에게 엄청난 고난이었을 것이다. 그것은 처음 겪는 추위 때문만은 아니었다. 가고시마나 히라도에서와 달리 혼슈의 일본인들은 매우 배타적이고 냉소적인 태도로 하비에르 일행을 대한 듯싶다. 게다가 1550년 말엽은 전국시대 일본의 군사적 긴장이 최고조에 이른 시기로, 곳곳에 해적과 모리배들이 출몰하고 있었다. 그래서 하비에르는 만약의 사고에 대비하여 일본 천황에게 바칠 선물을 지참하지 않은 채 히라도를 떠났었다.

천신만고 끝에 문화의 도시 야마구치에 도착한 하비에르 일행은 가고시마와 히라도에서 보지 못했던 거대한 도시의 규모에 깜짝 놀랐다. 하비에르는 야마구치에서 묵었던 여관의 주인인 우치다(內田) 부부에게 세례를 베풀었다. 혼슈에서의 첫 번째 개종이었다. 하지만 첫 번째 야마구치 선교는 하비에르의 판단 착오로 실패할 수밖에 없었다. 당대 일본의 가장 강력한 다이묘 중 하나인 영주 오우치 요시타카(大內義隆)와 만난 하비에르는 동성애의 죄악에 대해 강력하게 경고했다. 그러자 영주가 분노했고, 이 소문이 퍼지자 야마구치에서는 더 이상 선교가 불가능해진 것이다.

그리하여 하비에르는 1550년 12월 급히 야마구치를 떠나 사카이(堺)를 거쳐 돌팔매질까지 당하는 매우 힘든 여행 끝에 1551년 1월 교토에 도착한다. 당시 교토는 1467년 오닌의 난(應仁の亂) 이래 계속된 전란과 화재로 인해 매우 황폐해 있었다. 일행은 교토의 상인 고니시(小西) 집에 열흘 정도 숙박하면서 히에이산(比叡山) 방문과 천황 알현을 시도했다. 하지만 하비에르가 선물을 지참하지 않은 탓에 이 계획은 끝내 실현되지 못했다. 실의에 빠진 일행은 교토를 떠나 히라도로 돌아가 선물 등을 지참하여 야마구치 선교를 재

—————————————————————— 히라도항 교류광장에 서 있는 〈자가타라 소녀상〉.
'자가타라'는 1639년 국제결혼을 한 일본 부인들과 그 자녀들이 국외로 강제 추방당한 곳인 자카르카를 가
리킨다.

개하고자 했다. 그런데 하비에르는 이때 중요한 사실을 알게 된다. 당시의
일본 천황이 정치군사적 실권이 없고 명목상으로만 존재하는 일종의 상징
일 뿐이며, 따라서 일본은 스페인이나 포르투갈처럼 강력한 국왕에 의해 통
치되는 나라가 아니라는 사실에 눈을 뜨게 된 것이다. 여기서 하비에르는
일단 일본 선교에 대한 꿈을 접고 중국 선교를 계획하기에 이른다. 중국은
강력한 절대군주가 통치하는 나라였기 때문이다.

이리하여 다시 야마구치로 돌아간 하비에르는 이전과는 다른 태도로 오
우치 영주를 알현했다. 즉 낡은 검은 사제복을 벗고 화려한 비단옷으로 치

장한 채 포르투갈 국왕의 명령을 받는 인도 총독의 신임장을 지참한 공식 대사로서 영주를 찾아간 것이다. 이때 하비에르는 13종의 진귀한 선물 곧 차임벨 기능이 있는 회중시계, 뮤직박스, 세공 유리거울, 조총 한 자루와 화약 세 통, 수놓은 가방, 망원경 두 개, 유럽 책, 크리스털 물병, 유화 몇 점, 포르투갈산 와인 등을 영주에게 바쳤다. 첫 만남에서 영주의 도덕성을 신랄하게 비난한 것과 달리 이번에는 최대한 예의를 지켰다. 야마구치 영주와의 이 두 번째 만남에 대해 하비에르는 서간에서 이렇게 기록하고 있다.

오우치 요시타카 영주는 우리가 전한 선물을 아주 기쁘게 받아들였습니다. 그는 답례로 많은 양의 금과 은을 하사했습니다. 그러나 저희는 그 선물을 모두 사양했고 대신 단 한 가지만 청을 들어달라고 했습니다. 영주의 영토 내에서 하나님에 대한 가르침을 전할 수 있도록 허락해 주고 새로운 종교로 개종하는 사람을 보호해 달라고 청한 것입니다. 그는 기꺼이 우리의 청을 들어주겠다고 약속했습니다. 즉각 신하들에게 명령을 내려 도시 전역에 방을 붙이고 우리의 포교 활동을 공식 허락하며, 개종하는 사람들도 아무런 제재를 받지 않을 것이라는 내용을 자신의 서명으로 확인시키라고 지시했습니다. 또한 그는 우리가 거주할 수 있도록 비어 있는 절 한 곳을 하사했습니다. 우리는 그때부터 하루 두 번씩 그 사찰에서 야마구치 사람들과 모임을 가질 수 있었습니다. 설교가 끝날 때마다 모여든 청중은 여러 주제를 놓고 열띤 토론을 벌였습니다. 우리는 그 질문에 답하거나 설교하는 데 모든 시간을 썼습니다. 제법 많은 승려들과 비구니들이 우리 설교를 듣기 위해 찾아왔습니다. 귀족과 평민들도 찾아와 더 이상 우리가 받아들이지 못할 정도였습니다. 며칠 동안 질문과 토론이 계속되면서 개종자가 나오기 시작했습니다. 가장 극렬하게 우리의 설교를 반대하던 사람들이 먼저 개종했습니다. 개종자 중 많은 사람들이 사무라이 출신인데, 이들은 세례를 받은 뒤부터 우리의 절친한 친구가 되었습니다. 그들은 여러 불교 종파들의 교리에 대해 정확하고 솔직하게 털어놓았습니다.

여기서 우리는 일본인들의 호기심이 얼마나 왕성한지를 잘 엿볼 수 있다. 이렇게 포교 허가를 얻고 빈 절이었던 대도사(大道寺, 다이도지)를 주거지로 제공받은 하비에르는 야마구치에 두 달 반가량 머물면서 무려 5백여 명에게 세례를 베풀었다. 이는 일본에 온 이래 최초의 대규모 개종이었다. 야마구치에서 가장 인상 깊은 개종자는 로렌조라는 세례명을 받은 젊은 시각 장애인 비파법사이다. 일본에서는 예전에 노래나 글을 비파와 함께 암송하며 전국을 유랑하는 거리 악사를 비파법사라 했다. 프로이스의 기록에 따르면, 규슈 서북부 히젠(肥前, 사가현) 출신의 로렌조는 천축국(인도)에서 온 성자가 야마구치에 나타났다는 소문을 듣고 1551년 하비에르를 찾아와 세례를 받았다. 톨레스 신부에 의해 수사로 발탁된 로렌조는 초기 일본 예수회 역사에서 중추적 역할을 담당했다. 그는 예수회 신부 빌레다(Gaspar Vileda) 등과 함께 교토 지역에 복음을 전하다가 1592년 2월 3일 66세로 나가사키에서 임종했다.

아시카가 각코(足利学校)라는 이름으로 서간에 등장하는 인물도 야마구치에서 개종했다. 실은 아시카가 각코란 사람 이름이 아니라 유학을 가르치는 학교명이다. 그것은 현재의 도치기현(栃木県) 아시카가시(足利市)에 있었던 중세 최고의 고등교육기관이었다. 아마도 이 인물은 야마구치를 대표하는 아시카가 각코 출신의 고명한 유학자였을 것이다. 그런 만큼 그의 개종은 야마구치에서 엄청난 사건으로 받아들여졌음에 틀림없다. 그의 뛰어난 학문은 하비에르와 초기 예수회 선교사들이 기독교 교리를 논리적으로 설명하는 데에 큰 도움을 주었다.

야마구치 선교의 역사에는 이 밖에도 흥미로운 일화가 많이 전해진다. 가령 한번은 가두 설교를 하는 페르난데즈 수사의 얼굴에 갑자기 침을 뱉으며 저주하는 일본인 남자가 있었다. 하지만 페르난데즈는 침착하게 종이 수건으로 얼굴에 묻은 침을 닦으며 설교를 계속했다. 그러자 젊은이는 큰 충격을 받고 고민하다가 하비에르에게 세례를 베풀어 달라고 간청했다. 이보다 더 인상적인 에피소드는 기독교 신의 이름을 '다이니치'에서 '데우스'로 바꾸는 과정에서 생겨났다. 오우치 영주를 세 번째 알현하고 난 후 '다이니치'가 잘못된 번역이며 기독교 입장에서 보자면 신성모독이었음을 깨닫게 된 하비에르는 이후부터는 '데우스'를 믿으라고 외쳤다. 그런데 이상하게도 데우스라는 말만 하면 사람들이 웃어댔다. 데우스는 일본인들에게 '다이우소'(大嘘) 즉 일본어로 '큰 거짓말'을 뜻하는 말처럼 들렸기 때문이다. 그래서 야마구치의 꼬맹이들이 하비에르 일행을 따라다니며 '거짓말쟁이, 거짓말쟁이'라며 놀려댔다고 한다.

그럼에도 하비에르가 포교 활동을 했던 당대 일본에서 가장 적극적으로 기독교를 받아들인 곳이 바로 야마구치였다. 오늘날까지 야마구치만큼 일반 시민들이 하비에르를 숭경하는 지역은 일본에서 달리 찾아보기 어려울 것이다. 사실 일본에서 처음으로 톨레스 신부의 집전 하에 성탄절 미사가 열린 곳도 야마구치였다. 그곳에는 가고시마와 마찬가지로 〈하비에르 기념공원〉이 있다. 야마구치시 가나코소정(金古曾町)에 있는 이 공원은 일본 최초의 교회라고 말해지기도 하는 대도사(大道寺, 다이도지) 터에 조성된 것이다. 또한 하비에르의 야마구치 방문 4백주년을 기념하여 1952년에 완공된 가메야마정(亀山町) 소재의 〈야마구치 하비에르 기념성당〉(山口ザビエル記念聖堂)은 JR 야마구치역에서 도보로 20분 정도 걸어가면 나오는데, 야마구

치시의 상징으로서 지금도 시민들에게 친숙한 장소이다. 로마네스크 양식
의 장엄한 이 성당은 1991년 9월 화재로 소실되었다가 1998년 4월 개건되었
다. 새롭게 재건된 삼각형 형태의 성당은 성서에 나오는 '신의 장막' 이미지
를 나타내며, 동시에 신을 상징하는 빛을 중심 테마로 하여 건축되었다. 거
기에는 하비에르의 성유물이 안치되어 있다.

　하지만 오늘날 야마구치 하면 많은 일본인들은 일본 우익사상의 원조인
요시다 쇼인(吉田松陰, 1830-1859)을 먼저 떠올리기 십상이다. 야마구치시로
부터 북서쪽으로 20km 정도 떨어진 하기시(萩市)에서 태어난 쇼인은 현대
일본의 정치 · 경제계를 장악하고 있는 조슈 파벌(長州閥)의 사상적 아버지

로 여겨지고 있다. 지금은 급격한 인구감소로 쇠퇴의 기미가 역력하지만 과거 조슈번(야마구치현)의 본거지로 번창했던 하기시에는 쇼인을 신으로 제사지내는 쇼인(松陰)신사가 있다. 이 신사 경내에는 존왕양이의 지사를 대표하는 다카스기 신사쿠(高杉晋作), 일본 제국의 초대 내각총리대신을 역임하고 메이지헌법의 기초를 닦은 이토 히로부미(伊藤博文), '일본 군국주의의 아버지'로 불리는 야마가타 아리토모(山縣有朋) 등 메이지유신의 지도자들을 다수 배출한 송하촌숙(松下村塾, 쇼카손주쿠)이 있는데, 그것이 2015년 〈메이지일본의 산업혁명 유산〉 목록에 등록됨으로써 아이러니컬하게도 일본 우익의 사상적 본거지인 쇼인신사가 면죄부를 받은 것처럼 된 것이다. 요시다 쇼인을 가장 존경한다는 현 아베 신조(安倍晋三) 수상의 외조부로 1957년에서 1960년까지 수상을 역임한 기시 노부스케(岸信介)도 야마구치현 출신이다. 이와 같은 우익적 배경을 가진 아베의 부인 아키에 여사는 아이러니컬하게도 열렬한 한류 마니아로 알려져 있다. 메이지유신의 발상지 야마구치를 대표하는 두 가지 정신적 키워드가 기독교와 우익사상이라는 점도 아이러니컬하다. 이처럼 서로 잘 어울릴 것 같지 않은 이질적인 것들이 역사 속에 공존하는 야마구치를 뒤로하면서 여행자는 일본을 '아이러니의 나라'로 기억하지 않을 수 없었다.

——— *더 읽을 책 ———

CBS일본기독교순교지 순례 편, 『나가사키』, 예명커뮤니케이션, 2009.
김승철, 『엔도 슈사쿠, 흔적과 아픔의 문학』, 비아토르, 2017.
김수진, 『일본 기독교의 발자취』, 한국장로교출판사, 2003.

제9장 ———————— 오이타
: 하비에르의 마지막 일본 선교지

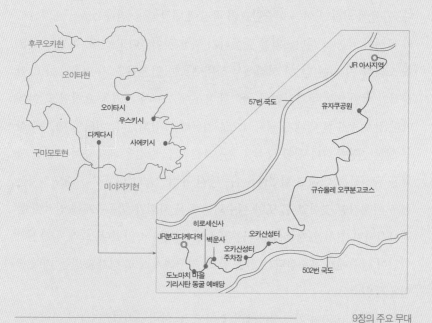

후쿠오카현

오이타현

오이타시

우스키시

다케다시

사에키시

구마모토현

미야자키현

JR 아사지역

57번 국도

유지쿠공원

규슈올레 오쿠분고코스

히로세신사

JR분고다케다역

벽운사

오카산성터

오카산성터
주차장

502번 국도

도노마치 마을
기리시탄 동굴 예배당

9장의 주요 무대

⛩

︙

　오이타현의 옛 지명인 분고국(豊後国)에서 기독교 포교가 이루어진 주요 지역으로 후나이번(府内藩, 오이타시), 오카번(岡藩, 다케타시), 우스키번(臼杵藩, 우스키시), 사에키번(佐伯藩, 사에키시) 등을 꼽을 수 있다. 나는 규슈올레 오쿠분고(奧豊後) 코스를 걸으면서 비로소 이 지역의 기독교사가 가고시마나 나가사키 못지않게 중요한 의미를 지닌다는 사실에 눈을 뜨게 되었다. 먼저 하비에르 이래 일본에서의 초기 기독교 전파 역사를 간략하게 스케치해 보자.

　예수회는 포르투갈 국왕의 의뢰를 받아 하비에르에게 일본 포교를 명했다. 일설에 의하면 이는 이슬람교의 확장에 대한 대응 전략으로서 세계선교와 아시아 극동의 식민지화를 탐색하기 위한 것이었다고 한다. 어쨌든 일본에 도착한 지 얼마 안 된 시점에서 하비에르는 일본인을 '가장 우수하고 이성적인 국민'으로 평가하면서 예수회 본부에 선교사 파견을 요청했고, 이에 따라 향후 우수한 인재가 적극적으로 일본에 파견되었다. 이와 함께 예수회는 일본 전통문화와 생활 방식을 존중하는 포교 방침을 채택하여 일본인 사제를 육성하는 데에도 힘썼다. 이는 당시 유럽인들의 대아시아 태도로서는 매우 이례적인 것이었다. 또한 예수회는 일본 사회가 주종관계에 입각한 봉건사회이자 철저한 계급사회라는 점을 잘 이해하고 있었다. 그래서 가신과 영민이 영주에게 복종한다는 점을 알고, 영주에게 포교 허가를 받는 데에 중점을 두었다.

　이리하여 1550년 가고시마에서 히라도 및 야마구치로, 1551년 야마구치에서 후나이(府內, 오이타시)로, 1555년 후나이에서 구타미(朽網, 다케타시)로, 나아가 1557년에는 하카타(博多)에까지 포교가 확장되었다. 또한 하비에르가 가고시마에 상륙한 지 10년 뒤인 1559년에는 히라도에서 인근의 다쿠시마(度島)와 이키쓰키(生月) 섬에까지 선교사가 들어가게 되었다. 이 무렵부터 교토에서도 본격적인 포교가 시작되었다. 이어서 1560년대에는 무역선의 기항을 계기로 시마바라(島原, 1563년), 고토(五島)열도(1565년), 아마쿠사(天草)의 가와치우라(河內浦, 1569년) 등에 선교사가 들어갔고 이후 기리시탄 영주가 탄생하기에 이른다. 한편 당시 시골에 지나지 않았던 나가사키에는 1567년 선교가 시작된 지 2년 후 기리시탄 마을이 형성되었다. 게다가 1570년에는 규슈와 긴키 지역을 훨씬 벗어나 도카이(東海, 기후현 · 미에현 · 시즈오카현 · 아이치현) 지방이, 그리고 1579년에는 호쿠리쿠(北陸, 도야마현 · 이시카와현 · 후쿠이현 · 니가타현) 지방 및 이와미국(石見國, 시마네현 서부) 쓰와노(津和野)에 이르기까지 포교 지역이 확장됨으로써 기독교로 개종한 일본인 숫자가 13만여 명까지 증가했다.

하비에르와 분고

그렇다면 하비에르는 어떻게 오이타현에 들어가게 된 것일까? 야마구치에서 수모를 겪고 있을 무렵 하비에르는 1551년 여름에 분고 지역을 통치하던 22세의 강력한 청년 영주인 오토모 요시시게(大友義鎭, 1530-1587)의 초청을 받는다. 흔히 소린(宗麟)이라는 법명으로 불리는 이 젊은 영주는 독실한 선불교 신자였지만, 포르투갈 무역선과 함께 들어온 새로운 종교에 깊은 관심을 보였다. 당시의 불안한 정치적 상황에서 강력한 신무기를 가진 포르투갈과 거래를 트는 것이 여러모로 유리하다고 판단했기 때문이다. 초청장을 받은 하비에르는 마침 포르투갈선이 분고에 와 있음을 알고 예수회로부터의 서간을 목놓아 기다리고 있던 터인지라 곧바로 분고행을 결정했다. 이에 하비에르는 히라도로부터 톨레스 신부와 일본인 안토니오 및 인도인 아마도르를 불러 야마구치교회의 사목을 맡기고 페르난데즈 수사도 함께 협력하도록 했다. 그런 다음 하비에르는 1551년 9월 15일 베르나르도, 야지로의 시종으로 고아에서 세례를 받은 주아옹(주안), 그리고 야마구치에서 세례를 받은 일본인 마테오와 함께 분고로 출발했다.

분고의 후나이성(오이타시)에 가까이 이르자 영주의 사신이 마중 나왔고, 정박 중이던 모든 포르투갈 선박들은 후나이성에 도착한 하비에르를 성자로서 축하하는 예포를 일제히 쏘아 올렸다. 영주 소린도 주택을 제공하는 등 하비에르를 대대적으로 환영하면서 최대한 선교를 지원해 주겠다고 약속했다. 후나이성에 머문 2개월 동안 하비에르는 포르투갈 선원들을 위한 사목에 임하는 한편 일본인 6, 7백 명에게 세례를 베푼 것으로 추정된다. 이 때 하비에르에게서 강한 영향을 받은 소린은 그로부터 27년 후 프란치스코라는 세례명을 받았으며, 순찰사 발리냐노(Alessandro Valignano, 1539-1606) 신부와 소년사절단이 로마로 출발할 때 하비에르의 열복(列福)을 신청한 장본인이기도 하다.

포르투갈의 상인이자 탐험가 페르나옹 디 멘디시 핀토(Fernão de Mendes Pinto)의 잘 알려진 동방여행기『순례』(Peregrinação, 페흐그리나송)는 흥미롭게도 자신이 직접 목격한 하비에르와 후나이성의 불교 승려 간에 벌어진 종교 논쟁을 소개하고 있다. 그 승려는 하비에르가 소린의 후광 아래 분고에서 활발한 선교 활동을 펼치자 반격에 나섰다. 하비에르가 개종자들에게 사찰에 가서 불상 앞에 절하고 시주하는 행위를 중단하라고 가르치자 영주에게 직접 이의를 제기하며 공개적인 종교 토론을 제안한 것이다. 이리하여 소린이 지켜보는 가운데 무려 3천여 명(핀토의 과장인 듯)의 참관인이 배석했고, 기독교와 불교를 대표하는 두 지도자가 신의 존재와 본성, 우주의 기원, 죄의 문제 등의 신학적, 철학적 주제를 놓고 열띤 논쟁을 벌였다. 핀토의 여행기 『순례』는 이 논쟁이 하비에르의 승리로 끝났다고 묘사한다. 불교 승려가 하비에르의 논리적인 설명에 승복하여 자신의 오류를 인정했다는 것이다.

그러나 하비에르는 이 기념비적인 논쟁 이후 후나이성에서의 대대적인 개종에도 불구하고 일본을 떠나 인도로 돌아가기로 결심한다. 왜 갑자기 그런 결정을 하게 된 것일까? 어쩌면 그는 일본에서 활동할 선교사는 고도의 철학적 이론으로 무장된 불교 승려들과 신학적 논쟁을 벌일 수 있을 만큼 잘 훈련된 자라야 한다는 사실을 깨달았고, 따라서 그런 선교사를 준비시키기 위해 급히 인도 고아로 돌아가기로 한 것일지도 모른다. 하지만 이것보다 더 현실적인 이유가 있었다. 가고시마에 상륙한 이래 인도로부터 기다리던 편지를 한 통도 받지 못한 하비에르는 로마, 포르투갈, 고아, 진주해변, 말라카, 일본으로 이어지는 선교의 연결 루트 어딘가에 중대한 문제가 생긴 것이 틀림없다고 생각했다. 그래서 결국 야마구치로 돌아가려던 일정을 변경하여 후나이성을 떠나는 포르투갈 무역선으로 일단 인도로 돌아가 예수회 사정을 시찰한 후 다음 해 새로운 선교사를 데리고 일본으로 돌아오기로 한 것이었다.

이리하여 하비에르는 자신에게 매우 호의적이었던 영주 소린에게 작별을 고했다. 그때 소린은 믿을 만한 부하 한 명을 하비에르에게 붙여주면서, 고아의 포르투갈 총독에게 보내는 신임장 및 포르투갈 국왕에게 바치는 일본의 무기를 선물로 지참시켰다. 이에 더하여 하비에르는 불교 승려도 몇 명 같이 데려가고 싶어 했지만, 거친 항해를 두려워한 승려들이 이 제안을 사양하는 바람에 뜻을 이루지는 못했다. 1551년 11월 20일, 하비에르는 포르투갈 무역선을 타고 후나이성을 떠났다. 이로써 분고국의 후나이성 즉 지금의 오이타시(大分市)는 약 27개월에 걸친 하비에르의 일본 체재에서 마지막 선교지로 기억되게 된 것이다. 오늘날 오이타시의 유호(遊步)공원에는 하비에르를 기념하는 동상이 서 있다.

하비에르가 탄 배에는 베르나르도, 마태오, 야지로의 시종 주아웅과 안토니오, 그리고 후나이성에서 하비에르의 행적을 다소 과장된 여행 기록으로 남긴 핀토가 함께 타고 있었다. 이들은 가고시마현에 속한 다네가시마(種子島)를 경유하여 일본을 떠났다고 말해진다. 규슈 남단에 위치한 작은 섬 다네가시마는 1543년에 표착한 포르투갈인에 의해 서양 철포가 전래된 곳으로 더 많이 알려져 있다. 이 섬의 니시노오모테(西之表)항 부근 언덕 위에 가톨릭교회가 있는데, 그 안내판에는 하비에르가 기항했다는 내용이 적혀 있다. 이 점을 뒷받침하듯, 예수회 수사 알카소바(Pedro Alcaçova)의 1554년 고아발 서신에는 "우리가 일본에서 최초로 도착한 곳은 다네가시마인데, 하비에르 신부님이 이미 방문했던 곳"이라는 구절이 나온다. 또한 다네가시마 북부 소재 니시노오모테시(西之表市)의 야사카(八坂)신사 경내에 세워진 돌비석에도 "이곳은 하비에르 신부의 일본 전도에 있어 최후의 땅이었다. 근세 일본은 실로 이곳을 발상지로 하여 개화했던 것"이라는 문구가 적혀 있다.

후나이성을 떠난 하비에르는 포르투갈 무역선 선상에서 일본에 대한 정보와 선교를 위한 장래 계획 등을 틈틈이 기록했다. 이 종합보고서는 1552년 1월 29일, 그가 인도 코친에 머무는 동안 유럽의 예수회 형제들에게 보내는 장문의 편지 형식으로 완성되었다. 거기서는 하비에르가 처음 일본에 도착했을 당시의 일본 선교에 대한 지극히 낙관적인 전망은 퇴색하고, 실제로 경험한 일본 선교의 현실적인 장벽과 문제들에 대한 솔직한 평가를 엿볼 수 있다. 예컨대 하비에르는 이 편지에서 일본인들이 매우 호전적이라는 사실을 강조하는가 하면, 불교가 일본 선교의 가장 큰 걸림돌이라는 점을 피력한다. 그러면서 일본 불교의 다양한 종파 및 일본과 중국의 관계에 대해 상세히 설명하고 있다. 이와 함께 하비에르는 다음과 같이 토마스 아퀴나스(Thomas Aquinas)의 자연계시 이론에 근거하여 일본인의 선한 본성을 인정하기도 한다.

야마구치의 개종자들은 세례를 받기 전에 심각하게 고민하고 매우 힘들어했습니다. 우리가 그곳에 도착하기 이전 시대에 하나님은 자기 조상들에게 아무런 자비를 베푸시지 않았다는 자각 때문이었습니다. 우리의 설교에서처럼 자기 조상들이 하나님을 경배하지 않았기 때문에 지옥에서 영원한 형벌을 받을 것이란 생각에 미치자 그들은 심각한 괴로움을 토로했습니다. 그들은 하나님께서 영원한 죽음의 형벌로 향해 가던 자기 조상들의 구원을 잊어버렸거나 방관했을지도 모른다고까지 생각했습니다. 이런 생각이야말로 그들이 하나님을 믿지 않을 수 없는 가장 큰 이유였습니다. 그러나 하나님의 거룩하신 자비로 모든 오해와 고민은 사라졌습니다. 우리는 거룩하신 구원의 법이 모든 인류에게 이미 오래전부터 임하셨다는 사실을 가르치기 시작했습니다. 중국에서 불교를 받아들이기 전에 이미 일본인들은 자연의 가르침을 통해 사람을 죽이는 것은 사악한 죄이며, 물건을 훔치거나 거짓 맹세하는 것, 십계명에 해당하는 규율을 어기는 죄 등에 대한 양심의 가책이 있음을 강조했습니다. 우리는 그들의 이성이 악을 피하게 해 주며 그런 이성의 기능이 모든 인류의 마음에 보편적으로 심겨 있다고 가르쳤습니다. 개종자들은 이런 설명에 매우 만족했습니다.

일본인을 포함하여 모든 인간에게 보편적인 이성이 작용한다는 하비에르의 이런 자연신학적 해결 방안은 향후 마테오 리치(Matteo Ricci, 1552-1610)와

로베르토 데 노빌리(Roberto de Nobili, 1577-1656)로 이어지는 예수회 아시아 선교의 기본적인 신학적 지침으로 발전하게 된다는 점에서 중요한 의미가 있다.

하비에르 이후의 분고

하비에르가 일본을 떠날 무렵 야마구치에서는 비극적인 일이 벌어지고 있었다. 영주 오우치 요시타카의 심복이었던 스에 하루카타(陶晴賢)의 반란으로 영주는 자결했고, 그 결과 영주의 강력한 후원을 받고 있던 야마구치의 기독교 공동체도 결정적인 타격을 입을 수밖에 없었다. 이에 1556년 포교장 톨레스 신부가 야마구치에서의 내분을 피하여 분고로 왔다. 톨레스 신부는 하비에르의 선교 방침을 이어받아 일본의 풍습과 일본인의 기질을 고려하면서 후나이를 거점으로 포교에 임했다. 이에 앞서 하비에르가 일본을 떠나 인도로 돌아간 뒤 1552년 하비에르의 명을 받은 선교사 가고(Balthasar Gago, 1515-1583)가 분고에 왔다. 1554년 가고는 구타미(朽網) 즉 현재의 다케타시(武田市) 나오이리정(直入町)을 방문하여 구타미씨(朽網氏)의 중신들을 비롯하여 많은 신자를 획득했다. 가고의 구타미 포교 활동에 관해서는 프로이스의 『일본사』에도 기록이 남아 있다. 가령 『일본사』 6권 제11장에는 "1554년 가고가 후나이로부터 구타미로 갔다. 구타미씨의 신하들이 세례를 받았고, 하비에르에게 세례 받은 일본인 상인 안토니오에 의해 병 고침을 받은 한 장로는 루카스라는 세례명을 얻었다. 3백여 명이 세례를 받았다."고 나온다. 또한 같은 책 21장에도 "1561년 후나이와 구타미에는 2백여 명의 기독교인이 있었다."고 나온다. 이 기사에서처럼 가고와 안토니오는 구타미에서 수백 명의 신자들에게 세례를 베풀고 성당을 건설했다. 이리하여 구타미는 당시 교토, 야마구치, 하카타, 히라도, 후나이, 우스키, 가고시마 등과 함께 초기 기독교 8대 포교지에 꼽히게 되었다.

전술했듯이 소린은 불교에서 기독교로 개종했다. 그러나 프로이스의 『일본사』 분고편 제8권 55장에 의하면, 소린의 장남 오토모 요시무네(大友義統)는 기독교에 대해 비판적이었다. 그는 소린의 아내를 모시던 기독교인 소녀 이자벨을 쫓아내어 오카성(岡城) 성주 시가 지카노리(志賀親度, ?~1587. 일명 지카타카[親孝])에게 보냈다. 이와 관련하여 1582년에 프로이스가 예수회 총장에게 보낸 서간은 "분고국 영주 중 하나인 시가 지카노리는 데우스를 좋아하지 않았습니다. 그에게는 지카요시라는 17, 8세의 장남이 있었는데 이미 성주 자리를 물려받았습니다. 그런데 이 소년은 2, 3년 전에 데우스에 대해 듣고 만족하여 일본의 우상숭배를 버렸습니다."라고 적고 있다. 이 말대로 이자벨의 신앙에 강한 흥미를 느낀 시가 지카요시(志賀親次, 1566-1660. 지카쓰구라고 읽기도 함)는 1584년 18세 때 오카성 성주가 되었고, 그 다음 해인 1585년 세례를 받았다. 1580년대 오카번에는 이런 지카요시의 기독교신앙에 의해 급속히 기독교가 파급되어 최대 1만5천여 명에 이르는 기독교신자 집단이 형성되었다. 오이타현의 기독교사에서 지카요시는 매우 중요한 인물이므로 좀더 부연해 보자.

시가 지카노리가 소린의 장남 오토모 요시무네와 만나기 위해 우스키에 가게 되었고 그때 아들 지카요시가 동반했다. 당시 지카요시는 2백 명 정도 되는 가신들과 함께 그곳의 교회를 방문했다. 그때 예수회 일본포교장 가브랄(Francisco Cabral, 1533-1609) 신부가 지카요시에게 매우 아름다운 옥으로 만든 로자리오를 주었는데, 지카요시는 오카성에서 공공연히 그 로자리오를 목에 걸고 다녔다. 한번은 가신들을 향해 왼쪽 팔뚝에다 십자를 그어 문신을 했다는 기록도 남아 있다. 또한 그는 가신들 몰래 후나이의 예수회 신학교인 콜레지오를 찾아가 고메즈(Pedro Gomes, 1535-1600) 신부를 만

야마구치현 야베시에 있는 시가 지카요시의 묘석.
1천 명의 군사로 3만 명의 시마즈씨 군대를 격퇴한 오카성 성주 시가 지카요시는 돈 파울로라는 세례명을 가진 열성적인 기리시탄이었다.

나 교리 설명을 들은 후 1585년 세례까지 받은 것이다. 그의 세례명은 돈 파울로였다. 이처럼 열성적인 기리시탄이었던 지카요시는 역사상 오토모 시대 최후의 오카성 성주였다. 그는 세례를 받은 다음 해인 1586년 시마즈씨(島津氏)의 3만 명에 이르는 대군이 오카성을 공격했을 때 단 천 명의 군사로써 이를 격퇴한 용맹한 성주로 더 많이 알려져 있다. 사쓰마의 시마즈씨는 1570년대 후반에서 1580년대에 걸쳐 규슈를 북상하여 휴가(日向, 미야자키현), 히고(肥後, 구마모토현), 히젠(肥前, 사가현) 등을 정벌하고 나아가 소린이 통치하던 지쿠고(筑後, 후쿠오카현 남부) 지역까지 솔하에 넣어 바야흐로 규슈 통일을 목전에 두고 있었다. 이런 시마즈씨의 대군 앞에서 대부분의 성주들이 항복하는 가운데 유일하게 대항하여 오카성을 지킨 인물이 바로 지카요시였던 것이다. 장수로서 떨친 용맹성과 기독교 신자로서의 신앙적 열정은 지카요시에게 동전의 양면 같은 것이었다. 그의 무덤이 현재 야마구치현 우베시(宇部市)에 있다. 높이 3미터의 묘석에는 '분고 다케타의 오카성주 시가 지카요시'라고 적혀 있다.

　오이타현의 기독교 포교사와 관련하여 한 가지 더 주목할 점이 있다. 즉 소린의 포교 허가는 서양 의학의 전래를 초래하기도 했다. 가령 의술 면허를 딴 알메이다(Luis de Almeida, 1525-1583)는 무역상으로서 인도에 도항했다가 1552년 일본에 왔다. 히라도로부터 야마구치에 가서 일본 예수회에 입회한 그가 분고에 온 것이 1555년의 일이었다. 소린의 신임을 얻은 알메이다는 생활고로 인해 산아를 죽이던 마비키(聞引き) 관습의 금지를 청원하는 한편, 사비를 들여 육아원을 세우고 1556년 톨레스 신부와 함께 병원 건설에 착수했다. 그 위치는 현재 오이타시 겐토쿠정(顕德町)에 있는 〈데우스당 터〉 자리이다. 병원은 두 구역으로 나누어졌는데, 제1구역은 나병환자를 그리고 제2구역은 그 밖의 환자를 수용했다. 알메이다는 주로 외과 치료를 담당하면서 의사 육성에 힘썼고, 일본인 파울로는 내과 치료를 맡았다. 이 병원에서는 빈곤층뿐만 아니라 무사와 승려도 치료를 받았으며 그들 중에는 병이 나은 다음 기독교인이 된 자도 있었다. 이리하여 병원의 평판이 멀리 관동 지방과 교토에까지 알려지면서 분고의 기독교는 더욱 탄탄한 기초를 다지게 되었다. 그 후 순찰사 발리냐노는 1579년 분고국을 순찰하고 우스키에서 소린과 회견한 후 그곳에 수련원을 세우고 나아가 후나이에 학교를 건설하여 일본인 교육에 힘썼다.

　그러나 지카요시가 세례를 받은 지 2년 뒤인 1587년에 도요토미 히데요시가 발포한 선교사 추방령(伴天連追放令) 및 소린의 죽음 등을 전환점으로 하여 분고의 기독교는 쇠퇴하기 시작했다. 이후 1597년의 26성인 순교사건과 1613년 도쿠가와 이에야스에 의한 기독교 금교령 발포 이래 금교 시대와 박해 시대를 거쳐 도쿠가와 막부 말기에 이르면 한때 최대 1만 5천에 이르던 오이타현의 기독교 신자들은 거의 소멸되고 만다. 여기까지가 오이타를 둘러싼 기독교 포교사의 대략적인 개요이다.

규슈올레 오쿠분고 코스: 종교로 채색된 역사산책

나는 4년 전 여름 규슈올레 중 히라도 코스와 더불어 가장 짙게 기독교 전래사의 향기를 느낄 수 있는 오쿠분고(奧豊後) 코스를 걸으면서 하비에르에 의한 일본 선교의 마지막 여정인 오이타현의 기독교 유적지들을 찬찬히 돌아보았다. 아내와 함께 이른 아침에 호텔을 나와 오이타역에서 1시간 10분간 열차를 타고 분고오노시(豊後大野市)에 속한 고즈넉한 시골의 아사지(朝地)역에 도착했다. 무인역이지만 올레길 안내소는 매우 훌륭했다. 서둘러 지도와 참고자료들을 챙겨 나와 모퉁이를 돌자 정겨운 인형들과 함께 "아사지에 오신 것을 환영합니다."라는 일본어 팻말과 "안녕하세요. 만나서 반갑습니다. 좋은 하루 되세요. 또 뵈요."라고 적힌 한글 팻말이 눈에 들어왔다. 시골 마을 사람들의 따스한 마음이 고마웠다. 그것은 혐한론이 일본사회 일부의 현상일 뿐이라는 사실을 웅변적으로 말해주고 있었다.

뜨거운 햇살을 온몸으로 받으며 그늘도 별로 없는 평범한 길을 따라가다 대나무숲을 지나서 에도시대 오카번의 영빈관으로 사용되었던 유자쿠(用作) 공원에 들어섰다. 지금 영빈관 건물은 남아 있지 않지만, 당시 정원의 흔적을 보여주는 연못이 인상적이다. 한자의 붉을 단(丹) 자와 마음 심(心) 자의 형태를 지닌 이 연못가에서 잠시 휴식을 취하면서 일본인에게 기독교

───────────────── 규슈올레 오쿠분고 코스 출발점인 아사지역 근처에서 만난 일본인의 마을. 귀여운 인형들과 함께 "좋은 하루 되세요. 또 봬요."라고 적힌 한글 팻말이 세워져 있다.

란 무엇인지, 그리고 기독교로 전향한 일본인들의 마음은 어떤 것이었는지를 상상해 보았다. 기독교로 전향한 일본인들은 일차적으로 병 고침과 같은 초자연적인 현상에 이끌린 것일까? 아니면 유럽 선교사들의 헌신적인 희생의 태도라든가 봉건사회에 반하는 기독교의 인간 평등 교의에 감동을 받았기 때문일까? 기독교를 받아들인 것은 다양한 개인적 동기의 차이를 넘어서서 당대의 사회적 모순을 타개하려는 혁명적 의지가 반영된 측면도 존재했던 것일까? 그것이 아니라면 '단심'(丹心) 모양의 연못처럼 오히려 자기를 버리고 주어진 운명에 모든 것을 건 채 자신에게 기대되는 역할에 최선을 다하는 이른바 무사(無私)의 '마코토'(誠)라는 일본적 윤리가 기독교신앙에까지 반영된 결과일까? 이런 저런 물음에 젖어 있던 여행자는 문득 윙 하는 모기 소리에 해답 없는 상념에서 깨어난다.

언제까지나 상상에만 머물 수는 없다. 누군가가 걸어간 길을 따라 계속 앞으로 나아가야 하고, 새로운 길을 만들어 나가야만 하는 것이 여행자에게 주어진 길이기 때문이다. 이윽고 규슈 최대의 마애석불이 있는 보광사(普光寺, 후코지)에 이르자 절을 뒤덮은 수국들이 이국의 올레꾼을 맞이한다. 거대한 절벽을 파낸 암굴 안에는 작은 동굴 법당이 있고, 암굴 옆 벽면에는 높이 11.3m의 부동명왕 마애불이 새겨져 있다. 아내와 함께 보았던 경주 남산의 마애불들을 떠올리며 보광사를 떠났는데, 갈림길의 표지판이 애매해서 30분 정도를 헤맸다. 올레길은 갈림길이 나타나면 무조건 표지판부터 확인해야 한다. 안 그러면 표지를 놓칠 수 있다. 그런데 인생의 갈림길은 그것이 갈림길인 것조차 잘 알 수 없는 경우가 많다. 설령 갈림길임을 알아차린다 해도 이번에는 표지판이나 이정표가 보이지 않는다. 어떻게 해야 할까? 처음 헤맸던 그 자리로 되돌아가기, 혹은 길을 잃어버린 지점에서 마음이 흔들리는 나 자신을 있는 그대로 들여다보기가 도움이 될 수도 있겠다. 그러다 보니 어느새 나는 내 갈 길을 걷고 있고, 예전에 바다에서 이곳까지 배가 들어와 물건을 내렸다고 하는 소가와(十川) 강변에 와 있다. 그곳에는 육각형 기둥 모양의 기기묘묘한 주상절리가 펼쳐져 있다. 제주 올레길에서 만난 주상절리가 그랬듯이 그것들은 마치 내 기억 속의 수만 갈래로 갈라터진 상흔처럼 보였다.

하지만 내게 오쿠분고 코스의 하이라이트는 역시 오카성터(岡城址)와 그 아래에 위치한 다케타시(竹田市)이다. 1185년 세워진 오카성은 앞서도 언급했듯이 사쓰마의 시마즈씨 대군도 공략할 수 없었던 난공불락의 요새로, 깎

마음 심(心) 자 모양의 연못인 심우지.
옆에 규슈올레 깃발과 안내 표지판이 세워져 있고 나뭇가지에도 올레 리본이 메여 있다.

아지른 듯한 산 위에 지어진 산성이다. 험한 사면에 남아 있는 돌담들에 낀 이끼들이 시간의 바람 속에 섞여 기리시탄 영주 시가 지카요시의 이야기를 속삭이는 것만 같다. 이곳에 근대 일본이 낳은 천재 작곡가 다키 렌타로(瀧廉太郎, 1879-1901)의 기념동상이 세워져 있다. 어린 시절을 다케타에서 보낸 렌타로는 자주 황폐해진 오카성터에 올라갔고 거기서 깊은 인상을 받았다고 한다. 그가 폐결핵으로 23세 때 요절하기 몇 달 전에 작곡한 국민가요 〈황성의 달〉(荒城の月)은 바로 이 오카성터에서 영감을 얻어 만들어진 것이다. 일제 강점기 한국에서 1928년에 발표된 남인수의 〈황성옛터〉는 이 일본

——— 오카성터에 세워져 있는 다키 렌타로 동상. 그가 지은 국민가요 〈황성의 달〉은 바로 오카성터에서 영감을 얻은 것이라고 한다.

가곡의 가사를 번안한 노래이다. 두 가요의 가사는 비슷한 구석이 있으나 가락은 전혀 다르다. 그럼에도 처연한 분위기와 감성은 서로 통하는 데가 있다. 귀국한 후 유튜브를 검색하여 〈황성의 달〉을 들어보았다. 이 가요에 대해 일본인의 혼과 마음과 정신성을 잘 나타낸 곡이라는 댓글도 올라와 있었다. 그래서인가 일각에서는 오로지 천황만을 찬미하는 〈기미가요〉 대신 이 노래를 일본 애국가로 지정하자는 주장도 있다고 한다.

이런 다키 렌타로의 동상이 오카성터에 세워진 것은 물론 그가 다케타 출신이고 오카성이 〈황성의 달〉의 배경이기 때문일 것이다. 하지만 작곡가 자신이 기독교도(개신교도)였다는 점을 감안하자면 어딘가 모르게 시가 지카요시라는 인물과 겹쳐지는 구석도 없지 않아 있다. 사실 〈황성의 달〉은 유럽으로 건너가 찬송가가 되었고 미국에 전해져 가스펠송이 되었다.

다케타의 기독교 유물

오카성터를 내려오면 바로 다케타시이다. 시내로 통하는 길가에서 뜻하지 않게 올레 코스 안내서에는 나오지 않지만 코스 도상에 위치한 흥미로운

장소 두 곳을 만났다. 다케다시 아이아이(숲々) 마을의 벽운사(碧雲寺, 헤키운지)와 다케다(竹田) 마을의 히로세(広瀬)신사가 그것이다. 벽운사는 오카번주(岡藩主) 가문의 보리사로, 바로 옆에 있는 〈오카번주 오타마야(おたまや) 공원〉에 역대 번주들의 묘소가 늘어서 있다. 그런데 나는 언젠가 이 벽운사에 걸려 있는 편액이 임진왜란·정유재란 때 조선에서 약탈해온 수원 벽운사의 편액이라는 사실을 책에서 읽은 적이 있었다. 그렇게 된 유래를 좀더 알고 싶어서 주지스님을 찾았으나 마침 외출 중이라 만나지 못하고 대신 주지스님의 부인하고만 잠시 이야기를 나눈 뒤 발걸음을 뗄 수밖에 없었다.

한편 히로세신사는 실제 역사적 인물인 히로세 다케오(広瀬武夫, 1868-1904)를 군신(軍神)으로 모셔 제사지내는 신사이다. 근대 일본은 수많은 군신들을 만들어냈다. 그렇게 만들어진 군신의 최초 사례가 바로 러일전쟁의 여순항 폐쇄작전 중 전사한 히로세 다케오 해군중좌였다. 당시 신문과 잡지들은 앞다투어 그를 군신으로 칭송했으며 국민들의 반향도 엄청나서 1935년 그의 출신지인 다케타시에 히로세신사가 세워지게 된 것이다. 물론 당초에는 이런 신사 창건에 대해 부정적인 의견도 있었다. 특히 히로세의 동기생들은 "도대체 인간이 신이 된다는 것은 인간이 신을 만드는 것이므로 그런 일을 해서는 안 된다."고 주장했다. 이와 같은 회의적인 견해들로 인해 진척되지 않다가 결국 다케타 시민들이 기금을 모아 신사를 건립한 것이다. 규슈올레 오쿠분고 코스 거점에 이 유명한 신사가 들어가지 않은 것은 아마도 과거의 군신이라는 군국주의적 이미지를 우려했기 때문일지도 모르겠다.

에도시대 오카성의 성하마을(城下町, 조카마치)로서 오카번 정치경제의 중심지로 번성했던 다케타는 전술했듯이 기리시탄 영주 시가 지카요시(志賀親次)의 적극적인 후원에 힘입어 기독교 전래 초기에 후나이(府内, 오이타시)와 더불어 일본의 8대 포교 중심지 중 하나가 되었다. 그 후 임진왜란 시대에도

다케타시 소재 히로세신사 입구.
동상의 주인공인 히로세 다케오 중좌가 러일전쟁의 영웅이라 하여 군신으로 모셔져 있다.

다케타는 부친 나카가와 기요히데(中川淸秀)와 마찬가지로 기독교도로서 오
카번 초대 번주가 된 아들 나카가와 히데시게(中川秀成, 1570-1612)의 보호정
책으로 여전히 분고 지역 기독교 포교의 중심지였다. 그런 만큼 현재 다케
타시 및 그 주변에는 곳곳에 많은 기독교 유적들이 남아 있다.

　이 가운데 다케타시 남부에 위치한 나오이리정(直入町) 소재의 〈INRI 십
자가 석비〉, 〈산티아고의 종〉, 〈성 야곱 석상〉은 흔히 다케타 기리시탄의
'삼종의 신기'라 불리기도 한다. '삼종의 신기'란 천황가의 통치권을 상징하
는 세 가지 보물인 거울 · 구슬 · 칼을 가리키는 말인데, 흥미롭게도 그것이

기독교 유물에 대해 사용되고 있다. 거듭 말하거니와 이렇게 신도와 기독교가 별 모순 없이 병존하는 것은 매우 일본적인 현상이라 아니 할 수 없다. 어쨌거나 나오이리정의 시모가와라(下河原), 하루(原), 니이다(新田) 마을 주변은 예전에 구타미(朽網)라 불린 곳이다. 지정학적으로 구타미는 후나이와 나가사키를 잇는 이른바 '기독교의 길'(기리시탄 로드)의 도중에 위치했으므로 선교사는 반드시 구타미를 거쳐 가야만 했다.

전술했듯이 하비에르가 소린으로부터 후나이에 초빙된 2년 후에는 구타미(나오이리정)에도 선교사가 왔다. 그 구타미를 지배한 자가 소린의 중신으로 '루카스'라는 세례명을 가진 구타미 아키야스(朽網鑑康, 1502-1586)였다. 그는 가족과 가신들을 기독교에 귀의시켰으며, 그의 영향으로 1553년에는 구타미 지역에서 260여 명이 세례를 받았다. 그 후에도 신자가 급증하여 구타미가 당대 일본 기독교 8대 포교지의 하나가 되었고 선교사들의 편지에 보고되어 유럽에까지 알려지게 된 것이다. 당시 기독교는 일본인에게 단지 새로운 종교뿐만 아니라, 이른바 '남만(南蠻)문화'로 불린 유럽문화를 전해준 유행의 최첨단으로 받아들여졌다. 당연히 구타미에도 남만문화가 유입되었다. 가령 지금은 남아 있지 않지만 분고 최초의 교회건축 및 '자비의 집'을 뜻하는 일종의 종합복지시설인 '미젤 코르디아' 등은 말할 것도 없고, 오늘날 다케타시에 남아 있는 수많은 기독교 유물과 유적들도 모두 남만문화의 흔적을 전해주고 있다. 그 흔적들을 따라가 보기로 하자.

INRI 십자가 석비와 십자 문양

1554년 선교사 가고가 구타미를 방문한 이래 구타미씨의 중신들을 비롯하여 많은 일본인들이 개종했는데, 현재 다케다시 나오이리정 시모가와라 마을에 있는 유명한 〈INRI 십자가 석비〉는 바로 그 시대의 유적이다. 여기서 INRI란 '유대인의 왕 나자렛 예수'(Iesus Nazarenus Rex Iudeorom)를 뜻하는 약어이다. 이 약어가 새겨진 석조 십자가비는 묘비라기보다는 아마도 커다란 예배용 십자가였을 것으로 추정된다. 그것은 1585년 분고에서 만들어진 80개의 T자형 석비 중 하나이다. 일본에 현존하는 T자형 석비 네 개 중 두 개가 나오이리정에 남아 있다. 단, INRI 문자가 새겨진 것은 일본에 오직 하나뿐이다. 선교사가 유럽에 전한 서간에 의하면 이 〈INRI 십자가 석비〉는 구타미씨의 묘지에 세워진 십자가 끝에 붙어 있었던 것이다. 그 주변에는 오늘날 나오이리정 최대 규모의 기리시탄 공동묘지가 남아 있다.

이런 〈INRI 십자가 석비〉 근방에서 관모 부분에 십자가가 새겨져 있는 수수께끼 같은 목조 좌상이 발견되었다. 얼굴 절반이 잘려져 나가서 확실하지는 않지만, 일설에 의하면 헤이안시대 최대의 학자이자 정승을 지냈던 스가와라노 미치자네(菅原道眞, 845-903)의 좌상이라고 한다. 중세 이래 스가와라노 미치자네는 오늘날까지도 약 1만 5천여 개소에 이르는 일본 전국의 덴만궁(天滿宮) 신사에서 인기 있는 학문의 신으로 모셔지고 있다. 하지만 이 학문의 신에게 십자가가 새겨지게 된 연유나 경위에 대해서는 알려진 바가 거의 없다. 어쨌든 좌상이 담겨진 상자에는 '이키쓰키신사'(生月神社)라고 적혀 있다. 여기서 이키쓰키는 앞의 8장에서 언급한 나가사키현 히라도에 있는 잠복 기리시탄의 섬으로 유명한 이키쓰키(生月) 섬 즉 현재의 이키쓰키정(生月町)을 가리킨다. 추정컨대 이 좌상은 이키쓰키 섬에서의 심한 박해를 피하기 위해 선교사가 구타미에 피신했을 때 함께 가지고 들어온 것일지도 모른다.

다케타에서는 〈INRI 십자가 석비〉 외에도 십자 문양의 기독교 유물과 유적이 많이 발굴되었다. 실제로 다케타에는 십자 문양을 쓰는 가문이 적지 않았다. 문양 종류도 매우 다양하다. 그중에서도 기독교에 매우 우호적이었던 오카번주 가문 나카가와씨(中川氏)의 문장인 〈나카가와 쿠르스〉(中川久留

다케타시 나오이리정 시모가와라 마을에 있는 〈INRI십자가 석비〉.
INRI란 '유대인의 왕 나자렛 예수'를 뜻하는 약어이다.

須)가 가장 유명하다. 여기서 '쿠르스'란 십자가(크로스)를 가리킨다. 이 문양
에는 십자 외에 예수회 마크인 IHS 문자가 교묘하게 숨겨져 있다는 설도 있
다. 이와 관련하여 흥미로운 일화가 전해진다. 오카번 3대 번주인 나카가와
히사키요(中川久慶)의 딸 나쓰히메(夏姬)가 죽자 부친은 딸의 시신을 멀리 떨
어진 가마쿠라의 오카번 직영 기리시탄 사원인 동계원(東溪院, 도케이인)에
장사지냈다. 이 절은 마찬가지로 기리시탄 사원이었던 오다와라(小田原) 소
재 조운사(早雲寺, 소운지)의 말사였고, 조운사는 당시 많은 기리시탄 무장들
의 묘지가 있던 교토 대덕사(大德寺, 다이토쿠지)의 말사였다. 동계원은 그 후
1871년 폐번치현(廢藩置縣) 때 폐사가 되어 본존과 불구 일부가 근처의 기리
시탄 사원인 광조사(光照寺, 고쇼지)로 이전되었다. 현재 가마쿠라시 야마노

우치(山ノ內)에 위치한 광조사 본당에는 당시 동계원에서 이전된 나카가와 쿠르스가 보관되어 있다. 의외로 예전에는 가마쿠라에도 많은 기독교인들이 살고 있었던 모양이다.

기독교가 엄격하게 금지된 에도시대 내내 오카번은 이 나카가와 쿠르스 문양을 군마의 고삐와 재갈 문양인 것처럼 위장하면서 계속 사용했다. 그래서 혹자는 에도시대의 나카가와 가문이 숨은 기독교인 즉 잠복 기리시탄이 었을 것이라고 주장하기도 한다. 물론 일본에서는 오래전부터 십자 문양이 하나의 암호로 사용되기도 했으므로 십자 문양의 가문을 쓴다고 해서 모두 기리시탄이라고 단정하기는 힘들다. 하지만 다케타의 지정학적 특성을 보면 나카가와 가문을 잠복 기리시탄으로 볼 만한 근거가 없지 않다. 다케타는 지금도 '연근마을'(蓮根町, 렌콘마치)이라 불린다. 마치 연근처럼 동서남북 모두 외부와 터널로만 연결되어 있기 때문이다. 따라서 외부와의 철저한 차단이 가능했으므로 나카가와씨처럼 유서 깊은 가문까지 잠복 기리시탄으로 남을 만한 가능성이 존재했을 것이다.

오늘날 일본에서 '명수(名水)의 마을'로 널리 알려져 있는 다케타의 뉴타(入田) 지역이 '기리시탄 마을'이었다는 점을 아는 일본인은 많지 않다. 뉴타에는 잘 정비된 기리시탄 공동묘지가 있는데, 특히 십자 문양과 알파벳 티(t)자가 명료하게 새겨져 있는 묘지가 많다. 또한 뉴타의 에도시대 촌장(庄屋) 저택 터에서 출토된 기와에는 '사토'(SAtO)라는 영문 알파벳 글자가 새겨져 있다. 아마도 촌장의 이름인 듯한데, 왜 t자만 소문자일까? 어쩌면 이것은 십자가를 상징하는 글자일지도 모른다. 잠복 기리시탄 시대에는 종종 십자(十)를 포함하는 한자인 국(菊), 청(靑), 십(辻) 등의 은어로 십자가를 표상하곤 했다. 역사적으로 뉴타는 일본을 대표하는 기리시탄 대명(大名) 소린의 가신이었던 뉴타 치카자네(入田親誠)가 지배하던 곳이었다. 이 치카자네의 동생 뉴타 아키야스(入田鑑康)가 나오이리정의 구타미 가문에 양자로 들어가 구타미 아키야스로 개명한 것이다. 그러니까 뉴타가 기리시탄 마을이 된 것은 매우 자연스러워 보인다.

하여튼 다케타에 십자 문양의 석제 묘비가 많이 남아 있는 것은 이곳에 기독교가 번성했으며 잠복 기리시탄이 많았다는 증거임에 틀림없다. 가령 다케타 주변에는 다이쇼(大正) 공원묘지에서 히로세신사로 이어지는 산책길에 십자가와 기리시탄 은어가 새겨진 묘비 백여 개가 산재하며, 산촌 지역에도 잠복 기리시탄들의 신자 조직인 콘프라리아(Confraria)의 흔적을 엿볼 수 있는 묘비군이 남아 있다. 선교사들이 조직한 콘프라리아는 50인 정도의 소조직을 기본 단위로 했으며 그 상위에 대조직 및 지방조직까지 갖추고 있었다. 이 밖에 십자 문양의 묘비 중 대표적인 것으로 다케타시 소재 정각사(正覺寺, 쇼가쿠지) 경내에 있는 가신들의 묘비를 들 수 있다. 이들의 묘비에서 발견되는 십자가 문양들은 실로 다양하다. 1613년의 기독교 금교령 이후 혹독한 박해와 순교의 역사에도 불구하고 이것들이 지금까지 전해진 것은 거의 기적에 가까워 보인다. 앞에서 언급한 벽운사 근처에 있는 영웅사(英雄寺, 에이유지)의 비불 성모관세음보살 이면에도 십자가가 새겨져 있다. 이런 것들은 모두 잠복 기리시탄 시대의 유물임에 틀림없다.

사에키시(佐伯市) 우메시게오카(宇目重岡)의 삼나무 숲속에 있는 거대한 〈루이사 기리시탄 묘비〉 또한 잠복 기리시탄 시대를 말해주는 중요한 유물이다. 분고에는 '루이사'라는 세례명을 가진 여성들이 몇 명 있었다. 그중 이 석제 묘비의 주인공은 다케타의 오카번사 와타나베 요기치로(渡辺與吉郎)의 딸 와타나베 란(渡辺らん)으로 추정된다. 다다미 한 장 정도의 큰 돌판에 사망한 연월일과 세례명 및 십자 문양이 새겨져 있다. 오늘날 '루이사' 하면 일본인들은 유명한 남만과자 브랜드를 떠올리기 십상인데, 이것은 1590년에 다케

타에서 태어난 이 여성 기리시탄의 세례명에서 유래한 상품으로 보인다.

산티아고의 종과 성 야곱 석상

한편 〈산티아고의 종〉(サンチャゴの鐘) 원본은 현재 다케타시립역사자료관에 보존되어 있고, 자료관 근방의 나카가와(中川)신사에서 그 모조품을 개방 전시하고 있다. 이 종은 원래 오카번주 가문인 나카가와가(中川家)에 대대로 전해 내려온 것으로, 오카성 내에 보관되었다가 메이지시대 이후 나카가와신사로 이전되었다. 그 유래에 관해서는 번내 또는 국내에서 주조된 것이라는 설과 국외에서 반입된 것이라는 설이 있다. 2012년 다케타시는 전문가에게 이 종의 분석을 의뢰하여 일본 국내에서 주조된 것일 가능성이 큰 것으로 결론지었다. 종의 명문에 '산티아고 병원'이라고 새겨져 있기 때문이다. 이 병원은 예수회 선교사 메스키타(Diogo de Mesquita, 1553-1614)에 의해 1603년 나가사키시 사카야정(酒屋町)에 세워진 자선원(慈善院, 지젠인) 부속병원이었는데, 1620년에 파괴되었다. 그러니까 이 종은 나가사키에서 주조된 것인데, 박해를 피해 다케타로 옮겨졌을 가능성이 크다. 그런데 명문에는 1602라는 숫자도 새겨져 있다. 제작연도로 보이는데, 이는 산티아고 병원의 설립 전년에 해당된다. 아마도 이 해부터 산티아고 병원 설립이 시작된 것이 아닐까 싶다.

다케타시에서 발견된 〈성 야곱 석상〉(聖ヤコブ石像)도 산티아고 병원 부설인 야곱 성당에서 〈산티아고의 종〉과 함께 탄압을 피해 나가사키로부터 들여 온 것으로 추정된다. 분명한 것은 이것이 기독교 금교령(1613) 이후 잠복 기리시탄 시대의 유물이라는 점이다. 어쨌든 일본 국내에 이런 유물은 다케타에만 있다. 〈산티아고의 종〉 이름에 붙은 '산티아고'는 '성 야곱'을 뜻하는 스페인어이다. 성 야곱은 예수의 12제자 중 하나로 유럽에서 성인으로

다케타시에서 발견된 개인 소장의 〈성 야곱 석상〉.
지중해 연안지역의 돌로 제작된 것일 가능성이 크다.
다케타 창생관의 전시 벽보 중.

널리 숭경 받는 인물이다. 나아가 성 야곱은 16세기에 세계 최강 해군이었던 스페인의 군신으로 모셔지기도 했다. 현재 성 야곱의 묘소가 있는 곳이 스페인의 산티아고 데 콤포스텔라(Santiago de Compostela)이다. 그곳은 지금도 매년 세계 각지에서 50여만 명의 순례자들이 찾아오는 곳이다. 일본에는 이런 산티아고 즉 성 야곱과 관련하여 타 지역에도 흥미로운 기록이 남아 있다. 가령 전국시대에 오사카 셋쓰(攝津) 지방의 무장들이 사용한 전투 함성은 '예수'나 '마리아' 또는 '산티아고'였다고 한다.

기리시탄 동굴예배당

　이상과 같은 '삼종의 신기' 외에 다케타의 잠복 기리시탄 시대를 대표하는 유적으로서 1953년에 발견되어 오이타현 사적지로 지정된 다케타시 다케타 도노마치(竹田殿町) 소재의 〈기리시탄 동굴예배당〉을 꼽지 않을 수 없다. 오 각형 모양의 입구 정면은 170cm이고 횡폭 147cm에 좌우 석주가 50cm이며, 내부는 돔 형태의 천장에 다다미 6장 정도의 크기로 되어 있다. 이것이 어떤 목적으로 언제 누가 만들었는지는 확실치 않지만 프랑스 출신 동양학자 레 온 파제스(Léon Pagès, 1814-1886)의 『일본 기리시탄 종문사』(日本切支丹宗門 史, 岩波書店) 1617년 기사에 의하면, 오카번 2대 번주 나카가와 히사모리(中 川久盛)의 가로인 후루타 시게하루(古田重治, 1578-1625)가 위험을 무릅쓰고 이 동굴에 로마인 선교사 나발로(Pietro Paolo Navarro, 1558-1622) 등을 숨겨 보 호했다고 나온다. 요하네 디다코라는 세례명을 가진 후루타 시게하루는 마 찬가지로 기독교인이자 다도의 대가였던 후루타 오리베(古田織部, 1544-1615) 의 후손이다. 이 오리베와 기리시탄 대명 다카야마 우콘(高山右近) 및 오카번 시조인 나카가와 기요히데(中川清秀)는 의형제 또는 종형제와 밀접한 혈연 관계에 있었다.

　〈기리시탄 동굴예배당〉으로 들어가는 진입로 골목에는 〈아카마쓰이나 리(赤松稲荷)신사〉가 있다. '이나리'(稲荷)란 일본 전국 4만여 개소의 이나리 신사에서 모시는 오곡풍양의 식물신이자 농경신 또는 산업 번창의 신인 우 카노미타마(宇迦之御魂神)를 가리킨다. 일본을 여행하다가 붉은색의 도리이 (鳥居) 혹은 여우상이 모셔져 있는 신사가 보이면, 그것은 어김없이 이나리 신을 모신 신사라고 생각하면 된다. 현재 이런 이나리신을 모시는 현세 이 익적인 신사가 일본 전국에서 가장 많다. 오늘날 일본의 각 가정마다 개인 적으로 이나리 신단을 설치하여 모시는 사람들이 많을 뿐만 아니라 기업들

오이타현의 기독교 유적을 대표하는 다케타시 도노마치 소재의
〈기리시탄 동굴예배당〉. 이곳에 유럽 선교사들이 숨어 지냈다는 설도 있다.

도 대부분이 회사 부지 내에 조그만 신사를 세워 이나리신을 모신다고 하니 가히 이나리신앙의 인기를 짐작하고도 남음이 있을 것이다. 그런 만큼 이나리신앙은 오늘날 일본에서 가장 대중적인 신사신앙이라 할 수 있다. 흥미롭게도 이나리신사의 총본사는 한반도에 건너간 가야=신라계 도래씨족인 하타씨(秦氏)가 711년 교토에 세운 후시미이나리(伏見稲荷)대사이다.

그렇다면 왜 〈기리시탄 동굴예배당〉 진입로에 이나리신사가 있는 것일까? 이런 의문은 〈기리시탄 동굴예배당〉에서 멀지 않은 곳에 있는 도노마치 쿠도(久戸) 마을의 이름 없는 이나리를 보고 나서야 비로소 가닥이 풀렸다. 쿠도 마을은 오카번 초대 번주 나카가와 히데시게(中川秀成)가 하리마국

(播磨国, 효고현)의 미키성(三木城, 미키시) 함락 후 다케타에 들어왔을 때 따라온 많은 가신들이 살았던 곳이다. 쿠도의 '쿠'는 '쿠르스(십자가)'에서 비롯된 지명이라는 설이 있다. 또는 크리스토〉 크루스토〉 쿠도가 되었다고도 한다. 쿠도의 이나리는 가로 30cm에 세로 70cm 정도를 정으로 깎아낸 오각형 동굴 안에 모셔져 있다. 혹자는 이 동굴도 예배당이었을 거라고 주장한다.

이 쿠도의 이나리 동굴은 도노마치 기리시탄 동굴예배당의 오각형 모양과 유사하다. 오늘날 이나리 옆에는 터널의 마을 다케타에서 최초로 만들어진 인도(人道) 터널이 있다. 안에 들어가 보면 이것 또한 쿠도의 이나리 동굴과 마찬가지로 4, 5미터 정도까지는 사람이 정을 이용하여 오각형 모양으로 파낸 것임을 알 수 있다. 왜 오각형인지 그 이유는 명확하지 않으나 아마도 교회 모양을 모델로 한 것이 아닐까 싶다. 오각형 모양 외에도 쿠도의 이나리 동굴과 도노마치 기리시탄 동굴예배당의 공통점은 많다. 양자 모두 17세기 초에 인간이 정으로 파내어 만든 것이며, 제단이 있고 의식에 사용되는 청수가 솟아나오는 곳이다. 또한 많은 사람들의 집회가 가능한 동굴이 병설되어 있다. 따라서 목적도 동일했을 것으로 추정된다. 다시 말해 양자 모두 예배당의 기능을 했던 것으로 보인다. 다케타 성하마을에는 지금도 크고 작은 동굴이 백여 개소에 이른다. 다케타에는 최대 1만5천여 명의 기리시탄이 있었던 만큼 그들이 신앙을 유지하기 위한 예배당도 많이 필요했을 것이다. 그런데 성하마을에 교회가 세워졌다는 기록은 보이지 않는다. 따라서 다케타 기리시탄들은 동굴 예배당에서 신앙생활을 지속했다고 보는 것이 현실적이다.

이쯤 해서 다시 왜 이나리인가를 되묻지 않을 수 없다. 이는 잠복 기리시탄 시대에 발각될 경우를 대비하여 동굴 안에 안치한 십자가와 마리아상을 유사시 신속하게 이나리상(또는 불상)으로 대체시키기 위한 것이었다고 추

다케타 성하마을을 둘러싼 산의 능선길에 점재하는
기리시탄 묘지 사이의 석조 마리아 지장상.
마리아신앙과 지장신앙의 습합을 보여주는 드문 사례이다.

정된다. 혹은 장기간에 걸친 잠복 기리시탄 시대에 기독교 신앙이 변질하여
이나리 신앙과 습합했을 가능성이 있다. 잠복 기리시탄 신앙은 이나리 외에
경신강(庚申講)신앙이나 지장(地藏) 신앙 등의 민간신앙과 습합하기도 했다.
가령 오이타현 북동부의 구니사키시(国東市)에 남아 있는 〈기리시탄 경신탑
〉(キリシタン庚申塔)은 이 점을 뒷받침해 준다. 또한 다케타 성하마을을 둘러
싼 산의 능선길에는 기리시탄 묘지가 많은데, 그 산길 사이에 마리아 지장도
있다. 통상 마리아 관음상은 일본 전국에서 발견되지만, 석조 마리아 지장

은 다케타에만 남아 있다.

다케타도노마치의 〈기리시탄 동굴예배당〉과 그 진입로의 〈아카마쓰이나리신사〉를 돌아보고 나오는 길에 〈다케타 창생관〉이라는 아담한 지역문화 자료관을 들렀다. 무더위에 땀을 엄청 흘린 터라 시원한 선풍기 바람이 구세주 같았다. 이방인을 친절하게 안내해준 창구 여점원이 고마워서 무언가 살 것이 없는지 기념품점을 두리번거리다가 『오카번 기리시탄 소사』(岡藩キリシタン小史)와 『미스테리! 다케타 기리시탄』(ミステリアス! 竹田キリシタン)이라는 책 두 권이 눈에 띄어 얼른 구입했다. 냉방 중인 기념품점 안에서 시원한 녹차를 마시며 잠시 책을 훑어보았다. 앞서 언급한 쿠도의 이나리동굴을 놓치지 않고 찾아갔던 것은 절묘한 타이밍에 이 책에서 얻은 정보 덕택이었다.

다케타의 기리시탄 유물로 빼놓을 수 없는 화지(和紙) 후미에(踏み絵)에 관한 정보도 위 책에서 얻었다. 여기서 '후미에'란 예수나 성모 마리아의 성화가 새겨진 목판이나 동판을 가리킨다. 에도시대에는 매년 정기적으로 마을 사람들을 한 곳에 전부 집합시켜 하나하나 이 후미에에 침을 뱉으며 밟고 지나가도록 강제했다. 그럼으로써 기독교 신자를 가려내어 배교시키거나 처벌했던 것이다. 다케타의 종이 후미에는 본래 구마모토현의 아마쿠사(天草)에서 인쇄된 것으로, 현재는 오이타시에 있는 '성예수회 영광의 찬미교회'에 보관되어 있다. 거기에는 '크리스티'라는 문자 및 예수와 십자가의 이미지 등과 함께 "기리시탄 바테렝을 밟지 않는 자는 투옥될 것"이라는 문구가 적혀 있다. 이때 '기리시탄 바테렝'이란 '기독교 선교사'를 뜻하는 말이지만, 여기서는 예수 상을 가리킨다. 통상 도쿠가와 막부가 후미에를 시작한 것은 1629년부터라고 한다. 그런데 오카번에서는 무슨 이유에서인지 그로부터 30여 년이 지난 1660년부터 후미에가 시작되었다. 처음에는 화지 후

미에가 사용되었다. 그러다가 나가사키 봉행소에서 목판이나 동판 후미에가 제작되었고, 각 번에서 그것을 빌려 대개 주간에 촌장집 마당에 명석을 깔고 후미에를 시행했다. 다케타의 구타미 마을에는 명석 대신 큰 돌판 위에서 후미에가 행해지기도 했다. 그때 사용한 돌판이 현재 나오이리정 나가노(長野) 마을에 남아 있다.

다케타에는 후미에와 관련하여 흥미로운 일화가 전해진다. 현재의 다케타역 앞에 있는 (구)일본생명 빌딩 자리에는 예전에 다루미야(垂水屋)라는 상가가 있었다. 1738년 다케타에서는 나가사키 부교(奉行)에 의한 기리시탄 취조가 한창이었고, 후루마치(古町) 마을 다루미야의 한 방에 사람들을 모아 후미에를 강제했다. 그런데 너무 사람이 많아 후미에 도중 마루가 무너지면서 제단에 마리아 화상을 모신 지하의 비밀예배당이 발각되었다. 주민자치회장이었던 상가 주인 헤이베(平兵衛)는 곧바로 체포되어 나가사키로 이송되었다. 기독교 금교령이 발포된 지 125년이 지난 시점이었다.

다케타의 기리시탄을 좇는 마지막 일정은 아이아이(会々) 마을에 위치한 〈가가미(鏡) 처형장 터〉이다. 17세기 중엽 및 18세기 말엽 두 차례에 걸쳐 오카번 내에서 처형당한 기리시탄 95명 중 44명이 이곳에서 순교했다. 2012년 4월 1일에 개최된 '오카번 성하마을 4백년제'의 첫 번째 행사는 이들을 위령하기 위해 바로 이 가가미 처형장 터에서 거행된 진혼제였다고 한다. 이 처형장 터를 빠져나오면서 순교한 일본 기독교인들은 어떤 생각으로 죽음을 대면했을까를 다시 한 번 자문해 보았다. 에도시대 신사와 절 앞에 형성된 시가지인 몬젠마치(門前町)로 번영했던 고전적 분위기의 미야하라 상점가(宮原商店街)를 거쳐 도달한 분고다케타(豊後竹田)역은 귀가하는 중고생들로 가득 차 있다. 그네들의 생기 넘치는 에너지와 활력은 나의 상념을 생명의 자리로 돌려놓는 듯싶다. 역시 죽음이란 삶의 이면이 아닐까?

구와히메신사

너무 많은 땀을 흘려 몸은 지칠 대로 지쳤지만 그럴수록 더 살아나는 마음의 힘을 느끼며 오후 6시쯤에야 오이타역에 도착했다. 다음 일정인 나가사키(長崎)행 열차시간이 좀 여유가 있어서 저녁도 먹을 겸 오이타역 앞 광장 쪽으로 나와 보니 그곳에는 뜻하지 않게 하비에르와 소린의 동상이 서 있었다. 하비에르 동상은 마치 오이타 사람들을 모두 감싸듯이 양팔

오이타역 앞 광장의 하비에르 동상.

을 활짝 벌리고 있다. 그 동상들을 바라보면서 오이타와 기독교의 밀접한 관계를 다시 한 번 느낄 수 있었다.

피곤이 극에 달하면 오히려 잠이 달아날 때가 있다. 장시간 걸리는 나가사키행 열차 안에서 나는 다케타와 나가사키를 잇는 기리시탄의 유대를 떠올리고 있었다. 오늘날 나가사키 시내에 위치한 후치(淵)신사에는 경내 섭사로 기리시탄 이나리를 모신 〈구와히메(桑姫)신사〉가 있다. 친절하게 한글로도 표기되어 있는 경내의 안내문은 다음과 같이 신사의 유래를 전하고 있다.

"본사는 기리시탄 대명 오토모 소린의 손녀인 구와히메를 모신 신사이다. 구와히메는 사랑의 인연을 맺어주는 신으로 유명하다. 그녀는 오토모

가문의 몰락 이후 나가사키로 망명하여 숨어 사는 동안 뽕나무를 재배하고 누에를 키우면서 마을 소녀들에게 실 잣는 방법을 가르쳐 주었다고 한다. 1627년 사망 후 그녀의 묘소에 뽕나무가 자라났다고 해서 '구와히메'라 불리게 되었다. 현재 신사 본전의 격자 사이로 그녀의 묘석을 볼 수 있다."

나카가와 가문이 오카번주가 되기 이전의 다케타는 시가 가문의 통치하에 있었는데, 그 마지막 오카성주가 앞에서 다룬 시가 지카요시(志賀親次)였다. 전술했듯이 소린의 손자인 그는 팔뚝에 십자가를 새길 정도로 열성적인 기리시탄 대명으로 '돈 파울로'라는 세례명을 가지고 있었다. 이 지카요시의 가까운 친족으로 소린의 손녀 오니시 고젠(阿西御前)이라는 여성이 다케타에 살고 있었는데, 그녀가 바로 훗날 구와히메로 불리게 된 기리시탄이었다. 세례명은 '마키시마'였다. 지카요시와 구와히메는 형제지간은 아니지만 둘 다 오토모 소린의 손자(녀)였고 둘 다 기리시탄이었다. 구와히메는 오토모가의 멸망에 따라 분고에서 쫓겨난 오카번 시가(志賀) 가문과 함께 나가사키로 근거지를 옮겼다. 이 점에서 그녀는 다케타와 나가사키를 잇는 기리시탄의 연결고리를 상징한다.

구와히메는 나가사키의 우라카미무라(浦上村) 즉 오늘날 우라카미야마자토(浦上山里)의 후치(淵) 마을 촌장 집에 숨어 살았다. 그녀는 마을 소녀들에게 예의작법을 가르치고 양잠을 장려하여 산업을 진흥시켰다. 그래서 그녀를 '구와히메'라고 부르게 된 것이다. 일본어 '구와'(桑)는 뽕나무를 뜻하는 말이다. 그런데 18세의 어린 나이로 구와히메가 병에 걸려 사망하자, 이를 슬퍼한 마을 사람들이 그녀를 위해 이나리신사를 세워 주었다. 이 신사에는 기리시탄과 관련된 비밀이 숨겨져 있다. 즉 구와히메신사 경내의 묘비에 새겨진 오토모 가문의 문장(紋章) 밑에는 X자형의 십자가가 좌우에 묘사되어

나가사키시 소재 후치신사의 경내 섭사인 〈구와히메신사〉.
제신 구와히메가 기리시탄 이나리신으로 제사받고 있다.

있는데, 원래는 그 외에도 밑 대좌 가운데에 '구와히메 고젠'(桑姬御前)이라
고 새겨진 둥근 돌과 마리아상이 숨겨져 있었다. 그 돌은 현재 구와히메신
사 본전 격자 안에 이나리신의 신체(神體)로 모셔져 있다. 이는 이나리신사
안에 기리시탄 묘지가 있는 독특한 사례라 할 수 있다. 우라카미 일대의 잠
복 기리시탄들은 1613년의 기독교 금교령 이후 구와히메가 모셔진 이나리
신사를 섬기는 척하면서 실제로는 기리시탄 구와히메와 마리아상을 숭경했
던 것이다. 이처럼 일본 기독교사에서 이나리와 기리시탄은 특별한 관계로

얽혀 있다. 그러고 보니 이나리(INARI)와 INRI(유대인의 왕 나자렛 예수)는 너무 닮아 있다.

일본에 기독교가 뿌리내리지 못한 이유

신도와 불교가 깊이 뿌리내린 천황제의 나라 일본에서 기독교인이 된다는 것은 특별한 의미를 가질 수 있다. 일본 사상사 연구의 거장 마루야마 마사오(丸山眞男)는 『일본의 사상』(日本の思想)에서 일본인은 무엇이든 외래 사상을 쉽게 받아들여 일본화하는 데 탁월한 재능을 가지고 있지만, 유독 마르크스주의와 기독교만큼은 일본에 뿌리를 내리지 못했다고 지적한다. 일본에서 전래 초기의 경이로운 성장에도 불구하고 기독교가 뿌리내리지 못한 가장 큰 표면적 이유는 물론 도쿠가와 막부의 철저한 기독교 탄압 때문이겠지만, 그것만으로 다 설명되지 않는 측면이 있다. 가혹한 탄압 속에서도 끝까지 신앙을 견지한 잠복 기리시탄들이 적지 않았기 때문이다. 하지만 기독교 금교령이 철폐된 이후 오늘날에 이르기까지 일본 기독교 신자는 기껏해야 전체 인구의 1%에도 미치지 못한다. 기독교는 지금 일본 사회에서 마이너리티 집단에 머물고 있다. 그렇다면 이는 정치적 탄압과는 별도로 어떤 문화적 혹은 정신적 요인이 작용한 결과가 아닐까?

여기서 다시 마루야마 마사오의 견해에 귀 기울여 보자. 그는 일본인의 중요한 사유 경향 중 하나로 '정신적 잡거성'을 들고 있다. 일본인은 서로 모순되는 것까지도 무엇이든 함께 공존시키는 정신적 경향이 강하다. 그런데 기독교는 마르크스주의가 그렇듯이 이런 정신적 잡거성 자체를 원리적으로 부정하는 종교이기 때문에 일본에 뿌리를 내리기 어렵다는 것이다. 매우 날카로운 통찰력이다. 하지만 기독교가 정말 정신적 잡거성 자체를 원리적으로 배제하는 종교인가에 대해서는 이론의 여지가 있을 수 있다. 가령 삼위

일체론이라든가 사후 심판론 혹은 성모 마리아 신앙 등 기독교의 중요한 교의들은 거의가 고대 조로아스터교나 이집트 종교 또는 플라톤주의를 비롯한 헬레니즘 사상과의 습합이나 동거를 통해 형성된 측면이 있다. 그렇다면 일본에 기독교가 뿌리내리지 못하는 또 다른 이유를 얼마든지 상상해 볼 수 있겠다. 예컨대 엔도 슈사쿠의 『침묵』에 나오는 등장인물 페레이라 신부는 일본인의 신관념에 대해 다음과 같이 규정한다.

　　일본 민족은 인간과 동떨어진 신을 생각할 능력을 가지고 있지 못합니다. 이 민족은 인간을 초월한 존재를 생각할 힘을 가지고 있지 않습니다… 일본인은 인간을 미화하거나 확장시킨 어떤 것을 신이라고 부릅니다. 다시 말해 인간과 동일한 존재를 신이라고 불러왔습니다.

　이처럼 일본인이 믿는 신을 "인간을 미화하거나 확장시킨 어떤 것"이라고 표현한 데에는 분명한 근거가 있다. 실제로 일본 민속 및 신도와 신사에는 인신(人神)신앙이라 하여 특출한 인간을 사후 또는 생전에 신으로 제사지내는 관습이 널리 행해져 왔기 때문이다. 엔도 슈사쿠는 이런 인신신앙의 관습이 일본인의 기독교적 신관념에게까지 영향을 미쳤다고 본 것이다. 한편 『라쇼몽』으로 우리에게도 널리 알려져 있는 아쿠타가와 류노스케(芥川龍之介)는 단편 〈신들의 미소〉(神神の微笑, 1922년)에서 등장인물 오르간티노 신부의 입을 빌려 이렇게 말한다.

　　이 나라에는 산에도 들에도 또 집들이 늘어선 마을에도 무언가 이상한 힘이 숨어 있습니다. 그래서 그것이 알게 모르게 저의 선교 사명을 방해하고 있습니다.

일본에는 어딜 가나 외국인이 이해하기 힘든 어떤 이상한 기운이 감돌고 있다는 이런 식의 문학적 혹은 종교적 상상력이 문화의 옷을 입고 나타난 것이 바로 '일본인론'이라는 매우 독특한 일본적인 담론 장르이다. 어쨌든 '일본의 혼령'으로 불리는 또 다른 등장인물인 한 노인은 오르간티노 신부가 말하는 '이상한 힘'을 '변조하는 힘'이라고 표현한다. 일본인은 한자를 비롯하여 유교와 불교 등 바다 건너 일본으로 들어온 모든 외래 사상을 다 일본식으로 변조시켰으며, 기독교 또한 예외가 아니라는 것이다. 엔도 슈사쿠가 『침묵』에서 로돌리코 신부를 취조하는 최고 심문관 이노우에의 입을 빌어 "기독교라는 나무는 다른 나라에서는 잎도 무성하고 꽃도 피울지 모르지만, 우리 일본에서는 잎이 시들고 꽃봉오리 하나 열리지 않는다."라고 말한 것도 이와 같은 '변조하는 힘'과 무관해 보이지 않는다.

마코토 : 일본적 윤리의 트레이드 마크

이처럼 일본에 기독교가 뿌리내리지 못한 원인을 철저한 탄압의 역사, 정신적 잡거성이라는 사유 양식, 인신신앙의 관습, 변조하는 힘과 같은 문화적 에토스 등에서 찾아내는 작업은 각각 나름대로 설득력이 있어 보인다. 하지만 가고시마에서 오이타에 이르기까지 초기 일본 기독교 포교사의 흔적을 몸으로 체험한 여행자에게 이것들과는 다른 단어가 문득 떠올랐다. '마코토' (誠)라는 단어 말이다. 마코토는 성실을 뜻하는 일본어인데, 우리가 말하는 성실과는 미묘한 차이가 있다. 마코토는 원래 유교적 개념이다. 『중용』(中庸)은 "성(誠)은 하늘의 도이며 이를 행하는 것은 사람의 도"라고 적고 있다. 주자(朱子)는 이『중용』의 성을 리(理)와 하나가 된 상태라고 해석했다. 하지만 일본 유학자들은 주자의 해석에 동의하지 않았다. 가령 야마가 소코(山鹿素行, 1622-1685)는 리의 개념을 배제한 채 천지와 인간의 내적 필연에 따라 순수하게 사는 것 자체가 마코토라고 주장했다. 그 뒤를 이어 이토 진사이(伊藤仁齋, 1627-1705)는 마코토를 인간관계에서 타자와 자신을 속이지 않는 주관적 심정의 순수함으로 이해했다. 그때그때의 인간관계에 순수하게 전력을 다하는 것, 자신을 일체의 관계성에 귀일시키고자 하는 무사무심의 표현이 곧 마코토라는 것이다. 이처럼 일본의 마코토 이해는 형이상학적 원리성인 리(理)가 결여되어 있다는 점에서 우리의 성실(誠) 관념과 결정적인 차이를 보여준다. 일본의 마코토는 원리적인 규범성 혹은 객관적인 당위성을 내포하고 있지 않다는 말이다. 다만 마코토이기만 하면 된다. 거기서는 대상과의 정서적 교감이나 공감을 통해 자기를 버리고 순수하게 대상과 하나가 되는 것이 무엇보다 중요한 목표로 간주된다. 이것은 일본적 윤리의 가장 큰 특징 중 하나라 할 수 있다. 그리하여 현대 일본의 윤리학자 사가라 도오루(相良亨)는 마코토를 "주어진 상황에서 나를 버리고 순수하게 주어진 역할과 의무에 전력을 다하는 주관적 심성"이라고 정의한다. 그것은 현실부정의 방향성을 가지지 않으며, 다만 현실의 질서를 절대적인 것으로 긍정할 뿐이다.

이와 관련하여 루스 베네딕트는 『국화와 칼』에서 일본 근대국민국가 구축에 지대한 역할을 했던 정치가이자 와세다 대학의 창립자인 오쿠마 시게노부(大隈重信, 1838-1922)의 "마코토는 가장 긴요한 가르침이며 모든 도덕적 교훈의 기초가 이 한 단어 안에 포함되어 있다. 우리나라 고래의 어휘 중에서 마코토는 윤리적 관념을 나타내는 유일한 단어이다."라는 말을 인용한다. 여기서 마코토는 일본 윤리 체계의 핵심으로 제시되고 있다. 실제로 일본에는 '마코토가 있는 사람'이라는 특별한 호칭이 있는데, 이는 무사(無私)의 경지에 이른 이상적 인간상이라 할 수 있다. 이 말에는 자기의 내적 신념에 따라 언행을 실천한다든가 혹은 거짓되게 행동하지 않는다는 의미의 도덕성도 들어가 있기는 하지만 그것이 핵심은 아니다. 그러니까 일본에서 '마코토가 있는 사람'이란 도덕적 선악이 일차적인 기준이라기보다는 그저 자신에게 주어진 책무를 성실하게 다하는 사람을 뜻할 뿐이다.

기독교를 받아들인 일본인은 '마코토가 있는 사람'이다. 마찬가지로 기독교를 배교하거나 탄압한 일본인도 '마코토가 있는 사람'이다. 기독교를 받아들인 일본인 중에는 마코토로써 끝까지 신앙을 지키다 순교하거나 잠복 기리시탄으로 남은 자들이 적지 않다. 하지만 기독교도를 색출하여 잔인하고 교묘한 방식으로 고문하고 배교시키거나 혹은 책형을 가한 일본인들 또한 마코토의 신념을 가지고 그렇게 했을 수 있다. 어떤 마코토가 진짜 마코토였는가 하는 물음은 큰 의미를 가지지 못한다. 마코토는 절대적인 도덕 이념이라기보다 철저하게 그때그때의 상황에 따른 실천 윤리이기 때문이다. 일본에 기독교가 뿌리내리지 못한 이유는 추상적이고 절대적인 도덕보다 구체적이고 상대적인 상황 윤리를 더 선호하는 일본인들의 성향과 무관하지 않아 보인다.

───── *더 읽을 책

김수진, 『일본기독교의 발자취』, 한국장로교출판사, 2003.
박영원 · 김영남, 『일본문화와 기독교』, 대학생성경읽기선교회, 2009.
아쿠타가와 류노스케, 〈신들의 미소〉, 『서방의 사람』, 하태후 옮김, 형설출판사, 2000.

맺음말

재발견이 반드시 '새로운' 발견을 뜻하는 것은 아니다. 그것은 이전부터 알고 있던 것인데 망각해 버린 것들을 다시 기억해 내는 '재상기'(再想起)를 의미하는 것일 수도 있다. 우리는 자명하고 당연한 것을 너무 쉽게 망각해 버리는 오래된 마음의 습관에 젖어 있다. 그것은 일종의 마음의 병이다. 재 상기를 통해 오래된 마음의 병을 치유하기, 그것은 재발견의 영토에 속해 있 다. 한일간의 만남이 그런 재발견의 의미에 대한 반추를 요청하는 과제임은 분명하다. 양국은 어쩌면 하나의 운명공동체이고 따라서 좋든 싫든 선의의 경쟁을 통해 상생해야 할 이웃인데도, 한국인과 일본인은 종종 틈만 나면 서 로를 적대시하는 데에 익숙해져 있다.

물론 이런 적대시에는 뚜렷한 정치적 이유가 존재한다. 하지만 필자는 일 본신화의 무대인 규슈 다카치호(1장)와 후지산(2장), 일본신도를 대표하는 성지 이세신궁(3장)과 이즈모대사(4장), 일본불교 최대 성지인 히에이산(5장) 과 고야산(6장), 그리고 일본에 최초로 기독교를 전한 예수회 선교사 하비에 르가 거쳐 간 가고시마(7장), 히라도와 야마구치(8장), 오이타현(9장) 등 일본 인의 성지를 걸으면서 지금이야말로 문화적 재성찰을 필요로 하는 때임을 더욱 절감하였다. 그 문화적 재성찰은 『총, 균, 쇠』의 저자 재레드 다이아몬 드(Jared M. Diamond)가 내놓은 다음 제언에서처럼 특히 고대 이래 한국과 일본 양국이 쌓아 온 각별한 관계성의 재인식을 요청한다.

오늘날 한국과 일본은 모두 경제 부국이 되었다. 그러나 대한해협을 사이에 둔 이 두 나라는 잘못된 신화와 참혹했던 과거라는 굴절된 렌즈를 통해 상대방을 바라본다. 이 대단한 두 나라 사람들이 서로의 공통점을 발견하지 못하고 계속 대립한다면, 동아시아의 미래는 암울할 것이다…아랍인과 유대인의 경우처럼 한국인과 일본인은 같은 피를 나누었으면서도 오랜 시간 서로에 대한 적의를 키워왔다. 하지만 동아시아와 중동에서의 이러한 반목은 함께 해결해갈 수 있다. 한국인과 일본인은 수긍하기 힘들겠지만, 그들은 성장기를 함께 보낸 쌍둥이 형제와도 같다. 동아시아의 정치적 미래는 양국이 고대에 쌓았던 유대를 성공적으로 재발견할 수 있는가에 달려 있다 해도 과언이 아니다.

가령 규슈 다카치호 바로 옆에 '한국악'(韓國岳, 가라쿠니타케)라는 지명이 아직도 지워지지 않은 채 남아 있다는 것은 놀라운 발견이 아닐 수 없다. 『고사기』에서 일본 천황가의 조상이라 말해지는 호노니니기가 천손강림지에 대해 '이곳은 한국을 바라보고 있기' 때문에 상서로운 곳이라고 고백하는 장면도 드라마틱하다. 이뿐만 아니라 낭고손 '백제마을'의 지명이 지역민들의 자존감을 상징하면서 그대로 이어져 내려왔다는 사실도 주목할 만한 점이다.

후지산의 여신 고노하나노사쿠야히메 신화는 매우 시적인 메타포를 상기시킨다. '바위 위에 핀 꽃'이 그것이다. 여기서 '바위'는 이와나가히메를, '꽃'은 고노하나노사쿠야히메를 상징한다. 그 두 개의 상징이 결합된 '바위 위에 핀 꽃'은 벼랑 끝에 선 한일관계의 미래를 연상시키는 하나의 희망적인 메타포이다. 과연 희망이란 절망의 벼랑 끝에서 그 절망을 피하지 않고 대면할 때 더 큰 빛을 발하는 법이다. 도무지 출구가 보이지 않는 작금의 한일관계에서 '바위 위에 핀 꽃'을 꿈꾸는 상상력이 그 어느 때보다 절실해 보인다.

이런 상상력과 관련하여 이세신궁을 걸으면서 필자가 떠올린 '아마테라스의 픽션'은 "진실이란 진실 그 자체로 존재한다기보다는 현실 속에서 대부분 허구와 등을 맞댄 진실로 나타난다."는 진실 또는 '허구의 힘'의 역설을 다시 한 번 일깨워주었다. 2013년 제62회 이세신궁 식년천궁을 계기로 오늘날 일본학계에서는 일종의 '아마테라스 붐'이 이어지면서 아마테라스와 관련된 저술들이 많이 간행되고 있다. 물론 거기에는 2011년 3·11대진재 이후 '일본의 부흥'이라는 슬로건 속에 내포된 위기의식 및 아마테라스와 이세신궁으로 표상되는 '일본정신'에 대한 미화의 동기가 짙게 깔려 있다. 하지만 일부 일본 지식인들 사이에서 '픽션의 자각'과 관련된 심각한 자기성찰의 움직임이 시작된 것도 사실이다. 이와 더불어 먼 과거의 기억을 복원하려는 일본인의 시도인 이세신궁 식년천궁에서 필자는 고대 한일관계에 대한 기억의 복원 가능성을 기대해 본다.

일본 최초의 건국신화의 무대인 이즈모대사의 경우, 오쿠니누시의 국토이양신화가 아마테라스 건국신화와 함께 지금까지 살아남아 전해지고 있는 것은 한일간 화해의 문제에 시사하는 바가 적지 않다. 정복민(아마테라스)과 피정복민(오쿠니누시)의 복선을 깔고 있는 국토이양신화는 일본문화의 에토스 그 자체를 표상하는 이른바 '화'(和)의 본질적 가치가 무엇인지를 잘 보여주는 사례이기 때문이다. 비록 왜곡된 형태이긴 하지만, 국토이양신화는 타자(오쿠니누시)를 배제의 대상이 아닌 화해와 포용의 대상으로 보아야 한다는 메시지를 담고 있다. 오나무치(오쿠니누시가 나라를 세우기 이전의 이름)의 부활신화는 이런 숨겨진 메시지의 진정성을 뒷받침해 준다. 그것은 타자란 결코 죽음(배제)으로 끝나지 않으며 언젠가는 재생(화해)을 통해 끊임없이 부활하는 타자임을 시사한다.

한편 일본 천태종 본산인 히에이산 연력사 경내의 적산궁과 장보고 기념비 및 교토 시내의 적산선원은 제3대 천태좌주인 엔닌과 한국의 오래된 인연을 간직하고 있는 곳이다. 실은 일본열도 전체가 한국과 일본의 깊은 인연을 말해주는 유적들로 가득 차 있다. 문제는 떼려야 뗄 수 없는 한일간의 무수한 인연들을 오늘날 한국인과 일본인이 어떻게 생산적으로 되살려내느냐하는 점이다. 일본 진언종의 창시자 구카이 또한 한국과 깊은 인연을 가진 한반도 이주민계 인물이다. 그래서인가 일본의 역사와 문화에 지워지지 않을 흔적을 남긴 구카이의 유해가 모셔져 있는 고야산 오쿠노인을 걷는 내내 새삼 "모든 성지는 하나가 아닐까?"라는 물음이 마음속에서 떠나지 않았다. 성스러운 곳(성지)의 '성스러움'이란 모든 차이를 가로질러 만나게 되는 '더 큰' 어떤 것이고, 그런 관점에서 본다면 공감 못할 차이란 거의 존재하지 않을 것이다. 마찬가지로 한일간 크고 작은 현실 속의 차이들을 혹은 품어 안고 혹은 넘어서서 '더 큰' 공통분모를 재발견해야 할 과제가 우리 앞에 놓여 있는 것이다. 예컨대 규슈의 가고시마와 히라도 및 오이타현 그리고 규슈와 이웃한 야마구치현 곳곳에는 일본인이 기독교라는 타자를 어떤 마음으로 대하고 어떤 방식으로 수용했는지를 잘 보여주는 흔적들로 넘쳐난다. 거기서 우리는 타자와의 만남에 있어 모든 열려진 선각자들이 보여준 보편적 태도와 별반 다르지 않은 장면들을 만나게 된다. 전술한 오나무치의 부활신화는 부활의 관념이 기독교만의 전유물이 아니라는 사실을 새삼 확인시켜 준다. '죽음과 재생'의 모티브는 세계의 모든 종교와 신화와 입문의례뿐만 아니라 모든 나라의 문학에 공통된 정신구조를 보여주기 때문이다. 이 점에서 한국인과 일본인이 동일한 정신구조를 가지고 있음은 말할 나위 없다.

물론 본서에서 다룬 일본인의 성지들은 일본문화의 독특한 특징들을 보여준다. 일본의 문화적 전통이 깊고 진하게 축적되어 있는 그곳을 걸을 때, 이방의 여행자는 종종 그 성지가 발산하는 너무도 일본적인 아우라 앞에서 이

질감이나 고독감을 느끼기도 했다. 일본 신도의 총본산이자 천황가의 성지이기도 한 이세신궁을 비롯하여 규슈 다카치호, 후지산, 이즈모대사 등은 지금까지도 일본 내셔널리즘의 신화적·종교적 원천으로 기능하는 측면이 있다. 또한 동일한 대승불교권이면서도 계율을 부정하고 욕망을 긍정하는 일본불교의 대표적 성지인 히에이산과 고야산은 한국 사찰과 달리 일본 특유의 무겁고 어두운 밀교적 분위기로 가득 차 있어 어딘가 마음이 편치 않은 구석도 있다.

그럼에도 서구 중세 십자군 전쟁의 목표물이었던 예루살렘 성지가 단지 기독교나 이슬람만의 전유물이 아니듯이, 일본인의 성지 또한 결코 일본문화의 독점물은 아니다. 예루살렘은 전 인류의 정신적 보고이다. 마찬가지로 오늘날 후지산, 히에이산, 고야산 등의 성지도 세계문화유산으로 등록되어 있다. 모든 성지는 하나이고 이 점이야말로 성지의 궁극적인 의미가 아닐까? 그와 같은 성지의 보편성을 뒷받침해 주는 것은 다름 아닌 '성스러움'이라는 궁극적인 가치이다. 성스러움의 경험이 가지는 외연은 이런저런 신(神)과의 조우나 어떤 신비체험보다도 결코 더 작거나 협소하지 않다. 성스러움이란 단지 초월적이고 비일상적인 종교경험만 뜻하는 것이 아니다. 그것은 일상적인 모든 '있음' 안에서 재발견될 수 있는 어떤 것이다. 모든 '있음' 자체야말로 가장 신비로운 기적이기 때문이다. 예컨대 꽃 한 송이나 나무 한 그루뿐만 아니라 '잎새에 이는 바람'조차 성스러운 것으로 경험될 수 있다. 하물며 사람과 사람이 만나는 자리는 더더욱 그러하다. 서로가 서로에게 '배제가 아닌 화해의 대상'으로서의 타자라는 사실을 받아들일 때 그 타자는 '속'(俗)을 살면서 '성'(聖)의 세계로 들어서는 존재로 변모할 것이다. 그러한 자기변화를 수반하는 '일본의 재발견'은 곧 '한국의 재발견'으로 이어진다는 점을 잊어서는 안 될 것이다.

후기

이 책의 부제 "일본인의 성지(聖地)를 걷다"를 보고 어떤 이들은 일본에도 성지가 있느냐고 반문할지도 모른다. 그런 이들에게 나는 예루살렘이나 메카나 부다가야 같은 보편적 성지가 아닌 '일본인의 성지'는 다른 어떤 나라보다도 더 많이 차고 넘친다고 답할 것이다. 깊은 상실감에 고통받는 아내와 함께 '일본인의 성지'를 찾아 구석구석을 걸어 다닌 지도 벌써 10여 년이 넘는다. 그 치유의 시간이 훗날 내게 어떻게 기억될지 아직은 잘 모르겠다. 하지만 적어도 길 위에서 만난 일본은 책 속에서 경험하기 힘든 또 하나의 일본이었던 것만은 분명하다. 낯선 이방인에게 길을 안내해 주고 차를 태워주기도 했던 일본인들은 내게 "모든 길은 하나로 통한다"는 진실을 일깨워 주었다. 특히 성지로 통하는 길은 더욱 그런 진실에 가깝다. 그 길은 일본 유학 시절 모토오리 노리나가라는 에도시대의 국수주의적 국학자의 글을 처음 읽었을 때 내 안 깊은 곳에서 치솟아 오르던 알 수 없는 분노의 기억까지 진정시켜 주는 듯싶었다. 그럼에도 일본학도로서의 나는 여전히 길을 잃어버린 미아처럼 방황하고 있다. 일본에 대한 부정적인 감정과 콤플렉스를 넘어서지 못했다는 증거일 것이다. 부끄러운 일이다.

그런 부끄러움에도 불구하고 본서 집필의 계기를 마련해 준 (사)한국종교문화연구소에 감사드린다. 필자는 연구소에서 발행하는 정기 학술지인 『종교문화비평』 제2호(2002년)에서 제9호(2006년)까지 총 8회에 걸쳐 〈일본종교문화기행〉이라는 칼럼을 연재한 적이 있는데, 금번 연구소로부터 그 글들을 묶어 책으로 내보자는 제안을 받았다. 기존 지면에 발표된 아래 초출에서 보듯이, 본서 제1장에서 제4장까지는 이 〈일본종교문화기행〉 칼럼 중 일부를 토대로 하여 대폭 수정 보완한 것이다.

제1장 : "잃어버린 신화 : 일본신화의 본향 휴가(日向)를 찾아서", 『종교문화비평』6(2004)

제2장 : "영원히 여성적인 것을 찾아서 : 후지신앙과 히토아나", 『종교문화비평』7(2005)

제3장 : "일본신사의 메카, 이세신궁", 『종교문화비평』4(2003)

제4장 : "신들의 고향 이즈모", 『종교문화비평』3(2003)

제6장 : "고야산과 대사신앙", 『청람사학』30(2019)

끝으로 교정 작업을 도와준 변지윤 학생에게 고마운 마음을 전하고 싶다. 무엇보다 인문학 출판계의 어려운 사정에도 불구하고 늘 좋은 책을 내기 위해 노심초사하시는 박길수 대표님께 깊이 감사드린다. 〈모시는사람들〉은 그 이름부터가 정말 정겹다.

2020년 초봄

일본인의 성지를 함께 걸었던 아내와 '하얀'이를 기억하며

찾아보기

일본 재발견

등록 1994.7.1 제1-1071
1쇄 발행 2020년 4월 25일

지은이 박규태
펴낸이 박길수
편집장 소경희
편 집 조영준
관 리 위현정
디자인 이주향
펴낸곳 도서출판 모시는사람들
       03147 서울시 종로구 삼일대로 457(경운동 수운회관) 1207호
전 화 02-735-7173, 02-737-7173 / 팩스 02-730-7173
홈페이지 http://www.mosinsaram.com/

인 쇄 (주)성광인쇄(031-942-4814)
배 본 문화유통북스(031-937-6100)

값은 뒤표지에 있습니다.
ISBN 979-11-88765-75-1   03300

* 잘못된 책은 바꿔 드립니다.
* 이 책의 전부 또는 일부 내용을 재사용하려면 사전에 저작권자와 도서출판
모시는사람들의 동의를 받아야 합니다.

이 도서의 국립중앙도서관 출판예정도서목록(CIP)은 서지정보유통지원시스
템 홈페이지(http://seoji.nl.go.kr)와 국가자료공동목록시스템(http://www.
nl.go.kr/kolisnet)에서 이용하실 수 있습니다. (CIP제어번호: CIP2020013380)